W0411366

Peter Heitkämper

Die bioenergetische Schule

Der Weg zum innovativen Lernen und Lehren

Peter Heitkämper

Die bioenergetische Schule

Der Weg zum innovativen Lernen und Lehren

Junfermann Verlag · Paderborn
1996

Umbruch und graphische Gestaltung: Norbert Kerst
Photos: Hans-Christian Boestfleisch
Covergestaltung: Petra Friedrich

Druck: PDC – Paderborner Druck Centrum

Die Deutsche Bibliothek – CIP-Einheitsaufnahme
Heitkämper, Peter:
Die bioenergetische Schule: der Weg zum innovativen Lernen und Lehren / Peter Heitkämper – Paderborn: Junfermann, 1996
ISBN 3-87387-325-7
NE: GT

ISBN 3-87387-325-7

Ich danke Norbert Kerst herzlich für die Vorbereitung zur Drucklegung im mühevollem Kampf mit dem Computer.
– Peter Heitkämper

INHALT

Paradigmatische Prolegomena

I. Dynamische Schule

Schulzeit ist Lebenszeit. Leben ist stets Lernen. In der Schule wird zu leben gelernt, bei allem Unterricht steht Lebenstüchtigkeit auf dem Programm. Unsere dynamische Gesellschaft überbietet sich im Wettlauf, wieviel Dynamik aus den Menschen, schon aus den Kindern und Jugendlichen, herauszuholen ist, und entsprechend arbeitet eine moderne Schule nicht nur am Intelligenzquotienten, sondern sie fördert auch den Kreativitätsparameter und sorgt für das Wohlfühlen, das Biofeedback: Die lebendige Schule ist die pädagogische Antwort auf die dynamische Gesellschaft.

Schule ist im Streß. Sie soll alles verarbeiten und konstruktiv umwandeln, was Politik, Gesellschaft, Medien, Wissenschaft an sie herantragen. Ist Ökologie im Trend, muß Schule ökologisch sein; wird auf Gesundheit Wert gelegt, muß ein Fach Gesundheitserziehung her; oder Lebenskunde mit juristischen, medizinischen, selbsttherapeutischen, meditativen, ernährungswissenschaftlichen, betriebswirtschaftlichen und noch viel mehr Anteilen. Schule ist also in ständiger dynamischer Umwandlung.

Es gibt kein Zurück. Die Sehnsucht nach der ruhigen Schule, der scholé, nach dem fest umgrenzten Schonraum für die Kinder, nach der Bildungstheorie des alten Humanismus ist zwar immer wieder bedenkenswert; aber eine stets neue gesellschaftliche Dynamik braucht eine entsprechende, antwortende Schule. Schule muß zwar nicht jede Mode mitmachen, aber sie strebt selbstverständlich in ihrer Konzeption nach Aktualität und arbeitet diese Aktualität immer wieder gründlich pädagogisch durch - schon um dem berechtigten Anspruch der Jugend zu genügen.

Und dieses fasziniert: Auf der Höhe der Zeit zu sein; die Zeit im "Eu-Streß" mitzugestalten und tiefer zu begründen; den Schülerinnen und Schülern zu helfen, ihre Lebens- und Lernsituation jetzt, in der Gegenwart mit jetzigen Mitteln und Gedanken zu bearbeiten. Getreu dem Zen-Spruch: Was ich tue, tue ich ganz jetzt; zwar für die Zukunft, diese muß aber jetzt erarbeitet werden.

Schule kommt so aus dem Streß heraus. Sie lernt selbst. Sie ist von ihrem eigenen Lernen und ihrer Veränderung fasziniert, weil Lernen in einem sorgfältig selbstorganisierten evolutionären System Schule faszinierend ist: Sie bezieht ihre "Materialien" in ständigem Austausch von außen, verarbeitet in sich systematisch ihre inneren und äußeren Prozesse in kreativer Kommunikation; und die Schule stellt sich dadurch in ihren Personen und als Institution der Herausforderung je neu: Schule verantwortet ihre Lerninhalte und Lernmethoden dann auf der Höhe der Zeit.

I.1 Schule und Evolution

Max Liedtke (1976) und Alfred Treml (1987) schreiben der Schule evolutive Bedeutung zu: die biologische langfristige, immer weitergehende Evolution wurde mehr und mehr in der vorgeschichtlichen und geschichtlichen Zeit durch die sozio-kulturelle Evolution überlagert, durch Schulungen beeinflußt und verändert, die ihrerseits verstärkt in der Moderne durch die individuelle Evolution und die potenzierten Möglichkeiten des Individuums im globalen Kontext ihre Richtung bekommt.

Der Schule wird von daher eine immense Bedeutung zugeschrieben, und es ist die Frage, ob sie nicht überschätzt wird. Dies auch aus dem Grunde, daß Pädagogik und Schulpädagogik immer nur Reaktionen auf geschichtliche und geographische Prozesse waren; sie waren nie Promotoren und lösten nie initiierend "Revolutionen" aus. Dennoch: In der Evolution der Noogenese (Teilhard de Chardin), der Weiterentwicklung der globalen Informationsgesellschaft, des ungeheuren Wissens der Menschheit, der immensen Datenspeicherungen, Vernetzungen und Neustrukturierungen hat auch die weltweit verbreitete Schule als systematischer Sozialisations- und Bewußtseinsfaktor trotz ihrer begrenzten Reichweite sozial-evolutionäre Dimensionen angenommen.

I.1.1 Schulen in der Phylogenese und Ontogenese

Die Menschheit hat immer Schulungen vorgenommen. Auch wenn die Informationsübertragung zum größten Teil durch Mitleben und Nachahmen und Anpassung geschah (und auch heute noch geschieht), so ist schon das Wissen des Steinzeitmenschen durch Erziehungsprozesse, Initiationsriten, Einweihungen, überlieferte Erzählungen etc. übertragen worden. Teilweise wurden mit dem Anwachsen des Wissens ungeheure Gedächtnisleistungen erforderlich, wenn wir in der Antike an das Auswendiglernen des Homer denken. Die Schulen wurden dann immer systematischer und gezielter und trugen zur Hochkultur bei.

Pierre Teilhard de Chardin spricht von der hérédité biologique. Er meint damit auch die Innenseite der Evolution, die Weitergabe der bisher angesammelten Erfahrungen, Informationen, Systematisierungen: "tangential" äußerlich als materielle, biologische Evolution, und "radial" innerlich, parallel damit und in Korrespondenz dazu als psychisch-geistige Evolution, die im Evolutionsbegriff immer mitgedacht werden muß. Ähnliches ist ja in der These vom umfassenden Weltinformationssystem gedacht, in dem alle Energien (= Informationen) gespeichert sind; die Naturwissenschaftler sprechen die Hypothese aus, daß in Genen, Molekülen, in Zellen "Bewußtsein" bzw. Gedächtnisprozesse nachgewiesen werden können (vgl. Vester 1993). Auch die moderne Gehirnforschung geht in diese Richtung (Holler 1991, 1996).

Eine der maßgeblichen Informationsübermittlerinnen, die Schule, wirkt bei diesen "radialen" und "tangentialen" Energien mit, sie bereichert das Informationssystem des Einzelnen und das Weltinformationssystem und ist somit ein Faktor der Evolutionsgeschichte.

1. Die biologische Evolution wird von der kulturellen Evolution überlagert und beeinflußt. Die Lernprozesse der kulturellen Evolution sind so mächtig, daß sie an den Veränderungen der Energien der Natur und des evolutiven Fundaments großen Anteil haben. Schulen setzen nach Alfred Treml in der sozio-kulturellen Evolution auf einem hohen Niveau der genetischen und mentalen Informationsprozesse an. Der Mensch sei nun der Evolution relativ (scheinbar) überlegen und seine Überlegenheit bedrohe nun ihn selber; jetzt müsse er sich retten, und dies geschehe nur durch ein Lernen der Gehirne, maßgeblich in Schulen (Treml 1987, S. 66).

Treml interpretierend unterscheide ich folgende evolutionären kategorialen Lernschritte - schon Treml flicht hier darwinsche Kategorien ein; vorher hatte Goethe bei seinen "Urphänomenen" und seiner "Urpflanze" ähnliche Kategorien entwickelt:
a) *Stabilisierung*: Nachahmende Überlieferung und Traditionsbewahrung. Schulen haben überall, auch heute noch, diese Funktion der Anpassung, der Grundlegung und der Vermeidung zu schneller Veränderungsprozesse. Diese Funktion nimmt die meiste Zeit der Schulgeschichte in Anspruch.
b) *Selektion*: Differenzierung und Qualifizierung. In einer fortgeschrittenen Zeit der Hochkulturen entstehen sog. stratifikatorische Gesellschaften, in denen Schulen die Aufgabe einer qualitativen Auslese haben.
c) *Variation*: Arbeitsteilige Strukturierung. In funktional differenzierten Gesellschaften sorgen Schulen für verschiedenartige Qualifikationen nach subjektiver Begabung.
Hinzuzufügen ist noch die Kategorie der
d) *Dynamisierung*: Motivation, Freie Arbeit, Kreativität. In komplexen Gesellschaften wie der modernen europäischen ist die Schule eine mehr und mehr selbstorganisierende Institution, die mit der Entwicklung der kreativen Fähigkeiten der Schüler und Schülerinnen und Lehrerinnen und Lehrer selbst an der Dynamisierung und Humanisierung der Gesellschaft mitwirkt.

Diese Dynamisierung bekommt im Laufe des Lebensalters der Kultur, der Gesellschaft und des Einzelnen noch weitere unterschiedliche Ausprägungen beim Übergang in andere Lebensformen. Diese Art von vielfältigen Transformationen nach der Schule vollzogener Lernprozesse wird hier in der Schulpädagogik nicht weiter nachvollzogen, weil Schule hier nur bis ins Erwachsenenalter hinein verfolgt wird.

2. Evolutionsgeschichte, insbesondere sozio-kulturelle Evolutionsgeschichte, ist auch Bewußtseinsgeschichte. Die uralte menschliche Bewußtseinsgeschichte ist in dem energetischen Weltinformationssystem (entsprechend dem Satz der Erhaltung der Energie) gespeichert; die verschiedenen Gehirne bzw. Gehirnteile des Menschen aus diesen Epochen werden als Beweis dafür angesehen; die Bewußtseinsgeschichte begleitet, angereichert mit immer neuen Erfahrungen, auch die Geschichte der Lernprozesse in Hochkulturen und wird in ihrer Gesamtheit durch Schule immer wieder neu aktiviert. Ken Wilber hat, an Jean Gebser und viele andere anknüpfend, diese Parallelität herausgearbeitet und sie geschichtlich nachzuweisen versucht (Gebser 1949; Wilber 1984).

Ich bringe diese Kategorien der Bewußtseinsgeschichte mit den evolutiven Kategorien in Verbindung:

a) *Stabilisierung*: Auf einer anfänglichen Bewußtseinsstufe - Wilber zitiert dabei Piaget - lebt der Mensch noch ohne ausgeprägtes Ich in Anpassung an Realität (Wilber 1984, S. 42). Diese Bewußtseinsschichten begleiten unser ganzes Leben, und wir können einige Verhaltensweisen dieser archaischen Stufe und der zweiten, magischen Stufe auch bei Kindern der Anfangsschule beobachten: ein seliges Geborgenheitsgefühl (Ich und die Welt sind eins), ein gläubiges Vertrauen (z.B. an die Autorität der Lehrerin), aber auch ein Streben nach Macht über Realität. Sie sind Kennzeichen einer Phase der Stabilität (wie z.B. Maria Montessori feststellt).

b) *Selektion, Differenzierung, Qualifikation*: Gebser spricht hier von einer Welt, die durch Sprache und Schrift verbunden ist, einer symbolischen Welt, die für wahr gehalten wird. Er nennt sie mythisch; Wilber spricht von mythischer Gruppenzugehörigkeit. Die Welt ist zweidimensional, eine "Elternwelt" des Zweikammern-Geistes (Jaynes); eine erste Logik sowie repräsentatives Denken kommen auf; Symbolisieren, verbale Kommunikation des Transverbalen, sozialer intersubjektiver Austausch, das Entstehen abgegrenzter Klassen und Repräsentationen zeigen einen Sprung auf eine differenzierende Ebene; die Menschen sind auf "Einbilden und Aussagen", auf "Imagination, Empfinden, Gemüt", erfahrungsorientiert ambivalent hin gerichtet (Gebser 1949, 1973; Wilber 1984, S. 117).

c) *Variation*: arbeitsteilige Strukturierung, subjektiv vorgestellte Welt: Bewußtseinsgeschichtlich befreit sich das Denken vom Mythos (etwa bei Sokrates-Platon), wird ich-haft, intrasubjektiv, vorstellend, begründend, deduzierend, wertend, wissend. Eine Analogie bietet das Denken, Fühlen und Wollen des Jugendlichen.

d) *Dynamisierung*: Der mentale Bewußtseinsprozeß bringt in der Aufklärung samt Wissenschafts- und Technikentwicklung eine weitere Phase hervor, eine Befreiung von Zwängen der Unmündigkeit und den Kampf gegen die Wiedereinführung neuer irrationaler Zwänge. Die Schule hat an diesem Bewußtseins-Aufklärungsprozeß maßgeblich Anteil, und sie entläßt die jungen Erwachsenen mit dieser Aufgabe der Aufklärung in die Gesellschaft.

3. Daß die Ontogenese, also die Entwicklung des Individuums, den Kategorien der Evolution folgt, ist eine alte These; sie soll hier nicht wie das "biogenetische Grundgesetz" von Ernst Haeckel verfochten werden; vielmehr als grobes Raster bzw. als Hinweis für den strukturellen Aufbau kreativer Lernprozesse in den einzelnen Schulstufen in die Diskussion gebracht werden. Einer der vielen Wissenschaftler, die mit der Vorstellung eines evolutionären Aufbaus von Transformationen und Metamorphose arbeiten, ist Jean Piaget. Er spricht von einer Reihenfolge von Stadien einer Entwicklung, von Schemata, die das Kind mit immer neuen Erfahrungen aufbaut. Wichtig ist, alle früheren Erfahrungen im Kinde immer präsent zu sehen, auf die das Kind (und der Erwachsene) in Regressionen wieder zurückgreift.

a) *Stabilisierung:* Wenn das Kind in die Schule kommt, weist es die in der Schulfähigkeit zusammengefaßten Reifegrade und psychisch-geistigen und sozialen Stabilitäten (Schemata) auf, die immer als energetisch aktive Stabilität, als immer wieder neu zu schaffendes Gleichgewicht von Ungleichgewicht verstanden werden müssen. Kinder sind stets in Bewegung, stets neugierig auf Wahrnehmung: sie stellen dadurch ihre körperliche, emotionale und soziale Stabilität, ihre erreichten kognitiven Fähigkeiten immer wieder neu her.

b) *Selektion, Differenzierung, Qualifikation*: Schule bringt stets neue Fakten von Realitäten an das Kind heran bzw. das Kind erobert sich aktiv differenzierend diese Wirklichkeit. Es versteht die Realität immer mehr objektivistisch, kategorial, abstrahierend-hypothetisch.

c) *Variation, arbeitsteilige Strukturierung, subjektiv vorgestellte Welt*: Die Schule der Jugendlichen arbeitet dann mit dem beginnenden Gefühl der Subjektivität, mit der subjektiven Begründung von Entscheidungen, mit individuellen Schwerpunktsetzungen, mit Vorlieben. Trotz aller Schwierigkeiten des Variationsreichtums freut sie sich am Zugewinn eines ganzen Repertoires der Subjektivität und an der Vielfalt von Subkulturen.

d) *Dynamisierung*: Für die jugendlichen Erwachsenen transformiert sich die Schule zur Kolleg-Stufe oder zum College mit freier Auswahl der Fächer und Schwerpunkte, die sie relativ selbstorganisiert forschend studieren.

I.1.2 Schule und kulturgeschichtliche Differenzierungen

Die aufgezeigten evolutiven Kategorien lassen sich auch in der europäischen Schulgeschichte aufweisen, ganz gleich, welchen geschichtlichen Ansatzpunkt wir nehmen. Dies ist nicht verwunderlich, weil ja jeder Lernprozeß, jeder Lebensprozeß (denken wir an Goethes "Urpflanze"), jeder geschichtliche, vitale, emotionale, soziale, kommunikative, kognitive, pädagogische, didaktische Prozeß diesen energetischen Kategorien unterliegt: von einer Ausgangslage ausgeht, sich dann durch neue Energien differenziert, variiert, und schließlich auf einer transformierten Ebene ankommt. Jeder Prozeß ist daher, weil er energetisch aktiv verändernd ist, geschichtlich. Die Schule wird also geschichtlich verändert und in diesem Wechselspiel verändert sie ihrerseits die Geschichte. Veränderungsprozesse geschehen in Raum-Zeiten, so daß wiederum geschichtliche Prozesse einen geographischen Rahmen haben; die europäische Schule hat in Europa einen anderen Hintergrund als in Afrika und Asien.

1. Der geschichtliche europäische Bewußtseinsprozeß zeigt die Transformation europäischer Schulen, z.B. seit dem "Mittelalter":

a) *Stabilisierung*: Schulen werden eingerichtet zur aktiven Stabilisierung der Sakralkultur.

b) *Differenzierung*: In der sogenannten Neuzeit werden Schulen zur Förderung verschiedener Qualifikationen (Fähigkeiten und Fertigkeiten innerhalb eines vorgegebenen Rahmens) stratifikatorisch eingerichtet.

c) *Variation*: Ab dem 18. Jahrhundert, mitbedingt durch die Arbeitsteilung, kommt es zur Entdeckung der Subjektivität, Entdeckung der Kindheit, Entdeckung des Erziehungs- und Bildungsbegriffs als subjektiver perfectibilité (Rousseau), zu einer Vielfalt von Schulen mit mehr oder weniger guter Förderung individueller Begabungen.

d) *Dynamisierung*: Schon aus wirtschaftlichem Interesse fördert die europäische Schule immer mehr Dynamik und Kreativität. Außenseiterschulen, Alternativschulen, Gegenschulen, Schulen der Reformpädagogik werden zu Trophäen der Pädagogik; jede Schule soll nun ihr eigenes Profil kreieren.

2. In einer Zeit des Umbruchs und der machtförmigen Umgestaltung zu einer Weltzivilisation und Informationsgesellschaft, in einer Zeit der Schnellernprozesse und der strategischen Überinformation ist zunächst einmal die Stabilisierung notwendig: der Ausgangspunkt aus einer originären Kultur, die geschichtliche und geographische Selbstbesinnung und die systematische Kategorisierung von Lernen durch Schulen. Die Kulturen vermischen sich und sie werden sich differenzieren. Europäische Schulen gelten nicht mehr für die ganze Welt. Schulen leisten zur Eine-Welt-Pädagogik immer nur einen geographisch-lokalen Beitrag:

a) *Stabilisierung*: Unsere Schulen tragen zur Energetik Europas entscheidend bei. Sie sorgen für eine Basis der Kulturtechniken, des Wissensbestandes, des Intelligenzniveaus und der Kreativität auf vielen Gebieten, und zwar einer spezifisch europäischen Kreativität und (Misch-)Kultur.
b) *Differenzierung*: Durch Schulen erreicht die europäische Gesellschaft eine basale kognitive Differenzierung hohen Ausmaßes; Schulen üben entsprechend den Interessen der Staaten und des hiesigen Wirtschaftssystems - das sind wir in hohem Maße selber - Selektion und Qualifikation aus, zum Wohle vieler und zum Wehe vieler. Die Verschiedenartigkeit der Kulturen der europäischen Länder und Regionen, ihrer Sprachen, Gebräuche, Vorstellungen ist ein unschätzbarer energetischer Vorteil Europas, wenn die Ungleichgewichte ins Gleichgewicht gebracht werden: wenn - auf die Schulen bezogen - ein dynamischer Austausch gepflegt wird; wenn die zukünftigen Schulen erheblich mehr Kreativität herausdifferenzieren und spezifisch qualifizieren, wenn sie also die Verschiedenheiten der sozialen Schichten, der Behinderungen, der ethnischen Zugehörigkeiten positiver als humanes Potential nutzen und fördern.
c) *Variation*: Es ist - schon nach Karl Jaspers - ein Kennzeichen Europas, einen Reichtum an Variationen von Kultur zu haben. Weil wir alle aus diesen Kulturen unseren Reichtum ziehen, ist europäisches Denken mit einer Mono-Zivilisation unvereinbar. Es betont die individuelle, die lokale, die regionale, die nationale Variation und deren Kreativität. Schulen gewährleisten ein Stück weit diese Verankerung in der reichen europäischen Kultur; sie bleiben aber nicht in der Tradition stecken, sondern sie arbeiten diese Kulturen kritisch-konstruktiv auf und integrieren die stets neu aufkommenden Subkulturen und herausragenden Individualitäten der jeweiligen Zeit.
d) *Dynamisierung*: Die Energetik europäischer Kultur kann sich erst recht entfalten, wenn sie zur Weltkultur beiträgt - nicht wie bisher mit Kriegen, Ausbeutung und Imperialismus. Und wiederum wirken andere Kulturen in unsere hinein. Lehrerinnen und Lehrer haben tagtäglich mit diesem dynamischen Austausch zu tun, gewissermaßen als Clearing-Stellen. Vor allem die Schulen achten bei dieser starken und stärker werdenden Dynamik einer Mischkultur auf europäische Essentials wie Menschenrechtserziehung und Aufklärung.

Mitgerissen durch wirtschaftliche Dispositionen und Zwänge und in Wertschätzung kultureller und individueller Potentiale zugewanderter Minderheiten ist die Schule in einen kaum vorher gekannten Umwälzungs- und Transformationsprozeß integriert. Sie selbst schöpft daraus eine neue Energie, eine neue Aufgabe kultureller Besinnung, eine neue Bedeutsamkeit auf dem Wege zu einem kulturellen Evolutionsschritt.

3. Die Bedeutung von Schulen in der Biographie des Europäers ist offensichtlich:
a) *Stabilisierung*: Schulen begründen unsere Identität mit: sie formen unsere Grundstimmung, Arbeits- und Leistungsorientierung; sie konditionieren unser Lebensgefühl oft in beträchtlichem Maße.
b) *Differenzierung*: Schulen differenzieren die Persönlichkeit, nicht nur das Wissen eines Individuums, sondern auch sein Denken, Fühlen, seine Kritikfähigkeit, seine Lebenseinstellung, Teile seiner Lebensenergie.
c) *Variation*: Unsere Schulen machen aus uns "europäische Subjekte"; bei aller Kritik an Schulen haben diese doch die Zielsetzung der Aufklärung, sich selbst als Subjekt zu suchen; das "sapere aude": wage es, dich deines eigenen Verstandes zu bedienen und lebe deine Variation von Selbstverwirklichung.
d) *Dynamisierung*: Der Schüler und die Schülerin einer europäischen Schule lernen die ständig notwendige Transformation und Anpassung an die Höhe der Zeit und die Durcharbeitung des Wissensstandes in vormals typisch eurpäischem, heute euro-u.s.amerikanisch-mondialem Denken. Die Multikulturalität der Weltinformationsgesellschaft dynamisiert und transformiert dieses Denken auch jedes Einzelnen. Insofern nehmen Schülerinnen und Schüler an der Weltkultur teil und lernen in der Schule ihren Beitrag als Individuum.

Zusammenfassend spricht einiges für die These, daß Schulen bei der kulturellen Evolution energetisch mitbeteiligt sind. Sie helfen bei der Stabilisierung, Differenzierung, Variierung und Dynamisierung mit. Zwar sind sie mitentscheidend notwendig (Treml), aber nicht bestimmend.

I.1.3 Der Variationsreichtum der interkulturellen Schule

Die unverantwortliche Überbevölkerung, Verelendung, Reichtums-Entwicklungsdifferenz, zusammen mit Imperialismus und mit fundamentalistischer Eroberungsstrategie bringen Wanderungsbewegungen und im Endeffekt ein Zusammenleben und die Durchmischung unterschiedlicher Kulturen, was unmittelbare Auswirkungen auf die Schulen hat.

Auch wenn damit große Machtkonflikte auf allen Ebenen verbunden sind: es gibt zur interkulturellen Schule keine Alternative. Die Interkulturalität ist ein notwendiger Evolutionsschritt, ein pädagogischer Prozeß größten Ausmaßes.

1. Schon Pierre Teilhard de Chardin sieht (1921) Kompressionskräfte für eine geschlossene organische und kosmo-organisatorische Planetisation des Menschen, für die organische Super-Aggregation der Seelen, die Noogenese, die Konzentration der Bewußtseinsenergie in einem Bewußtseins"kollektiv", das einer Art Überbewußt-

sein gleichkommt, das funktionsmäßig ein einziges umfassendes Denkatom von siderischem Ausmaß hervorbringt, vielleicht sogar eine Überhitzung des Denkens (Teilhard 1959, S. 243 ff.).

a) Interkulturalität ist nur dann ein Evolutionsschritt, wenn nicht eine "Kultur" oder "Religion" - das Judentum, das Christentum oder der Islam - einen verdeckten oder offenen Eroberungskrieg starten, sondern wenn alle beteiligten Seiten ihre alte Kultur zu einer neuen zusammengestalten. Es darf nicht bei dem unvereinbaren Nebeneinander der (sich seit Jahrtausenden bekämpfenden) Kulturen, einer so verstandenen Vielkulturalität, bleiben.

b) Teilhard nennt die Bestandteile des kommenden Evolutionsschrittes: Humanität, Wissenschaft, Einheit der Seelen. Er trifft damit auch, was Maria Montessori unter "Kosmischer Erziehung" verstand (Montessori 1988 [1939 ff.]): Humanität als universale Verantwortung für den Kosmos, die Menschen, Tiere und Pflanzen; Wissenschaft als "mehr können, um mehr zu tun, und mehr tun, um mehr zu sein"; Einheit der Seelen und nicht ein Reich, das anderen Reichen feindlich ist. Eine multikulturelle Gesellschaft in kulturellen Mauern bleibt eine antiquierte Gesellschaft. Ihre Religionen wurzeln in Beduinenstämmen und geschichtlichen Gewaltstrukturen. Unsere weltpädagogische Aufgabe ist deren Überwindung und gemeinsame Erneuerung zu einer differenzierten Weltkultur.

c) Das Problem ist, daß die Evolutionsschritte der Kulturen unterschiedlich weit sind; die Kulturen sind unterschiedlich stabil, differenziert, variations- und transformationswillig, also auch nicht ohne weiteres kompatibel. Der Intention nach geht es um Macht, um die Dominanz menschenbeherrschender Werte, um den evolutionären Wettkampf der Systeme und Ideologien. In diese Strategien sind die Kinder, die Pädagogik, die Informationssysteme, die Schulen als tiefgehende, sanfte Überzeugungsbrücken involviert.

2. Die Macht des Faktischen des Zusammenwohnens und der Menschenrechte soll Inländer und Ausländer zusammenschweißen - eine existentielle Lernaufgabe, eine Veränderungsaufgabe, eine Überwindung bisherigen Lebens, Denkens, Leidens, eine Auf*gabe* als Gabe eines jeden an jeden und Chance eines neuen Humanisierungsschubs. Da werden große Hoffnungen auf die Pädagogik in der Schule gesetzt, wo das Miteinander am wirksamsten eingeübt wird.

a) Pädagogik und Schule sollen gegen sozial- und kulturanthropologische Faktoren eingesetzt werden: gegen die Abgrenzung und Ghettoisierung vieler Kulturkreise, gegen Vorurteile, Fremdenabwehr, inkompatible soziale Verhaltensweisen, Identitätsgefühle, Konkurrenzkämpfe, Fundamentalismus, Medieninformationen, politische Beschlüsse, gegenseitigen Rassismus, religiöse Eiferer u.v.m.

b) Pädagogik und Schule sollen für eine integrative Kultur der Zukunft eingesetzt werden: für den Einsichtsprozeß zum Abbau der Bestimmungsrechte der Mehrheit der Bevölkerung, für eine schrittweise Ablösung von Traditionen, Verhaltensweisen und Ritualen, Bräuchen und Ghettoisierungen; für eine Ablösung von Minder- und Überwertigkeitskomplexen; für den gemeinsamen konstruktiven Aufbau einer wahrhaften und wehrhaften Demokratie.

c) Die Schule hat dementsprechend bei folgenden evolutiven Aufgaben mitzuhelfen:

- Stabilisierung und Wertschätzung der aufeinander zukommenden Kulturen (z.B. Sprachen);
- Differenzierung als Ablösung von dysfunktionalen religiösen, gesellschaftlichen, machtpolitischen Verhaltensweisen; Erhaltung des Wünschenswerten;
- Variierung und Transformierung der bisherigen entgegengesetzten Kulturblöcke zu einer integrativen Leitkultur mit neuen Subkulturen;
- Dynamisierung ihrer Kreativität.

3. Konkret arbeitet die Schule der Zukunftskultur folgendermaßen:

a) *stabilisierend*: Sie lehrt und pflegt die Mehrheitskultur und die bisherigen Minderheitskulturen, unterstützt die Identitäten der Schülerinnen und Schüler, vermittelt möglichst umfassend Sprache, Verhaltensweisen, Wissensbestände, Geschichte, Kunst, Musik, Literatur, wissenschaftliche und technische Leistungen;

b) *differenzierend*: Schule klärt kritisch würdigend über die bisherigen Kulturen auf. Sie baut Illusionen und Feindbilder ab, thematisiert Ängste, berichtet clare et distincte über politische, wirtschaftliche, kulturelle, anthropologische, religiöse Verhältnisse, Hintergründe und Interessen, stellt Gemeinsamkeiten heraus;

c) *variierend, transformierend, dynamisierend, aufbauend*: Die europäische Schule fördert Ansätze zur Überwindung bisheriger Fronten, insbesondere des Einspruchs starrer Gegenaufklärer; sie versetzt Schülerinnen und Schüler in die umfassende Kenntnis über ihre Kultur aufgrund soliden Wissens um ihre Vor- und Nachteile, um die Menschenrechte. Sie arbeitet mit der Jugend zusammen in Richtung auf eine neu aufgeklärte europäische Kultur, auf eine neu gefaßte Humanisierung der Verhältnisse und der Menschen, auf eine neue religiöse Orientierung des Lebens hin, und sie arbeitet gleichzeitig folgerichtig an dem Abbau der alten Zwänge, Gewaltsamkeiten und Unaufgeklärtheiten.

I.1.4 Die moderne europäische Friedensschule

Die europäische Schule der Zukunft ist eine Weltkulturschule, eine europäische Schule in welt"bürgerlicher" Absicht. Sie nimmt nicht mehr in Anspruch, die Weltkultur allein zu repräsentieren oder sie gar den Völkern zu bringen. Sie ist Ausdruck des Zusammenwachsens der Erdkulturen, des Verschwindens wichtiger Kulturen, des Entdeckens alter und uralter Kulturen, der Aktualisierung einer neuen Weltkultur, der vehementen Transformation der regionalgeschichtlichen und regionalgeographischen Kultur. Alle Hochkulturen sind heute global. Die europäische Schule integriert dementsprechend ebenso Europäisches wie Asiatisches, Afrikanisches, Amerikanisches. Die europäische Kultur als gedachte Einheit gehört der Vergangenheit an; ihre wertvollen Teile sind Beiträge zur Weltkultur geworden; ebenso wie die Asiens und Afrikas. Aber ihre Zugangsweise und ihr Hintergrund sind europäisch.

Die heranwachsende Jugend bemüht sich nicht mehr um eine Trennung des Originären, sondern um eine Vernetzung, und die Kenntnis der Kulturgeschichte, wenn sie überhaupt noch erarbeitet wird, strebt nach Weltübersicht. Die Schule macht sich den Drang nach Neuem zunutze und bringt das Wertvolle der Weltkulturen in einer Synthese zusammen. Und bei dieser Synthese werden Akzente gesetzt, die an die Regionalgeschichte und Regionalgeographie - z.B. Sprache, Identität - anknüpfen. Die moderne europäische Schule kann trotz aller Transformation und Dynamisierung auf eine neue Kultur hin von bestimmten spezifischen Essentials nicht abgehen, die sie hervorgebracht hat, die der europäische Beitrag zur Weltkultur sind, die aber der ständigen Transformation bedürfen: dies sind die Aufklärung, die Wissenschaft und Technik, die Menschenrechte.

Diese Elemente fordern die Kommunikation, die Dialogbereitschaft, die ständige Kritik und Aufklärung der Aufklärung heraus, sind also antifundamentalistisch, ohne Grundsätze über Bord zu werfen. Dies ist eine Verpflichtung unserer Kultur auch in Zukunft. Die Mission Europas ist zu überwinden, aber auch die bemächtigende Mission anderer Kulturen auf Europa wehrhaft zurückzuweisen. Und gleichzeitig integrieren wir und sie wertvolle Dienste an der Menschheit und transformieren mit ihrer Hilfe unsere Kulturen bis in die Grundlagen hinein. Daran hat die Schule maßgeblichen Anteil.

Die moderne europäische Friedensschule ist gut beraten, nach den in der Evolution allgemein herrschenden, oben beschriebenen Kategorien zu verfahren:

1. Aktive Stabilisierung, Gleichgewicht von Ungleichgewichten:

Die Voraussetzung dafür, interkulturell zu denken, handeln und erziehen zu können, ist die balancierte Identität in der eigenen Kultur. Mit diesem Selbstvertrauen und mit dieser Selbstkritik wird dann zwischen einer oder mehreren Kulturen eine solide Brücke möglich. Die europäische Kultur ist heute unter US-amerikanischem Einfluß (als Ameropa) bereits eine kreative Mischkultur geworden und durch vielfältige weitere Kulturen eine Multikultur des täglichen Lebens, in der die Schule für die Jugendlichen eine Funktion der Identitätsklärung übernimmt.

a) Schulen in Afrika sind anders als indische oder islamische und anders als europäische, wenn sie dem originären Denken entgegenkommen und die Identität der Menschen nicht verletzen. Eine Basisaufgabe der europäischen Schule ist nach wie vor die Durcharbeitung der großen europäischen Kultur, ihre Würdigung, ihre Kritik. Andere Erdteile mögen in ihren Schulen andere (nichtkolonialisierte) Spezifika entwickeln. Weil Europa aber zunehmend von überzeugten Trägern nichteuropäischer Kulturen besiedelt wird, deren zahlreiche Kinder unsere Schulen besuchen (in Deutschland sind oft deutsche Kinder in der Minderzahl), arbeitet die europäische Schule maßgeblich mit an einer integrativen Weltkultur mit europäischem Design.

b) Auf der Basis der Menschenrechte und weltweiter Kommunikation hat die europäische Schule ein ausgeprägtes Interesse an Kulturen von ausländischen Schülern. Eine Verdrängung europäischer Kultur ist abzulehnen; in Europa lebende Ausländerkinder müssen sich an europäische Schulen anpassen und sich wie alle Kinder integrieren. Von Seiten der hiesigen Schulen ist eine Aufnahme von Elementen anderer Kulturen fruchtbar, soweit sie mit den Menschenrechten, wissenschaftlichem Fortschritt und europäischen Grundüberzeugungen (der modernen Aufklärung) übereinstimmen bzw. diese weiterentwickeln.

c) Es dient nicht dem Frieden, wenn europäische und ausländische Kulturen darauf bestehen, ihre Traditionen von dem gemeinsamen Integrationsprozeß abzuschließen. Die europäische Schule nimmt den Wahrheitsgehalt aller Argumente ernsthaft auf; er enthält oft eine bedenkenswerte Kritik und veranlaßt uns zu einer Selbstkritik und Reform unserer Zivilisation.

2. Differenzierung, Qualifizierung, Selektion:
Schülerinnen und Schüler gewinnen ihre Identität durch Sprache, Geschichte, Geographie, Kulturleben, Geistesleben. Europäische Schülerinnen und Schüler - und das sind auch die bleibenden ausländischen in unseren Schulen - üben sich in Kritik und Aufklärung.

a) Die Kritik bezieht sich in der Schule notwendig auf die Unkultur Europas wie die Kriege, den Kolonialismus, den Verelendungskapitalismus, deutsche industrielle Menschenvernichtung, Folter etc. Schulen bemühen sich um die Heraushebung der anderen Kulturen Europas und der Welt, des Pazifismus und des Antimilitarismus, des Antifaschismus und der Aufklärung der Aufklärung. Kritik und Bewertung der Unkultur Europas steht am besten und intensivsten der europäisch-regionalisierten Schule an; soweit es sich um Verstöße gegen die Weltkultur handelt, sollten amerikanische, afrikanische oder z.B. japanische Schulen an der Aufarbeitung helfen; sie

kommen dadurch in ihrer eigenen Aufklärung weiter; dies hat auch Konsequenzen für die zukünftige regionale Kultur und Schulung ihrer Jugendlichen.
b) Europäische Schulen sind der humanisierenden Wissenschaftlichkeit und dem europäischen Menschenbild verpflichtet; was in ihnen gelehrt wird, ist entweder wissenschaftlich nachgewiesen oder durch eine vernunftorientierte Aufklärung und die vernehmende Vernunft sinnvoll. Dies schließt die Weiterentwicklung und stete Höherqualifizierung durch moderne Erkenntnisse ein. Traditionen, Vorurteile, Weltanschauungen werden zur Kritik gestellt und auf ihre Integrationsfähigkeit überprüft.
c) Aufklärung ist das Ziel europäischer Schulen; nicht im Sinne eines sterilen Rationalismus, sondern im Sinne des kantischen Sapere aude: Aufklärung als Leistung eines Begründungszusammenhangs, als konstruktiver Mut zum Wissen, als Ausgang aus der selbstverschuldeten Unmündigkeit, als Arbeit an den Menschenrechten.

3. Variation, arbeitsteilige Strukturierung, Transformation, Dynamisierung:
Die moderne europäische Schule heute ist neureformpädagogisch orientiert. Sie bemüht sich um ständige Reform und Dynamik und kennt eine große Vielfalt von individuellen Möglichkeiten der Ausgestaltung: in Montessori-Schulen, Freinet-Schulen, Steiner-Schulen, Petersen-Schulen, Gesamtschulen, Freien Schulen verschiedenster Art, die sie weiterentwickelt und transformiert.
a) Diese Vielfalt ist ein europäisches Kennzeichen und die Basis europäischer Transformations-Energie (Karl Jaspers). Unsere Schulen stützen sich auf die europäischen Traditionen, sie sind maßgebliche Vermittlerinnen unserer kulturellen Traditionen. Sie nehmen aber die heutigen Schülerinnen und Schüler als Kosmopoliten ernst. Deren modernes Lebensgefühl verlangt nach erdumfassenden schulischen Inhalten und modernen Methoden der multimedialen und multisensorischen Informationsvermittlung. Die Schulen helfen ihnen mit Orientierungen, Korrektur von Vorstellungen und Haltungen, interessanten Erkenntnissen bei ihrer eigenen Suche nach Sinn - systematisch und didaktisch verantwortlich vorgetragen, wie es das Charakteristikum schulischen Lernens und Lehrens im Unterschied zu anderen Informationsvermittlungen ist.
b) Ihre Modernität gewinnt die neue europäische Schule auch durch ihre systemische Vernetzung im Geflecht der Lerninstitutionen (Fernsehen, Vielfalt auch anderer Medien, Kulturinstitutionen verschiedenster Art). Die große unabdingbare Qualität der Schule ist ihre solide Verarbeitung des Begründungszusammenhangs all dieser Informationskolporteure. Durch neue Inhalte und lustvoll-leichte Methoden werden Motivation, Kreativität, Konzentration, Lerneffizienz, freie Verantwortung und Emanzipation gefördert und die Schulen selbst transformiert (Heitkämper 1995).

c) An der europäischen Schule soll die Welt nicht mehr genesen. Aber sie ist eine wichtige Facette der Evolution der Weltkultur: Bei aller notwendigen Zurücknahme und Bescheidenheit kann sie in ihrer entwickelten Form der aufgeklärten Dialogfähigkeit helfen, die Weltkultur weiterzubringen. Sie beweist ihre Friedensfähigkeit durch die Einübung von Empathie, Authentizität, Kritik, Mut zum Wissen, zum Handeln, zur Selbstkorrektur, Arbeit für die Weiterentwicklung der Demokratie.

II. Bioenergetische Schulpädagogik

Der Mensch hat alles in sich, was er zu seiner Entwicklung braucht, und er lebt, lernt und bildet sich aus im Austausch mit der Umwelt. Diese Lebensenergie stand schon bei Rousseau und während des 19. Jahrhunderts bis in die Mitte des 20. Jahrhunderts im Zentrum der Lebensphilosophie, zum Teil auch der Pädagogik; heute haben wir umwälzende zusätzliche Kenntnisse über sie, und es ist an der Zeit, ein neues schulpädagogisches Konzept vorzulegen.

Aus der Vielzahl von interessanten heutigen Lebens-Wissenschaften wähle ich die Neo-Bioenergetik als Grundlage einer Schulpädagogik aus. Sie hat auf ihre Weise herausgefunden, was auf der ganzen Welt alle Kulturen immer schon fasziniert hat: Der menschliche Körper ist eine Chiffre für die körperlichen, seelischen und geistigen Potentiale und Energien des Menschen. An ihm lassen sich auch für jeden einzelnen von uns der körperliche, seelische und geistige Zustand und seine Biographie ablesen. Wir kennen die "Ausstrahlung" eines Menschen, die Qualität des Blickkontaktes, die Haltung, seine Bewegung. Dieses allgemein bekannte Wissen hat die Bioenergetik als Lebenswissenschaft systematisch weiter erforscht.

Schon Platon waren diese Energien bekannt. Er hat bekanntlich seinen "Staat" am Körper des Menschen entlang entwickelt. Diese Methode ist auch im indischen, chinesischen und weiteren europäischen Raum für mannigfache Bereiche angewandt worden. Von daher können wir unter modernen systemischen Gesichtspunkten eine bioenergetische Anthropologie entwickeln beziehungsweise Anhaltspunkte für psychische Energien erkennen.

Hier soll nun der Versuch gemacht werden, weitergehend diese bioenergetische Anthropologie auch zur Grundlage einer Schultheorie zu machen. Der Grund ist folgender: Wenn der Körper des Menschen die notwendig zu entwickelnden Potentiale anzeigt, dann können wir an ihm auch ablesen, welche Energien in der Pädagogik der Schule zu entwickeln sind.

Es gibt keine bindende Systematik der Pädagogik mehr. Hier bietet sich nun ein systematisch-systemisches methodisches Vorgehen an. Es hat den Vorteil, daß die Hauptpotentiale des Menschen relativ vollständig erkannt werden.

II.1 Permanente Reformpädagogik

Pädagogik ist eine Handlungswissenschaft menschlicher Lebenslernprozesse. Sie kommen nie zum Stillstand, sondern sind Festigungen und Aufbrüche, permanente

Neuorganisation und Kreativität. Entsprechend ist auch der lebensnahen Schule die permanente Reform und Reformpädagogik notwendig aufgegeben.

Für die Reformpädagogik als einer internationalen, geschichtlichen Epoche nennt Hermann Röhrs sechs Phasen: ab 1880, 1914, 1924, 1934/1939 (Verfälschung), 50er Jahre, 70er Jahre (Röhrs 1971, S. 141 ff.). Wir müssen heute eine siebte Phase hinzufügen.

Schulen heute sind nicht mehr die Schulen von 1989. Schon gar nicht von vor 1789 (von wo her Reformpädagogen und -pädagoginnen immer wieder Ideen holten), auch nicht von 1809, der Bildungstheorie der Neuhumanisten, aber auch nicht von 1919, der Weimarer Republik, oder von der Zeit nach 1949, ja nicht einmal mehr aus den Jahren von 1969.

Die aktuelle siebte Phase der Reformpädagogik hat folgende Kennzeichen:

- sie geht von einem reformpädagogischen Paradigma aus. Im Zentrum steht nach wie vor der Begriff des Lebenspotentials; um ihn zu aktualisieren, müssen die vielfältigen wissenschaftlichen Erkenntnisse des Neuen Denkens (Capra 1987) anthropologisch neu begründet werden;
- sie arbeitet mit modernen qualitativ-analytischen und systemischen wissenschaftlichen Paradigmen. Im Zentrum steht der Begriff der permanent veränderten Kindheit und Jugendzeit und der lebendigen Schule; um ihn pädagogisch neu zu konzipieren, müssen weitere systemisch-ökologische Wissenschaftszweige mit der Pädagogik verknüpft werden, wie z.B., hier vorgeschlagen, die Bio- bzw. Psychoenergetik mit ihren vielen Anwendungsbereichen; die Bioenergetische Pädagogik arbeitet also mit einem ökologischen Paradigma.

II.1.1 Das reformpädagogische Paradigma

Der Lebensbegriff ist ein Zentralbegriff der Reformpädagogik. An ihm entzündet sich jegliche Kreativität und Kritik. Er wird - immer in Mischformen - z.B. bergsonistisch, genetisch-strukturalistisch, lerntheoretisch-pragmatisch, materialistisch, humanistisch, existentialistisch, lebensphilosophisch gefaßt.

Hier findet die reformpädagogische Bewegung die Dynamik und Spannung, ihre Buntheit, ihre Kritik, die pädagogische ernste Frage nach der Vorstellungs-Konstruktion vom Kinde und Jugendlichen und nach der Neuformulierung der geschichtlich-gesellschaftlichen Aufgabe von Erziehung und Bildung.

Hier ist auch ein Ansatzpunkt heutigen neuen Denkens. Denn alle Versuche, die Pädagogik als Erziehungswissenschaft nur objektivistisch-naturwissenschaftlich, technologisch-kausalistisch zu fassen, sind im strengen Sinne genommen gescheitert, weil erheblich ergänzungsbedürftig. Dagegen ist die Reformpädagogik mit ihrem kreativen lebenswissenschaftlichen energetischen, nicht-technologischen Konzept pädagogisch-praktisch, insbesondere auch schulpädagogisch, ungleich bedeutsamer als diese wissenschaftlichen Bemühungen.

Aber die wissenschaftstheoretisch sehr differierende Reformpädagogik bedarf dringend einer Neufassung ihrer Konzepte. Der zentrale Begriff des Lebenspotentials hat durch das Neue Denken, die Evolutionstheorie nach Pierre Teilhard de Chardin und Erich Jantsch, die Physik nach David Bohm und Geoffrey Chew, die Chaostheorie, die Psychologie nach Stanislav Grof, die Bewußtseinsforschung nach Ken Wilber und Robert Ornstein, die Gehirnforschung nach Johannes Holler, durch die umfangreiche Literatur zu Erfahrungen von Lebensenergie und zu deren wissenschaftlichen Erklärungen, durch das Informationsmodell des Rupert Sheldrake, nicht zuletzt auch durch mannigfache feministische Forschungen, und ebenso durch eine große Anzahl neuer Wissenschaften und neuer bioenergetischer, psychoenergetischer und mentalenergetischer Methoden ein solches qualitatives, vielgestaltiges Schwergewicht und eine immer stärkere konzeptionelle Absicherung erfahren, daß die neue Reformpädagogik diese Ansätze und Modelle eines modernen Begriffs des Lebenspotentials verarbeiten muß. Sie sind in der Pädagogik größtenteils nicht oder nur privat bekannt. Selbstverständlich kann auch in diesem Buch nicht die ganze aufgezählte Fülle dieser neuen energetischen Erkenntnisse berücksichtigt werden.

Ich habe mich entschieden, hier das Konzept von Jean Piaget als strukturierende Leitidee zugrunde zu legen. Es ist biologisch-energetisch hinreichend verankert, zudem genetisch-strukturalistisch-konstruktivistisch aktuell, psychologisch-pädagogisch umfassend und hochbedeutsam, für einen Teil der Schule anwendbar und darüber hinaus auszuweiten.

1. Die Reformpädagogen bis nach dem Zweiten Weltkrieg (bis 1966/68) z.B. Montessori und Freinet, sprechen von dem Lebenspotential; Montessori bezieht sich mit ihrer Hormä auf Percy Nunn, Freinet mit seinem Élan vital auf Bergson und Teilhard de Chardin; beide haben Beziehungen zu Jean Piaget. Maria Montessori grenzt mit ihrer Rede vom "inneren Bauplan des Kindes" an karmische, religiöse, aber auch psychologische Vorstellungen von Schemata; Rudolf Steiner spricht dieses in noch weiterem Umfang mit seinem Seelenbegriff an; Peter Petersen schreibt auch von der Wirksamkeit einer Lebenskraft und einer kosmischen Funktion ihrer Wirkart. All diese Rede kommt von unterschiedlichen Positionen her, geht aber auf ein solches Potential zu.

a) Aus diesen und der angedeuteten Vielzahl noch weiterer Auffassungen zu diesem Lebenspotential des Kindes kann zusammenfassend von einem Paradigma der

Reformpädagogik gesprochen werden: Erziehung und Schule haben grundlegend die freie Entfaltung, das Ausagieren, Ausbilden, Formen, die Grenzbestimmung, die Metamorphose und Höherbildung dieser Lebenskraft in einer gemeinschaftlichen "Freien" Schule zur Aufgabe.

b) Daß dieses Potential einheitlich und doch sehr verschiedenartig gesehen wird, ist geschichtlich hochinteressant, aber hier nur anzudeuten: Es werden unterschiedliche Varianten von Bezeichnungen genannt: Kraft, Dynamik (dynamis), Leben, Lebensäußerungen und Lebenswirklichkeit, Energie (energeia), potentiel de vie, élan vital, hormä. Einige Beispiele der alten reformpädagogischen Auffassung vom Lebenspotential: Alexander Sutherland Neill wollte die Ausbildung der Lebenskräfte durch Lebenlassen hervorlocken, Kurt Hahn durch Bewährungsproben, Berthold Otto mit lebensvollem Gesamtunterricht, John Dewey mit seinem embryonic community life, Paul Geheeb mit seiner Goetheschen Pädagogischen Provinz, Maria Montessori mit ihrer Vorbereiteten Umgebung, Peter Petersen mit seiner Pädagogischen Situation. Angereichert durch diese pädagogischen Erfahrungen und durch heute erheblich mehr interdisziplinäres Wissen sowie durch neue wissenschaftliche Modellvorstellungen haben wir heute die neu-reformpädagogische Aufgabe einer praktischen Umsetzung in einer neu organisierten modernen Schule.

c) Einheitlich ist das lebenswissenschaftlich untermauerte Wissen um eine alles begründende und erhaltende Lebenskraft, die das Universum, das Chaos und den Kosmos, Mensch, Tier und Pflanze systemisch-ökologisch oder pythagoräisch-homöodynamisch oder kybernetisch oder nach welchem Paradigma auch immer verbindet. Dies alles finden wir in Schulen der alten Reformpädagogik auf die eine oder andere Weise vorgedacht, bauen heute darauf auf und legen transformierte Schulkonzepte für eine veränderte Weltlage vor.

2. Erst jetzt allmählich, angetrieben auch durch die Reformpädagogik der 68er Jahre, wird in den Richtlinien die alte reformpädagogische Schule als Regelschule proklamiert - angesichts einer wiederum veränderten Jugendzeit und veränderten Gesellschaft. Gesamtschulen, Laborschule Bielefeld, Glocksee-Schule Hannover, Gievenbecker Grundschule Münster, GGS Veen u.a. sind Vorbilder, bedürfen aber der steten Anregung durch neue Impulse.

a) Hartmut von Hentig mit seiner Labor-Schule als Erfahrungsraum einer Polis, Oskar Negt mit seiner nichtformellen Bildungsarbeit in der Glocksee-Schule, die Freien Schulen mit Freier Arbeit formulieren die Lebensprobleme der damaligen Jugend; sie konzipieren eine befreite und befreiende "Schule für heutige Menschen-Kinder". Sie beachten stärker als die bisherige Reformpädagogik die komplexe technisch-industrielle Zivilisation und die immer gefährdete Demokratie.

b) Die Reformpädagogik der 68er Jahren will Schulen durch aufgeklärte und zugleich ganzheitliche Lern-Erfahrungsräume und -zeiten menschlicher machen. Das Lebenspotential der Jugendlichen habe große, bisher nicht angesprochene "Lernreserven", so in den Bereichen Technik, Körper, Glückserfahrungen, Behinderungen, Asozialität, aber auch im Kommunikativen, Kooperativen, im politischen und modernen wissenschaftlichen Denken. Die Schulen sollten sich diesem öffnen.
c) Viele damalige Reformpädagogen diskutierten über den Gewinn des Lebenspotentials durch sexuelle und politische Befreiung à la Wilhelm Reich: Befreiung von Sozialisationszwängen und faschistoid-autoritärem Charakter (Adorno), Befreiung von der école caserne durch Institutionelle Pädagogik (F. Oury, Lapassade), durch Entschulung der Schule und Gegenschulen (Illich, v. Hentig, Goffman, Negt). Die umfassende Sichtweise Reichs von Bioenergetik wurde kaum bewußt. Statt dessen stand die Kapitalismus- und Faschismus-Kritik als Lerninhalt von Schulen im Vordergrund.

3. Die aktuell im Entstehen begriffene Reformpädagogik basiert auf der Humanistischen Pädagogik, der Integralen Agogik, der Transpersonalen Pädagogik, der systemischen Pädagogik, der Confluent Education (Petzold & Brown 1977; Huschke-Rhein 1992). Ich setze den Akzent auf den Lebens-Energiebegriff und mit Alfred Treml auf den Informationsbegriff, um auch für die Pädagogik die tiefstmögliche anthropologische und psychologische paradigmatische Ebene zu erreichen. Von daher schlage ich eine energetische Pädagogik vor, die sich auf die Bio-Energetik, die Psycho-Energetik und die Mental-Energetik (Bewußtseinsforschung) stützt bzw. deren Integration und praktische Anwendung ausarbeitet.
a) Das Energiekonzept (Materie=Energie=Information) umfaßt den alle Bewegung, Wahrnehmung, Sinnlichkeit, Emotion, Handlung, Kognition grundlegenden Bereich vom biophysikalischen (elektromagnetischen, elektrolytischen) Erklärungskonzept bis zum Bewußtseinskonzept (einschließlich der modernen Gehirnforschung, der Modellvorstellung morphogenetischer Felder bei Rupert Sheldrake und der Annahme eines universalen Informationssystems). Das Fortschreiten der Wissenschaften in zellulare, molekulare, atomare, subatomare Bereiche macht offensichtlich, daß der Mensch elektrisch ist, daß er (wie alles) aus energetischer Elektromagnetik aufgebaut ist, daß der gesamte Lernprozeß gehirnphysiologisch-neurologisch äußerlich ein elektrisch-chemischer und innerlich ein psychisch-bewußtseinsmäßiger Vorgang ist. Dies ist anthropologisch hochbedeutsam, weil dieser energetische "Materialismus" gleichzeitig ein "Psychismus" ist, d.h. konsequent den Aufbau des menschlichen (und allen) Bewußtseins und aller energetischen (elektromagnetischen)

Zusammenhänge aus Psychoenergie, dem Biotanz des Kosmos, der Rhythmik, dem “Ton” (Frequenz), der "Musik der Erde" erklären kann.

In dieser Weise ist der Mensch auch ein Kunstprodukt, eine integrale Organisation, und durch seine energetische Kraft ein Künstler, ein Konstrukteur, ein Zusammenfüger, ein Heiler oder Zerstörer, auf eine bestimmte Zeit hin lebend und sich stets körperlich-seelisch-geistig verändernd.

Diese Energien des Menschen werden maßgebend auch von der Erziehung ausgebildet. Dabei werden die Begriffe bzw. Substantialisierungen "Körper, Seele und Geist" in sich problematisch, weil sie als integrierendes Konzept darstellt werden müßten: sie sind energetischer Ausdruck der Individualität dieses Menschen. Die energetische Ausbildung des Kindes und Jugendlichen bestimmt seine Dynamik, Gleichgewichts-Ungleichgewichts-Zustände, Rhythmen, Intensitäten, Qualitäten entscheidend mit. Der reformpädagogische Begriff des Lebenspotentials erhält durch das Energiekonzept neue Impulse: Die moderne Schule lehrt und lernt gehirngerecht, polyästhetisch, begabungs- und hochbegabungsgerecht, im Eu-Streß, mit CreaDidaktik, mit Bio-Feedback, im Rhythmus der Energien.

b) Schule kann entsprechend auch als energetisch intensivierter Erfahrungsraum in einem Lernhaus beschrieben werden. Hier konzentrieren sich die Energien von Gedanken und Informationen; die Energien von Handlungen, Emotionen, Trieben; bestimmte Räume der Schule fördern diese spezifischen Energien durch Territorien, Rituale, Konventionen, Rollen (Heitkämper 1995); der Unterrichtsprozeß, die Gruppenprozesse, Lernprozesse, ökologisch-systemischen Prozesse sind energetische Prozesse.

Welche Vorteile hat es, in der Pädagogik energetisch zu denken und eine energetische Schulpädagogik zu konzipieren?

- ❐ Die Wirklichkeit wird als energetische Konstruktion deutlich, als Konstruktion des élan vital, der évolution créatrice (Henri Bergson);
- ❐ der pädagogische Prozeß wird als energetische Konstruktion der Beziehungsebene und Inhaltsebene deutlich, als Informations-Konstruktion (Energie = Information, Carl Friedrich von Weizsäcker);
- ❐ das Energiekonzept zeigt die Kraftvektoren (Kurt Lewin) des schulpädagogischen Feldes: der Energie der Umgebung, der Wechselwirkungen der Beteiligten, der Energie des Gesamtzusammenhangs;
- ❐ es ist geeignet, alle pädagogischen Prozesse und die unterschiedlichen bioenergetischen, psychoenergetischen, mentalenergetischen Qualitäten der Kinder, Jugendlichen und Erwachsenen zu beschreiben;

- die pädagogische Förderung - Prävention, Intervention, Postvention, Therapie - läßt sich als energetische Information beschreiben, die energetischen Gesetzen unterliegt und damit quantitativ und qualitativ genauer bestimmt werden kann. Energetische Gesetze sind die von Kurt Lewin beschriebenen Feldgesetze, das Gesetz der Homöopathie, besser: Homöodynamik, das Gesetz der Resonanz, die von Frederic Vester beschriebenen bionischen Gesetzmäßigkeiten der Natur (z.B. das Gesetz der negativen Rückkopplung; Vester 1984, S. 81 ff.; dazu s. auch Heitkämper 1987).

Von der Bioenergie her, die eine Psychoenergie und Mentalenergie ist, kann also ein umfassendes Konzept erstellt werden, wie es hier vorgestellt werden soll: ein ganzheitliches Konzept für die Schule; ein Konzept der Wechselwirkungen der kognitiven, emotionalen, triebhaften Energien in der Schule und der Energetik der Organisation Schule.

c) Wohl die bedeutsamste der aktuellen europäischen Entwicklungspsychologien, nämlich die von Jean Piaget (mit seinen heutigen kritischen Weiterführungen), ist sich ihrer Konstruktion bewußt; sie kann vom energetischen Paradigma her interpretiert werden und als Leitlinie dienen, die verschiedenen qualitativen Lernprozesse von Schülerinnen und Schülern durch die Schulzeit und das Schulleben hindurch zu beschreiben und zu bewerten. Sie eignet sich dazu von ihrem wissenschaftlichen Paradigma her, wegen des genetischen Strukturalismus, etwa der Begriffe von Assimilation und Akkommodation, Äquilibration, Organisation, Rhythmus, die eine Nähe zur heutigen (psychoenergetisch zu überarbeitenden) ökologischen Systemtheorie aufweisen. Auch insofern ist dann die reformpädagogische Kontinuität gewahrt, nämlich die Schule mithilfe eines aktuellen Paradigmas zu transformieren.

II.1.2 Ansätze einer energetischen Anthropologie und Pädagogik

Seitdem die Griechen in Korrespondenz mit dem Wissen und Geheimwissen der damaligen Welt mit dem Begriff der Energeia (als Ergon, d.h. Werk durch Arbeit, Wirken) diese wirkende Kraft, die Tatkraft, den Schwung, die körperliche und geistige Spannkraft, die Lebenskraft zum Gegenstand lebendiger Bildung gemacht haben, war das energetische Element der actio, der Aktivität und Dynamik (als dessen Potential) durchaus immer in der Pädagogik mitgedacht.

Auch die moderne Physik (entsprechend dem Energie-Erhaltungssatz von Helmholtz für alle Energieformen, dem Einsteinschen Gesetz der Umwandlung von Masse in Energie und der Weizsäckerschen Gleichsetzung von Energie und Information) hat ein energetisches Weltbild; angeregt durch den élan vital und die évolution créatrice Henri Bergsons (1907) und die Lebensphilosophie Wilhelm Diltheys und anderer hielten energetische Sichtweisen Einzug in die Evolutionstheorie, die Geschichtsphilosophie, die Existenzphilosophie und deren philosophisch-pädagogische Anthropologien.

Mit allen Nachdruck, daß der Energiebegriff keineswegs nur "spirituell"-geistig ist, sei darauf verwiesen, daß die Ökonomie mit dem Energiebegriff arbeitet. Die Waren sind Geldenergien, Geld ist Energie, ist als bloße Zahl Information (Hazel Henderson, in: Capra 1987, S. 261). Wie kaum ein Handlungsbereich beeinflußt die Ökonomie die Pädagogik grundlegend: sie ermöglicht oder verhindert, sie spezifiziert und bewertet einflußreich Erziehung, Bildung und Ausbildung.

In einem dritten Schritt zeigen neue Wissenschaften heute das Veralten des mechanistischen Energie-Paradigmas. Aufbauend auf einer die gesamte Natur umfassenden Bioenergetik, etwa auf Wilhelm Reichs Orgonenergie, auf Energie aus dem Kosmos, ganz weit zurückgreifend auf das indische Prana, das chinesische Chi, das ägyptische Ka, das japanische Rei-ki, und in Übereinstimmung mit Teilen der modernen Bewußtseinsforschung und Gehirnforschung entstehen jetzt Lebenswissenschaften, die pädagogisch-anthropologisch nutzbar zu machen sind. Alles ist bio-elektromagnetisch. In dieser Weise ist, wie eben schon angedeutet, auch der Mensch bio-elektrisch. Die Physiologie geht längst von den elektrischen Impulsübertragungen aller Erfahrungen durch das Nervensystem aus, die zu Vorstellungen, den "Illusionen" unserer Erfahrungswelt, im Gehirn generiert werden. Das Gehirn ist afferent der große Frequenzumsetzer und efferent der große Frequenzgenerator. Die ankommenden und erzeugten Frequenzen (mit Hilfe von Sinnen, Nerven, Muskeln und ihren uns bekannten kleinsten feinstofflichen Einheiten, die nur noch schwer "materiell" gedacht werden können) werden zu unseren Informationen: "Real" sind nur Energien, die stabilisiert werden und eine gewisse Zerfallszeit haben bzw. ektropisch aufrecht zu erhalten sind. Diese Prozesse laufen nach homöo"pathischen" Gesetzen ab: dem Affinitätsgesetz (Kompatibilitätsgesetz, Resonanzgesetz, Homöodynamikgesetz): Nur Kompatibles, wozu unsere Sinne und Nerven uns befähigen, kann erfahren werden und Erfahrungen schleifen sich ein, ebnen die Wege.

1. Die évolution créatrice läßt den Menschen an jenem élan vital teilhaben; ja jedes Kind partizipiert nicht nur, es bringt sich nicht nur mit all seinem Tun und seiner Intuition in den Strom des Lebens ein, sondern es entfaltet und differenziert für sich

diese evolutive Lebenskraft. Jeder Mensch ist eine Qualität der Evolution. Pädagogische Aufgabe ist es, diese Lebenskräfte entwickeln zu helfen.

a) Daß Pierre Teilhard de Chardin eine Anthropologie vorlegt, zeigt schon sein Hauptwerk "Der Mensch im Kosmos" (1959 (1947)), in dem er den Aufstieg des Lebens, die "Orthogenese" bis zur Noogenese nachzeichnet. Äußere ("tangentiale") und innere ("radiale") Entwicklung geschieht durch Tasten (ebd., S.105), und wer wäre nicht an das tâtonnement expérimental, experimentierendes Tasten Célestin Freinets erinnert, mit Hilfe dessen das "potentiel de vie" der Evolutionsenergie den Erfindungsgeist, die Widerstandskraft, das erbarmungslose und harte, aber auch homöodynamisch-gefühlvolle Spiel, das ganze Mysterium des Lebens erprobt, beim Kind und Jugendlichen unter Begleitung von Pädagoginnen und Pädagogen (Heitkämper 1996)?

b) Das biologisch-naturwissenschaftliche Denken überschreitend führt Erich Jantsch ein aktuelles Paradigma der Lebenswissenschaft ein: die Selbstorganisation des Universums und des menschlichen Geistes (1982 [1979], S. 392 ff.). Er nennt die evolutionäre Energie Geist und im Grunde transpersonal, die beim Menschen durch Reflexion und Selbstreflexion zum Bewußtsein und zur bewußten Schöpfung wird. Eine energetische Anthropologie geht von Selbstorganisation (autopoiesis Maturanas und Varelas) aus und stellt fest, daß durch Erstmaligkeit und Beständigkeit (Christina v. Weizsäcker) hierarchisch und systemisch Gleichgewichts-Ungleichgewichts-Zustände, das Lernen von Systemen und Schemata geschieht, ihre Dynamik, ihr Rhythmus in Offenheit und Geschlossenheit sich aufbaut.

Eben diese Kategorien können Bestandteile einer energetischen Pädagogik sein: Schüler sind als Menschen immer wieder neu erstmalig und doch beständig; sie lernen durch Erstmaligkeit, die sie systemisch und hierarchisch in ihre Identität integrieren; sie bilden sich ihre Energien durch verschiedene Kommunikationen auf biologischer, sozialer, kognitiver und vernünftiger Ebene aus, anders gesagt: durch Ungleichgewicht-Gleichgewicht (Konflikte, Widerstand, Neugier, Anpassung, Heteronomie, Autonomie, Kommunikation); entsprechend der Dynamik (dem Potential) innerer und äußerer vernetzter Zustände und Rhythmen.

c) Alfred Treml (1987) zieht mit Hilfe des Informationsbegriffs (Evolutionsenergie = Information, Lernen) diese Erkenntnisse bis zur Schule durch. Dies wird weiter unten aufgegriffen. Dem Informationsbegriff fehlt aber jene Ganzheitlichkeit, Kraft, Möglichkeit, Spontaneität und Wärme, die dem Energiebegriff innewohnt. Entsprechend entwirft Treml nur eine informierende Schule, nicht eine warme, Spontaneität und schöpferisches Denken zulassende energetische Schule.

2. Ken Wilbers oben schon angedeutete Entwicklungsgeschichte des menschlichen Geistes ist anthropologisch und pädagogisch wichtig, weil in der Erziehung die unterschiedlichen Bewußtseinsschichten der menschlichen Persönlichkeit angesprochen und entwickelt werden.

a) Die Evolutionsenergie, Lebensenergie, Lernenergie hat immer schon die Komponente Bewußtseinsenergie. Sie wird in jeder Individualgeschichte des Menschen wirksam - und ist auf pädagogische Begleitung angewiesen. Die Individualentwicklung ist nach Wilber ein Herauslösen aus der archaischen Ur-Einheit (archaischer Mensch), sie durchläuft dann zwei Phasen: 1. die Vorstellung des magischen Beherrschens der Dinge (magische Phase) und 2. das mythische, kommunikative Gruppenbewußtsein (mythische Phase) und erreicht schließlich die Phase der mentalen Bewältigung von Welt (rationale Phase). Je mehr sich die Menschheit aus der Ur-Einheit herauslöst, umso mehr ist diese Lebensenergie auf Erziehung und Information angewiesen; Erziehung und Bildung und alle Informationsprozesse des einzelnen Individuums gestalten diese Lebensenergie als Bewußtseinsenergie des Einzelnen und der Menschheit immer weiter aus (s. auch Sören Kierkegaard, in: Rest 1971, S.16). Alle vorherigen Bewußtseinsenergien bleiben als hérédité biologique et conscientique präsent (vgl. z.B. die Evolution des Gehirns). Sie sind pädagogisch nicht zu übersehen, denken wir etwa an die Triebhaftigkeit, die Emotionen und Aggressionen, und sie sind somit zentrales pädagogisches Aufgabenfeld.

b) Max Liedtke hat als einer der wenigen Pädagogen die Paläologie, die Verhaltensforschung (etwa das psychodynamische Modell von Konrad Lorenz), die Evolutionstheorie zu einer Integrativen Pädagogischen Anthropologie ausgearbeitet, die die psychophysischen (Trieb-)Energien auch evolutionär erklärt und die Evolutionsenergie als nach wie vor am Werke demonstriert. In die gleiche Richtung weist die pädagogische Einbeziehung der Verhaltensbiologie (v. Cube & Alshuth 1986; Miller-Kipp 1992).

c) Die Humanistische Pädagogik arbeitet ebenfalls mit dem Energiebegriff: der Synergie als handlungsleitendem Prinzip (Burow 1992, S. 182 ff.). Sie fordert das Einlassen auf alle unsere unterschiedlichen eigenen Energien, die anderer Menschen und der Mitwelt und Umwelt. Daraus entsteht die erzieherische synergetische Aufgabe der konstruktiven, dialogischen, empathischen, kritischen Begegnung und Auseinandersetzung mit anderen und mit uns selbst. Die Gestaltpädagogik fordert für diesen "dynamischen Lernprozeß" biophile Schulen (Erich Fromm) und Integrativen Unterricht: "Dynamisches Ausbalancieren zwischen Ich-Wir-Thema, Balancieren zwischen physischen, emotionalen, intellektuellen und spirituellen Bedürfnissen und notwendigen Anforderungen" (Petzold & Brown 1977, bes. S. 143).

3. Noch aus anderen Richtungen kommen neue energetische Wissenschaftszweige auf die Pädagogik zu. Zu nennen sind z. B. bioenergetische Wissenschaftsbereiche wie Feldenkrais, Mentastik, Eutonie, Edukinästhetik, Hatha-Yoga (alle weit über das Biologische hinaus reichend); psycho-sozial-energetische Wissenschaftsbereiche wie Suggestopädie, Neurolinguistisches Programmieren, Rhetorik (alle weit ins Biologische hinein reichend); mentalenergetische Wissenschaftsbereiche wie verschiedene Lerneffizienzwissenschaften, die Gehirnforschung (Heitkämper 1995). Sie arbeiten explizit mit Körper-Psycho-Energien, etwa mit der Meridian-Energie, Chakren-Energien, der körperlichen und seelischen Energie-Übertragung und Energie- Ausbalancierung.

Die Bio-Energetik ist eine Bio-Psycho-Energetik. Sie weist körperliche Phänomene als psychisch bedingt auf. Von Wilhelm Reich übernehmen Alexander Lowen u.a. das Energiekonzept bzw. dessen Energetik der Charakterstrukturen, die am Körper sichtbar sind; dies sind also körperlich manifestierte, empirisch-klinisch festgestellte seelische Auswirkungen. Einen ungewöhnlich interessanten Einblick in die anatomische Manifestation der menschlichen Existenz gibt Stanley Keleman (1992 [1985]). Ken Dychtwald geht noch weiter, indem er von KörperBewußtsein (als Einheit) spricht; er arbeitet zudem das Chakren-System in die Bioenergetik ein und unterscheidet entsprechend neun qualitative Haupt-Energien des Menschen. Mehr darüber unten. Pädagogisch ist daran wichtig, daß wir damit ein System der Haupt-Energiepotentiale des Menschen kennen, bei deren Entwicklung wir erzieherisch helfen und gegebenenfalls korrigieren können.

Die Gehirnforschung nimmt heute eine Schlüsselstellung der gesamten energetischen Lernprozesse ein. Die Komplexität des Gehirns, die wissenschaftliche Modell- und Hypothesenbildung darüber und die Ungewißheit nach so viel Forschung sind geeignet, ganz neue Denkweisen über das kausalanalytische Paradigma hinaus zuzulassen, nämlich systemisch-kreative-energetische, die pädagogischem Denken besser entgegenkommen. Die für das Lernen so wichtigen gehirnphysiologischen, energetisch-elektromagnetischen Prozesse, die elektrischen Funktionen in den Nerven und in den Gehirnsynapsen, die Meridian-Energien bekommen so pädagogische Bedeutung (vgl. Vester, Zimmer).

a) Auch die Bioenergetik profitiert von der Gehirnforschung und relativiert so ihre psychoanalytischen Ursprünge. Sie wird noch energetischer, funktionaler. Der Pädagogik weist sie die Verpflichtung des Lernens am Lebensprozeß zu: die Aufgabe, das Fließen der Energien als basale Bioprozesse zur Ermöglichung der Lernprozesse von Lehrern und Schülern ernst zu nehmen, Energieblockaden zu verhindern bzw. - wenn möglich - mit erzieherischen Mitteln aufzulösen.

Hilfsmittel dazu bieten die Grundüberlegungen und die Praxis der Moshé Feldenkrais-Methode, der Eutonie von Frederick Matthias Alexander, der Mentastik von Milton Trager, die Lehrer und Schüler zu bewußtem Gewahrsein und zu Leichtigkeit, zu Angstlosigkeit des Selbst und damit des Lernens verhelfen.

Die Edukinästhetik, eine für Pädagogen und Pädagoginnen aus der Kinesiologie ausgearbeitete Bewegungserziehung, beruht auf Forschungen von Paul Dennison u.a.; Weiterentwicklungen sind das Brain-Gym, Touch for Health; von anderer Seite bekannt wurden das Neurolinguistische Programmieren bzw. die Exzellente Kommunikation. Sie sind für Lehrerinnen und Lehrer angesichts der heutigen Schulsituation bedenkenswert; sie sind auch schon weithin bekannt und zeigen große Erfolge. Es handelt sich um pädagogische energetische Konzepte, die sich auf die Meridian-Energien (also die Chi-Energien), auf physiologische Energien des Gehirns bzw. deren Blockaden und letztlich auch auf ein bio-energetisches Konzept stützen (vgl. auch Buddrus 1995). Die Pädagogik wird dazu, was sie selbstverständlich immer schon ist, nämlich professionell (und nicht nur semiprofessionell) zur Heilpädagogik präventiv, interventiv und postventiv, wohlgemerkt: in den Händen von Pädagogen mit pädagogischen Maßnahmen.

b) Die Suggestopädie, ein schon intensiv erforschter Wissenschaftsbereich (Schuster & Gritton 1986), auch das Superlearning, arbeitet - ebenso wie die Silva-Methode - in starkem Maße mit der sog. rechten Gehirnhälfte, mit dem Alpha-Frequenzspektrum der Gehirnwellen, verbunden mit autosuggestiven Erfahrungen, auch mit Anteilen des Traum-Potentials.

Das Neurolinguistische Programmieren (NLP) oder auch die Exzellente Kommunikation, eine moderne Rhetorik, strategisieren Erfolgskommunikation zur besseren Gehirn- und Sinnes-Nutzung in allen Lernbereichen. Die Speicherungs- und Verarbeitungsprozesse werden optimiert, unzweckmäßige Lernstrategien verändert.

c) Ebenfalls durch die Gehirn- und Sinnesforschung angeregt, entwickeln sich mentalenergetische Wissenschaftsbereiche, etwa zur Erforschung von Lerneffizienzmethoden. Lernkybernetische Gesetze, Lernkategorisierung, Lernstrategien-, Informationsaufnahme- und Speicherungs-Theorien, Gedächtnisformen-Hypothesen, ökologische Effektivierung und Lernevaluierung, zusammen mit Elementen der Phantasie, Imagination, Intuition bringen pädagogisch spannende, auch lustvolle Lernmethoden hervor, die eine spielerische, "leichte" effektive Didaktik beflügeln sollen.

II.1.3 Zur Energetik des Lernens

Lernen ist ein energetischer kosmischer Prozeß. Nach dem evolutionären Paradigma entwickelt sich alles und ist alles miteinander ökologisch in Verbindung; im Tierreich sind Lernprozesse als Bewußtseinsprozesse ansatzweise sichtbar; der Mensch als lernfähigstes aller Lebewesen möchte das Bewußtsein und das Lernen für sich reklamieren. Dennoch zeigen die moderne Physik und auch die "materialistischen" Wissenschaften Lernprozesse "unterhalb" der menschlichen Ebene auf; unser Körper ist (naturwissenschaftlich nachgewiesen) in ständigem Abbau und Aufbau durch das Universum und kosmische Energie (Dossey 1984); aber nicht passiv, sondern aktiv holt sich die Lebenskraft der Zellen und Strukturen ihre Arbeitsmittel und Entwicklungsmöglichkeiten. Verständnisbrücken bilden der Begriff der Selbstorganisation, der Autopoiesis, der Synergetik, die Vorstellung von Modulen und deren Vernetzungen.

1. Lernen geschieht in Vernetzungen mit unterschiedlichen energetischen Ebenen und Systemen der Lebenskraft. So nehmen Gazzaniga und Ornstein als Gehirnforscher Abschied von der Vorstellung der Einheit der Persönlichkeit. Sie beschreiben den Menschen als höchst komplexe Struktur von Subenergien, von Modulen, von Energiemustern, von Selbsten, von Subpersönlichkeiten (Gazzaniga 1989, Ornstein 1989). Ja, die Bewußtseinsforschung spricht schon von der Individualität von Zellen und Molekülen, die sich sozial-aufgabenbezogen kreativ kommunizierend zu einem Energiemodul zusammentun und lernen. Und die Soziobiologie denkt die sich strategisch-bewußt auslebenden Gene entsprechend den evolutionären Gesetzmäßigkeiten, die bestimmen, welche Gene zusammenkommen sollen und welche nicht.

a) Lernen ist damit ein hochkomplexer Zusammenhang, der sich auf Energieprozesse, Austauschprozesse und stets je neue Sub-Lernprozesse, Selbstorganisationsprozesse stützt und durch eine Super-Organisation, das "Ich", zusammengefaßt und supervisiert wird. Das "Individuum" gibt es, sofern dieser spezifische Zusammenhalt von Modulen unverwechselbar diesen Menschen durch diese psychische Einheit ausmacht. Das Ich ist auf die Zusammenarbeit der Unterorganisationen angewiesen. Es ist Ich aufgrund meiner und aller mir begegnenden anderen Menschen (auch geschichtlichen) Leistung des Bewußtseins in innerem und äußerem Dialog mit der Gesellschaft (I und Me) und aufgrund der strukturellen Zusammenfügungen (Institutionen). Grundlage ist das Lebens-Energiepotential, genauer: sind die Energiepotentiale der einzelnen Module, die durch das Zusammenbringen im Ich ihre Steigerung, ihre Einzigartigkeit in der Personalität des Menschen im Austausch mit komplexen “Um-Welten” bekommen.

b) Ornstein spricht vom Multimind (Ornstein 1989; Huhn 1990, S. 36) und verschiedenen Sub-Persönlichkeiten und “Selbsten”: “der Perfektionist”, “das verletzbare Kind”, “der romantische Teenager”, “das spielerische Selbst”, “die rebellierende Tochter”, “der innere Kritiker” sind solche Module. Wir können uns lebhaft vorstellen: Sie kämpfen miteinander, fordern ihr Recht, beeinflussen die durchlaufende, sie abfragende Lebensenergie, blockieren und fördern Lernprozesse, gehirnphysiologische Prozesse, Hormone, Libido, molekulare und neuronale Prozesse. Eine der schwierigen pädagogischen Aufgaben ist, angesichts dieser unterschiedlichen energetischen Schemata beim Schaffen eines Designs einer integrierten Persönlichkeit des Jugendlichen mitzuhelfen.

c) Lernen ist Poietik, Wirklichkeitskonstruktion einer komplexen Dynamik: also Schaffen, Kreieren, Fokussieren, Energetisieren, Korrigieren, Zusammenbringen und Neuschaffen, Transformieren. Die “Umwelt” stellt dem Lebenspotential mögliche oder wahrscheinliche Qualitäten (“Inhalte”) zum Aneignen, Kreieren, Transformieren zur Verfügung, und die Potentiale des Menschen (Kindes, Jugendlichen) treten damit in Resonanz, in “homöopathische-dynamische Resonanz”, d.h. in eine integrierbare Wellenlänge, und sie schaffen daraus eine Wirklichkeit, die wiederum mit ihrer ganzen bisherigen systemischen Wirklichkeit in Korrespondenz tritt. Auf diese Weise geschieht ein steter Veränderungsprozeß und Erneuerungsprozeß, wie auch jeder Meister und Künstler seine Qualität immer neu erarbeiten muß. Auffällig ist, daß wir wissenschaftlich über äußeres Lernen (das sich im “Verhalten” zeigt) viel mehr wissen als über die inneren Prozesse, das innere Wissen, den inneren Dialog, das “forum internum”, die inneren Sinne, die innere Sprache (“voice dialogue”), Organisation und Verarbeitung, die Energie von Gedanken, Träumen, inneren Wirklichkeitskonstruktionen und das energetische Verhältnis zum äußeren Lernen.

2. Lernen ist ein energetischer Begriff. Er bezeichnet die Ausbildung und Transformation unseres Lebenspotentials. Damit ist Lernen ein zentraler Begriff unseres Daseins. Alles ist in Veränderung. Lernen ist die Aktivierung unserer Transformationsenergie. Sie arbeitet nach den evolutionären Kategorien von Stabilisierung, Differenzierung, Variierung, Transformierung, wo wieder eine Stabilisierung einsetzt, die den weiteren Prozeß einleitet.

a) Lernen geht weit über die übliche Gleichgewichtsdefinition als "relativ permanente Verhaltensänderung" hinaus; es ist nicht nur äußerlich feststellbares Resultat (als ein

Verhalten, das "jeder" “sehen” kann - warum eigentlich?), sondern ständiger innerer und äußerer Dialog, Herausforderung und deren Antwort. Die Aktionspotentiale des Menschen sehen in dieser Herausforderung ihren Sinn und ihre Erfüllung: nur durch Lernen "rosten" sie nicht, nicht physiologisch, psychisch, sozial, mental. Die Energien des Menschen: die Sinne, der Wille, das Denken, die Intuition, das Handeln werden durch Lernen, durch ständige Anforderungen bis an die Grenze ihrer Leistungsfähigkeit und durch Neustrukturierungen in Gang gehalten; Lernen ist ihre “natürliche” Aufgabe, ihr Lebenselexier, ihr Reichtum.

b) Wir fordern vom Lernen eine Leistung, ein Produkt, die Ausbildung eines Schemas (Piaget), auf das wir uns verlassen können. Nehmen wir die subjektive entwicklungsgemäße Ausgangslage, die Schemata, also die Produkte der vorangegangenen Prozesse, gewissermaßen die stabile Ebene, so wirken nun bei jeder neuen Erfahrung und bei jedem neuen Lerninhalt Körperprozesse, Psychoprozesse, Sozioprozesse, geistige Prozesse auf diese Schemata ein, sie reißen sie auf, differenzieren sie, variieren sie und transformieren sie. Lernen ist also ein integrativer Transformationsprozeß. Umgekehrt gesagt: Jeder Sachverhalt wirkt sich systemisch verändernd und umformulierend auf die gesamte Ausgangslage des Lernenden aus. Fokussierte Lerninhalte, wie sie in der Schule dargeboten werden, haben ihre optimale Chance, wenn sie mit den vorlaufenden Körperprozessen, Psychoprozessen, Sozioprozessen und Mentalprozessen in Resonanz gehen. Dies zu bewerkstelligen, ist pädagogische Kunst und energetisches Wissen.

c) Denn diese Lernprozesse geschehen auf den verschiedenen Bewußtseinsebenen und in der Kindheit und Jugend sehr unterschiedlich: kognitives Lernen ist anders als das Lernen der Gefühle und der Intuition. Nehmen wir ein Koordinatensystem und tragen wir auf der Ordinate die Kindheits- und Jugendphasen ein und auf der Abszisse die unterschiedlichen Energie-Qualitäten und Bewußtseinsenergien wie Motorik, Gefühle, Kommunikation und Sprache, Handlungsschemata. Dann sehen wir, daß diese je nach Lebensphase verschieden ausgeprägt sind, und daß wir logischerweise eine je unterschiedliche Pädagogik, Didaktik und Methodik je nach Lebensphase und nach ausgeprägter Bewußtseinsenergie brauchen. Dies ist Inhalt dieses Buches.

Beispiele: Eine Pädagogik der Vitalenergien, etwa eine Sexualpädagogik, hat andere Bestimmungsfaktoren und muß anders vorgehen als eine Pädagogik der Intuitionsschulung, und diese ist für die Kinder anders als für die Jugendlichen; die Ansprache von Gefühlsenergien und ihres Einsatzes in Lebenssituationen braucht eine andere Didaktik als die Didaktik des Unterrichts; eine körperbezogene Methodik der Gymnastik spricht andere Energiepotentiale an als mentale Prozesse einbeziehende Methoden wie die Alexander-Technik, die Feldenkrais-Methode, die Mentastik, die wiederum in der Kindheit anders als in der Jugendzeit gelehrt werden müssen.

3. Die Schulpädagogik braucht, zumal in einer dynamischen Zeit, ein dynamisches Paradigma des Lernens. Jede Energie des Kindes und Jugendlichen, auf welcher Bewußtseinsstufe immer, ist pädagogisch wichtig, einsetzbar, transformierbar. Die spezifische Qualifizierung des Aktionspotentials von Schülerinnen und Schülern erfordert eine qualitative, energetische Schulpädagogik. Die Quantität der Lerninhalte und Lernmethoden überzeugt nur durch ihre Qualität.

a) Was unterscheidet eine energetische Schulpädagogik von anderen? Erstens bezieht sie möglichst viele Lernenergien des Kindes und Jugendlichen in den Lernprozeß ein; sie versucht, sie vielfältig anzusprechen und miteinander zu verbinden, sie läßt die Transformationsprozesse im Fluß und erzwingt nicht zielstrategisch Ergebnisse, sie erleichtert den Lernprozeß durch eine "leichte Didaktik", spielerisch, vital, handlungsorientiert, sinnlich und sinnhaft. Und zweitens, auf die Energetisierung des Lernens in der Schule bezogen, erweitert sie die Schule für die Vielfalt der Energien der Kinder und Jugendlichen, sie interessiert sich für ihre Potentiale, fragt sie ab, arbeitet sie in die Schule ein, sie interpretiert die Schulinhalte als energetische Informationen: als energetisierte und entsprechend zu energetisierende Informationen in Abstimmung auf die Energien (Interessen) der Jugendlichen.

b) Damit ist sie eine qualitative Schulpädagogik. Die Quantität schulischer Inhalte ist an der Qualität des Lernprozesses zu messen: an der qualitativen Ausbildung des verschiedenen Potentials der Kinder und Jugendlichen, an der Frage: Wie gut ist dieses Kind in seinen Fähigkeiten schulisch, d.h. systematisch, gefördert worden, so daß diese Informationen auf ein energiereiches Interesse stoßen? Und nicht an der Frage: Ist der verordnete Lernstoff material und formal durchgepaukt worden? Diese Schulpädagogik berücksichtigt, daß sich die individuellen Qualitäten und Interessen von Kindern und Jugendlichen in einer bestimmten Lebenszeit und in einem bestimmten Lebensraum transformieren, und sie führt entsprechend den entwicklungsmäßigen Sensibilitäten die Ansprache unterschiedlicher Interessen der Jugendlichen nach. Zum Beispiel Sprache wird bekanntlich in der Grundschule anders als in der Kollegstufe geschult; Sprache hängt aber in beiden Fällen - was in einer energetischen Schulpädagogik vorrangig beachtet wird - sehr verschiedenartig von Motorik, Kommunikation (Gruppe), Emotion, Denken ab und wirkt auf sie zurück; möglichst alle diese Energien der Kinder und Jugendlichen werden je spezifisch und individuell eingesetzt, systematisch ausgebildet, integrativ verarbeitet.

c) Ein gutes Hilfsmittel dieser Pädagogik und Didaktik sind moderne energetisierende Methoden. Daß es auf die Qualität der Methode ankommt, wie die Schüler die Inhalte in ihren Lebenszusammenhang integrieren, war der traditionellen Auffassung von der Pädagogik als Kunst in Theorie und Praxis bekannt. In dieser Weise spricht Schleiermacher von der Erziehungskunst und Gaudig davon, daß der Schüler Methode haben müsse. Auch heute versteht sich ein Teil der Gestaltpädagogik als Kunstpädagogik, als Pädagogik der Kunst und Poietik des Menschen (Neumann 1995), der Poietik der Kinder und Jugendlichen.

Für die verschiedenen energetischen Potentiale gibt es eine große Vielzahl anregender und effizienter Methoden, die auf schulische Verhältnisse umzudefinieren sind, ja erst einmal zu entdecken sind. Neben den oben genannten gibt es heute, einmal durcheinandergewürfelt aufgezählt, zum Beispiel: Wellness, Kreatives Lernen, Schnellesen und Photoreading, Inner Teacher, Focussing, Autogenes Training, Gruppendynamik, brainstorming, Mind Mapping, Running, Envisioning, Assoziationstechniken, Kettenmethoden, Geschichtentechnik, Lokalisationsmethode, Lernmanagement, Methoden des Gedächtnistrainings, die Suzuki-Methode, die Neomäeutik, Eristik, das Rogern, die genetische Methode Wagenscheins, die Heuristik, Dramaturgik, Theatralik, Diskussions- und Argumentationstechniken und viele mehr (Mandl 1992; Metzig, Schuster 1993; Klippert 1994; Hüholdt 1995; Heitkämper 1996).

II.1.4 Ein System qualitativer Schulpädagogik

Pädagoginnen und Pädagogen geht es um die möglichst ganzheitliche und zugleich qualitativ detaillierte Ausbildung und Selbstaktivierung der körperlichen, seelischen, sozialen und geistigen Energien des Menschen. Diese Ausbildung geht immer über den Körper und immer nur über den Körper. Der Körper enthält dieses gesamte Aktionspotential. Die Bioenergetiker sagen: der Körper repräsentiert den ganzen Menschen. Der erfahrene Bioenergetiker kann am Körper die Geschichte dieses Menschen ablesen; der Körper spiegelt die Gesamtheit des Bewußtseins dieses Menschen wider.

Der weltbekannte Bioenergetiker Ken Dychtwald entwirft ein System des KörperBewußtseins. Aufgrund seiner vieljährigen Erfahrungen ordnet er die zentralen Körperenergien und damit die seelisch-sozialen-geistigen Energien in aufbauender Reihenfolge vom Fuß bis zum Kopf an. Die Körper-Tektonik zeigt also die Hauptenergien des Menschen. Dies ist im Wissen aller Völker (Chinas, Tibets, Indiens, auch der Indianer, übrigens auch in Europa) präsent.

Ken Dychtwald benutzt das Chakren-System. Er könnte genauso gut den Aufbau des Körpers entlang gehen. Das mittlerweise im Zuge des Austausches der Weltkulturen überall bekannte Chakren-System ist ein sich aufbauendes und regulierendes System von Energiezentren verschiedener Qualitäten, das im Yoga erforscht worden ist, im Osten seit ca. 3500-5000 Jahren, im Westen seit mindestens 500 Jahren. Der Mensch hat, ähnlich dem Akupunktursystem, Energiezentren, die Wirbelsäule bzw. die Vorderseite des Körpers entlang, aber auch an Füßen, Händen und Kopf; diese tauschen Lebensenergie, psychische Energie aus; im Chakren-System entsprechen sie dem Ort des Körpers, wo sie am meisten aktiv sind. Durch ihre bioenergetischen praktischen Funktionen sind sie Speicherstationen, Empfangsstationen, Clearingstationen, Transformationsstationen für bestimmte psychische Inhalte. Das Yoga-System geht also die Tektonik des Körpers entlang und versucht, die verschiedenen psychosomatischen Bewußtseinsqualitäten zu aktivieren.

Der Vorteil dieses Systems ist, daß es die Hauptenergien, die maßgeblichen Bewußtseinsqualitäten des Menschen, angibt. Wir erhalten dadurch eine relativ systemische Vollständigkeit der Lehre von den Energien des Menschen und der Ausbildung seiner Fähigkeiten (integraler Ansatz).

Methodisch können so die verschiedenen Qualitäten von Energien auseinander gehalten werden. Die Bioenergetik hat durch verschiedene Überprüfungen und Erfahrungen diese Lokalisierung am Körper bestätigen können; als therapeutische Methode versucht sie, Blockierungen dieser Energien durch psychosomatische Methoden aufzulösen.

Um die notwendigen körperlich-seelisch-sozial-geistigen Ausbildungsprozesse in der Schule benennen zu können, gehe ich also entsprechend dieser Bioenergetik die Tektonik des menschlichen Körpers entlang und nenne parallel dazu die Psychoenergetik. Bei diesem methodischen Vorgehen werden die je spezifischen Energien deutlich, die die Schule fördern sollte. Es eignet sich also methodisch gut für eine systemische integrale Anthropologie und weitergehend als Grundlage für eine ganzheitliche humane Schulpädagogik. Dies ist die Frage nach dem vertikalen Aufbau der Lernenergien.

Bleibt noch die Frage nach den entwicklungsgemäß aufzubauenden Energien. Ebensowenig wie eine explizite energetische Anthropologie und Pädagogik besteht auch keine energetische Entwicklungspsychologie. Hier soll deswegen der Versuch unternommen werden, entsprechend dem energetischen Paradigma eine qualitative Schulpädagogik zu entwerfen, die unter anderem die Begriffe von Jean Piaget: Assimilation und Akkommodation, Gleichgewicht und Ungleichgewicht, autorélage, cybernétic, transformation, Gestalt, équilibration, Aktionspotential verwendet; auch die Erkenntnis miteinander verbundener und aufbauender Stadien oder Phasen wird hier mit Piaget vertreten und in eine Entwicklungspädagogik der Schule eingearbeitet; Piaget eignet sich dazu besonders wegen seiner lebensnahen Beobachtung der verschiedenen menschlichen Energien wie Kognition, Emotion, Moralität, Handlung.

Die Entwicklungspsychologie Piagets hilft uns dabei, die von Dychtwald angesprochenen Lebenspotentiale der Schüler in den einzelnen Schulformen entsprechend ihrem Stadium zu erkennen und pädagogisch richtig zu begleiten.

1. "Die Bioenergetik versucht, die menschliche Persönlichkeit aufgrund der energetischen Prozesse des Körpers zu verstehen" (Lowen 1975, S. 1). Der Körper repräsentiert alle körperlichen, seelischen, sozialen und geistigen Prozesse, also auch alle Erfahrungen durch Selbstorganisation, Erziehung und Umwelt.

a) Beginnen wir bei anthropologischen Assoziationen zum Fuß. Hugo Kükelhaus zitiert die indianische Philosophie, daß der Fuß der ganze Mensch sei. Pädagogen und Pädagoginnen denken dabei in direktem und übertragenem Sinne an die Standfestigkeit, das-In-der-Welt-Stehen, die Bodenhaftung, die Verankerung im Leben, die gute physische Kraft, das Gleichgewicht-Ungleichgewicht, Standbein-Spielbein, Flexibilität (Knie), den aufrechten Gang (Ernst Bloch), Beweglichkeit, alles körperlich-seelisch-sozial-geistig genommen und zur Erziehungsaufgabe an die Schule weiterzugeben.

b) Das erste Yoga-Energiezentrum repräsentiert die biologisch ältesten Energien, den analen Bereich, die Basis des Rückgrats, der Lebenssäule: die Überlebensenergien. Psychologen und Pädagogen kennen die Bedeutung der Analität bei Sigmund Freud, der klar den Einfluß von Erziehung herausstellt; denken wir aber auch an die Mächtigkeit der grundlegenden Überlebensbedürfnisse - z.B. bei Abraham Maslow thematisiert -; und die Verhaltensforschung thematisiert in diesem Zusammenhang die Wichtigkeit eines spezifischen Territoriums mitsamt Aggression, Verteidigung (Konrad Lorenz), Institutionen (Arnold Gehlen). Die Schule hat täglich mit diesen Problemen zu kämpfen: dem körperlichen Bedürfnis nach Sicherheit; aber auch mit Problemen, die mit Sauberkeitserziehung zusammenhängen, z.B. dem seelischen Bedürfnis nach Macht, nach Festhalten und Loslassen, nach Ordnung und Regeln; dem geistigen Bedürfnis eines Willens zum Sein, eines Ja zum eigenen Leben, zur Arbeit, zum Lebenskampf.

c) Das Sexual-Energiezentrum steht für die basalen Lebensenergien. Lebendigkeit als Libido und Eros, als geschlechtsspezifische Spannung, als Lebensfreude und

Sinnenfreude. Sie aus der Schule auszuklammern, hieße, der schulischen Erziehung ein Fundament der menschlichen Beziehungsebene zu nehmen.

2. In der Hierarchie der Energien kann von evolutionsgeschichtlich älteren gesprochen werden, nicht aber von einer Hierarchie apriori für den Menschen wichtigerer und unwichtigerer, pädagogisch wertvoller und wertloser. Alle sind miteinander vernetzt, gehören zusammen, gehen einen Rhythmus ein (s. auch Rudolf Steiner).

a) Das Körperzentrum, der Nabel, symbolisiert nach Dychtwald - denken wir an die Nabelschnur - die Verbindung zum anderen Menschen, die gegenseitige Abhängigkeit, die Gemeinschaft, das Sehen des Anderen. Hier ist das Kraftzentrum der Emotionen, auch von Sympathie und Antipathie - deren Ausbildung gerade heute eine immense pädagogische-schulpädagogische Aufgabe darstellt, gerade in einer sich anbahnenden interkulturellen europäischen Schule. Keine Schule kommt heute an einer Emotionserziehung vorbei: der Kultivierung der Gefühle, Emotionen, Affekte, der Sinne, der Erziehung gegen Vorurteile und Feindbilder.

b) Das seelische Zentrum ist die Herzenergie, das Zentrum des Ich - fast überflüssig ist es, dessen erzieherische Relevanz heute herauszustreichen. Themen wie Erziehung und Selbstverwirklichung, Erziehung und Identität, Erziehung und Empathie, Erziehung und individuelle psychische Präsenz, Moralerziehung, Erziehung zur Persönlichkeit, Erziehung zur Verantwortung, Werteerziehung, insgesamt also der Bildungsbegriff (nicht nur kognitiv verstanden) sind zentrale schulpädagogische Themen.

c) In der Leibestektonik, aber auch anatomisch, muskulär, physiologisch, energetisch vielfältig angeschlossen, auf einer Ebene *zwischen* Herz und Kehlkopf (Sprache, Kommunikation), symbolisieren die Arme und Hände, daß das Ich nach sozialem Ausdruck in Handlungen verlangt, daß es mit diesen "psychosomatischen Sonden" (Dychtwald) in die Welt hinausgreifen und die Welt physisch hereinholen will. Auf diesem Verlangen nach Ausdruck basieren die handlungsorientierte und die praktische Pädagogik, die Erziehung zu Handlungen mit sozialer Verantwortung (Kommunikations-Energiezentrum) und zu Handlungen mit moralischen Kategorien, aus der Mitte der Persönlichkeit kommend (Herz-Energiezentrum).

3. Schulpädagogische Konzepte sind versucht, erst die nun folgenden Energien, die mit dem Kopf zu tun haben, für die Schule gelten zu lassen. Will die Schule Kopf-Menschen und den Rumpf der Freizeit überlassen? Unbestritten ist, daß auch in einer systemischen integralen Schultheorie wie der hier dargestellten der Schwer-

punkt des Lernens auf der Vermittlung von Bildungsinhalten, dem kognitiven Lernen, liegt, auf den alle Bemühungen um das Aktionspotential der Schülerinnen und Schüler zulaufen. Schule bleibt Schule (Hartmut von Hentig). Dennoch zeigen die aktuellen Probleme der Schulpädagogik, daß Lehrer und Lehrerinnen konzentrierter und systematischer die basalen Bewußtseinsqualitäten der Beziehungsebene ausbilden müssen, wenn sie die Inhaltsebene überhaupt erreichen wollen.

a) Die Beziehungsebene (mit ihren bisher aufgezeigten Hauptenergien) und die Inhaltsebene (mit den nachfolgend aufgezeigten Hauptenergien) fließen in der Kommunikation und Sprache zusammen. Spracherziehung, Kommunikationserziehung im weitesten Sinne, sind in der Schule qualitativ erstrangig. Es geht aber auch um das Geben in die Welt und das Annehmen von der Welt, um das Einnehmen eines Platzes in der Welt; es geht um das die Stimme Erheben - jede Stimme ist persönlich, es gibt keine identischen Stimmen -, um das die Welt Schmecken, um die Steuerungsfunktion mithilfe des Willens, um die Willlenserziehung als Hintergrund der Kommunikationserziehung.

b) Die größte Aufmerksamkeit unserer Regelschulen gilt dem rechnenden Verstand (Peter Kern), der Intelligenz, den Erkenntnissen. Viel weitergehend geht es aber um die spirituelle Präsenz, um das Öffnen der Augen und Ohren, um Intuition, Phantasie, spekulatives Denken. Die Umgangssprache weiß um die große Bedeutung der Intuitionsschulung; denn zur Lösung eines Problems holt man sich kaum einen "Gelehrten", sondern einen Menschen, der "Ahnung" hat. Diese Ahnung ist eine Vernetzung von Wissen, Erfahrung, Schulung, Trial and Error, Kombinieren, Einschätzung. Dies ist dann Intelligenz, Problemlösungs-Intelligenz, die auch in der Schule zu lernen ist.

c) Eine Stufe höher noch, zusammenfassend, integrierend, vernetzend, alle Prozesse transformierend ist eine Bewußtseinsqualität, die mit Vernunft, Vernehmender Vernunft (Martin Heidegger), Denken, auch Bildung ("Allgemein"-Bildung als integrative Persönlichkeitsqualität) umschrieben werden kann.

Diese dargebotene Übersicht bietet ein anspruchsvolles Programm an moderne europäische Schulen in weltbürgerlicher Absicht. Es ist praxisnah. Viele Aspekte sind in Schulen der Reformpädagogik bis heute schon praktiziert worden. Nicht für eine Traumschule, sondern für die notwendige Schule über das Jahr 2000 hinaus brauchen wir ein energetisches Konzept: Eine lebendige Jugend braucht eine dynamische Schule.

1. Jede Schule ist eine Grund-Schule

Eine erste Funktion der Schule ist es unzweifelhaft, in Zusammenarbeit mit der Familie und weiteren erzieherischen Einflüssen, den Menschen auf die Füße zu stellen, ihm Standfestigkeit und Aufrechtsein (Keleman 1992, S. 81 ff.) - sein Existential - zu ermöglichen, ihm das Laufen in der Gesellschaft und eine Bewegungskultur beizubringen.

Anthropologisch gesehen ist dies ein ständiger Prozeß - auch noch des sogenannten Erwachsenen: das Lernen der Haltung des aufrechten Ganges der Freiheit, der *Ortho*pädie (die nicht nur eine Frage der Haltung von Kindern ist), der richtigen Gewichtung seiner Selbst, der Beweglichkeit, Fortbewegung und Standhaftigkeit. Evolutionsgeschichtlich brachte der aufrechte Gang die Freiheit des Gesichtsfeldes, aber auch die Verwundbarkeit und Ungesichertheit, umso stärker die Notwendigkeit eines sozialen Netzwerkes; die Mühe gegen die Schwerkraft, zwei Füße zur Herstellung des Gleichgewichts durch Ungleichgewicht, Standbein plus Spielbein, von daher die Notwendigkeit des komplizierten Vorganges des Gehens, Gewichthaltens und Erdens gegen die Flexibilität der Gelenke, mithilfe stabiler Knochen und des Rückgrats ("Rückgrat haben" ist ja gleichzusetzen mit "Persönlichkeit sein") (Stüttgen 1992, S. 64 ff.)

Von daher sprechen die Bioenergetiker (auch die Fußreflexzonentherapie), aber auch die indianische Philosophie, auch Hugo Kükelhaus davon, daß die Füße und Beine die individuelle Geschichte und das individuelle geschichtliche Fundament sind, auf denen das gesamte Sein des Menschen ruht (Dychtwald 1981, S. 64). Dies geht sogar in die Einzelheiten, welche Füße wir haben: ob wir verkrampft uns in den Boden krallen wollen, ob wir oberflächlich über ihn dahinplatschen, ob wir elastisch und schwungvoll über ihn schweben. Aber welcher Pädagoge schaut sich schon einmal die Füße und Beine der Kinder genau an (z.B. im Sportunterricht)? Ein geschultes Auge würde dort viel über die Persönlichkeit und Existentialität der Kinder, Jugendlichen, Erwachsenen entdecken: kontinuierliche Haltungsschwäche, Dysbalancen, Rigidität, rhythmisch unökologische Gestaltung (Bünner & Röthig 1983) und deren Hintergründe; Aussagen über Körperkultur und Bewegungskultur als Spielkultur, Sportkultur, Ausdruckskultur, Gesundheitskultur (Größing 1993, S. 24 ff.).

Unschwer erkennen wir daraus für unsere Zwecke die Aufgabe der Schule: wenn sie den Lernprozeß des Menschen systematisch voranbringen will, muß sie sich um sein Fundament bemühen. Es geht um die Statik und Dynamik auf solider Grundlage: die körperliche Bodenhaftung und Energie, das In-sich-hineinzuhorchen-Lernen, seinen Zielrichtungswillen, seinen Bewegungswillen (sein Veränderungspotential auf solider Grundlage), seine seelische Widerstandskraft, seine soziale Konfliktfähigkeit und Standfestigkeit, die Fundierung der kognitiven Lernprozesse, der Selbstfindung und des persönlichen Wachstums. Haltung und Bewegung, von Fuß bis Kopf und Kopf bis Fuß (so unten wie oben, so oben wie unten), sind Bewußtsein von sich selbst.

Diese Standsicherheit und Dynamik von Lernprozessen ist in jedem Lebensalter qualitativ verschieden (vgl. auch Keleman 1992 [1985], S. 30 ff.). In Fortsetzung des wichtigen Kindergartens und in ständiger Korrespondenz mit den Familien ist die Primarschule auf der Beziehungsebene fundamental für das Einleben in die Schule (das basale Erden, Verwurzeln, und das Darin-[horizontal]-zu-schwimmen und Sich [vertikal]-fortzubewegen-Lernen); und sie ist wichtig für die standhafte Behauptung in einer Gemeinschaft der Kinder unter Leistungs- und Konkurrenzbedingungen. Auf der Inhaltsebene sorgt die Primarschule für die Basis des Erlernens des Lernens und der sog. Kulturtechniken - heute weit über das Lesen und Schreiben hinaus die Förderung von Bewegungshandeln, sozialem Körpereinsatz, Psychomotorik, Sinneserziehung.

In der Jugendzeit stellen die Schule und die Subkultur die männlichen und weiblichen Jugendlichen erneut auf ihre nun viel längeren Füße und Beine. Neues, wiederum fundamentales Bewegungshandeln, neue Standsicherheit, Körperkultur, neue Symbolisierungen der Geschlechter sind zu erlernen, beziehungsmäßig und inhaltlich, überhaupt neue Symbolisierungsfähigkeiten (Stüttgen 1992). Viel hängt für die stabile Identitätsbildung des Jugendlichen davon ab, wie Lehrerinnen und Lehrer seine unsichere Subjektivität stützen - zusammen mit Eltern oder ohne sie.

Es geht um das schwierige Thema der Haltungserziehung, Bewegungserziehung, Körperausdruckserziehung, "Charaktererziehung" (Martin Buber) in einer Zeit der "postmodernen Schlaksigkeit" in den verschiedenen Lebensstadien; und, sorgsam differenziert und variiert, bei Behinderten im sogenannten integrativen Unterricht, die darauf besonders angewiesen sind.

Und es geht um Sinneserziehung. Denn schon etymologisch heißt Sinn: Bewegung, Gehen, Ortswechsel. Wahrnehmungspsychologisch ist Bewegung die Grundlage aller Sinne. Die heutige Grundschulpädagogik und -didaktik sieht die Notwendigkeit, im Anfangsunterricht zunächst das KörperBewußtsein zu schulen: vorne und hinten, oben und unten, rechts und links; um von daher die Hand und die Nahsinne, die Eroberung des Raumes als Persönlichkeitserziehung, als ungewohnten Mut der Erforschung bisher unbegangener Ecken und Gegenden zum erlebten, lebensvollen,

handlungsoffenen Raum zu schulen, wo z.B. der heimliche Lehrplan von vorgestellten Verboten und braven Erwartungen übertreten werden kann und dadurch Primärerfahrungen wieder möglich sind.

1.1 Elementare schulische Lernprozesse

Die Grundschulen haben den Auftrag zum Elementarisieren. Andernorts heißen sie Elementary School oder École élémentaire oder escuela elemental. Sie können mit dem 5. Lebensjahr beginnen, in Skandinavien 9 Jahre dauern. Zum familialen Sozialisations- und Erziehungsprozeß und vorsystematischen Kindergartenleben kommt nun ein systematischer Schulungsprozeß hinzu, auf dessen Fundament die gesamte Schule, sogar das lebenslange Lernen aufbaut. Auch die Erwachsenen kommen immer wieder auf Lernelemente der Primarstufe zurück: nicht nur im mathematischen Addieren und Subtrahieren, in der gelernten oder nicht gelernten Rechtschreibung, sondern auch latent-unbewußt im Verhalten innerhalb von Gruppen, im Auftreten in Institutionen (ob man sich dort als "kleiner Schüler" abkanzeln läßt), am meisten aber durch die Berufs-Chancenvergabe am Ende der Primarstufe.

Selbstverständlich sind die grundlegendsten Ausprägungen des Lebenspotentials und der Verhaltensweisen schon in den ersten Kindheitsjahren eingeübt; folgen wir

Pierre Bourdieus Kritik der gesellschaftlichen Urteilskraft (1982 [1979]), etwa der Charakterisierung der körperlichen und psychischen Verhaltensweisen, der Hexis, der Haltung, des Habitus, der Beweglichkeit und Bewegungsfreude, der Rhythmik und anderen Klassifikationsschemata, so kommt dem Lernen in institutionellen und nicht-institutionellen Formierungen eine diese Schemata einübende und bestätigende oder korrigierende Bedeutung zu. Diese schematisierte Haltung ist einerseits institutionsspezifisch, andererseits institutionsübergreifend, sogar bis in muskuläre, physiologische, emotionale Reaktionsweisen des Alltagslebens hinein. In diesen Zusammenhang sind auch die Schemata einzuflechten, die nach Jean Piaget in bestimmtem Alter erworben werden und auf höherer Ebene genetisch-strukturalistisch differenziert, qualifiziert, transformiert werden. Pierre Bourdieu weist ihnen in ihrer praktischen soziologischen Ausprägung Klassencharakter nach.

1.1.1 Grundschülerinnen und Grundschüler

Haltungen, Habitus, Bewegungen sind schon vor dem Schuleintritt so fundamental begründet, daß sie fortzeugend sich schulisch auswirken. Heutige Kinder bedürfen zu hohem Prozentsatz einer Bewegungserziehung, die zeitabhängig auf heutigen Bewegungs-, Haltungs-, Rhythmus- und Expressionsidealen beruht. Unter diesen Voraussetzungen bekommt nun die Schule sozial und individuell, auch ethno- und geschlechtsspezifisch ein bestimmendes Gewicht; sie gewinnt über Körpererziehung Einfluß auf körperliche, seelische, soziale, geistige Schemata. Was wird nun in der Grundschule grundgelegt?

1. Über die Haltung von Kindern machen sich Leibeserzieherinnen, Bewegungserzieherinnen, Tanzpädagoginnen, Ausdrucksausbilderinnen ernsthafte Gedanken; selbstverständlich schon die gesamte Kulturgeschichte in allen Kulturen hindurch. Für unsere heutige Problematik gibt es bereits vor den 50er Jahren viele Veröffentlichungen in der Anthropologie und Pädagogik über Haltung, Gestaltung und Charakter, in der Ausdruckswissenschaft und Phänomenologie über den Ausdrucksgehalt des menschlichen Ganges, auch das Gehen des Mannes und der Frau [Huizinga]; die Bewegungsgestalt; den Ausdruck und den Eindruck; in der Sportwissenschaft und Leibeserziehung über Bewegung, Rhythmus und Schnelligkeit - freilich weniger über das kindliche Laufen und die jugendliche Haltung (vgl. z.B. Kietz: 3. Aufl. 1956 mit zahlreichen Literaturangaben).

Von Ärzten feststellbare körperliche Schäden: Rückgratverkrümmungen, Haltungsschäden, Ungelenkigkeit, ja mangelhafter Zahnzustand, Sprechfehler durch falsche Zungenlage infolge von Haltungsfehlern, Dick- oder Dünnleibigkeit, Allergien, ständige energetische (Meridian-)Blockaden haben Zusammenhänge mit Mutterliebe / Urvertrauen, stets gedrückter oder freudiger Stimmung, Schulangst, Selbstbewußtsein. Der Gesundheitszustand von Grundschülern heute ist z.T. erschrekkend; Haltungs-, Bewegungs- und Ernährungserziehung, Gesundheitserziehung im umfassenden physio-psycho-spirituellen Sinne gehören in die Grundschule.

a) Damit der Rücken der Kinder nicht zu schnell zum Buckel oder auch zum Buckeln wird, müssen sie das "richtige" Sitzen beim Lernen beigebracht bekommen. Nur dann können die Meridian-Energien fließen, die die Grundlage für alle Lebens- und Lernprozesse sind. Es sei unterstrichen, daß richtiges Sitzen nur einen Faktor beim Fließen der Energien ausmacht; aber durch körperliches Aufrichten wird auch die innere Haltung frei: "Du bist die Haltung, die du einnimmst" (Köppen-Weber & Fassbender 1990; Oesterhoff 1995).

Eine konsequente, aber nicht-militaristische Haltungserziehung, jetzt schon begonnen, im Jugendalter wichtiger und schwieriger, hat Aspekte des Verhältnisses zu sich selbst und zur "Umwelt", zu körperlicher Gesundheit oder Beeinträchtigung, zu Selbstbewußtsein und Selbstwertgefühl, zu klarem Sprechen, zu Positivem Denken. Eine Vernachlässigung der Haltung ist damit ebenso abzulehnen wie ein militaristisch-elitaristischer Snobismus; eine gute Haltung ist die körpergerechte elastisch-dynamische mit innerem gelassenen Stolz und innerer Selbstsicherheit. Daß diese Leichtigkeit ein mentaler Prozeß ist, zeigt Milton Tragers Methode der Mentastik (Trager 1991 [1987]), die die Grundfrage stellt: wie geht es leichter? Die moderne Schule ist eine auch in diesem Sinne leichte Schule, die leichte Haltung und Beweglichkeit erzeugt. Stanley Keleman hat dazu eindrucksvolle Bilder anatomischer Pulsation, Gestalt und Ausdruckskraft und somatischer Erziehung veröffentlicht (Keleman 1992).

Die Haltungs- und Bewegungserziehung gilt, so fremd es klingen mag, auch für körperbehinderte Kinder in der Schule; sie haben ihre Freude daran, aufrecht zu stehen und den Körper ein Stück weit veranlassen zu können (wenn auch z.B. durch Geräte), der inneren Selbstsicherheit zu dienen.

b) Zur Haltung gehört die Gesunderhaltung, die erzieherisch mit Übungen des täglichen Lebens zu fordern ist, samt einer Ernährungserziehung - woran es in Schulen mangelt - und seelisch-geistiger Gesunderhaltung. Auch diese Komponenten sind in der Hexis, dem Habitus, enthalten. Kinder sind für alle Regelhaftigkeit aufgeschlossen, also auch für regelmäßige Hygiene.

Wichtig nach außen hin ist die Erziehung zur Körperpflege. Es ist nach Untersuchungen von Ärzten / Zahnärzten davon auszugehen, daß längst nicht alle Familien darauf Wert legen; sie überlassen auch dieses Gebiet der systematischen Behandlung in der Schule. Selbstverständlich wird dort beim Duschen nach dem Sport Körperhygiene erklärt. Kommunikationsprobleme unter den Kindern und zum Lehrer können oft darauf zurückgeführt werden, daß sie sich "nicht riechen" können (Lenhart 1995).

Ernährungserziehung ist deshalb so schwierig, weil sich die Ernährungswissenschaft selbst darüber nicht einig ist und weil die industrielle Bearbeitung der Nahrungsmittel die Illusionen von guter Ernährung nichtig macht (Kaiser-Roden 1995).

In einer Zeit der seelischen Ernährung durch oft grelle Medienkultur und in einer Zeit der schon bei Kindern beginnenden Innenweltverschmutzung (Jürgen von Scheidt) entsprechend der Umweltverschmutzung durch die Aggressionszivilisation übt die Schule behutsam-konsequent eine Gegenhaltung seelischer Gesunderhaltung ein. Der Ausdruck “Psychohygiene” richtet sich gegen seelische Umweltverschmutzung, z.B. bei Gewalt, Horror, überfordernden Bildern im Fernsehen und Video (gegen die das Gehirn per se hormonell einschreitet); positive psychische und mentale Gesundheitserhaltungskategorien sind Klarheit, Gerechtigkeit, Gewissen, auf die Grundschülerinnen und Grundschüler gut ansprechbar sind.

c) Zum Komplex "Haltung" gehört auch die Standfestigkeit, die geistige und seelische Stabilität auf einer neuen Stufe des Urvertrauens (Erik Erikson). Verhaltenssicherheit wird zur pädagogischen Aufgabe. Im Anfangsunterricht bieten Lehrerinnen z.B. ihre Autorität als erzieherische Grundlage des Vertrauens der Kinder (Langeveld 1966). Diese Stabilität läßt Kinder etwas wagen: körperlicher Mut, seelische Durchsetzungskraft, geistige Neugier haben hier ihre Basis.

2. Zur Haltung gehört die Bewegung. Haltung ist die (immer bewegliche) Stabilität der Bewegung, das Gleichgewicht des Ungleichgewichts. Bewegung ist die unmittelbare Auswirkung von Energie; das kindliche Potential will Bewegung, aus ihr folgen Sensu-Motorik, Wahrnehmung, Bewegung als E-"motionen", als Beweglichkeit des Denkens, des Ich (vgl. die Pyramide der Hierarchie der Persönlichkeitsfunktionen des Bioenergetikers Alexander Lowen [Lowen 1975, S. 3]).

a) Bei der heutigen Kinder-Umwelt und Kinder**nicht**erziehung zeigt sich ein eklatanter Mangel an Beweglichkeit, intelligenter Bewegung, Motorik. Die Edukinästhetik hat das Fehlen der Körper-Meridiane bei mehr als der Hälfte der Erstklässler, aber auch einen mangelhaften Ausgleich der beiden Großhirnhälften, des Vorder- und Hintergroßhirns und der Verbindung mit dem limbischen System durch Bewegungsarmut und falsche Bewegung festgestellt, möglicherweise schon im Kleinkindalter durch die Unfähigkeit zu krabbeln verursacht. Durch einfache, lustvolle Bewegungsübungen können in der Schule daraus resultierende gehirnphysiologische Lernbehinderungen wie Dyslexie (mangelhafte Lesefähigkeit z.B. durch die Unfähigkeit, die Mittellinie zu kreuzen), Dyskakulie (Rechenschwäche), mangelnde Focussierung (Unaufmerksamkeit, auch Hyperaktivität), mangelnde Zentrierung (Unfähigkeit, Emotionen und Denken zu verbinden) u.v.m. deblockiert werden (Dennison 1992).

Tanzpädagogen sehen hier eine neue Aufgabe, sei es im konventionellen Tanz schon für Kinder, sei es im CreaDance für improvisierten Tanz, sei es im meditativen Tanz des Stillewerdens, des Zur-Mitte-Kommens, des Rhythmischen, sei es in Kreistänzen, Mandala-Tänzen (Lander u.a. 1988).

Und die Pausen mit Lachen, Balgen, Rennen, Spielen, Spazierengehen, Jonglieren, Klettern sind ein wichtiger Beitrag zur Psychohygiene. Sie werden, zusammen mit "Bewegungsübungen zwischendurch" im Unterricht, energetisch und pädagogisch immer bedeutsamer. Umso mehr sollten sie angeregt werden: daß die Kinder sich ausrennen, daß sie laut schreien und lachen, daß sie (in einem "vertretbaren" Maße) übermütig sind. Viele Kinder sind heute viel zu langsam, sie kennen kaum die Lust der Schnelligkeit; viele Kinder sind heute viel zu hektisch, sie brauchen die Meditation der Langsamkeit.

b) Auch die seelische Beweglichkeit geht damit einher: Schematisierte Sekundärerfahrungen (etwa bei Computerspielen), überwiegend bewegungsfreie Methoden der Informationsaufnahme und -verarbeitung (Sitzen vor dem Fernseher und Video, Gebrauch hochtechnisierten Spielzeugs), standardisierte Kultur (z.B. Musiklärm) bieten einen Mangel an kreativer Grunderfahrung und engen die psychische Experimentierfreudigkeit ein. Sie sind oft suchtartig und subliminal bedenklich. Die Musik ist wohl stark rhythmisch, körperbezogen und ausgleichend, zum Teil aber ebenso aufdringlich-hektisch-elektronisch, so daß rhythmische Ausgewogenheit kaum aufkommt, sondern nur die Erregung in Grenzbereichen. Selbst die seelisch-erlebnismäßig spannenden Ungleichgewichte in den Darstellungen dieser Medien: von Gut-Böse, Bedrohung und Sicherheit, Übermacht des Feindes und Sieg des Helden, sind schematisiert; sie gleichen die Ernstsituation primärer tastender Erfahrungen keinesfalls aus. Sie führen auch nicht zu eigenem seelischen Mut, zu Tapferkeit, zu Konfliktfähigkeit, zu kommunikativer Beweglichkeit, zu realistischer Einschätzung des körperlich-seelisch-sozialen-geistigen Aufwandes für die Überwindung von Widerständen. Eher zur Tragik nachahmender Gewaltsamkeit.

c) Der aufrechte Gang (Ernst Bloch; Moshé Feldenkrais 1978) ist Standhaftigkeit und Beweglichkeit und Gradlinigkeit (Orthopädia). Kinder achten gerade in der Grundschule auf Moralität von Lehrern und Mitschülern, auf Gerechtigkeit, Aufrichtigkeit, individuelle Beweglichkeit und Verläßlichkeit. Dieser aufrechte Gang ist aber nur differenziert erfüllbar, denn schichtenspezifisch, geschlechtsspezifisch und ethnospezifisch werden unterschiedliche Erwartungen von Handlungen an die Lehrerin herangetragen, die differenziert zu erfüllen sind: Wem muß sie fast vollständig seine fundamentale Sicherheit geben, wer kann schon selbstsicher alleine laufen, wen muß sie zur Beweglichkeit und zum Mut provozieren? In jedem Falle steht fest, sagt Feldenkrais, daß kein Kind sich richtig einschätzt, sondern seine Bewegungsmöglichkeiten, die Ausweitung seines Selbstbildes, die Überwindung seines beschränkten Bewegungsradius und damit die Erkenntnis des eigenen Werts erst lernen muß (Feldenkrais 1978, S. 46 u.ö.).

3. In die Schule zu gehen, bedeutet für die Kinder eine "Stilisierung des Lebens" (Max Weber), d.h. den Beginn einer neuen Haltung, eines Lebenstils, den Anfang der schulischen Klassifikationsschemata im Verhältnis zu Objekten und zu sich als Subjekt, und es bedeutet schließlich, sich einer gesellschaftlichen Auslesefunktion auszusetzen und den Habitus als späterer Erwachsener vorzubereiten (Bourdieu 1982 [1979]).

a) Im Vergleich zum Kindergarten werden Kinder dadurch zu Schülern, daß sie - bei noch so viel "Freier Arbeit" - ihren Körper zum Zivil-Körper machen müssen (Horst Rumpf), zum Stillsitzen zwingen. Hyperaktivität stört. Lernen ist auch Körperdisziplin. Grobmotorik wird zur zweckorientierten kontrollierten Feinmotorik. Sinnlich-Körperliches wird "kultiviert", Vitalität und Lebenskraft werden sublimiert. Die Grundschule schult die Sinne nicht "allgemein" (das ist gar nicht möglich), sondern zu bestimmten, letzten Endes oft zweck-rationalen Sinnen (Rumpf 1981).

b) Seelische Elementarisierung als Haltung könnte man das nennen, was nun mit Vitalität, Emotionen, Gefühlen und Imaginationen geschieht. Spontaneität geht schon im 1. Schuljahr zurück; Emotionen werden gekappt, im Bahnen gelenkt, sozialisiert; Motivationen verändern sich in Richtung auf gezielte Sachorientierung; die objektivistische Sprache wird grundgelegt; die Haltung zur Gruppe und in der Gruppe wird zweckgerichteter und planvoller; Imaginationen und innere Sinne (Rudolf Steiner) erleiden das gleiche Schicksal wie Emotionen; Standhaftigkeit und Mut unterliegen dem heimlichen Lehrplan der Flexibiliät des Abschleifens.

c) Der Übergang zur Schule begründet eine Persönlichkeit mit Schulverhalten, einen spezifischen Verhaltensstil und Lernstil. Lernen wird eingeübt und wird wie eine Prägung erfahren: Das Lernen des Lernens ist das Lernen spezifisch schulischen Lernens. Das Schulkind legt sich einen Lernstil und Lerntypus (Frederic Vester) zu; im besten Falle, wenn positive Bedingungen herrschen, bildet es in eigenen tastenden Versuchen und parallel zu einem variationsreichen Lehrstil der Lehrerin die subjektiv angemessene, hormonell, sinnenhafte, seelisch-geistig befriedigendste schulische Verhaltensweise beim Lernen heraus. Diese spezifische Schulungs-Haltung ist gleichzeitig ein Verlust an Kindlichkeit und ein Weiterwachsen an selbstbewußter Ernsthaftigkeit.

1.1.2 Der Schüler-Status

In der Elementarschule erfährt der Zivilisationsprozeß als Prozeß des Zusammenspiels von Körper und Geist nach und nach sein tragendes Fundament: die In-Dienststellung von steuerndem rationalen Bewußtsein und von rationalen Regeln. Freie Arbeit wird zur freien geordneten Arbeit in gezielt vorbereiteter Umgebung; die freie Sprachäußerung wird abgeschliffen, Spontanschöpfungen werden korrigiert, Sprachfähigkeit wird ausgefeilt. Kindliches und jugendliches Denken soll zu Rationalität, Handeln zu zielorientierter Arbeit werden. Diese Systematisierung und Differenzierung von Informationen bringt Fortschritte in Erkenntnis und Fähigkeit, aber auch energetische Einbußen. Denn systemtheoretisch werden aus den variationsreichen (chaotischen) Systemen "niederer Ordnung" weniger variationsreiche Systeme "höherer Ordnung" mit reduzierten Paradigmen.

1. Das Schüler-Dasein ist trotz aller Bemühungen um alternative Modernisierung der Schulen von basalen Bedingungen bestimmt, die laut Ökonomie, Verhaltensforschung, Verhaltensbiologie, Gruppendynamik, Bioenergetik, Kinesiologie und anderen Wissenschaften für menschliches Verhalten allgemein gelten. Im Laufe der Elementarschule - und durch die Auslese und die neue Gruppierung wiederum in der Orientierungsstufe verstärkt - strukturiert sich eine Schülermentalität heraus.
a) Schüler lernen ihre Sicherheit und Unsicherheit, Ansehen, Schmähungen, Hierarchisierungen, Strategien und Techniken zum innerpsychischen und sozialen Gleichgewicht. Handlungsfreiheit wird - auch alternativ - institutionell erfahren; die Grund- und Orientierungsschule formulieren soziale Basisregeln für das Durchsetzungsverhalten, z.B. die "Maskierung spontaner Impulse, Panzerung und Verwandlung elementarer Gefühlsregungen" (Norbert Elias), das Einsetzen des Körpers in der Gruppe. Alle diese energetischen Techniken differenzieren sich. In der Schulzeit dient die Klasse als Übungsfeld der Selbstinszenierung in der Institution Schule; die Kinder und Jugendlichen lernen damit den Umgang mit vergleichbaren Abhängigkeitsverhältnissen in anderen gesellschaftlichen Institutionen (Weigand 1983). (Diese These stimmt nur bedingt. Denn systemtheoretisch herrschen in unterschiedlichen Institutionen unterschiedliche Bedingungsfaktoren, kommunikative Über- und Unterordnungsverhältnisse, Rituale und Zeremonien. Diese können in Institutionen wie der

Familie und der Schule nur exemplarisch gelernt werden. Alle Sozialisationskomponenten müssen an die andersartigen Systeme angepaßt werden.)

b) Der Verhaltens-Lehrplan ist aber noch schulspezifischer. Dieser heimliche Lehrplan ist das Lernen von eigentümlichen Haltungen bzw. von Flexibilität als Nebenwirkungen beim (relativ zwanghaften) Belehrtwerden, aber auch bei offenerem Unterricht: Im ersten Falle sind das Abtauchen, das Sich-Ducken, das gedankliche Abschweifen, die Interesselosigkeit und das Heucheln von Interesse, die Reaktion auf eine bestimmte Stimmlage u.dgl. gelernte Haltungen; reaktiv geschieht dies dann noch im Erwachsenenalter; im zweiten Falle zeigt sich eine positive Schülerhaltung im konstruktiven Weiterdenken, im freiwilligem neugierigen Lernen, in der Lust auf Schule; diese positive Haltung kann selbst der beste Schulunterricht nicht ständig garantieren: das hidden curriculum wird sich auch dort einstellen, wenn auch erheblich seltener.

c) In der Orientierungsstufe, bei beginnender Unsicherheit wegen der Veränderungen im Körpergefühl, suchen der Schüler und die Schülerin nach Status-Sicherheiten. Diese gewinnen sie, wenn sie zunehmend differenziert ernst genommen werden und Verantwortung übernehmen dürfen. Für Jungen ist der Status durch Körperlichkeit vordergründig wichtig, während Mädchen zunächst ihre Körperlichkeit möglichst reduzieren, ja sich (häufig freiwillig und automatisch) unterlegen fühlen (Büttner & Reinert 1991, S. 82). Status-Sicherheiten sind bei Jungen der Sport oder *zentral* am Computer zu sitzen und zu dirigieren oder der Besitz von Videos (nicht der zuträglichen Sorte); bei Mädchen geschlechtsstereotypisch die Zurückhaltung und die Versicherung in der Mädchengruppe. Schulische Anliegen sind Körpererziehung, den Körper spüren und wertschätzen zu lernen, Kraft zu entwickeln, die Haltung geschmeidig zu machen, die Verbindung zur Erde zu fühlen und zu reflektieren; dies hat auch positive Auswirkungen auf das Geschlechterverhältnis und die eigene Identität (Kietz 1956).

2. Die Orientierungsstufe hat Selektionsfunktion. Die äußere Differenzierung in Hauptschule, Realschule, Gymnasium, Gesamtschule, Sonderschule hat unmittelbare psychoenergetische Auswirkungen: intrapersonale Differenzierungen im Selbstbewußtsein, in der Selbstdefinition; interpersonelle Differenzierungen in der Parzellierung eigener möglicher Tätigkeitsbereiche und Zukünfte; natürlich auch im Ausschluß nicht mehr möglicher Chancen.

a) Die Schülerinnen und Schüler bekommen von der Schule ihre - schulisch orientierten - Fähigkeiten und Unfähigkeiten gesagt; sie schreiben sich diese als Identität und als Haltung zu, insbesondere ihre Unfähigkeiten (negative Kausalattribuierung nach Heinz Heckhausen). Und wegen des Gewichts der Schule und der Intensität der Einwirkung mit der ganzen Klasse dringt diese Selbstzuschreibung oft sehr tief und wird somit auf die Gesamtpersönlichkeit übertragen.

b) Schon systemtheoretisch läßt sich, wie oben angedeutet, begründen, daß die "weiterführenden" Schulen als Systeme "höherer Ordnung" sowohl fördern als auch rückführen. Sie fördern und begrenzen Haltungen und Beweglichkeit, Kreativität und persönliches Wachstum, die Realitätsbeziehung, das Körperbewußtsein, soziale Haltungen und Zuordnungen, den Lebensstil. So ist empirisch erwiesen, daß Gesamtschulen auf solidarisierende Haltungen größeren Wert legen, Gymnasien auf kognitiv-systematisierend-abstrakte, Sonderschulen auf kompensatorische, Hauptschulen auf pragmatisch-praktische, Realschulen auf berufsorientierte Leistungshaltungen. Dies ist Förderung durch Reduktion.

c) Gleiches gilt für die Förderung und Reduktion vitaler Chancen. "Die Gesellschaft" schreibt dem einzelnen Schüler je nach Schulart Bereiche zu, klassifiziert ihn und bewertet ihn; und die Schülerinnen und Schüler reproduzieren und erfüllen nicht nur stigmatisierende Vorstellungen über ihr Energiepotential (Mollenhauer 1972, S. 134 ff.), sondern sie schreiben sich selbst auch nur die ihnen angeblich offenstehenden gesellschaftlichen Chancen zu. Diese selffulfilling prophecy selektiert ihr Energiepotential im Sinne von Glaubenssätzen, deren Bestätigung in der Realität die Tatsache kaschiert, daß die gesellschaftlichen Chancen durch das Ausmaß an Fleiß, Persönlichkeit, Überzeugungskraft, Glück, Willensstärke durchaus erheblich verändert werden könnten.

3. Das Merkmal des Schüler-Status ist die Schulleistung. Eine der Hauptfunktionen der Schule ist die Anregung und der Nachweis der Haltung des Leistungswillens - freilich aber nur mit schulischen Inhalten. Viele Schülerinnen und Schüler zeigen gute außerschulische Leistungen und entwickeln dort ihr Energiepotential, z.B. im Musischen, im Sport, in Jugendgruppen. Dies wird aber schulspezifisch nicht gewertet. Die Energien werden also außerschulisch eingesetzt; für die Arbeit in der Schule bleibt manchen Schülern entsprechend weniger Zeit und Begeisterung: mit der Folge der negativen Schulkarriere geringerer Schulleistungen, immer weniger Energie für die Schule, einer Demotivation. Berühmtestes Beispiel ist Einstein, aber auch viele andere Genies und Höchst- und Hochbegabte scheiterten an der so verfaßten Schule (Prause 1974) - es gilt also die Forderung, die Schule neu zu erfinden.

a) Der Fortschritt der heranwachsenden Jugendlichen in Wissen und Leistung ist zunächst ein nur schulischer Fortschritt, d.h. die Erfüllung oder Nichterfüllung von schulisch angebotenen Lerninhalten und Lernformen. Obwohl die Wirklichkeit in modernen technisierten Gesellschaften und ihrer entsprechenden Jugend vielgestaltiger ist, obwohl sie auch wissenschaftlich multidimensionaler und viel spannender erforscht worden ist, obwohl es viel lustvollere didaktisch-pädagogische Lehr-Lern-Methoden gibt, wird der Status der Kinder und Jugendlichen nach der Schulleistung in der speziellen erwarteten Form und mithilfe der begrenzten, viele Schüler langweilenden und stressenden Schuldidaktik eingeschätzt und zum Gradmesser für schulische Chancen-Differenzierung gemacht. Wie im Grundschulbereich, so wird nun auch in weiterführenden Schulen didaktisch darüber nachgedacht, den Status derjenigen Schüler und Schülerinnen zu heben, die neben dem visuellen und akustischen Lerntyp noch andere Lerntypen (Vester 1993) darstellen, indem auf sie mit möglichst vielen "Sinneskanälen" "polyästhetisch" eingegangen und so ihre Schulleistung und soziale Chancengerechtigkeit verbessert wird.

b) Schulleistung dient also auch zur Sozialdifferenzierung. Sie ist die Klassifikation, die die Haltung der Schüler zu sich selbst und die Haltung der Umwelt zu ihnen bestimmt. Schule sagt, welche Fähigkeiten, Interessengebiete, Leistungen in welche Schulart gehören, welche auszuschließen, welche Lebenspotentiale wichtig und welche unwichtig sind (z.B. Kunst und Musik), und welche in dem der Schule angeschlossenen System sozialen Erfolg versprechen. Ausnahmen machen sportliche Leistungen, zunehmend auch technische Leistungen (extraordinäre Computerkenntnisse) und musikalische Leistungen in der Musiksparte, die in der Subkultur der Jugendlichen gerade größtes Ansehen haben. Hier deutet sich die Relativierung des Gewichts der Schule für den SchülerInnen-Status an. Dieses Gegengewicht gegen das Schulmonopol wird heute immer stärker und ausgleichender, schon von der Primarstufe an - denken wir nur an die differenzierten Zusatzkompetenzen, die Kinder und Jugendliche außerhalb der Schule erwerben.

c) Die schulische Leistung der fünfgliedrigen Schule nimmt also eine problematische energetische Teilung vor: sie zerteilt den Schüler, die Gesellschaft und die Schule selbst; den Schüler, weil sie seine Identität und seine Potentiale in wichtig und unwichtig, entwicklungsfähig und wertlos einteilt; die Gesellschaft, weil sie suggeriert, schulische Leistung sei ausschlaggebend für Lebensleistung; die Schule wird zerteilt und viele Schülerinnen und Schüler können wegen dieses Auslesesystems ihre Identitätschance, wenn überhaupt, dann erst viel später wahrnehmen. Die zu erfindende moderne Schule integriert statt zu unterteilen. Nicht auf die Schule, sondern auf den Schüler kommt es an.

1.1.3 Jugend zwischen Subkultur und Schule

In Gewöhnungsprozessen des Lernens von Inhalten, mit Schulmethoden, in Klassen und stabilen Gruppen, mehr oder weniger unterstützt von der Kultur zu Hause, hat die Schule nach und nach ein Persönlichkeitsfundament mitgestaltet, das durch den subjektiven Einbruch in der Pubertät nun hindurchtragen muß. Während in vielen Ethnien hier der Übergang ins Erwachsensein stattfindet, schiebt die Schule bei uns mit ihrem Schonraum, aber auch mit für wichtig gehaltenen Lernanforderungen, diesen Zeitpunkt weit hinaus. Der Jugendstatus in unserer Gesellschaft ist ein Schwebezustand von Gleichgewicht durch Ungleichgewicht, in dem ganz neue Lebenspotentiale erkundet werden und der eine neue Entwicklungschance, einen Innovationsschub, darstellt.

1. Hatte das Kind ein fundamentales Vertrauen in die vorgefundene Schule und in das soziale Gruppennetz gewonnen, hatte die innere Differenzierung in der Grundschule zu mehr Stabilität, Selbständigkeit und Flexibilität verholfen, so verändern sich nun die biologische Basis (Pubertät), die psychologische Basis (Selbstzweifel, Standortbestimmung), die soziale Basis (Legitimationsansprüche, Gruppenprozesse, Subkultur), die integrale persönliche Basis. Die Subjektivität der Schülerinnen und Schüler bricht auf und sucht eine neue Tragfähigkeit.
a) Daß und inwieweit die Jugendlichen zunächst einmal aus der Bahn geworfen werden, hat mit Schule zu tun, weil sie den Jugendlichen in einem relativen Schonraum ein quasi-Lebensfundament bot, das nun nicht mehr trägt. Die Jugendlichen erkennen nun deutlicher als vorher die kritikwürdigen Ungleichgewichte der Erwachsenen, deren Beharrung und vordergründige Legitimation.
b) In ihrer Subkultur bilden sie nun ein Gegengewicht, auch zur Schule. Sie betonen ihr Körperbewußtsein, das in der Schule mißachtet wurde, erproben die gegenseitige Standfestigkeit, auch die der Eltern und der Lehrerinnen und Lehrer, arbeiten an ihrem subjektiven Fundament durch innere Emigration (Immigration), Rüpeleien und Kravalle, auch Gewalt, oder durch Idealisierungen, Romantisierungen, Spiritualisierungen.
c) Trotz aller Relativierung der Schule bildet sie "an der langen Leine" den stabilisierenden (Gegen-)Pol: durch die Verpflichtungen zum Schulbesuch, durch die Sub-Gruppe in der Klasse, durch die sorgfältige Didaktik und persönliche Ansprechbarkeit und pädagogische Qualität der Lehrerinnen und Lehrer (Abels 1993; Ferchhoff 1993), die den "Hunger nach Person" (Hartmut von Hentig) befriedigen.

2. Die Jugendlichen sind in voller Bewegung, er und sie fühlen sich nach einer Phase der Turbulenz im Vollbesitz ihrer Energien. Bestehendes wird aggressiv angegangen, kritisiert, infragegestellt, zerstört, transformiert, subjektiviert, oft aber auch anpasserisch mutlos übernommen. Ein eigener Standort, eine Ideologie werden gefunden und vehement (aber oft auch innerlich unsicher) verteidigt. Keine

Lebensphase ist mehr so bunt, aufregend, differenziert, orgiastisch, traurig und vielfältig wie die Jugendphase.
a) Das Niederreißen bisheriger Fundamente erfolgt parallel zu psychophysischen Prozessen des inneren Ungleichgewichts sehr unterschiedlich, in der augenblicklichen Jugend nicht zu radikal (Du Bois-Reymond & Oechsle 1990). Jugendliche entstrukturieren, destrukturieren mit der Zielsetzung von Eigen- oder Fremdstrukturierung (Cavalli) und setzen ihre Energien strategisch balancierend ein. Jugend ist eine Wirklichkeitskonstruktion. Jugendliche investieren ihre Energien bereitwillig nur in eine emotional und lebensorientierte Schule und solche Freizeitbereiche. Sie suchen Authentizität und Professionalität bei Erwachsenen, eben auch bei LehrerInnen.
b) Wenn von typisch geschlechtsspezifischer Standortsuche geredet werden soll, so machen sich die jugendlichen Schülerinnen Gedanken über ihren doppelten Lebensentwurf, die Verbindung und das Gleichgewicht von Berufsbiographie (und daher Schule) und persönlichem Lebenskonzept. Zunächst geht es um einen Lebensentwurf ohne zu viele Verpflichtungen, im Einklang mit den eigenen Interessen und Neigungen. Die Jungen bringen oft auf befremdende Weise ihre Standortbestimmung vor. Sie verfolgen eher den strategischen Einsatz ihrer Energien für eigene instrumentelle Zwecke, oft unter Verlust von Lebens- und Beziehungsqualitäten. Die Schule ist ihnen für ihre Karriere und für Freundschaften grundlegend wichtig.
c) Die Schule wirkt bei den zahlreich wechselnden Variationen von Verhaltensweisen und Einstellungen (dem Zufalls-Ich) als Kontrastprogramm und Haltepunkt zugleich. An ihr (und der Lehrerschaft) können sich die Jugendlichen mehr oder weniger offen abarbeiten, sie können fragile pädagogische Situationen schaffen und die Wirkung von qualitativen, profilierten selbstsicheren Pädagogen erkunden, die sie mit ihrer Achtung belohnen, im Falle des Gegenteils als Modell ablehnen und bestrafen.

3. Der Aufbruch in neue Erfahrungsbereiche und Gestaltungen bringt zunächst Verhaltens-Unsicherheiten, denen die Schule mit soliden Orientierungen begegnet; in die jugendadäquate Schule kommt dann ein Jugendlichen-Lebensstil: ein Austausch von Schule und Jugendarbeit, eine Öffnung der Schule, die Aufarbeitung von Schulerfahrungen Jugendlicher durch Jugendarbeit (Brenner & Norber 1992). Die Jugend bringt Bewegung in die Schule. Und die Schule bringt Stabilität in die Jugend.
a) Schulisches Lernen differenziert sich äußerlich, in der Regel tief einschneidend, in Schularten, und es wird nun erheblich variationsreicher durch die aufkommenden Interessengebiete der jugendlichen Schülerinnen und Schüler. Sie bezeichnen gleichzeitig den Grad der Zuwendung zur Schule bzw. ihrer Abwendung. Schulische

Anforderungen und Zwänge entwickeln und belasten die Energien der Jugendlichen; sie haben Rückwirkungen auf das emotionale Binnenklima der Familien; sie beeinflussen langfristig die Lebensqualität der Jugendlichen und ihre Haltung in der Beziehung zu sich selbst, zur Familie, zur Arbeit, zur Gesellschaft, zur Natur. Wenn die schulische Sozialisation das von der Jugend geforderte psychische Fundament: Körperbewußtsein, Emotionen, Wohlfühlen bei der Arbeit, sinnvolles Lernen vernachlässigt, entwickelt die Jugend einen großen Variationsreichtum des heimlichen Lehrplans und eine Ausbruchsdynamik, um die Schule auszugleichen. Aber viele Jugendliche plagen sich auch mit Selbstaggressionen herum.

b) Die Jugendlichen kreieren ihre Jugendsubkultur; sie beginnen einen neuen Lebensstil, der auch auf den Lernstil in der Schule Auswirkungen hat. Je stärker subkulturell-alternativ, umso distanzierter zum spezifischen Schullernen sind die Jugendlichen. In den Kategorien von "Standbein" und "Spielbein": Die Schule fungiert als Stabilisationsfaktor, der das variationsreiche Spielen mit Jugend-Lebensentwürfen erlaubt, ja ermöglicht, begleitet, berät, korrigiert, in Grenzsituationen (z.B. Drogen, Gewalt, Radikalismus) interveniert, zurückholt, präveniert, schützt.

c) Hier baut sich unzweifelhaft ein neues Fundament des Lebens, Verhaltens, Lernens auf. Es ist tastendes, individuelles Experimentieren für institutionelle, geschlechtliche, private und öffentliche Verhaltensweisen, aber auch für das Arbeitsleben. Die Schule ist also viel fundamentaler als meist angenommen, weit über das kognitiv-systematische schulische Lernen hinaus. Sie erfüllt diese Aufgabe am klügsten durch ein Nachführen entsprechend den Lebenserfahrungen der Jugendlichen. Es geht in diesem Entwicklungsstadium nicht primär um Schule - schon gar nicht um die "weiterführende" oder "höhere" Regelschule im jetzigen Zustand, auch nur sekundär um die Tradierung der Kultur: es geht hier zentral um die Jugend. Kulturtradierung wird später wieder wichtiger. Schule treibt einen enormen energetischen Aufwand in dem Wissen, daß dies alles relativ, und daß viel überflüssig ist, und daß nur die Akzeptanz des Jugendlichen über ihre Wirkung entscheidet: der (abhängige) Schüler ist König, der (autoritative) Lehrer ist Abhängiger. Der König weiß aber nur selten, daß er ohne die Schule nackt dasteht und wie nützlich ihm eine (veränderte, sinnvolle) Schule ist. Und die Schule weiß nur selten, wie tief sie in die Biographie und Grundlagen der Identität des Menschen eingreift.

1.1.4 Lernen für das Erwachsenenalter

Erwachsen zu werden ist ein lebenslanger Lern- und Selbsterziehungsprozeß. Das Fundament, die Grundhaltung, die Beweglichkeit werden zwar (nach Piaget) in Schemata quasi automatisiert, aber die Energetik - der Dampfkessel - hinter dieser

Automation bricht ständig durch, z.B. in Regressionen, Krisen, aus der Bahn werfenden Ereignissen.

Die Lernprozesse der jugendlichen Erwachsenen, in und außerhalb der Schulen, - und viele Schülerinnen und Schüler gehen jetzt in die Arbeitswelt - haben frühere Schemata zum Abschluß gebracht und bilden nun darauf aufbauend das Fundament für die spezifische Dynamik dieser Persönlichkeit, in unterschiedlichen Qualitäten; ich nenne provokativ Qualitäten, die in der Schule nicht hoch im Kurs stehen: als Kabarettist, Opernsängerin, Clown, Schauspieler, Unternehmerin, Verwaltungsfachfrau und in welchen Bewußtseinsqualitäten auch immer, Widerständler à la Gandhi, Politikerin etc. Sie sind sämtlich Ausdruck des Ungenügens des Teilsystems Schule, seiner Unbestimmtheitsrelation, der Vielfalt noetischer Haltungen und Emanzipationen.

1. Aus der kritischen Distanz, gepaart mit schulischem Anpassungsdruck und hedonistischer Ausnutzung der Erwachsenenwelt in Form von Jugendsubkulturen, gestaltet der und die Jugendliche sich die Prinzipien des eigenen Charakters und die Ich-Energien multipler Identitäten der Erwachsenenhaltung (Ferchhoff 1993, S. 145 ff.).
a) Ganz offensichtlich sind ihr und ihm die himmelschreienden Ungerechtigkeiten, Wertverstöße, Gewalttätigkeiten der Erwachsenen, auf die die Subkulturen aufmerksam machen und zu denen sie in Kontrast treten: entweder religiös-spirituell, kritisch-engagiert, körper- und action-orientiert, manieristisch-postalternativ oder eben wie die größte Gruppe heute institutionell-integriert (ebd.); in der Musikszene, als "Halbstarke" früher, Popper und Punks, Rocker und wie sie auch nach der jeweiligen Mode heißen, durch Kleidung, Körperlichkeit, Attribute u.dgl. Schon dies ist eine Haltung, ein Ausgangspunkt neuer Identitätssuche.
b) Weiter in die Erwachsenenwelt trägt die Transformation der pubertären Protesthaltung in eine konstruktive Anpassung durch erhöhte pflegeleichte Bereitwilligkeit des Lernens, durch schulisches Spezialistentum und Expertentum zur Freude der Lehrer und Ausbilder - eine vom pädagogischen Standpunkt der kritischen Selbstbestimmung her nicht unbedingt wünschenswerte (weil anpasserische) Haltung.
c) Damit ist schon die erstrebenswerte Charakter-Erziehung und Haltung des jugendlichen Erwachsenen angedeutet: der Schonraum Schule entwirft die Utopie einer kritisch-konstruktiven Haltung, der Standfestigkeit, des Mutes gegen eine Erwachsenenwelt der Gewalt, der Ausbeutung, der Korruption (in allen subtilen Formen) und die Lehrer leben diese Utopie des "vernünftigen, verantwortlichen, freundlichen Erwachsenen" (v. Hentig 1994, S. 125) in der Oberstufe vor.

In der Schule ist dies möglich, im Arbeitsleben kaum. Die Arbeit, der Betrieb und die KollegInnen stutzen die Energien jedes Neuankömmlings in ihrem Sinne zurecht:

hat er kommunikative Gruppenfähigkeiten, ist er per se willkommen; widersetzt er sich der Anpassung, wird ihm seine Haltung schwer gemacht.

2. Aber auch der "Schonraum Schule" verändert sich, die SchülerInnen-Haltung geht zu Ende; in den Vordergrund tritt mehr Verhaltenssicherheit im Austausch mit Lehrern, mehr Selbstsicherheit im Urteilen, mehr Eigenständigkeit im Aufbrechen der Schultür gegenüber Lebenswirklichkeiten und dynamischen Entwicklungen außerhalb. Die jungen Erwachsenen lernen laufen, sie gehen ihren Weg; dies bedeutet nichts anderes, als daß sie jetzt "Methode" haben, met-hodos, einen Ziel-Weg, Sinn-Weg (in dessen ursprünglicher Bedeutung).
a) Zunächst kann die beginnende Existentialität sich individuell in jugendlich-fundamentalistischer Widerspruchshaltung äußern, aber auch in moralischen Bewegungen und Gegeninstitutionen (wie der Friedens-, Frauen-, Kinderbewegung, Ökologiebewegung) ausdrücken. Der junge Erwachsene schafft sich so ein tragendes eigenes Fundament auf einem von formal-organisierten Handlungsbereichen "befreiten Gebiet". Aus seiner Lebenswelt heraus kann er gegen die sinnlichen, sozialen und wertemäßigen Verzerrungen und gesellschaftlichen irrationalen Komplexitäten sein Gefühl als Katalysator einsetzen und das Originäre dieser Bewegungen zur Autonomie seiner Identität gebrauchen (Kramer 1989, S. 206 ff.).
b) Diese konstruktive Haltung trägt dann zum Fundament der Persönlichkeit und später der Gesellschaft bei, wenn, zum Beispiel in der Schule, das schulisch und vor allem außerschulisch erworbene Wissen zur mutigen Anwendung (im Umweltbereich, Musik, Kunst, Religion) veranlaßt wird. Denn hier ist die primäre Feuerprobe der praktischen Umsetzung und Anpassung, der die in der Wirtschaft schon arbeitenden Kolleginnen und Kollegen immer unmittelbar ausgesetzt sind.
c) Die stärkste Dynamisierung der Energien der jugendlichen Erwachsenen zeigt sich dann, wenn die Fähigkeiten, Fertigkeiten, Methoden mit dem Berufs- und Lebensziel übereinstimmen, also mit dem, was die Schülerinnen und Schüler für ihr Leben als sinnvoll erachten. Sie wollen in der Schule leben lernen: in der Schule Erlebnisse haben, in der Schule lebendig sein, in der Schule zu leben lernen, lebendig in der Schule lernen, für das Leben in der Schule lernen, die Lebensschule vorweg lernen, immer also Lebensbedeutsames lernen. Was die Jugendlichen leisten können, zeigt die jährliche Ausschreibung "Jugend forscht": eine Schule, die die Lebensfragen der Jugendlichen zu beantworten sich bemüht, findet motivierte, aufmerksame Schüler vor; eine Schule, die ungestellte Fragen konstruiert, ist ein Mißverständnis und darf sich über ihre Ablehnung nicht wundern. Die Haltung zur Schule und die Annahme ihrer Lehren folgt eben dem Gesetz der Adäquatheit (Georg Kerschensteiner). Und hier sind wir wieder bei der Wilhelm von Humboldt-

schen und Jean Piagetschen Idee vom Forschenden Lernen als Grundhaltung in Schule und Universität.

3. Das Schülerverhalten als Habitus, Lernstil und Methode wird in den Abschlußjahren der Schule getestet: es wird der Zumutung der Erwachsenen-Verantwortung im Kleinen ausgesetzt. Leider überwiegen heute noch die unmündige Vorschreibung, die Noten-Gängelung, Strategie und Taktik des Durchkommens. Mut und Standpunkt zahlen sich schlecht aus. In einer demokratischen Schule sind sie Persönlichkeitsrechte und -pflichten (Huhn 1990).

Gilt dies für die Oberstufe des Gymnasiums, so ist dennoch die Situation an den weiterführenden Fachschulen / (technischen und wirtschaftswissenschaftlichen u.a.) Fachgymnasien, Abendgymnasien, Vollzeitkollegs anders. Hier studieren nämlich Menschen, die ihre ganze Energie auf ein konkretes Berufsziel verwenden und eine dementsprechende Erwachsenen-Lernhaltung zeigen. Teilweise haben sie ungeschönte Lebenserfahrung: auch dadurch wird ein "Creaming-Effekt", eine Leistungsspitze erreicht (Gudjons 1994, S. 286).

a) In der College-Schule findet ein erster Härtetest für den Lernstil des Erwachsenen statt; er wird auf seine Leistungsfähigkeit in einer Leistungsgesellschaft geprüft. Aber die Dynamik des jungen Erwachsenen kommt erst auf Touren, wenn er und sie das Gefühl haben, gebraucht zu werden, nützlich zu sein, Wichtiges zu können und zu wissen - sonst werden er und sie, wie Hartmut v. Hentig drastisch und ernsthaft formuliert, "darauf pfeifen, nein darauf spucken, darauf treten" - "ganz gleich wie reich, wie demokratisch, wie aufgeklärt sie (die Gesellschaft) ist und wie verlockend sie dies darstellt" (Die Schule neu denken, 1993, S.189).

b) Dann verändert und transformiert sich der jugendliche Erwachsene; er wird ernst genommen und nimmt sich ernst, er arbeitet mit seiner ganzen Energie, mit der Methode seines Lebens. Dann ist das Reifezeugnis nicht nur ein Abgangszeugnis: ein Abitur, sondern eine Matura für die vorhersehbare Zeit.

c) Aber wie will Schule dieses Gebrauchtwerden als Basis der Identitätsbildung des Erwachsenen vermitteln in einer Gesellschaft und Wirtschaft, die oft nach inhumanen ökonomischen Zwängen und Leistungsgesetzen Menschen auswechselt und instrumentalisiert? Schulen entlassen also relativ ins Gleichgewicht gekommene junge Erwachsene, deren Stabilität und Beweglichkeit angesichts der Anforderungen recht schnell wieder ins Ungleichgewicht geraten kann. Schauen wir uns einmal an, warum das auch an unseren Schulen liegt.

1.2 Das Fundament der Schulen

Es gibt eine Hierarchie (Taxonomie) der Begründung von Schulen. Sie hat schwerwiegende pädagogische Auswirkungen. Wegen der hohen Kosten der Schulen überwiegt heute die ökonomisch-verwaltungsorientierte Sicht. In erster Linie werden Schulen mehr von ihrer geschichtlichen Notwendigkeit für gegenwärtige staatspolitisch-ökonomische Interessen (im Weltmaßstab), in zweiter Linie dann auch vom kulturtraditionellen Interesse her begründet, in das die Heranbildung der Individualität und die Erziehungsnotwendigkeit des Kindes und Jugendlichen einzubeziehen ist. Dies betrifft Zielsetzung, Inhalte und Methoden. Diese Sichtweise zeigt sich ganz klar bei der Reform von Schulen: sie geschieht selten von pädagogischen Gesichtspunkten, meist von verwaltungs- und finanzpolitischen Pressionen her; und wenn sie pädagogisch erfolgt, wird schnell ein verwaltungspolitischer Interessenausgleich geschaffen.

Aus Einsicht in die steigenden Defizite der Elternerziehung versucht die Schule jetzt mit reformpädagogischen Impulsen einen Erziehungs-Ausgleich unter Beibehaltung der bisherigen Zielsetzung und nach wie vor mit dem bisherigen Fundament. Die Regelschule hat aber heute zusätzliche erzieherische Aufgaben bekommen, die sie pädagogisch verändern werden. Zu nennen sind: Interkulturelle Erziehung; Erziehung, Bildung, Unterricht mit in vieler Hinsicht sehr heterogenen Kindern; Integration von Behinderten, Therapien von leichtem Fehlverhalten in vielfältige, aber konsequent zu verfolgende Richtungen; Arbeit mit ganz neuen Lernmethoden und Unterrichtsmethoden.

Diese Anforderungen werden die Ausstattung und Architektur der Schulen, die Lehramtsausbildung, Studienorganisation und Lehrerfortbildung, die finanz- und verwaltungstechnische Organisation und das Verhältnis Lehrer-Schüler verändern.

1.2.1 Die Primarschule

Die Elementarschule stellt die Schüler auf möglichst stabile Füße. Sie erreicht dies durch aktive Anpassung, durch Initiationen, Rituale, Imitationen, durch Herstellen einer Wohlfühlsituation. Sie spielt damit auch eine Rolle der kulturell-evolutionären Stabilisierung. Denn jeder Schüler und jede Schülerin integriert die Schule in sich, arbeitet die schulische Beziehungs- und Inhaltsebene ins eigene Verhaltens- und Wissensrepertoire ein und kommt dann später mehr oder weniger gestanzt aus dieser Lebensphasen-Maschine heraus. Die Schule hat also einen großen bio- und psychoenergetischen Einfluß auf jede Person, d.h. auf Potentiale und energetische

Prozesse, Haltungen und Bewegungen, Lernmotivation und Gefühle, Sprache, Denkprozesse und das Ich (Lowen 1988, S. 3).

Bei Schuleintritt im Übergang von der Vorschule zur Grundschule und während der Dauer dieser Primarstufe geht es um eine erste Stabilisierung des Fühlens, Wollens und Denkens zum Aufbau der folgenden flexibleren Lernprozesse. Dies ist ein sehr komplexer Vorgang, und eine der Hauptleistungen der Grundschule ist die genau stimmige Reduktion von Komplexität.

1. Sechsjährige Kinder freuen sich auf die Institution Schule, ihre Initiation mit Ängsten und neuer Wichtigkeit, auf die Verwirklichung ihrer neuen Kraft, das neue Ernstgenommenwerden durch eine von den Erwachsenen für besonders wichtig gehaltene, groß machende Institution.

a) Das Elementare, das Fundament der Grund-Schule, ist ein neuer Anfang: das systematische Lernen zusammen mit einer Lehrerin und mit anderen Schülern, das einen bedeutenden Schritt weiter in die Welt der Großen führt.

b) Das Fundamentale ist, anders ausgedrückt, die Sicherheit, die die Schule bzw. die Lehrerin bietet: daß die Schule zum Groß-Sein führt, weil die Großen schulisches Lernen inhaltlich und institutionell für wichtig nehmen; und dann nehme ich als Kind es auch für wichtig. Es sieht so aus, daß dieses Lernen der Großen nur in dieser Art der Institution und nur auf diese Weise geht: mit Regulierungen, Ängsten, Gruppenzwängen, Autorität, Raum- und Zeitordnungen. Dadurch fühle ich mich als Grundschulkind wiederum sicher, solange dies mich nicht bedroht.

c) Das Elementare der Grundschule, insbesondere in der Anfangssituation der ersten zwei Jahre, ist also die Herstellung eines Sicherheits-Gleichgewichts der Kinder durch eine pädagogische Atmosphäre (Otto Friedrich Bollnow), die Förderung ihrer Lernmotivierung, die Bearbeitung ihrer lebendigen Fragestellungen über die ganze Welt, die Stärkung ihres Selbstbewußtseins - alles als Grundlage für das Lebensgebäude, das darauf errichtet werden wird. Die Anfangsschule ist also elementar nicht-selektiv. Sie erweitert ihren pädagogischen Faktor so lange, als die Kinder diese Stabilisierung notwendig haben. Im Mittelpunkt der Elementarschule stehen also das Kind und die Gemeinschaft in der für die Schülerinnen und Schüler gestalteten Schule: das umfassende pädagogische Interesse als conditio sine qua non - und erst nachgeordnet und wie selbstverständlich dazugehörend das kulturelle-gesellschaftliche-wirtschaftliche Interesse, Wissen in Kulturtechniken zu erwerben.

2. Heutige Kinder, so hat die Diskussion über die Veränderte Kindheit - Veränderte Grundschule (Fölling-Albers 1989) herausgearbeitet, sind wie die Erwachsenen oft ungleichgewichtig (Sedlmayr beklagte den Verlust der Mitte schon in der 50ern). Zu früh, nämlich von der Kleinkindheit an, ist durch konkurrierende Informationssysteme eine Differenzierung zugange, die Kinder aus dem ökologischen Gleichgewicht bringen kann; zumal wenn Eltern nicht erziehen. Der zweite Aspekt des Fundamentalen der Grund-Schule ist also das ins Gleichgewicht-Bringen des Ungleichgewichts der Kinder, die Klärung ihrer Innenwelt- und Außenwelt-Lerneinflüsse.

a) Außenwelt: Angesichts der parallelen "Bildungsveranstaltungen" wie vor allem des Fernsehens, aber auch von Hobby-Kindergruppen (Ballett, Tennis, Musik, Spielgruppen) sind schon Sechsjährige vollgestopft mit Informationen, die, angesichts immer weniger kohärenter "Eltern"-Häuser, eben dann doch nur durch die Schule geklärt, sortiert, vertieft, systematisiert und in einen ökologischen Lernzusammenhang gebracht werden.

b) Innenwelt: Bestimmte körperliche, seelisch-geistige und soziale Fähigkeiten werden segmentär und einseitig gelernt, manche exzessiv, manche überhaupt nicht, die früher selbstverständlich waren. Die Grundschule geht von einem integralen pädagogischen Konzept aus, in dem Primär-Erfahrungen, ganzheitliches Lernen, "Offener" Unterricht, "Freie" Arbeit und schülerorientierter Frontalunterricht vielfältige wissenschaftliche und lebenspraktische Erkenntnisse über dieses Alter didaktisch umsetzen und eklatante Defizite körperlicher, seelischer, sozialer und geistiger Art ausgleichen; teilweise können wir von einem großen Innenweltreichtum heutiger Kinder, teilweise auch von Innenweltverschmutzung (v. Scheidt 1973) sprechen; die neuen Erfahrungen der Kinder regen die Schule zu einem verantwortlichen Nachführen ihrer Ausbildungen an.

c) Das Fundament der Grundschule ist die moderne Erziehungsgrundschule, und erst in zweiter Linie die Bildungsanstalt Grundschule: Ungleichgewichte der Kinder durch Erziehungsdefizite, durch mangelnde Vorbilder an menschlichen Haltungen, Gefühlen, Wertorientierungen, religiöser und spiritueller Einstellung sind von den Lehrerinnen mit bewußter Überzeugung systematisch pädagogisch auszugleichen. Dies ist Kategoriale Bildung (Klafki) auf der Beziehungsebene. Die Grundschule ist wie kaum eine weiterführende Schule zu dieser kategorialen Klarheit geeignet und verpflichtet. Auch die Inhaltsebene wird möglichst auf die Beziehungsebene genommen (weil Inhalte ja Beziehungen sind, die die Kinder herstellen und die die Kinder in sich assimilieren); wichtig sind hier auf beiden Ebenen kategoriale Grundlegung und Abklärung, kategoriale Genauigkeit, kategoriale Stabilisierung (die alle im Begriff "kategoria" verankert sind).

3. Lernen ist ein Grundelement der Grundschule. Auch die Grundschule ist eine Lernschule. Aber dieses Lernen unterscheidet sich von dem Lernen in anderen Schulstufen. Die Grundschullehrerinnen und -lehrer sind in ihrer Dignität und in der Notwendigkeit ihrer umfassenden Ausbildung also keineswegs den Höheren Schullehrern untergeordnet.

a) Zunächst muß viel Energie in die Voraussetzungen des Lernens gesteckt werden. In körperlicher, seelisch-emotionaler, sinnenhafter, motivationaler, handlungsorientierter, sozialer, leistungsorientierter, kognitiver, intuitiver, moralischer, gedächtnismäßiger und vieler anderer Hinsicht baut die Grundschule systematisches Lernen als Haltung auf. So ist in der Elementarschule die Schulung des Körperbewußtseins vordringlich; darauf baut die Grundwahrnehmungs-Schulung auf (Eigenwahrnehmung, Umgebungswahrnehmung, Gruppenwahrnehmung, Variieren und kreatives Gestalten: Mertens 1991), darauf wiederum ein sensorisch-didaktisches Unterrichtskonzept (Brand & Breitenbach & Maisel 1988): Grundlage für Lernen sind also:

1. Stufe: "die Verbesserung der Halte-, Stell- und Gleichgewichtsreaktionen, Normalisierung des Muskeltonus, Steuerung der äußeren Augenmuskeln"; dazu gehört auch die rhythmische Erziehung (Bünner & Röthig 1983) mit systematischem lustvollem Lernen der Bewegungsabläufe, das Atmenlernen, die Verbesserung des Sehens, Hörens, Fühlens und Intuierens, das Lernen des Entstressens, die Entwicklung einer modernen Eurhythmie als formerzeugenden Kraft (die nicht die Rudolf Steiners sein muß) (Klink 1983; Dubach 1981; Größing 1993; Langguth, Gillessen, Steinbach 1995);

2. Stufe: die Entwicklung des Körperschemas, die Bilateralintegration und die Fähigkeit, die Körpermittellinie zu kreuzen, die Einübung von vielfältiger Körperintelligenz; und

3. Stufe: die Sprachbenutzung, die Festigung der Lateralisation, der visuellen Form- und Raumwahrnehmung, die Koordination von Auge und Hand.

b) Sind diese Voraussetzungen des Lernens aufgebaut, kann die Grundschule weiter differenzieren und das Lernen des Lernens lehren. Im Unterschied zur formalen Lerndefinition als "Verhalten" ist Lernen in der Grundschule ein energetischer, dynamischer Prozeß: Lernen ist anthropologisch-pädagogisch-individuell eine menschliche Notwendigkeit, die Erfüllung einer Lernfreude, ja Lernbegierde mit dem Ziel einer freudigen Lernarbeit als Haltung. Die Grundschule fördert die Lernfreude durch spielendes Lernen, spannendes Lernen - Lüftung der Geheimnisse, die die Kinder immer schon erklärt wissen wollten - durch narrative Pädagogik, durch leichte Didaktik, durch poietische Methoden, durch Spiel mit Arbeitscharakter, dann Arbeit mit Spielcharakter (Freinet): Sinnesspiele und kreative Lernspiele für Sprachförderung, Sprechförderung, Ausdrucksförderung, Mathematikunterricht, Sachunter-

richt, Kunst. Die Grundschule hilft auch bei der Entdeckung des eigenen "Lerntyps" (Vester), der Lernorganisation, Arbeitsfreude, Zeitmanagement mit Hilfestellungen.
c) Auch das Lehren und Lernen der Inhalte ist in der Grundschule in einer besonderen Weise ernsthaft. Aus ihnen ziehen Schülerinnen und Schüler die Motivationsenergie für ihre Lebensneugier, ihre Wirklichkeitserklärungen, Assoziationen und Begründungen. Wie oben angedeutet, ist es die Kunst der Lehrerin, schon von der Elementarschule an die Inhalte (interpretiert als Beziehungssetzungen zur Wirklichkeit der SchülerInnen mitsamt allen klärungsbedürftigen Vorstellungen) in der Sache richtig und genau darzustellen, aber in der Komplexität zu reduzieren. Diese kategorialen Erkenntnisse und lebensnahen Erklärungen sind das Fundament, das dann in den weiterführenden Schulen tragen muß.

Eines dürfte deutlich geworden sein: In der Grundschule werden bei weitem nicht nur Grundkompetenzen à la Kulturtechniken vermittelt; auch ist die Grundschule längst nicht nur "Zubringer-Schule" für die weiteren Schulen. Sie hat sich durch ihre Erziehungsqualität eine relative Autonomie erarbeitet; die weiteren Schulen im Lebenslauf des Kindes haben jeweils ihre eigene, andere qualitative relative Autonomie. Die Grundschule hat basale Bedeutung in der integrativen Grundlegung des Gleichgewichts von Körperbewußtsein, Bedürfnisregulation, emotionaler Stabilität, Aufbau der personalen Qualitäten der Beziehungs- und Inhaltsebene.

1.2.2 Die Orientierungsschule

Auf einer altersmäßig fortgeschritteneren Ebene beginnt der Bau eines neuen Fundaments, gewissermaßen der Grundlegung der ersten Schuletage: Schule wird schulischer, ihr Leistungscharakter für die Gesellschaft wird in ihrer Selektions- und Qualifikationsfunktion offensichtlicher. Die schulische Haltung und die Haltung zur Schule, also die Schul-Schemata als Organisation von Schulerfahrungen werden nun differenzierter, äußerlich durch die Aufteilung auf verschiedene Schularten, und innerlich durch Absorption entsprechender Etikettierungen.

1. Schule wird nun Fundament des Grades gesellschaftlicher Anerkennung und gesellschaftlichen Aufstiegs; in der zweiten Hälfte des 4. Schuljahres und der schulformabhängigen Orientierungsstufe wird schulisches Lernen angesichts der Selektion auch zu einem Kampf um Auslese-Vorteile.
a) Schule erhält einen Ernstcharakter wie nie zuvor und kaum je später. Sie wird nicht grundsätzlich angezweifelt, sie hat ihre differenzierende bedeutsame Funktion.

Ein Teil der Schüler und Schülerinnen empfindet Sieg, ein anderer Mittelmäßigkeit, ein dritter Resignation.
b) Schüler, Lehrer und Eltern kämpfen um schulische Leistungsbewertungen und gegen schwerwiegende Ängste (Initiationsängste und Zukunftsängste) wegen der Funktion der Schaltstelle Schule, grundsätzliche Chancen - (angeblich) für ein ganzes Leben - vergeben zu können.
c) Die Art schulischen Wettbewerbs wird zum Schema. Das Schulschema ist die Normierung energetischer körperlicher Disziplinierung, seelisch-emotionaler Beschneidung, Kanalisierung, Sublimierung, sozialer Konkurrenz, Einschließung und Ausschließung und geistiger Kategorisierung, Systematisierung, Selbstbeschränkung. Von da an läßt uns Schule fast nicht mehr los.

2. Gleichzeitig steigen die Anforderungen der Schule, also der Druck auf Leistungen, spezifische - schulisch wichtige - Leistungen, um die weiterführenden Qualitäten herauszufiltern und als Maßstab einer differenzierten Orientierung zu nehmen.
a) Nicht alle möglichen kreativen, kommunikativen, kognitiven u.a. Qualitäten, sondern schulisch vorgeschrieben-erwartete Potentiale werden ausgewählt und festgeschrieben - denn sie müssen konkret jetzt und nicht etwa erst später erbracht werden -, so daß die Lehrerinnen sie auf die Zukunft hochrechnen können. Letztlich entscheidet der Schulstatus (noch) zu hohem Prozentsatz über die Lebenszukunft.
b) Gerade in heutiger Zeit informieren viele Neben-Schulen, Medien, Gruppenzusammenhänge: all dies ist relativ irrelevant gegenüber dem Schulschema als Fundament schulischen und sozialen Aufstiegs. Allerdings lockert der Slogan: "Jeder Schule ihr eigenes Profil", "jedem Lehrer und jeder Lehrerin das eigene Profil", die Schullandschaft auf. Fächer und Schulanforderungen differenzieren sich; auch bisher außerschulische, wichtige Potentiale werden hineingenommen. Hier liegen Chancen für Außenseiterbegabte, Hochbegabte, Behinderte, Lernverzögerte.
c) Das jetzige starre Schulschema kommt bestimmten Schichten, aufstiegsorientierten Ethnien, Durchsetzungstypen, fleißigen Anpassern entgegen; es verdrängt alle, die nicht in dieses Bild passen.

3. Die Orientierungsschule ist also die Festschreibung auf das Diktat schulisch-selektiver Anforderungen. Die Schule geht selbstgefällig, trotz einer langen Liste von Fehlentscheidungen, davon aus, daß Lernen und Leistung pädagogisch verantwortlich auf spezifische Paradigmen eingeschränkt (z.B. Mathematik, nicht aber Musik) einen Maßstab sozial wichtiger Lebensleistungen darstellen. Sie entscheidet damit gleichzeitig mit über einen Rattenschwanz an gesellschaftlichen Folgewirkungen wie Einkommen, Prestige, Heiratsmöglichkeiten, Lebensqualität.

a) Schule engt nicht nur das Fundament für Lernen auf den status quo von Schule ein, d.h. auf die Art und Weise, wie Lernen in der Schule geschieht. Sie sorgt für ein Dilemma: einerseits erscheint sie von außen als Gehäuse wie ein Block, der nur diese Art von Lernen zuläßt - und dies angesichts dermaßen unterschiedlicher Freizeit-Lerninstitutionen der Schüler -; und andererseits ist sie in sich höchst zufällig unterschiedlich, denn sie stellt für die vielen möglichen und vorhandenen differenzierten Bewußtseinsqualitäten und Potentiale der Schüler recht unterschiedliche Voraussetzungen, Inhalte, Methoden, Medien, Förderungsmöglichkeiten und Bewertungen, Aus- und Fortbildungen von Lehrern zur Verfügung. Können wir dies noch als kompatibel empfinden? Dieses Problem steigert sich, je weiter der Jugendliche die Schule besucht.

b) Positiv kann gesehen werden, daß die Orientierungsschule die Förderungsmöglichkeiten der von ihr bevorzugten Potentiale erweitert. Manches Kind sieht sich durch die Ansprüche dieser Stufe erst richtig in seiner Existenz bestätigt, manches andere Kind erfährt eine Aufwertung seines SchülerInnen-Status, wenn seine Arbeiten nun als "gut" und früher immer als "ausreichend" bewertet werden.

c) Durch Erweiterung, Einengung, Spezifizierung, Selektion, Differenzierung, Schwerpunktsetzung, institutionelle Organisation gewinnen Schülerinnen und Schüler also ein Schulschema, eine der berühmten Scheren in ihrem Kopf, oder einen Stempel, der Auswirkungen auf ein ganzes Leben haben kann. Tief eingedrückt ist dieser Stempel, weil die gesellschaftlichen Organisationen mit ihren eigenen Eintrittsbedingungen diesen Stempel immer wieder erneuern. Aber dies relativiert sich heute zunehmend, insofern zum Schülerstatus noch weitere existentiale Fähigkeiten, Energiepotentiale, Bewährungen, Persönlichkeitsfaktoren nachgefragt werden. Also: wie gut, daß es Schule gibt; noch besser, daß sie sich überholt.

1.2.3 Die Jugendschule

Hatte die Schule den Sektor "Lernen" scheinbar für sich festgezurrt, so erfolgt mit Beginn der Jugendzeit ein Einbruch in ihre Verteidigungsbastion, der sich mit dem heimlichen Lehrplan und den vielfältigen Außeneinwirkungen schon lange vorbereitete. Die Energien der Jugendlichen waren nicht wirklich nur auf die Schule zentriert. Sie richten sich jetzt vermehrt auf die subjektiv erlebbaren Prozesse, vor allem auf neue Körperlichkeit, lustbezogene, libidinöse Kommunikationen. Hier ist auch der Ansatz für ein wiederum neues Fundament, die subjekt-adäquate Schule.

1. Ob wir Gesamtschulen oder die anderen Schulformen in der Jugendzeit betrachten: Kennzeichen ist das Bemühen um eine variationsreiche Vielfalt von Interessenschwerpunkten auf die Jugendlichen hin. Die Schule sucht in einem Balanceakt ihre eigene Sicht pädagogischer Aufgaben und gesellschaftlicher Interessen mit der vielfältig aufbrechenden Lebenskraft der Jugendlichen ins Gleichgewicht zu bringen.
a) Die Trennung von Objektiver Schule und Subjektiver Schule kommt dem Verlangen des Jugendlichen nach einem Niederreißen bisheriger Aufbauten und einer Korrektur zugunsten einer Diskontinuität des immer wieder Neuen ein Stück weit entgegen. Vorgaben werden durch Angebote ersetzt und ergänzt.

Schon rein äußerlich im Klassenraum, als "Anstalt", als Mühle täglichen Gleichmuts wird die Schule zuwider; körperlich erfahrbar; und dies bei einem gesellschaftlichen Idealbild von Jugendlichkeit und jugendlichem Körper, gestyltem Körper, Coolness, gespielter Langsamkeit oder Animation, Ekstase und Rhythmus, überhaupt Inszenierung des Körpers (Bette 1989).
b) Schule nimmt diese jugendliche Subkultur verstärkt hinein. Sie sieht es als ihre Aufgabe an, diese unter ihren Gesichtspunkten (der "Aufklärung") zu bearbeiten, zu qualifizieren, den "Wildwuchs" einzudämmen, wenn möglich zu regulieren. Ein Stück weit repräsentiert sie die "Paradoxie moderner Körperlichkeit" (ebd.) mit ihrer Körperdistanzierung in einer körperaufwertenden Welt. Sie ökonomisiert, verwissenschaftlicht, pädagogisiert, didaktisiert, methodisiert Körperlichkeit, Haltung, Bewegung, Rhythmus, Lebenslust; der Modernisierungsprozeß der Jugendschule geschieht über das Maß an Resonanzfähigkeit zur Jugend-Körperkultur als Teil-Unterstützungsprogramm und Gegenwirkungsprogramm.
c) Sie hilft damit, auch durch die Herstellung von Konflikten und Barrieren (Freinet), den Jugendlichen beim ersten Aufbau ihres neuen subjektiven Fundaments, bei ihrer Identitätsfindung. Die Regel gilt, den Jugendlichen das Schulleben nicht als Schlaraffenland zu erleichtern, sondern sie daran sich abarbeiten und sich ihre Identität erarbeiten zu lassen - entsprechend dem Motto der modernen Verhaltensbiologie: Fordern statt Verwöhnen (von Cube & Alshuth 1986; [und dem altgriechischen Spruch und Goethes Lebenserkenntnis für seine "Dichtung und Wahrheit": ho mä dareis anthropos u paideuetai: "Der Mensch, der nicht durch den Scheuersack geht, wird nicht erzogen"]). Dies ist die Sicht vonseiten der Schule; vonseiten der Jugendlichen steht dagegen die ernsthafte Forderung nach Legitimation der Schulinhalte und -methoden: wenn die Schule fordert, soll sie ihren Sinn legitimieren.

2. Die Schule wird zu einer Schule des Subjekts. In zweifachem Sinne: Die Schule schult jetzt das Subjekt, d.h. sie schult nun erst das Subjektive des Subjekts; und sie

wird ein Stück weit eine subjektive Schule, d.h. nun erst haben die Jugendlichen mit ihrem Subjektivismus einigen Einfluß auf die Objektivität der Schule.
a) Zunächst einmal werden Spielräume für subjektive Erfahrungen eingeräumt, die vorher nicht bestanden, weder aufseiten der Lehrer und Lehrerinnen noch der Jugendlichen. Beide bringen sich als Subjekte ein, die Jugendlichen subjektiver als die in objektiven Verpflichtungen stehenden Lehrer.
b) Aber die Schule bietet auch Widerstände und ein eigenwilliges, klar begründetes Festhalten an kultureller Tradition, gesellschaftlichen Interessen, Vorstellungen über die Zukunft, überhaupt pädagogischen Maximen, mit denen sich die Jugendlichen auseinandersetzen müssen. Sie bieten dem Subjekt auch Hilfe für einen Halt im Meer der Angebote und Zumutungen.
c) Das subjektive Fundament trägt nur, wenn die Schule hinreichend Gelegenheiten bietet, die Identität als weiblicher oder männlicher Jugendlicher, als aufgeklärter Muslim oder aufgeklärter Christ, als integrierter Ausländer, als Behinderter, als berufsorientierter, vielleicht schon spezialisierter Jugendlicher auszubilden.

3. Das Fundament heißt "Subjektives Lernen": Es ist für den Schüler und die Schülerin in dieser Form ganz neu: das Lernen der eigenen Nützlichkeit. Es zeigt sich am Kredit-Geben eines erst zu großen Rahmens, der ausgefüllt werden muß, an der ausgesprochenen Achtung vor der Würde jedes Jugendlichen, an der Gewährung schöpferischer Initiative. Die Jugendlichen verfolgen nun auch in der Schule ihre Interessen, und die Schule öffnet sich tendentiell dem nichtschulischen Erleben und bekommt dadurch entfernteren regulierenden pädagogischen Einfluß. Sie erzieht systematisch sorgfältig zum subjektiv-stimmigen Ausdruck der Identität.
a) Schule akzeptiert ihre erste Relativierung. Sie variiert ihre objektivistischen Anforderungen; es kommt nun in hohem Maße auf die Subjektivität von LehrerInnen an, ob die Schule pädagogisch-jugendadäquat ist und den Jugendlichen beim Aufbau ihrer Subjektivität hilft.
b) Jugendliche verabscheuen direkte schulisch-pädagogische Hilfe. Schule eröffnet eher Freiräume, die Verlagerung des Lernens auch auf andere Interessengebiete; sie akzeptiert, daß Jugendliche ihr (schulisch gelerntes) Lernen nun z.T. auch gezielt verlernen wollen, von der Schule die Reduzierung auf nur lustvolles Lernen verlangen oder nur die Chancenvergabe oder nur die Durchsetzung ihres eigenen Interessenschwerpunktes.
c) Die Pädagogik der Schule ist hier also in ganz anderer Weise als beim Fundieren des Lernens in der Grundschule gefragt. Sie besteht im Anbieten eines Geländers (Daniélou). Dieses wird im Endeffekt meist gern angenommen, bis nun erneut eine

der wichtigen äußeren Differenzierungen ins Haus steht: die Schule zu verlassen, auf berufsorientierte Schulen zu gehen oder ein langfristiges Studium anzustreben.

1.2.4 Die Schule jugendlicher Erwachsener

Das subjektive energetische Fundament trägt nicht, wenn nicht jetzt stützend objektivierte Lebens-Interessen und beginnende gesellschaftliche Verpflichtungen hinzukommen und beide Faktoren nun mit Urteilskraft (Immanuel Kant) zusammengehalten werden.

Die objektivierten Interessen bekommen nun einen unterschiedlichen Ernstcharakter, und die Urteilskraft muß sich ebenso verschiedenartig erproben. Denn noch einmal teilt sich hier die Schule, gleichsam in einer zweiten äußeren Differenzierung und für den jungen Menschen in einem dritten schulischen Übergang mit allen Übergangsängsten der Initiation. Die jungen Erwachsenen werden also unterschiedlich auf ihre Füße und Lebenswege gestellt. Ein Teil geht in die Schul-Oberstufe, bleibt also in der Schüler-Haltung, mit der Chance übergeordneter Reflexionskultur. Ein großer Teil jugendlicher Erwachsener verläßt aber nun die Regelschule, kommt in die Schule des Lebens am Arbeitsplatz - oder der Arbeitslosigkeit - und in die Berufsschulen mit der Chance einer der Lebenspraxis zugewandten Haltung und Beweglichkeit.

1. Diese Grund-Schule der Urteilskraft der Kollegstufe ist gegenüber früheren Stadien der Schule wiederum elementar und neu; alle drei Arten dieser "Grundschulen" kreieren verschiedene Erwachsene:

Die Arbeitswirklichkeit und die sie begleitende Berufsschule ist eine ganz anders geartete Grundschule der Urteilskraft. Eine Grundschule ist sie, weil die Jugendlichen nun erstmalig ihre Lebensenergie in Ernstsituationen einzusetzen lernen müssen. Anders als im Gymnasium ist diese Grundschule kein Ort des Hinterfragens, sondern der Anpassung und oft schwierigen Stabilitätssuche. In der Lehre sind neben arbeitsplatzspezifischer und betriebssozialer Stabilisierung differenzierte Wahrnehmung und Handlung (oder Gewöhnung an Monotonie) gefragt, immer aber der dynamische Einsatz der eigenen Energieressourcen.

In Fachschulen werden heute schon hohe Anforderungen an die Aktivität des Lernens, an Differenzierung und Schwerpunktsetzungen der Jugendlichen gestellt, aber diesmal als unmittelbare Berufsausbildung, in die ein Grund hineingebracht werden muß. Erst später kann sich dann die Dynamik des jungen Erwachsenen im Arbeitsleben entfalten.

In den Gymnasien hingegen findet eine Dynamisierung bisheriger fortlaufender schulischer Informationsarbeit statt. Verantwortung wird ihnen weniger zugemutet als systematisches kategoriales Lernen in der Hoffnung, Inhalte und Beziehungen im absehbaren Erwachsenenleben dann hintergründig aufklären zu können. Diese Unmündigkeit zusammen mit dem Lehren der möglichen Mündigkeit bringt dann oft noch Jahre des Studiums, bis der junge Erwachsene seine ganze Potentialität zeigen kann.

Trotz dieser gravierenden Unterschiede lassen sich für die Schule der Urteilskraft folgende Gemeinsamkeiten herausarbeiten:

a) Alle Bereiche unserer Gesellschaft sind dermaßen verwissenschaftlicht, allmählich auch mathematisiert, computerisiert, technisiert, durchgeplant, verwaltet-ökonomisiert, daß keine Ebene noch mit einem primitiven Praxisbegriff auskommt; überall wird Denken verlangt, Analysefähigkeit, kommunikative Haltung, Kritikfähigkeit, die Anfänge wissenschaftlicher Ausbildung. Inhaltlich stellen alle Schulen - ob praxisnah oder theorienah - nicht nur Realitäten dar, sondern Relationen: Analytik in Systemik, Teile im Ganzen, Darstellung in kritischer Distanz, Kommunikation in Metakommunikation, Wissenschaft mit wissenschaftstheoretischer Relativierung.

b) Die jungen Erwachsenen werden zu Distanz und Kritik angehalten: Objektives als Objektiviertes, als Konstruktionen, als Veränderungsmöglichkeiten, als Funktionszusammenhang zu sehen und sich ein eigenes Urteil zu bilden. Etwas anderes ist es, ob sie dies in Betrieben überhaupt äußern dürfen. Aber diese Industriegesellschaft fordert zunehmend die eigenständige Denkleistung.

c) Im Mittelpunkt dieses neuen Fundaments, der jetzt aufzurichtenden Haltung der jungen Erwachsenen, steht die konstruktiv begründende Haltung. Dazu gehören die inhaltlich-wissenschaftliche kritische Distanz, Werthaltungen, Sinnfragen.

2. Die Anfangs-Schule der Urteilskraft ist eine transformierte und transformierende Schule.

a) Schule wird "unschulisch". Sie legt den vielbeklagten Zwangscharakter endgültig ab (den sie in der Grundschule reformpädagogisch trotz Leistungsforderungen nie begonnen haben dürfte). Sie stellt Möglichkeiten bereit und umso größere Anforderungen an die Selbsterziehung der Kollegiaten.

b) Diese Haltung und Dynamik können nicht von selbst entstehen: Schule "verrät" systematisch Methoden der Aufarbeitung von Inhalten, kommunikative Methoden, Methoden der Kritik, des Argumentierens, des Studierens, des Hinterfragens. Und die jungen Erwachsenen üben sich - vorbereitet von der Grundschule an - in den Methoden ihres Lebens, dem Weg ihres Lebens, in den Methoden ihrer Lebensbewältigung auf den verschiedenen Ebenen. Jeder muß sein Methodenrepertoire des Lebens sich erworben haben, jeder geht seinen Weg. Eine Vielfalt von Methoden provoziert eine kreative Schule.

c) In den letzten drei Jahren Oberstufenschule oder Kolleg oder Fachschule verwandelt die Schule das Fundament der Schüler in eine selbstbestimmte Lernhaltung, eine neue Neugier, eine Kraft zu neuen Ufern als Berufsvorbereitung. In Berufsschulen sind solche Motivationen nur bedingt möglich. Ein Rollenwechsel wird vorbereitet. Der Schüler legt mithilfe der Schule sein Schülerverhalten ab, wird allmählich erwachsen, bzw. Erwachsenheit wird ihm oder ihr zugetraut.

3. Die Dynamik heutiger Lernangebote, der Bewußtseinserweiterung, der Wissensexplosion erfordert einerseits - was oft übersehen wird - ein solides, schulisch-systematisch in sinnvollen Schritten aufgebautes Fundament, andererseits ganz neue Lernmethoden und Lernhaltungen (Heitkämper 1995).

a) Schule und schulisches Lernen, verschultes Lernen sind auch dann noch sinnvoll, wenn sie sich überholen. Die Forderungen nach Abschaffung der Schule und nach ihrer Privatisierung bedenken kaum, welches Ausmaß an Wissen und kritischer erlebter Distanz vorhanden sein muß, um diese Forderungen in unserer Gesellschaft erheben zu können.

b) Schule ist bei der geschilderten Dynamik heutigen Lernens grundsätzlich ständig reformbedürftig, überholungsbedürftig, entschulungsbedürftig. Aber ihre Abschaffung wäre ein evolutionärer Fehler.

c) Ganz neue Lernmethoden dynamisieren und verändern die heutige Schule (die heutige Wissenschaft, die heutige Wirtschaft, die heutigen Medien, die heutige Didaktik etc.), also sämtliche Lern-Institutionen. Die Schule der Urteilskraft ist insofern noch Schule, als sie systematisch unterrichtlich immer wieder neue Standortbestimmungen praktisch und kritisch durchnimmt. Nach drei Jahren solchen Übens entläßt sie junge Menschen, die vielleicht stellvertretend für viele gesellschaftliche Institutionen gegen ihre eigene Schule kritisch urteilen, von der Anpassungsfunktion der Schule oft sehr enttäuscht sind, sich um ein Stück Leben betrogen fühlen - und dennoch ein Rüstzeug mitbekommen haben, ihren Lebensweg zu gehen.

2. Schule und die archaische Basis des Menschen

Alle Potentiale des Menschen müssen durch entwicklungsgemäße Erfahrungen erst aktiviert und elementar-schematisiert grundgelegt werden. Schulisches Lernen wählt die schulisch für notwendig erachteten körperlich-seelisch-sozialen-geistigen Erfahrungen der Kinder und Jugendlichen aus, z.B. durch die Vorschreibungen der Richtlinien; es systematisiert die Aktivierung dieser Potentiale und spricht sie pädagogisch-didaktisch-methodisch unterschiedlich an.

Wir kommen jetzt, wenn wir uns methodisch von Ken Dychtwald durch das System der Energien des Menschen leiten lassen, im Aufbau des Körpers vom Bereich der Haltung und Bewegung (Füße und Beine) in den Bereich der Überlebensenergien (des sog. Wurzel-Chakras, des Beckenbereichs). Die Überlebensenergien sind evolutionsgeschichtlich schon sehr früh vom Tierreich her ausgebildet und als archaische Basis des Menschen bekannt: Sigmund Freud entwickelte von daher seine Theorie des Analen; Konrad Lorenz und Paul Leyhausen begründen hier ihre Territoriumstheorie und basale Aggressionstheorie; auch Arnold Gehlen möchte seine Institutionenlehre dermaßen tief evolutionsgeschichtlich verankert sehen. Sie alle beziehen sich auf körperlich-organische archaische Grundlagen und Prozesse, die im Entwicklungsprozeß und durch Erziehung (z.B. durch Sauberkeitserziehung) beeinflußt werden können.

Die Überlebensenergien des Menschen haben folgende Dimensionen:

- Basale Sicherheit erhält der Mensch durch Abgrenzung und Einrichtung eines Territoriums, Besitz, Ökonomie, aber auch durch Aggression nach außen. Dies wird durch vielfältige Instinkte abgesichert. Stabiles Urvertrauen - im Gleichgewicht mit Urmißtrauen - braucht die Absättigung solcher physiologischen Bedürfnisse (Abraham Maslow).
- Kulturellen Ersatz von basaler Sicherheit bringen Institutionen. Diese haben noch die rudimentär-instinktive Unterstützung; Sicherheit, wenn auch künstlicher und unsicherer, bringen auch Organisationen, überhaupt Systeme. Aggression erfährt hier ihre Kanalisierung in Sublimierung der Durchsetzungskraft und in strukturelle Gewalt. Zu diesen Systemen struktureller Sicherheit gehört auch die Erziehung.

Schule ist nach dem vorbereitenden Territorium Familie die Institution par excellence, in der die archaische Basis des Menschen kulturell überformt wird. Hier wird Überleben in Gruppen eingeübt, die Lebensenergie zum Kampf herausgefordert, die Verteidigung und Eroberung von Territorium erwartet, Aggression transformiert, Institutionenverhalten systematisiert und schematisiert.

2.1 Kinder werden Schüler, Erwachsene Lehrer

Beim Eintritt in das Territorium Schule verändern sich Kinder und Erwachsene. Es findet ein regelrechtes "switching" statt: ein Umschalten auf ein innerhalb dieses Territoriums durch Initiationsriten eingeübtes und kontrolliertes Schema, das Schulschema. Das Kind wird dadurch zum Schüler, daß es systematisch dazu angehalten wird, speziell schulischen Ordnungsansprüchen zu genügen und sich anzupassen. Dies betrifft Bewegungen, Raumeroberungen, Gruppenverhalten und -ordnungen, Regeln, auch Sprachverhalten, überhaupt Zielorientierungen und Hierarchisierungen (vgl. auch Wellendorf 1973).

Erwachsene werden beim Betreten des Schulgeländes zu Lehrern und Lehrerinnen, indem sie sich im Verhältnis zu den Kindern in der Hierarchie nach oben einordnen, nach bestimmten Ordnungsgesichtspunkten das Schulgelände überschauen und Kinder / Schüler wahrnehmen; eine bestimmte Lautstärke, einen bestimmten Ton annehmen, eine bestimmte Sprache; bestimmte Wege, zum Lehrertrakt hin, gehen, ihr Verhalten nach Zeit ordnen, beim Schellen bestimmte Handlungen ausführen etc. Besonders deutlich wird dieses Territoriumverhalten bei Mißachtung dieser Schemahandlungen. Es kommt Unsicherheit, Ratlosigheit auf, wenn sich ein Schüler wie in seinem Kinderzimmer oder im Kindergarten benimmt.

Schule erzeugt also qua abgegrenzter Bezirk Schulverhalten, eine Schulidentität, die aus uns geschulte Erwachsene machen. Wir sind nicht nur das Kind in uns, sondern auch der Schüler und die Schülerin in uns. Dies erstreckt sich insbesondere auf Lerngewohnheiten, Disziplinierungen und damit zusammenhängende Schematisierungen.

Bioenergetisch bricht die vitale Lebensenergie (bei Freud das Es) so vehement hervor, daß starke Regulierungen aufgefahren werden; aber diese Mächtigkeit bringt gleichzeitig die Lebendigkeit hervor; die pädagogische Aufgabe besteht darin, lebensvolle, lebenfördernde, lebenskreative Regulierungen zu schaffen. Das Territorium der Schule sollte im Austausch von Innen und Außen weit genug gefaßt sein, lokal eingebunden, aber weltverbunden; es sollte Kreativität und Variationsbreiten von Begegnungen und Wahrnehmungen ermöglichen; die Architektur der Räume und Plätze sollte Freiheit und Dichte, Struktur und Fläche dialektisch vereinigen; das Kind und der Jugendliche sollte sich dort sicher fühlen und eine aktive, freudige Lebensbejahung, Erdverbundenheit und Mut zu sich selbst, zur eigenen Festigkeit und Kraft entwickeln können.

2.1.1 Das Lernen territorialer Sicherheit

Anfangsschülern wird heute Gelegenheit geboten, die Schule "friedlich", d.h. ohne allzu große Initiationsängste, zu erobern. Detaillierte Übergangspläne vom Kindergarten in die Grundschule, des gegenseitigen Besuchens, des Kennenlernens und der Schülerpatenschaften und nach klassischen Gesetzmäßigkeiten verlaufende Aufnahmerituale (Wellendorf 1973, S. 74 ff.) organisieren die an sich schmerzliche Trennung von Familie und Kindergarten um: das als existentiell bedeutsam erlebte Großwerden soll möglichst reibungslos vonstatten gehen; der initiale (Neu"geburts")-Charakter wird abgemildert und die Neugier der Neulinge brauche keine Initial-Zündung. Diese sollen ihr individuell eingenommenes Territorium als erträglich empfinden, die neue "Heimat" ausgestalten und die vorbereitete Umgebung zu Lernorten transformieren.

Eine bioenergetische Sicht betont, daß Plätze, Territorien, abgegrenzte Flächen ihre eigene Energetik haben (Heitkämper 1995). Dies ist schon aus dem Tierreich bekannt (Leyhausen 1954). "Heimat" zu bekommen, bedeutet also, die verschiedensten territorialen, sachlichen und mitmenschlichen Energien des Ortes kennenzulernen, zu sortieren, zu harmonisieren.

1. Kinder dieses Alters benutzen einen noch relativ kleinen Aktionsraum, auch wenn sie im Auto zu entfernten "Tätigkeitsinseln" gleiten und der Aktionsraum geographisch-äußerlich schon beträchtlich sein kann. Er ist aber nicht per se vorhanden, sondern muß energetisch als Kraftzentrum bzw. als mehrere differenzierte Kraftzentren errichtet und psychisch empfunden werden. Je nachdem, welche Qualität (z.B. Angst oder Freude) die Kinder diesen Räumen zuschreiben und in ihnen kreieren, sind die Territorien dann instinktive Voraussetzung für ihr Lernen.

a) Beim Betreten der Schule sind bestimmte Wege und Zeiten zu definieren: Hauptwege, Nebenwege. Es gibt besondere energetische Orte innerhalb des Territoriums (Energiezentren): Wohlfühlorte, Ruheorte, differenzierte Lernorte; es gibt unterschiedliche Körperorte, Funktions- und Verwaltungsorte, psychisch-emotionale Orte, soziale Orte, Kognitivlernorte. Sie können "Heimat", Stabilität, emotionale Energie vermitteln. Einige Orte sind individuell (der eigene Platz), andere sozial teilend. Im Klassenzimmer ist der Ort beim Lehrerpult meist Autoritätsort, an der Tafel Demonstrations- und möglicherweise Auslieferungsort vor der ganzen Klasse. Weitere Funktionsorte sind der Ort der Materialien, die Teppichecke, Ateliers; soziale Orte sind der Ort der Mächtigen, der Außenseiter, aber auch der Flur, bestimmte Orte auf dem Schulhof.

b) Territoriale Lernsicherheit ist ein ständiger Prozeß des Energieaufwandes, am Ort zu sein, sich dort zu konzentrieren und heimisch zu fühlen, und ihn an der Abgrenzung nach außen zu verteidigen. Da muß das Kind Abgrenzungskonflikte, Nähekonflikte und - innerhalb der Klasse - Dichtekonflikte führen, d.h. die Kraftzentren elastisch gestalten. Und die ganze Gruppe tut dies wiederum nach außen hin. Dies hat Auswirkungen auf die Ordnungsstruktur der Klasse, Sitzordnung, partnerschaftliches Lernen, soziale Struktur und Lernen. Es ist darauf zu achten, daß SchülerInnen nicht dem Streß der ständigen Verteidigung verfallen und daher kaum Energien für ihr Lernen übrig haben.

c) Der soziale Abstand ist je individuell unterschiedlich nach Eigenenergie, Sozialsinn, Kampfkraft und -bereitschaft und Strukturierung der Gruppe. So bilden sich Paar-Gruppen, Freundschafts-Gruppen (aber keine Cliquen wie im Jugendalter), zunächst noch nicht unbedingt geschlechtsspezifisch, aber auch aggressive und initiativelose Verhaltensweisen, mit denen auf Hilflosigkeitssituationen reagiert wird (Petermann 1992). Die Gruppe kann also als energetisches Feld beschrieben werden.

2. Die Kinder müssen sich zunächst ein Kraftfeld erobern und es dann ausgestalten. Der Raum-Zeitfaktor kommt damit ins Spiel, die Fläche wird zum Raum. Raum wird zum lebendigen Raum mit Enge und Weite, und zum energetisch strukturierten Lebensraum, zum Freiraum als stets gefährdetem Anspruch (Bollnow 1963, S. 256). Raum ist immer hodologisch, den ganzen Menschen mit seinem Ganzheitsgefühl umgebend, ihm als Aufgabe aufgegeben, ihn für sich zu erweitern, um sich zu erweitern und von sich Abstand gewinnen zu können, notfalls sich Raum zu erbeißen (Aggression).

a) Es ergibt sich eine individuelle und soziale Raumordnung in der Schule, die überhaupt nicht mit den organisierten Plätzen identisch sein muß. Unterschiedliche Kinder finden an unterschiedlichen Orten ihre Heimat; und es spielt sich dementsprechend eine Raumordung ein, die von der Lehrerin von Zeit zu Zeit neu zur

Disposition gestellt werden kann, um den Anpassungsdruck aufzulockern und neue Entfaltungsmöglichkeiten anzubieten. Denn das Einnehmen von Plätzen, Räumen und Zeiten ist, wie schon Kurt Lewin herausstellt, identitätsbildend (Lewin 1963, 1969). Der Raum selbst kann mit Energie aufgefüllt werden: mit Sicherheitsordnungen, mit der Schönheit von Dingen, mit einer Harmonie der gesprochenen Worte, mit Gefühlen des Wohlseins und der gegenseitigen Akzeptanz, mit dem Geheimnis des Schweigens, der Stille und des Dunkels, mit der Präsenz eines Konfliktes. Unschwer erkennen wir die anthropologisch-pädagogische Bedeutsamkeit dieser Energien für die Persönlichkeitsbildung (s. auch Csikszentmihalyi & Rochberg-Halton 1989, S. 106 ff.).

b) In der Schule ist der zeitliche Raum, der Zeitraum, immer wieder Gegenstand heftiger Kritik. Pädagogisch sinnvoll wäre (etwa nach Kükelhaus) eine Differenzierung von Räumen (engen und weiten Räumen, dunklen und hellen, Strukturierungen von Räumen), aber auch von Zeiträumen und Zeitordnungen (viel oder wenig Zeit haben, Schnelligkeit und Langsamkeit lernen, überhaupt Zeitraum-Einteilungen disponieren lernen). Zeiträume sind Ordnungsformen des Erlebens, die zunächst in Diskontinuitäten und immer mehr in Kontinuen erfahren werden, in der Schule über Arbeitsvorgänge und Glockenzeichen eingeübt und immer mehr zu einer inneren Ordnung werden.

c) Die Kritik bezieht sich auf die mangelnde Flexibiliät der Zeiterfahrungen und Zeitdisponibilität in der Schule. Freie Zeit und Freizeit bilden. Schüler lernen schon in der Grundschule, mit Zeit selbstbestimmt quantitativ und qualitativ umzugehen. Sie benötigen befreiende Zeit - Freie Arbeit, Freiarbeit, befreiende Arbeit -, gerade angesichts der medialen Zuschüttung ihrer Energien, ihrer Gehirne, ihrer Wahrnehmungen, ihrer körperlich freien Beweglichkeit.

Dabei haben Grundschüler andere Zeiträume, Geschwindigkeitserfahrungen, Bezugssysteme als größere Schülerinnen und Schüler: die Räume und die Zeiten werden anders erlebt und anders ausgefüllt. Bei Grundschülern sind Zeiten noch stärker an räumlichen Koordinaten und dem Erleben des Raumes orientiert, müssen von daher in der Schule stärker vorgegeben werden; sie werden später subjektiv intensiviert und als Freiheit erlebt.

3. Die Vorbereitete Umgebung ist das strukturelle Mittel zur Gestaltung der Umwelt des Kindes nach didaktisch-pädagogischen Prinzipien. Über die Klassenraumgestaltung, das gemeinsame Raum-Schaffen bis hin zur gehirngerechten Lernumgebung gibt es zahlreiche Überlegungen in der Literatur. Hildegard Holtstiege nennt hierzu Strukturierungsprinzipien, die das Territorium, den lebendigen Raum

und die den Zeit-Raum ausfüllenden Materialien betreffen, insbesondere für die Eingangsphase der Schule (1977, S. 128 ff., auch 109, 115 ff.; 1987, S. 88 f.).

a) Einfache Struktur bedeutet unter territorialem, energie-ökonomischem schulpädagogischem Aspekt die gefühlsmäßige Stimmigkeit, das "richtige Maß an Raum und Dingen", die sichere Platzzuordnung, die funktionsgenaue Zuschreibung. Ordnung kann dann auch kindliche "kindgemäße" Unordnung sein. Entscheidend ist nicht der äußerliche Zustand, sondern die innere energetische Beziehung zum Raum und die Energiedichte verteilt auf den Raum - man könnte von "Feldenergien" sprechen: wieviele Materialien kann das Kind "verkraften", zu wie vielen Menschen und Materialien kann es eine Beziehung herstellen, eine intensive und eine periphere. Dies ist von Kind zu Kind zudem unterschiedlich, besonders bei hyperaktiven Kindern sollten klare Energien im Raum angestrebt werden (Fischer 1995).

b) Kontinuität ist wichtig und wird durch Raum und Zeit in der Schule gewährleistet. Raum und Zeit sind dabei keineswegs euklidisch im Gleichgewicht, sondern bei verschiedenen Schülern verschieden, und zudem in ständiger Diskontinuität durch die pädagogisch wünschenswerten "progressiven Interessen", die die Schüler herausfordern und die den Lernfortschritt bewirken. Die Didaktik versucht, dies nach dem "Prinzip der aufsteigenden Leiter" zu organisieren. Diese Kontinuität ist nur künstlich, wird von den Kindern unterschiedlich erlebt, je nachdem, an welchem Zeit-Raum sie sich befinden. Die Diskontinuität des Lebens bringt schon Grundschülern und Grundschülerinnen Sprünge, Risse, Niederlagen, Leid, Faszination, Stillstand; entsprechend brauchen die Kinder Stützen zur Bewältigung und zum Überleben, ökologisch-energetische Nischen, die Möglichkeit der Verwirklichung ihres Energiespektrums, Rückzugsmöglichkeiten zur Energieregeneration.

c) Die Atmosphäre der Freiheit (Montessori), die pädagogische Atmosphäre (Bollnow), mildert die territoriale Hierarchisierung (Rollenzuschreibung) und Funktionalisierung (Funktionsorte) durch Vertrautheit, in der Wagnis und Scheitern, Krise, Ermutigung, Begegnung möglich sind (Bollnow 1959); ebenso die Freiheit der Bewegung, der Körpererfahrung und psycho-motorischer Prozesse (Kiphard 1979, S. 145 ff.), aber auch sozial-territorialer Erfahrungen: das Ausprobieren instinktiver Grenzen und der Grenzstärken, des Bewegungsspielraums, der sozialen Kraftfelder (Lewin) - je ängstlich oder aggressiv -, der Disponibilität des kindlichen Ausdehnungsfeldes, seiner hierarchischen Rolle in der Hierarchie und Struktur von Räumen und Zeiten.

2.1.2 Das Lernen von Ritualen

Schulverhalten ist rituell. Es beginnt mit dem Aufnahme-Ritual und endet mit dem Austritts-Ritual (Wellendorf 1973, S. 74 ff.) Ist die instinktiv-archaische Basis vorhanden und abgesichert, versuchen LehrerInnen und SchülerInnen, diesen Prozeß der Absicherung durch Rituale stabil zu halten und zu differenzieren. Dieses Vorgehen ist im Tierreich ähnlich. In der Bewußtseinsentwicklung der Menschheit und des Menschen ist es die magische Phase, Macht über die Realität zu bekommen: Das Ritual ist das magische Mittel, den praktischen Existenzkampf beeinflussen zu können und nicht immer wieder durchführen zu müssen (Gebser 1949, Wilber 1984; dies auch gegen Paul 1990). Das Ritual ist also zunächst bioenergetisch-körperlich ein Ausmessen der Grenzen, dann ein kulturell differenziertes Ritual, das auf kommunikativer Ebene die Energien abgrenzt und innerhalb der Grenzen zur Entfaltung zuläßt, dann ein psychoenergetisches Ritual, ein psychisches Bedürfnis - wie jede Begrüßungszeremonie.

Schon so läßt sich die außergewöhnliche Energie von Ritualen nachweisen. Rituale haben eine Energiedichte: sie fassen die Energie von einzelnen Menschen und Gemeinschaften fokussierend und bindend zusammen; sie haben magische Energie: auf ein ritualisiertes Zeichen hin verändern Menschen abrupt ihr Verhalten; sie haben entropische Energie: sie neutralisieren z.B. Konfliktenergien; sie haben Differenz-Energie: Rituale differenzieren Innen und Außen, sie stecken Grenzen, und an den Grenzen akkummuliert die energetische Spannung.

1. Bindende Rituale bilden nach Eibl-Eibesfeldt im menschlichen Verhalten eine notwendige soziale Grammatik; sie entlasten in der Schule energetisch Schüler und Lehrer, weil sie Verhalten automatisieren, konditionieren, Aggressionen reduzieren, Solidarität und Konsens herstellen, Situationen und Institutionalisierungen differenzieren, durch symbolische Gesten Verhalten interpretieren und ermöglichen, das eigene Verhalten darauf einrichten lassen. Rituale sind immer antithetisch und auf Differenz ausgelegt; d.h. auch freundlich stimmende Rituale haben immer einen aggressiven Aspekt, Freiheit ermöglichende Rituale sind Freiheits-Einschränkungen (Eibl-Eibesfeldt 1984, S. 610 ff.).

a) Der archaische territoriale Charakter von Ritualen ist in der Schule überall zu sehen und von den Schülern einzuhalten. Denn der betont institutionelle Charakter der Schule fördert Ritualisierungen. Das Betreten des Schulhofes und Einnehmen eines Ortes dort, das Zusammentreffen der Klasse, die Schul"glocke" und daraufhin die Erlaubnis, das Schulgebäude betreten zu dürfen, die "Verbesserung des Sozialklimas durch ritualisierte Begegnungformen" allenthalben (Alberts 1991, S. 89 ff.)

zeigt, in welchem Maße die Schule insgesamt auf diesen rituellen Absicherungen basiert. Dementsprechend wird sie auch von Wellendorf, Fellsches u.a. wegen ihrer rituellen Inflexibilität und Ideologisierung kritisiert (vgl. ebd. S. 16 ff.); die veränderte moderne Schule wird aber schon aus ethologischen, anthropologischen und energetischen Gründen solche Ritualisierungen weiterhin zur Stabilisierung fordern, wenn sie differenzierte neue Lebenssituationen zu transformieren, zu vereinfachen und so zu bewältigen helfen. Rituale erhalten die widerständige Lebensenergie; ihre gefährliche Grenze ist das Einmünden in stereotype Verhaltensmuster.

b) In der Literatur wird richtig - und kritisch - bemerkt, daß die Schule durch Rituale Macht über Schülerinnen und Schüler, aber auch Lehrerinnen und Lehrer ausübt. Rituale sind magisch. Menschen können sich ihnen nur schwer entziehen. Sie üben die Herrschaft des Konsenses aus; sie neutralisieren individuelle Bedürfnisse; sie fokussieren die Energie auf die übergeordnete Kontrolle.

Umgekehrt kommen Menschen ohne Rituale nicht aus, sie internalisieren Rituale als Formalisierungen ihrer eigenen Energetik, und sie sind befremdet, sie fühlen sich schutzlos und als Person infrage gestellt, wenn erwartete Rituale nicht eingehalten werden. GrundschülerInnen lernen also ritualisierte Schemata: z.B. die Magie eines Glöckchens, das sie zur Stille verpflichtet; die Magie von Regeln, die aus einem ungeordneten Haufen gebannte Zuhörer macht; die Magie von Symbolen der Auszeichnung, der Bewertung, der Zensuren für den Aufbau einer Identität.

c) In Ritualen kommt auch der anale Charakter (in der Terminologie Sigmund Freuds) der Institution Schule zum Ausdruck. In der Schule und gerade auch schon in der Grundschule lernt das Kind die Sauberkeit, ("die eigene Duftmarke und die der anderen"), Akkuratesse, Genauigkeit, das Wissen um die Abgrenzung von Mein und Dein, ja "Gehorsam" (Maria Montessori) im Sinne von Einschränkung als Voraussetzung von Kultivierung. Auch hier wieder die Dichotomie. Diese "moralischen Verhaltensweisen" werden nach wie vor mithilfe von Ritualen eingeübt: z.B. Abgrenzungen von Leistungen durch Rituale der Zuwendung oder Abwendung; Angst-Rituale für Sauberkeit und Ordnung. Mithilfe der Rituale unterziehen sich die Schülerinnen und Schüler freudig einer Kasteiung und Bindung ihrer Energien; rituell eingeführte Methoden und Medien erlangen hohe Aufmerksamkeit.

2. Die meisten Rituale sind kulturelle Überformungen und Differenzierungen ethologischer Grundbestände, ja sie sind eine Basis der Kultur. Sie differenzieren ihrerseits die Kulturen. Sie sind häufig Anlaß für interkulturelle Mißverständnisse, Vorurteile und Feindbilder. Sie sind unterbewußt bedeutsam und müssen von Schülern und Lehrern unbedingt beachtet und gelernt werden.

a) Die scharfe Grenzziehung und die darin enthaltene "Aggressivität" von Ritualen ermöglicht es Schülern, mit ihrer Hilfe eine umso klarere Verhaltenssicherheit zu erreichen: einerseits, daß sie mit dem Einsatz eigener ritualisierter Handlungen (z.B. Imponiergehabe) experimentierend klare Erfahrungen machen können, und andererseits, daß sie auf Rituale anderer nach festgesetzten Ausdrucksformen reagieren können.
b) Rituale erlauben also die feinsten, weil in die Instinktebene reichenden Abstufungen differenzierten Verhaltens, und sie senken in vielen Fällen die Sanktionsgrenze. In der Grundschule lernen die Schüler differenziertere, kulturell überformte Rituale als im Kindergarten, und in den weiterführenden Schulen wieder andere und weitere Variationen. Grundschüler sollten also schon ein vielfältiges Repertoire an Ritualen beherrschen, es einzusetzen und zu interpretieren lernen. Hilfreich dazu ist eine Vielfalt des Aushandelns aller Energie-Ebenen des Menschen, die hier dargestellt werden, und eine Vielfalt an unterschiedlichen Situationen und "Erfahrungsräumen" (Hartmut von Hentig), die heute interkulturell und international erweitert werden müssen. Gleichzeitig lernen die Schüler aber auch die Historizität von Ritualen, wie sie insbesondere Ingwer Paul betont (1990), und die Kreativität eigener Ritualisierungen und ihrer inhärenten religiösen Dimensionen des Geheimnisses, des Kultes, des Heiligen.
c) Leider werden in der Schule fast nur schulische Rituale gelernt. Auch darin besteht die begrenzte Wirksamkeit schulischen Lernens; "das Leben" erfordert weitere Rituale. Zwar versucht die Schule, ihre Rituale auch auf außerschulische Räume auszudehnen (schon allein durch die Vermittlung der sozialen Identität), aber in der Tendenz entziehen die außerschulischen Institutionen ihr immer mehr den Alleinanspruch an Vermittlung rituellen Wissens. Jene Institutionen wirken mit ihren Ritualen ihrerseits in die Schule stärker denn je hinein (Beispiel: Computer-Rituale).

3. Rituale vermitteln Gefühle der Freiheit und Geborgenheit: man weiß, woran man ist. Sie ermöglichen die Transformation des individualisierten Verhaltens zu sozialem Verhalten, meistens zugunsten des sozialen Verhaltens unter Hintanstellung des individuellen. Rituale erfüllen eine psychoenergetische Funktion, nämlich das archaische Bedürfnis des Menschen nach Komplexitätsreduktion, d.h. Vertrauen (Niklas Luhmann); aber auch das archaische Bedürfnis nach Sozialität, nach Rückbindung (Religiosität), nach Absicherung gegenüber Mitmenschen (Sozialität) auch dort, wo Mißtrauen notwendig wäre (Konfliktmanagement).
a) Rituale begründen ein Geborgenheitsgefühl innerhalb eines Territoriums (Alberts u.a. 1991, S. 102 ff.). Kinder vollführen in ihren eigenen Räumen und sozialen Zusammenhängen (mit Eltern, Freunden) Rituale, um geschützt und sicher zu sein;

Geborgenheitsgefühle und Wohlfühlen kommen in der Grundschule auf, wenn die Lehrerin Rituale eingeübt hat: z.B. wenn sie jedes Kind einzeln begrüßt, wenn sie immer am gleichen Ort gleiche Handlungen durchführt, wenn sie die Kontiguität von Ritualen und Handlungen und die Kontinuität von Ritualen beachtet.
b) Rituale begründen den Aufbau von Gefühlskompetenz und Beziehungsfähigkeit (ebd. S. 106 ff.). Sie bilden eine Basis verläßlichen Verhaltens und zugleich variationsreicher Erfahrungsmöglichkeit; Schüler lernen durch ritualisiertes Verhalten, Krisen zu thematisieren, mit ihren Gefühlsäußerungen sparsam und geordnet umzugehen, Gefühlssituationen einzuschätzen, ihre Emotionalität zu stabilisieren, zu sensibilisieren, zu differenzieren und zu variieren. Rituale sind dafür besonders geeignet, weil sie den Lernpartner zu Grenzen verpflichten; er darf durchaus verletzen (auch dies ist, was Talcott Parsons die controlled permissiveness nennt), aber das Ritual verpflichtet ihn, auf die Konsequenzen zu achten.
c) Rituale sind beim Verarbeiten von Lebensproblemen und Konflikten unerläßlich und müssen dementsprechend pädagogisch beachtet werden. Alle alltäglichen Kontakte, Prozesse, Beziehungsstrukturen mit ihren Ängsten und Problemen benötigen Rituale. Insbesondere bedeutsame Situationen im Leben der Kinder und Jugendlichen werden rituell und zeremoniell verarbeitet; sie bekommen dadurch erst ihr Gewicht und tragen zur Etikettierung und Identität der Kinder und Jugendlichen bei. Alle Strukturierungen, alle Ordnungen brauchen die verschiedenen, oben angesprochenen Energien von Ritualen, sie sind Rituale oder aus Ritualen hervorgegangen; zu denken ist an Rituale der Klassenkonferenz, der Untersuchungen von Vorfällen in der Schule, der demokratischen Diskussion.

2.1.3 Das Lernen von Rollen

Das Territorium Schule will den Schüler und Lehrer schützen, kräftigen, symbolisch bedeutsam machen und zugleich begrenzen; es will das individuelle Überleben auf die bestmögliche Weise organisieren. Zu diesem Zweck ist Rollenlernen gut geeignet. Im Vordergrund steht dabei nicht sofort die soziale Anerkennung bzw. Toleranz, sondern die Sicherung des Überlebensfaktors Individualität. Ich schütze mich durch meine Rolle. Nach Goffman hat die Rolle zwei Seiten: das commitment und das attachment. "'Commitment' bezeichnet dabei die Verpflichtung, bestimmte mit der sozialen Rolle in der Organisation verbundene Aufgaben zu übernehmen..., 'attachment' das Gefühl der Zugehörigkeit und die Identifikation mit der jeweiligen 'sozialen Entität'" (Wellendorf 1973, S. 78).

Die Rolle sichert meine energetische Ökonomie. Wenn ich in der Schule den Außenseiter "spiele", oder wenn der Lehrer alle persönlichen Konflikte zu Hause beiseite schiebt und sich hinter seiner Rolle versteckt, dann zeigen sich weitere Funktionen der Rolle: die präpersonale (territoriale), die personale (subjektive) und die transpersonale (soziale) Funktion der Rolle.

1. Präpersonal ist die Funktion der Rolle, ein bestimmtes soziales Territorium einnehmen zu dürfen und zu können: einen energetischen Schonraum mit zugeschriebener Struktur erhalten oder auch den von der Rolle definierten Raum für Aufgaben mit Anforderungen ausfüllen zu können. Bioenergetisch gesprochen fordert die Rolle eine definierte Energie-Erzeugung, einen Energie-Umsatz, eine Energie-Dichte, Energie-Impulse, ohne daß es schon um die Interpretation der Rolle ginge.
a) Die Rolle der Schülerin und des Schülers und der Lehrerin und des Lehrers ist qua Rolle auf diesen bestimmten sozialen Schonraum und die Aufgabe festgeschrieben. Die Rolle definiert also eine bestimmte Energie. Sie wird von ihr erwartet. Diese Energie ist territorial insofern, als sie andernorts nicht ihre Macht ausüben kann. Diese Territorialität differenziert sich in strukturelle, soziale und situative Territorialität. Ein Beispiel für strukturelle Territorialität ist die Rolle des Klassensprechers, der bestimmte Vorteile, aber auch Nachteile, "genießt". Ein Beispiel für soziale Territorialität ist der Klassenclown; er hat sich seine Rolle zwar personal erworben, aber sie gilt innerhalb der Klasse (und nicht außerhalb). Ein Beispiel für situative Territorialität ist schließlich die Gruppe, die mit der Freinet-Druckerei in einer Ecke des Klassenraums druckt; sie wird geschützt und von anderen Anforderungen freigehalten.
b) Auf einem Territorium bzw. für ein Territorium wird mithilfe eines Rituals eine Rolle definiert. Die Bewältigung von Territorien braucht Rituale, die Bewältigung von sozialen Territorien braucht Rollen. Rollen sind sozial verdichtete Rituale. Deswegen lernen Schüler nicht nur Rituale, sondern auch Rollen. Rollen schließen Rituale ein: Der Rektor betritt den Klassenraum und die Begrüßungszeremonie zwingt ihm seine Verwaltungs-Rolle auf. Schüler, Lehrer und er selbst haben nicht nur unterschiedliche Rollen, sondern üben auch unterschiedliche Rituale aus. Dadurch sind sie territorial abgesichert.
c) Die Rolle ist institutionell festgeschrieben: als Rollenhierarchie, als Funktionsverteilung von Aufgaben. Wer Rollen innehat, übernimmt und lernt zugleich die Zuschreibungen von Ritualen, Funktionen, Verhaltensweisen. Dabei haben Rollen einen höheren Freiheitsgrad als Rituale; sie sind gewissermaßen die Rituale höherer Ordnung oder, umgekehrt gesagt, sie basieren auf Ritualen und sind in dem Maße frei, als die Rituale nicht infrage gestellt werden. Sie haben also die Rituale abzusichern. Aus dieser abgesicherten Energie von Ritualen (s.o.) holen sie ihr Energiepotential. Je basaler die Rituale (in der Nähe zum Territorium, d.h. zu Macht und

Einfluß, Aggression, Durchsetzung, Lebensbedrohung), umso energiereicher sind auch die Rollen, die diese Rituale absichern.

2. Personal ist eine Rolle, die subjektiv interpretiert wird. Meist erst im Jugendalter ist die Selbstbemächtigung und damit die Loslösung vom Territorium so weit fortgeschritten, daß es als ein eigenes Territorium subjektiv ausgestaltet wird, die Rolle als Rolle sich als Person zugeschrieben und im institutionellen Rahmen individuell variiert wird.
a) Um die personale Rolle breitet sich ein Raum aus, nonverbal wahrnehmbar; dieser Raum lebt von der Energiedichte und energetischen Qualität des Eigentümers. Es ist ein Wechselprozeß von energetischer Ausdehnung oder Zusammenziehung: Dasselbe Territorium kann durch die Rolleninterpretation einer Person als kraftvoll oder nichtssagend erlebt werden. Beispielsweise gibt es die unterschiedlichsten Lehrerpersönlichkeiten, die die angeblich gleiche Rolle "Lehrer" interpretieren.
b) Nicht die Rolle (der Lehrerin, Schülerin), sondern die energetische Ausgestaltung der Rolle baut unser Leben auf. Diese Selbstbemächtigung ist der Grad an Intensität, an Zeugung, an Kreativität - was Henri Bergson "Zeit" nannte -, der immer an Orte, Rituale, Institutionalisierungen gebunden ist, der aber deren Schwerkraft aufheben und leicht, lebendig, lebenswert machen kann. Diese Vitalität der subjektiven Zeit und des Augenblicks ist die Sisyphos-Arbeit in der Rolle von Lehrer und Schüler: Es ist die Aufgabe, die jeder Schauspieler als Schwerarbeit der Leichtigkeit kennt: in dieser Rolle über die Rolle hinauszugehen, über schulisches Lernen hinaus die Schul-Rolle zu überwinden. Denn die Schul-Rolle hat nur die rituelle Funktion, das Lernen institutionell zu fokussieren. Um die Chance der "Sache" oder "Sachlichkeit" (Eduard Hengstenberg) wieder hervorkommen zu lassen, muß die Rolle also, wenn sie ihre Funktion erfüllt hat, überwunden werden.
c) Zwar wird diese Ausgestaltung der Rolle institutionell eingebunden, aber sie erhält durch die Institution zugleich auch den größeren Zusammenhang. In der Sprache Bergsons: die Zeit wird in die Dauer einbezogen. Die Rolle ist die individuelle Institution, die in die größere Institution - etwa die Schule - eingearbeitet werden muß. Dort wird sie gehalten, relativiert, verändert; und die Schule als Institution ist in die weiteren Institutionen eingearbeitet; dort wird die Schülerrolle wiederum anders gesehen. Erst von diesen größeren Systemen her erhält die Rolle ihren Sinn und, in deren Überwindung, ihren Unsinn. Lothar Krappmann spricht etwas vorschnell von erfolgreichem Rollenhandeln, wenn die institutionalisierten Rollennormen und die Rolleninterpretationen der Rolleninhaber übereinstimmen. Aus pädagogischer Sicht ist auch der Rollenkonflikt fruchtbar (Krappmann 1969, S. 100). Ja, die Rolle ist erst dann erzieherisch "wertvoll", wenn sie überwunden wird. Sie ist dann zwar internali-

siert, sie bindet die Energien des Menschen, viele Energien werden von ihr absorbiert; im positiven Falle fokussiert sie sie aber gleichzeitig und erhöht die Energiedichte im Hinblick auf Lebenszusammenhänge, die schulisches Lernen anzielt.

3. Das Lernen der transpersonalen Rolle, das Lernen der Rolle in der Gemeinschaft für die vielen Rollen in den Systemen der Gesellschaft, ist in das Lernen der personalen Rolle einbezogen. Die Jugendlichen spüren immer deutlicher, daß die SchülerInnen-Rolle in der Schule selbst, umso mehr außerhalb der Schule zu eng wird. Sie wollen nicht nur Rollen subjektiv interpretieren, sondern sie wollen zunehmend ihre Rolle selbst setzen, auch im Gegensatz zu den Erwachsenen. Sie wollen ihre Form der Mitsprache und Verantwortung übernehmen.
a) So verschaffen sich die SchülerInnen des Jugendalters durch ihre Rollenkultur (Fans von Musik, Mode, Medien) ihr eigenes vertrautes Territorium, von dem Fremde abgewehrt werden. Es ist ihre Institution, eine höhere Ebene von Territorium, von Haltegrund, Vertrautem, Gleichgewicht, jedenfalls eine Entgegensetzung gegen die Rollendefinition, Begrenzung, Machtausübung der Erwachsenen. Auch der Schule und schulischen Lernens.
b) Entsprechend werden dort eigene Rituale gepflegt, es werden neue Rollen eingenommen und kreiert, es wird Erwachsenheit im stets variierten Jugendstil gelebt. Die Frage erhebt sich, ob die Schule die SchülerInnen-Rolle noch proklamieren kann, angesichts der Rollendifferenzierungen und des Rollenvariationsreichtums, der von den Jugendlichen gelebt wird. Verändern wir die SchülerInnen-Rolle im Verhältnis zu ihrer bisherigen Rollenausgestaltung; aber lassen wir durchaus die SchülerInnen-Rolle in der Schule. Jugendliche lernen dort zumindest gesellschaftliche Rollenanforderungen und, oft unter Konflikten, eine Korrektur extremistischer Rollen-Ausformungen. Die Schule sollte nicht den Ehrgeiz entwickeln, diese Jugendkultur-Rollen auch noch abzudecken. Sie nähme damit den Jugendlichen die Chance der eigenen Identitätsentwicklung, der Ablösung von der Rolle des Schülers und von der Schule.
c) Neben die Schule und die dortige Rolle ist nun eine neue, von den Jugendlichen viel höher geschätzte Institution getreten, die Rolle der Subkultur und die Rolle in der Subkultur. Sie trägt eine Zeitlang zur Identitätsbildung durch eine Gegenkultur bei. Es ist ihre teils selbständige, teils stereotypisierte Einrichtung, ein Weg in ihre Zukunft.

2.1.4 Das Lernen der Dynamisierung von Funktionen

Sicherheit und Gleichgewicht werden geschichtlich und individualgeschichtlich immer mehr zugunsten von systemischen Relationen aufgelöst. Das in der Stufenfolge immer mehr dynamische System Schule besteht in der Kollegstufe aus strukturellen Elementen und der Freiheit anderer Zuordnungen. Die Gebundenheit an das Territorium Schule bleibt bestehen, weil nur dort die entsprechenden Lernprozesse systematisch gemacht werden; aber die Selbstorganisation der Schüler und Lehrer ist hochselektiv (Niklas Luhmann), d.h. sie funktionalisiert die Angebote der Schule für sich. Mit anderen Worten: solange das Austrittsritual (Wellendorf 1973, S. 81 ff.) die Schule selbst nicht relativiert und somit den Übergang "ins Leben" ermöglicht hat, ist sie intern identitätsstiftend.

Austrittsritualen der Nicht-Gymnasiasten folgen Eintrittsrituale in funktional festgeschriebene Schulen bzw. Arbeitslernprozesse, in denen Funktionen die Rollen und Rituale überlagern bzw. definieren. Zwar beginnt der beschriebene Prozeß von Ritual zu Rolle zu Funktion von neuem, aber er ist den jungen Erwachsenen schon bekannt, wird schnell durchlaufen und bekommt nun eine neue Dynamik, eine Stabilisierung auf neuem Niveau, wo die weiteren Differenzierungs-, Variierungs- und Transformationsprozesse sich anschließen.

1. Ein erstes Ziel, das mit dem Territorium und mit den von Freud "anal" genannten Bedürfnissen zusammenhängt und das am Ende der Schule unbedingt gelernt worden sein sollte, ist das Lernen von Ökonomie.
a) Objektiv und realistisch muß der Heranwachsende nicht nur zwischen Mein und Dein zu unterscheiden gelernt haben (Territorialität, Grenzziehung, Takt, Ehrlichkeit, Wahrheitsliebe); er muß auch Kenntnisse, Fähigkeiten, Fertigkeiten erworben haben, im Leben zurechtzukommen: juristische, ökonomische, verwaltungstechnische Funktionen erlernen (Krafft 1995). Sie bilden psychoenergetisch Sicherheit in einem Feld ständig wachsender Anforderungen an Kenntnisse gesellschaftlicher Abläufe, an Verbrauchererziehung, an Lebensentscheidungen, an Konsum, Kaufen und Verkaufen, an Verkehr, an juristische Verträge, an politisches Verhalten in Gruppen, an das Wählen. Kenntnisse in den genannten Sparten gehören heute zur Allgemeinbildung, zum Ressort "Erwachsenwerden".
b) Als subjektive Ökonomie ist die selbstverantwortliche Durchorganisation des eigenen Lebens im Austausch mit der Umwelt zu bezeichnen: Dazu gehören nicht nur die persönliche Ordnung, Klarheit, Psychohygiene (und Sauberkeit), sondern auch die Ordnung der Beziehungen zu anderen Menschen, zu Institutionen, zu Sachen, Terminen, Zusagen; eben die Bewältigung der Gegebenheiten und das

Überleben durch Strukturierungen, Systematisierungen, Begründungen, Akzentsetzungen (insbesondere Neinsagen). Dadurch wird jedes Subjekt eine Institution, die mit ihren Energien sorgsam umgeht. In der Schule wird also gelernt, seine körperlichen, seelischen, sozialen und geistigen Energien gezielt, sparsam, strategisch sinnvoll, rational-klug, mit einem Wort: erwachsen einzusetzen. Wenn sie dies beherrschen, können die Heranwachsenden ihre "überschüssige" Energie in ihrer Subkultur ausleben bzw. beide Fähigkeiten miteinander ins Gleichgewicht bringen.
c) Erwachsene und Heranwachsende erfahren sich heute zunehmend in Funktionen, das heißt, daß ihre subjektive Ökonomie nicht ausreicht, ihre Selbstbestimmung aufrecht zu erhalten. Systeme wie die Schule sind hochkomplex-multidimensional und subjektiv-rollentheoretisch nicht adäquat erfaßbar (Saldern 1991); die Fremdbestimmung geht weit über jede Rolle hinaus. Heranwachsende in der Kollegstufe haben nicht mehr die Schülerrolle. Durch den Abbau von Kontrollhierarchie haben sie größere Freiheitsgrade, durchaus im Sinne der Ökologisierung ihres Verhaltens. Sie können dynamischer über sich mitbestimmen. Die Schule selbst bleibt dabei z.T. für sie undurchschaubar (ein kafkaeskes Schloß) und in den Hintergründen uninteressant: Hauptsache, sie funktioniert, und sie lernen, den Funktionsbegriff ökologisch einzusetzen. Ökologisch heißt dann: auf dem Territorium der Schule über die Schülerrolle hinaus die Funktion des Lernens als Nische für die zukünftige Erwachsenheit zu nutzen.

2. Ein zweites, anthropologisch und evolutionär wichtiges Ziel der Schule, das mit dem Bedürfnis nach Überleben und nach Sicherheit auf einem Territorium zusammenhängt, ist das Lernen von Institution (Weigand 1983).
a) Auf dem Wege von Ritualen über Rollen zu Funktionen lernen die Schülerinnen und Schüler zunächst, die Notwendigkeit und Allgegenwärtigkeit von Institutionen zu akzeptieren. In der Schule wird ein bedeutender Teil der Jugendenergien aller Schülergenerationen darauf verwandt, sich darin zurechtzufinden - ist die Schule doch selbst eine Institution. Sie sollte sich aber selbst direkt zum Thema machen: Verhaltensweisen aufzeigen, Transparenz schaffen, bei der Eroberung von Organisationsstrukturen helfen. Gleichzeitig lernen Heranwachsende zunehmend bewußter eine Vielzahl anderer Institutionen kennen. Dies aber nur in oberflächlicher Weise, denn es ist die systemtheoretische Erkenntnis, daß Schule zwar auf Institutionenverhalten vorbereitet, daß jede Institution aber andere Rituale, Rollen, Funktionen - und dies wiederum in steter Veränderung - ausprägt und spezifische Anpassungsprozesse erfordert.
b) Zugleich ist partieller subjektiver Widerstand gegen Institutionen zu begrüßen und zu lernen: sonst würden Institutionen nicht lernen. Eine Demokratie lebt ein Stück

weit von diesem Widerstand. Widerstand ist Aggression gegen ein usurpiertes Territorium bzw. gegen eine überkommene Ordnung, die neu überprüft werden sollte. Schüler und Lehrer müssen ihre individuellen Stärken als ein Stück Institution begreifen, mit dem sie die Institutionen bereichern und verändern. Sie sind selbst die Institution, in deren Seilen sie hängen. Sie lernen, selbst Institutionen zu schaffen, sich in Institutionen zu verhalten, Kompromisse einzugehen und zu kämpfen.
c) SchülerInnen und LehrerInnen lernen institutionelle Methoden, vor allem die Institutionelle Analyse. Weit verbreitet ist heute schon das institutionelle Tagebuch (Weigand 1995). Sie geben sich Rechenschaft über eigenes und fremdes Verhalten in Institutionen.

3. Heranwachsende haben in der Kollegstufe die Chance, mehr Freiheitsraum zu nutzen. Freiheit hat viel mit der Verfügungsgewalt über Territorium, über Raum und Zeit zu tun; sie ist dynamisches Umgehen mit äußeren und inneren Institutionen, mit Ökonomie, Selbstbeherrschung, Sicherheit des Bodens unter den Füßen.
a) Freiheit der Gedanken ist gut; sie eilen der objektiven Freiheit voraus und haben daher ihren Sinn. Aber freien Gedanken entspricht das freie Territorium. Diese objektive Freiheit muß - wie anderswo auch - in der Schule immer wieder sisyphusartig erobert werden: Ihr Territorium entscheidet über die Energie-Entfaltung der Heranwachsenden; denn es setzt Rituale, Rollen, Funktionen als Widerstände und Ermöglichungen von Freiheit. Sie lernen daran Freiheit als Bindung; die Stärke des Widerstandes entspricht der aufzubringenden Energie des Aufstehens dagegen. Das stärkt die Freiheitskräfte.
b) Subjektive Freiheit ist besonders dann etwas wert, wenn sie den Prozeß der Überwindung dieses Widerstandes hinter sich hat und ständig herausgefordert wird. Die Institution Schule ist dafür ein geeignetes Übungsfeld. Lehrerinnen und Lehrer setzen also Widerstände der "Optimalen Passung" - die die Heranwachsenden herausfordern, die gerade noch zu überwinden sind -, und sie lassen sich überraschen, wie die verschiedenen Persönlichkeiten ihre Freiheit ausbilden.
c) Die Rückbindung an Raum und Zeit verhindert jeden idealistischen Freiheitsbegriff in der Schule. Ein energetischer Freiheitsbegriff ist dem ständigen Kampf ums Überleben angemessener. Er entwickelt das Potential des Menschen zur Ausgestaltung seiner spezifischen Lebenskraft. Wenn die Institution Schule bei aller ihrer Verfestigung und ihrem Widerstand gegen Transformation dieses Ergebnis bei den Schülern vorweisen könnte, hätte sie kontrafaktisch ihr pädagogisches Ziel erfüllt.

2.2 Die Schule als Institution

Überblicken wir die bisher beschriebenen Lernprozesse, so wird die unabdingbare Verhaftung von Lernen, Verhalten, Freiheit an Territorien, Institutionen, selbstgeschaffene Organisation deutlich. Die Wissenschaft hat dafür Belege, die z.T. schon genannt wurden. Sigmund Freud hat diesen Ordnungsgesichtspunkt in der Sauberkeits- und Ordnungserziehung gesehen; Konrad Lorenz und die Verhaltensforschung fanden dazu die territoriale Instinktgrundlage mit Aggressionen, Ritualen, Abgrenzungen und Hierarchisierungen; Jean Gebser, Ken Wilber u.a. zeigen aus der Bewußtseinsgeschichte die Verbindung von Ritualen und Rollen mit der magischen Beherrschung von Raum und Zeit durch Bewußtsein mithilfe institutionalisierter Rituale. Zu nennen sind weiterhin die Institutionenlehre Arnold Gehlens, die Institutionelle Pädagogik in Frankreich und die Theorie und Praxis der Organisationsentwicklung der aktuellen Humanistischen Pädagogik in den USA. Insgesamt also ein dickes Paket für die Begründung, die Schule als Institution elementar zu beachten.

2.2.1 Die Schule als Territorium des Lernens

Jede Institution ist territorial und psychisch-mental. Sie ist eine physische und psychische Raum-Zeit-Ordnung. Sie ist ein psychisches Konstrukt von Ordnungen, das territoriale, faktisch-physische Auswirkungen hat. So ist auch die Schule ein psychisches Konstrukt, das einen systematisch eingerichteten Schonraum zur Folge hat. Geschichtlich wurde die Schule durch Interessen eingerichtet, die angehäufte Lernmenge systematisch in einem abgegrenzten und abgesicherten Lernbereich (Schoninnenraum) darzubieten, an den von Anfang an strategische Macht- und Wirtschaftsinteressen geknüpft waren. Auf das Kind wirkt die Schule als ein psychisch konstruiertes Territorium ein, das von diesen Interessen eingerichtet wurde und funktional deren Ziele verfolgt, das mit den Zielen und psychischen Konstruktionen der PädagogInnen in Konkurrenz tritt, das die kindliche Psyche und geschichtlich-geographische Konstruktionen einbeziehen muß und so ständig verändert wird.

Am Territorium Schule und seiner Ausgestaltung läßt sich genau das psychische Konstrukt "Schule" analysieren.

1. Die Schule ist ein abgegrenztes Territorium, in ihrer Architektur sofort zu erkennen, durch Orte des Spielens und Austobens und Orte des strengen Lernens aufge-

teilt: sie verkleinert und spezifiziert den Aktionsraum. Das Territorium ist für die jeweilige Tätigkeit nach funktionalen Einteilungen gegliedert. Es herrscht eine strenge Ortsbildung. Dies bedeutet gleichzeitig Stabilität und Sicherheit, bioenergetisch ein aktives Gleichgewicht der Reviere, bestimmte Kraftfelder (Chakren) sind auf das Territorium verteilt und damit verschiedene Intensitäten (Zeitdimension).

a) Eine topologische Pädagogik, in Anlehnung an die topologische Psychologie Kurt Lewins (1969), eingearbeitet in eine ökologische Pädagogik, beschreibt die energetischen Beziehungen zwischen Subjekt und Umwelt, zwischen Umgebung und Schule, die Zusammenhangsbeziehungen und Trennungsbeziehungen (von außen betreten dürfen oder nicht, von innen nach außen gehen dürfen oder nicht), die Grenzzonen-Intensität, die Strukturierung der psychologischen Räume, die unterschiedliche energetische Dichtung und Schichtung, dynamische und topologische, regionale und überregionale Faktoren. Alle diese wirken auf Schule und die konkrete Schule und in der Schule.

b) Hinzu kommt die Architektur gerade dieser Schule, das architektonische Konzept mit seinen Ermöglichungen und Verhinderungen, den Dimensionen des Lebensraums Schule, Teilungen, Teilbereichen, Strukturarten, sozialen Kraftfeldern (Perlick 1969; Kükelhaus 1973). Außen-Architektur der Schulbautypen (kompakte Anlage, Kasernentypus, Hallenanlage, gestreute Anlage, Hofanlagen mit gereihten Klassen, Modelle verketteter Gruppierungen) samt Gestaltung des Schulhofes bestimmen den energetischen Zusammenhalt, die Gemeinschaft, pädagogische Möglichkeiten, mit; die Innen-Architektur mit Lichtgebung, Luftraum, Farbgebung (je nach Alter), Lärmschutz, Flexibilität der Wände, Aufteilung in allgemeine Lernzonen, spezielle Lernzonen, Entspannungszonen, Spielzonen hat maßgeblich pädagogischen Einfluß auf die "anthropogene Entropie oder Ektropie" (Kükelhaus) der Lernenden und Lehrenden: auf das Gefühl der Sicherheit, des Schutzes, der friedvollen Örtlichkeit, der Freiheit, der anregenden Atmosphäre.

c) Diese bestimmen die Institutionsbedingungen und Lernbedingungen mit, die Spannungszustände, alltäglichen Abläufe, Abhängigkeitsbeziehungen, Differenzierungen und Integrationsmöglichkeiten. Zu denken ist z.B. an additive oder kooperative oder integrierte institutionelle Arbeitsformen.

2. Gleiches gilt für den Klassenraum als Territorium. Auch dort herrschen verschiedene Kraftfelder: Das Pult des Lehrers ist energetisch anders "aufgeladen" als der Platz vor der Tafel im Unterricht; wieder andere Energien haben die Leseecke, wo Freiheiten erlaubt sind - das Sofa, wo gelesen, geschlafen werden kann, Stille herrscht - und wiederum andere Energien haben die Territorien, wo sich die Stars

aufhalten und andere belohnen oder die Außenseiter sich zurückziehen. Der Aufenthalt auf Territorien ist also eine Selbstdefinition. Erzieherisch bedeutsam ist, diese Räume und Zeiträume lebendig zu machen, zum lebendigen Raum auszugestalten. Denn der Raum ist als vorhandener architektonischer Raum immer im voraus gestaltet; der Architekt und die Architektin denken ihn materiell, funktionell, pädagogisch; sie setzen aber voraus, daß die ihn bewohnenden Individuem ihn immer neu ausfüllen, ihn mit ihrem Selbst und ihrem Selbstbewußtsein erfüllen.

a) Die objektiven Bedingungen ermöglichen und begrenzen zugleich die Lernbedingungen. Die Anforderungen an die Räume verändern sich mit dem Alter der Kinder und Jugendlichen (Perlick 1969; Grammer 1988, S. 184) und mit Trends von Architektur, Kunst, Modernität. In der Elementarschule (bis Ende des 2. Schuljahres) sind folgende optimalen Bereiche für unterschiedliche Energien, Energiedichte (Komplexitäten), Energieverteilung (Raumteilung) und Aktivitäten zu fordern: offene Bereiche mit möglichst viel Platz und Bewegungsspielraum; halboffene mit Möglichkeit des Sichtkontaktes zur Bezugsperson; und abgeschlossene (mit Höhlencharakter) für Einzelarbeit und kleine Gruppen. Helligkeit, Helligkeitsintensitätsunterschiede und freundliche Ausstattung (was durchaus Geschmackssache ist), klare Energien (d.h. nicht kunterbuntes Durcheinander), ansprechende motivierende Farben, ein genügender Luftraum, vor allem aber Lärmschutzmaßnahmen ermöglichen Wohlbefinden und Kommunikation.

b) Es wäre ein Irrtum, Schulräume plus Schulhof und Klassenräume nur unter dem Gesichtspunkt kognitiven Lernens einzurichten. Die Grundschulklassenräume haben heute verschiedene Reviere (z.B. Ateliers nach Célestin Freinet in einem Raum, die in weiterführenden Schulen zu eigenen Fachräumen ausdifferenziert werden), energetisch sehr unterschiedliche Lernintensitäten von Plätzen, eine "energetisch vorbereitete Umgebung" (Heitkämper 1995). Zu beachten ist, daß nicht nur das Gehirn in dem Raum sitzt, sondern das ganze Kind mit allen seinen vitalen Energien der Bewegung, der Aggression, der Neugierde, des experimentellen Tastens; mit seinen Bedürfnissen und Emotionen; mit seinem Drängen nach Handlung und Kommunikation. Der Klassenraum sollte also Energiestörungen möglichst ausschalten und die Aktivierung positiver Energien ermöglichen: Er ist "eine objektivierte Wertevermittlung durch die Kraft der Schönheit, ein Anregungsgehalt zum funktionalen, vor der Gesellschaft erzieherisch-verantwortlichen Umgang mit den Dingen, ein Ausdruck von kreativer Vielfältigkeit in Räumen und Zeiten, ja ein Impuls, sich Raum und Zeit zu nehmen zum Erproben der eigenen Sinn-Richtung durch konzentrierte Arbeit an sich selbst; eine Anregung zur Lust am Leben, d.h. Lernen und Leben als Anstrengung" (ebd. S. 39).

c) Weite, große, moderne Räume machen noch keinen guten Unterricht aus. Der hängt maßgeblich von der Instituierung, der intensiven kreativen Nutzung der geschaffenen Unterteilungen im Klassenraum und der damit verursachten differenzierten Strukturierung von Lernerfahrungsmöglichkeiten ab. Und selbst diese Differenzierung des Klassenraumes macht noch keinen guten Unterricht aus. Es ist die von Otto Friedrich Bollnow geforderte "pädagogische Atmosphäre" (1964), die die Temperatur jeder Funktionalisierung und Institutionalisierung ausmachen muß und die (in der hier gebrauchten Terminologie) bioenergetisch und psychoenergetisch immer neu von der Lehrerin und den Schülerinnen und Schülern im Klassenraum erzeugt wird.

3. Schule ist die Schule jedes einzelnen Schülers und jeder einzelnen Schülerin; ihr Territorium in der Schule ist ihr Platz und ein Teil von ihr selbst. Die Lehrerin steht an der Spitze der räumlichen Hierarchie; sie hat großen Anteil an der Territorial-Verwaltung und am entsprechenden Selbstbewußtsein und der Selbstverwirklichung, am Durchstehen territorialer Aggressionen und Konflikte, an Abgrenzungen, Besitz, Vermögen.
a) Kurt Lewin stellt in seiner dynamischen topologischen Psychologie heraus, was systemtheoretisch und strukturalistisch, konstruktivistisch und bioenergetisch heute wieder diskutiert wird: Die Person eines Menschen kann strukturell, topologisch, dynamisch differenziert sich unterschiedlich zu ihrer Umgebung verhalten. Der Realitätsgrad und Irrealitätsgrad des Territoriums einer Person sind individuell, aber auch situativ, unterschiedlich und eine Aussage über diese Person. Mal ist die Festlegung eines Platzes für den Schüler wichtig, mal nicht; mal dieses Platzes, mal die Umgebung; mal die Festlegung der Zeitlänge, mal der genauen Bedingungen.
b) Selbstverständlich ist der Platz in der Schule ein subjektiver Platz. Gerade GrundschülerInnen sind auf ihren Platz angewiesen. Der Platz wird konstituiert durch das Subjekt selbst, seine Ausstrahlung, Anziehungskraft und Abstoßung, die umgebenden Subjekte - ob sie sich riechen können, die Beziehungen zu Freundinnen und Freunden und zur Lehrerin, durch Nähe und Ferne zu wichtigen Revieren des Klassenraums, durch Sympathie und Antipathie, aber auch weitere subjektive Bedingungen (wie Hörfähigkeit, Lesefähigkeit der Tafel, Linkshändigkeit oder Rechtshändigkeit, Schwatzmöglichkeit hinten).
c) Ein Lernplatz hat also seine Ökologie. Er setzt sich aus objektiven und subjektiven und der Komplexität umgebungssubjektiver Faktoren zusammen. Die dynamische Ökologie des Platzes, des Klassenraumes, der Organisation Schule, der Institution Schule konstituiert das Lernsubjekt Schüler und Schülerin maßgeblich mit. Zumal in der Grundschule trägt sie zur Stabilität oder Instabilität des Grundvertrauens und der

Erfolgsgewißheit bei. Später wird er relativer, sozial kommunizierbarer. Aber er behält die Wichtigkeit, die Erwachsene auch bei der Sicherheit ihrer Platzzuweisung verspüren. Aus der Palette instinktiver, physischer, objektiver, subjektiver, intersubjektiver, transpersonaler und ökologischer Faktoren entsteht dann im günstigen Falle ein motivierendes Gleichgewicht, der "richtige" Spannungszustand, der durch noch so gute Bedingungen nicht steuerbare Lernprozeß. Wichtig ist die Erkenntnis, daß er auch vom Platz abhängt.

2.2.2 Die vorhandene Einrichtung Schule

Das Territorium der Schule hat Gesetzmäßigkeiten und die Einrichtung "Schule" auf diesem Territorium hat weitere Gesetzmäßigkeiten. Dieses umbaute Territorium ist einerseits materiell und andererseits sozial. Das soziale Territorium ist die Institution. Eine Institution hat, wie gezeigt werden konnte, territorial-soziale, instinktiv abgesicherte Gesetzmäßigkeiten; sie erfüllt damit Lebensbedürfnisse (vielleicht auch Überlebensbedürfnisse), ökonomische Bedürfnisse, Sicherheitsbedürfnisse, Ritualisierungsbedürfnisse, Disziplinierungsbedürfnisse; Fortbestand, Besitz, Durchsetzungsmöglichkeiten, Fokussierung von Energien, Reduktion von Komplexität, also Systemfunktionen.

An der Schule werden die zwei ethologischen Funktionen von Institution recht deutlich: Eine Institution reduziert zum einen die Territorial-Angst, die Verhaltens-Angst, indem sie sie in sich aufnimmt, institutionalisiert; zum anderem hat sie diese Angst in sich aufgenommen, sie repräsentiert sie und sie gibt sie weiter, um sich als Institution, als bereitwillige Angstreduktion, weiterhin anbieten zu können. Die Institution Schule reduziert Lebensangst, insofern die Kinder und Eltern sicher sind, daß sich ihre Erfolgschancen erhöhen; aber sie hat in sich die Schulangst, die sie benötigt, um ihre Funktion der Verteilung von Erfolgschancen weiterhin zu sichern.

Die Institution Schule wird zunächst, so wie sie ist, von Lehrern und Schülern vorgefunden. Schnell aber wird das soziale Territorium mit unterschiedlichen Feldenergien besetzt, ausgefüllt; einige sind relativ festgesetzt (die Position der Lehrerin und des Lehrers z.B.); andere werden immer wieder neu differenziert (durch die Aktivitäten der Schülerinnen und Schüler z.B.).

1. Schon die Grundschule zeigt, daß sie eine Institution, ein soziales Territorium spezifischer Art ist. Hier werden basale Techniken, Gefühle, Kommunikationen gelernt, Kulturtechniken, die für das Überleben in dieser Gesellschaft und Ökonomie grundlegend sind; aber ihr Ernstcharakter wird noch nicht hervorgehoben; er ruht

noch in den Kindern. Hier wird noch spielerisches Lernen, Arbeit mit Spielcharakter, zugelassen und gefördert. Die in dieser Institution veranstaltete Ökonomie des Lernens ist zwar auch schon hier ein Lernen für die Ökonomie; aber nur allmählich - deutlich sichtbar bei der Differenzierung in verschiedene weiterführende Schulformen - wird die Inzuchtnahme des Subjekts für eine so geartete moderne Leistungsgesellschaft, das instituierte Leistungssubjekt, hervorgekehrt.

a) Die materielle Institution Schule ist gebaut aufgrund einer psychischen Konstruktion, nämlich aufgrund ökonomisch-politisch-kultureller Interessen mit den physisch immanenten Gesetzmäßigkeiten der Ritualisierung, Sozialisierung, Differenzierung, Effektivierung, Kultivierung. Dies bezieht sich auf alle Energien der Schüler. Namentlich in der Sekundarstufe I beginnt die Qualifizierung einer schulischen Auswahl von Energien, und entsprechend selektiv wird nach dieser psychischen Konstruktion die materielle Institution Schule gebaut und eingerichtet.

b) Einen Schritt weiter über diese Materialisierung und Instrumentalisierung spezifischer Energien der SchülerInnen hinaus wird die Institution Schule als Erfüllerin von Bedürfnissen gepriesen. Arnold Gehlen nennt dies die Rückwärtsstabilisierung von Institutionen: "Eine Institution wird in dem Maße nach rückwärts stabilisiert, als sie in ihrer rituell-neutralen Zweckmäßigkeit für die Hintergrunderfüllung von Bedürfnissen begriffen wird. Hier findet eine sehr bedeutsame und folgenschwere Verschiebung der Energieverteilung statt. Die Institution wird entzaubert, und die Energie, die dort fixiert war, wird frei für subjektive Motive" (Jonas 1966, S. 59). Die vorhandene Schule wird also wegen ihrer Stabilisierungs- und Entlastungsfunktion basaler Triebimpulse als relative Befreiung für kreative Subjektivität ausgegeben, ohne daß untersucht wäre (und dies ist ja längst nachgewiesen), ob mit einer anderen Schule diese Kreativität oder noch viel mehr Kreativität erzeugt hätte werden können.

c) Damit kommt die Institution Schule in die Konfrontation, die seit Jean Jacques Rousseau nicht gelöst ist: Individuum oder Gesellschaft. Das zeigt sich ganz konkret. Schule selektiert Verhalten. Sie stellt Anforderungen, welche Energien des Kindes außerhalb und innerhalb der Schule entwickelt werden sollen, nämlich nicht unbedingt das, was fasziniert und die Lebensenergien anregt, etwa Wagnisse und Abenteuer, sondern was in Fächer gepackt ist. So normiert Schule die körperlichen, seelischen, sozialen und geistigen Verhaltensweisen, sie setzt alle Energien für ein verschultes Individuum ein. Die als "volonté générale" zulässigen Bewegungen, Wahrnehmungen, Emotionen, Kommunikationsformen, auch die Denk- und Lernformen werden in der Schule festgesetzt, andere werden ausgeschlossen bis verboten. So entlastet Schule energetisch (im Sinne Gehlens) von Verantwortlichkeiten: Schüler dürfen in bestimmten Rahmen überhaupt keine Verantwortung übernehmen.

2. Das nach “objektiven” Interessen systematisierte Lernen in der Institution Schule erfüllt das Bedürfnis nach Lernen allgemein, nach “magischer” Beherrschung von Dingen durch Wissen. Systematisierung, Strukturierung, Organisation von Lernen ist eine Form von Institution, die kognitive Form von Institution. Sie ermöglicht eine Instrumentalisierung und Beherrschung im positiven wie negativen Sinne.

a) Die Institution Schule hilft der Beherrschung der Welt - “Wissen ist Macht” -, der Absicherung gegen die Angst des Abgleitens in Armut, Unwissenheit, gegen die Auslieferung an die Naturgewalten. Deswegen beherrscht die Schule den Schüler, sie beherrscht seine Angst, er kann seine Angst dadurch beherrschen, aber nur, wenn die Schule dafür sorgt, daß er die Schulangst spürt.

b) Sie begründet damit, dem Subjekt "Schüler" nicht alle Freiheiten lassen zu dürfen, sondern mit wissenschaftlichen Ordnungskategorien die Neugier-Triebe nach Lernen zurückschneiden zu dürfen. Denn dadurch habe unsere Gesellschaftsform gegenüber früheren und anderen Kulturen ihre Effektivität.

c) Gleichzeitig geht sie das Risiko ein, daß daraus ein Charakterpanzer (Wilhelm Reich) der Schülerinnen und Schüler entsteht, wie er bioenergetisch bei vielen Menschen in unserer Gesellschaft, auch infolge dieser Institution Schule, festgestellt werden kann (vgl. eindrucksvoll Keleman 1992 [1985]). Personal und rollenstrukturell sind daran Pädagoginnen und Pädagogen und funktional Schulformen, Fächer, Pädagogik, Didaktik und Methoden beteiligt.

3. Die Institution Schule bildet sich in Schülern und Lehrern ab. Sie werden selbst diese Regeln, Rituale, Kontrolle, Organisation. Lehrer müßten einen alternativen Lebensstil pflegen, kritisch zum Charakterpanzer eingestellt sein, vielleicht auch krankmachende Faktoren registrieren, in Therapien darauf aufmerksam gemacht worden sein, um diesem Schulzwang zu entgehen. Die Antipädagogen, insbesondere Alice Miller, treffen hier einen wahren Kern der Schule; das Burnout-Syndrom der Lehrer und Lehrerinnen weist auf subjektschädliche Faktoren des Schulbetriebs hin.

a) Dies bemerken wir am besten im Vergleich zu Kindern und Jugendlichen, auch Erwachsenen, die "frei" ohne Schule aufgewachsen sind. Da sind die literarischen Schilderungen und Fernsehsendungen über Indianer und Indianerschulen; hautnah kommen aber auch Sinti und Roma in unsere Schulen, deren Eltern Schule aus ihren Erfahrungen heraus für abhängig machend, ja lebensuntüchtig machend erklären.

b) Schule ist wie eine Prägung. Sie betrifft Verhalten, Gefühle, Kommunikation und Sprache wie Denken. Und wir merken es kaum. Wir können nur Hypothesen und Einschätzungen darüber abgeben, in welchem grundlegenden Maße die Schule

unsere Energien herausgefordert, weiterentwickelt, kultiviert hat und in welchem Maße sie Blockaden aufgerichtet und unser Energiespektrum verringert hat.
c) Trotz alledem ist die Institution Schule in unserer Gesellschaft und im Denken und Wollen vieler Schülerinnen und Schüler, gefördert durch eine erlebnisreiche Pädagogik, doch ein soziales Territorium, das durch seine Ordnungen zur Identitätsentwicklung mit Kämpfen, Erfolgen und Niederlagen maßgeblich beiträgt. Schule ist eine Institution des élan vital geworden (Célestin Freinet): Sie bildet die Lebensenergie aus; sie ermutigt, entmutigt, sortiert die Widerstandsenergie; sie fördert des Ersatzleben (vie ersatz) wie Sublimierung, Kompensation und Überkompensation.

2.2.3 Institutionalisierung: das Ausfüllen der Institution Schule

Schule ist nicht einfach Ordnung, sondern mit Fortschreiten der heranwachsenden Jugendlichen ein aktiver Prozeß aller Beteiligten. Aus der objektiven Schule (l'institué) wird nun eine subjektiv getragene, kritisierte, in Teilen veränderte Schule. LehrerInnen und SchülerInnen erfahren sich als Instituierende (instituant[e]s), als Organisierende, und die Schule selbst wird im günstigen Falle "ihre" Schule. Es findet ein lebendiger Prozeß der Subjektivierung und Objektivierung statt: Objektives wird subjektiviert und Subjektives objektiviert - institutionalisiert (Weigand 1983).

1. Auf die Institution Schule und die Erfüllung ihrer Rituale und Normen wird zwar noch Wert gelegt - sie haben ja, wie dargestellt, ihre Funktion -, aber die Energien gelten gleichermaßen der Organisation eigener Interessen und Bedürfnisse. Schule ist nun nicht nur ein soziales, sondern auch ein subjektives Territorium.
a) Die Konflikte innerhalb der Schule: Rollenkonflikte Lehrer - Schüler - Verwaltung, die Konflikte der Schule mit der Umwelt: der Bürokratie, Versicherungen, den Interessenverbänden, der Polizei werden viel offener thematisiert und im Diskurs verhandelt.
b) Viele Schulen gehen über sich hinaus, treten in Kontakt zu Korrespondenz-Schulen, zu Aktivitäten der sog. Dritten Welt. Oder sie veranstalten eigene Aufführungen in Musik, Theater, Ausstellungen. Gute Schulen bieten heute eine große Palette von Arbeitsgemeinschaften, Forschungsmöglichkeiten, Gestaltungen. Die Schülerinnen und Schüler eignen sich die Schule als ihre Schule an.
c) Sie begreifen sich als in Grenzen veränderungsmögliche Organisation durch aktive Zielbestimmung, aktive Wechselwirkung mit der Umwelt, aktive Bemühungen um Selbsterhaltung und Kontinuität und aktive interne Integration (Konfliktverarbeitung) (Fatzer 1990, S. 191 ff).

2. Die institutionelle Klasse, wie sie die Institutionelle Pädagogik definiert, ist "eine Gesamtheit von Techniken, Organisationen, Arbeitsmethoden, internen Institutionen, die aus der Praxis der aktiven Klassen entstanden sind. Sie stellt Kinder und Erwachsene in neue und verschiedenartige Situationen, die von jedem persönliches Engagement, Initiative, Handlungsbereitschaft und Kontinuität verlangen. Diese oft angsterregenden Situationen - wirkliche Arbeit, Begrenzung von Zeit und Macht - führen zwangsläufig zu Konflikten" (Weigand 1983, S. 53).

a) Es wird deutlich, daß das Aushalten und teilweise Verändern einer solch hartnäkkigen, von allen Seiten kontrollierten Institution wie der Schule und des Lehrers und der Lehrerin nur begrenzte Spielräume offenbart. Célestin Freinet und andere Reformpädagogen suchten sie durch materielle und organisatorische Maßnahmen zu erweitern.

b) Die moderne Reformpädagogik sieht aufgrund dieser geschichtlichen Erfahrungen "die Notwendigkeit, außer materiellen Werkzeugen und pädagogischen Techniken begriffliche Werkzeuge und interne soziale Institutionen zu verwenden, die fähig sind, diese Konflikte durch die permanente Erleichterung der materiellen, affektiven und verbalen Austauschprozesse zu lösen" (Oury & Vasquez 1967, S. 245).

c) Die heutige Institutionalisierung der Schule als aktiver, eigener Prozeß: nämlich die Schule neu zu denken (Hartmut von Hentig), ist zugleich leichter und schwerer. Leichter, weil die Gesellschaft mit dem Zauberwort Kreativität eine Öffnung verlangt; schwerer, weil die Komplexität der Inhalte, die Dichte der Aufgaben, die Zugriffsmöglichkeiten auf die Schule zugenommen haben. Das verbreitete systemtheoretische, systemisch-vernetzende Denken (Frederic Vester, auch Niklas Luhmann), die Einbeziehung der Erkenntnisse der Gehirnforschung und Bewußtseinsforschung, aber auch der Methoden des Lern-Managements sowie die Konkurrenz der Informationsmedien mit hochinteressanten didaktischen Aufarbeitungen, die Nutzung des Internet-Informationsnetzes, überhaupt des Computers in Schulen u.a. verlangen von den Schulen eine Profilierung ganz neuer Art: Angesichts der schwindelerregenden Informationsmöglichkeiten werden nun die Institutionalisierung, Kanalisierung, Systematisierung des Lustprinzips verlangt, die Forderung des Realitätsprinzips neu gestellt, neurotisches Verhalten und Suchtverhalten (z.B. am Computer und Fernseher) hart angegangen, kurz: die Bioenergetik, das körperliche und psychische Gleichgewicht und die ausgeglichen systematische Verarbeitung der Informationen der Schüler wird immer wichtiger. Sie wird die neue Aufgabe der Schule.

3. Die Beschreibung dieses aktiven Prozesses der Institutionalisierung in der Freinetpädagogik bzw. in der Institutionellen Pädagogik (Fernand Oury, Aida Vasquez, René Lourau, Michel Lobrot, Georges Lapassade u.v.a.) ist von R. Schmuck und John Goodlad als Organisationsentwicklung in Schulen weitergedacht worden (Fatzer 1990, S. 199 ff.).

a) Die Organisationsentwicklung wird als psychoenergetischer Prozeß aller an Schule Beteiligten aufgefaßt. Schule geht damit über den an Territorium gebundenen Begriff der Institution hinaus. Sie wird freier veränderbar durch die Veränderung ihrer Aktivisten.

b) Schmuck trainiert LehrerInnen und SchülerInnen in einen Kommunikationstraining; er entwickelt Normen für Problemlösungen, an deren Ende die Veränderung von Organisationsstrukturen steht.

c) Goodlad versucht, Schulen durch die Bildung von Netzwerken (Partnerschaften) zu verändern: Schulen stellen in Selbstdiagnose fest, was bei ihnen verändert werden muß; sie bringen dies in das Netzwerk mit anderen Schulen ein (in die Liga kooperierender Schulen), die sich gegenseitig in der Veränderung unterstützen. Auch dies wird eintrainiert und therapiert.

2.2.4 Zur pädagogischen Befreiung der Schule

Das französische Freinetkonzept wie das amerikanische humanistisch-pädagogische Konzept enden in therapeutischen Maßnahmen, in denen Begriffe wie "Schule", "Institution", "Lehrerin" nicht nur vordergründig als Begriffe gehandelt werden, sondern als Lebens-Bedeutungen auf dem Terrain Schule. "Schule" ist dann das Symbol für die Organisation einer ganzen Lebensspanne, für die Organisationsentwicklung des Lebenspotentials von Kindheit und Jugend, für ein Lebensgefühl: für eine spezifische Kommunikation, für ein Set an Normen, Gefühlen und Sinneseindrücken ("nomothetischem und idiographischem Verhalten", Fatzer 1990, S.185) und für eine äußere und innere Organisationsstruktur, die - und das ist hier der zentrale Punkt - trainierbar verändert werden können.

Junge Erwachsene haben die Schule territorial, rituell, rollenspezifisch internalisiert, dadurch ihre Komplexität reduziert und normalisiert, und sie können nun funktional mit Schulen, Fachschulen, Berufsschule umgehen. Sie betreten dieses Territorium in dem klaren Wissen, was es ihnen bringt und was nicht. Entsprechend setzen sie ihre Lebensenergien ein. Die Schulen stellen sich nun als funktionale Territorien dar, deren Pädagogik zunehmend Selbsterziehung fordert.

1. Materialistisch: Die Organisation der Institution Schule wird, soweit wie möglich entsprechend dem SchülerInnenalter, variiert und transformiert, so daß sich die Schülerinnen und Schüler ihr Lernmaterial selbst erarbeiten können. Die Montessoripädagogik und die Freinetpädagogik üben dies schon in der Grundschule ein; hier werden Materialien zur Verfügung gestellt; in den weiterführenden Schulen erweitern sich die Interessensobjekte erheblich, die Zugangsweise zu den Materialien ist ein Studium mit begleitender Erfahrung bis hin zum pädagogisch-didaktischen "Prinzip: 'die Studien mit dem praktischen Leben abzuwechseln'" (Tielkes 1986, S. 124).

a) Ein wichtiger Faktor der Selbstbestimmung ist die materiale Grundlage. Die hinreichende und kritische Ausstattung mit Lernmaterial läßt die Dominanz der Lehrer und Lehrerinnen und damit die Abhängigkeit von ihnen in den Hintergrund treten. Das Material sollte pädagogisch-didaktisch-methodisch aufbereitet sein und Kriterien haben. Maria Montessori nennt: die Isolierung einer einzigen Eigenschaft im Material wegen der Genauigkeit der inneren und äußeren Analyse, die mengenmäßige Begrenzung des Materials, die Schönheit des Materials, seinen Aufforderungscharakter, die eigene Fehlerkontrollmöglichkeit (Holtstiege 1986, S. 109 ff.). In einem Wort: Die Schule hat die Funktion der Systematisierung, der Genauigkeit des Wissens und des Vorgangs des Wissenserwerbs auch durch das Material zu gewährleisten.

Célestin Freinet stellt als zentrales Kriterium an das Material und den Wissenserwerb durch Materialien: Selbstbestimmung zu ermöglichen; er ist für eine Vielfalt der angesprochenen Potentiale durch das Material, die eigene Fehlerkontrollmöglichkeit, die geistige Unabhängigkeit der im Material enthaltenen Ideologie.

Heute kommen die vielfältigen Informationsmedien hinzu. Bei ihnen zeigen sich in den Schulen die zwei Hauptprobleme, die Montessori anspricht: 1. die Informationen müssen durch möglichst viel Primärerfahrung gestützt werden, und 2. die ungeheure zugängliche Informationsflut (internet) muß durch die Schule systematisiert, in Orientierungswissen und Kritik eingefügt werden.

b) Zum Erwerb der Selbstbestimmung auf dem funktionalen Territorium Schule gehört aus materialistischer Sicht neben der Reduzierung der Abhängigkeit von Lehrern und Lehrerinnen die (Selbst-)Verwaltung als aktiver Lernprozeß: Ordnungen sind zu lernen und neu zu bestimmen; Funktionen sind auszufüllen, Verantwortlichkeiten und Tätigkeiten der verschiedensten Art, die auch mit Ritualen und Macht verbunden sind; Zeiten sind festzulegen (Stundenpläne, Dauer von Übungen, Erholungsphasen); der Verwaltung gegenüber ist deutlich zu machen, daß sie auf übergeordneter Ebene Funktionen nach unten abgeben kann.

c) Die selbstgesuchten Materialien und die Eigenverantwortlichkeiten für das Lernen funktionaler Inhalte befreien die jungen Erwachsenen ein Stück weit von ideologischen Festsetzungen "von oben" und zur ideologiekritischen Mündigkeit hin - ein Ziel, das der Waldorf-Pädagogik in ihrer Kritik an Schulbüchern des Staates immer sehr wichtig war. Materialien bestimmen auch die geistige Freiheit oder Unfreiheit mit.

2. Soziologisch: Erkenntnisse und Veränderungswissen über die Institution Schule können dadurch erworben werden, daß die Klasse als formelle und informelle Lern-Gruppe organisiert und umorganisiert wird.
a) Die Organisation Schule und Klasse ist, zumal bei Jugendlichen und jungen Erwachsenen mit ihrem Erfahrungshintergrund, Gegenstand kritischer Diskussionen. Sie kann als "unsichtbares Trapeznetz" begriffen werden, "in dem ich als Mitglied entweder hänge oder durch die Maschen hindurchfallen kann. Entsprechend kann die Organisation für mich hindernd oder fördernd sein, einen Schutz oder eine Bedrohung darstellen" (Fatzer 1990, S. 222).
b) Zwischenmenschliche Beziehungen mit allen ihren Konflikten und Widersprüchen sind als durch die Organisation Schule und Klasse mitverursacht zu durchschauen und zu "therapieren". Die Institutionelle Analyse (Weigand u.a. 1988) entdeckt Szenerien von Gruppen, dramatische Situationen als Interaktionen, Strategien und Zuschreibungen, die "im Alltagsleben" so nicht gespielt würden, sondern die für das Überleben auf dem Territorium Schule als funktional angesehen werden. Alternative Orte und Zeiten, Verkehrswege, Etablierungen, "lieux de vie" (Prein, in: ebd. S. 68) sind zu entwerfen.
c) "L'institution, c'est l'inconscient" (Weigand 1983, S. 28). Eine Institution ist nur zu reformieren, wenn das Imaginäre, die verschiedenartigsten mit ihr verknüpften Vorstellungen und Wünsche ihrer Mitglieder und außerinstitutioneller Interessen analysiert sind und entsprechender Ersatz gestellt und legitimiert werden kann. Das trifft auch für die Klassengruppe zu: Das Unbewußte der Gruppe, auch verschieden nach den Mitgliedern, ist klar zu machen und aufzuarbeiten.

3. Psychoanalytisch und psychoenergetisch: Für Fernand Oury bietet gerade die école caserne Möglichkeiten für die Befreiung von Lehrern und Schülern. Diese alten Institutionsformen (er zählt dazu auch die psychiatrischen Institutionen) verlieren immer mehr an gesellschaftlicher Anerkennung, weil sie in krasser Weise die Lebenspotentiale der Menschen behindern und die Persönlichkeiten hervorbringen, die Alexander Lowen in seiner Bioenergetik beschreibt (1981 [1958]).
a) Macht ist in autoritären Schulen nicht so verschleiert wie in fortschrittlichen. Aber auch dort ist sie funktional; sie ist zu erproben und in sich aufzubauen, Gründe für Verhalten sind zu analysieren und zu entdramatisieren (z.B. Angst ist aufzulösen),

Austauschprozesse sind zu erleichtern und für eine Kommunikationsstruktur sind Territorien und Zeiten zu schaffen.

b) Weitergehend betreibt die Gruppe um Georges Lapassade (Lourau, Lobrot, Fonvieille, Hess, Ardoino u.a.) das Lernen der Selbstanalyse in der Schule: wie verhalte ich mich, wie sehen andere mich; es geht um die Selbstbildung (autoformation) im Sinne von Verantwortung für mich: es gibt bestimmt viele Gründe für mein Verhalten, die mich entlasten, aber jeder muß lernen: ich bin für alle meine Lebensumstände und Abhängigkeiten verantwortlich. So kann jeder selbst eine Institution werden und in seinem Rahmen Institutionen verändern.

c) Psychoenergetisch und gestalttherapeutisch formuliert: Die Institution Schule durchdringt alle unsere Energien. Nur die Analyse befreit zum Risiko der selbstbestimmten Verhaltensweisen. Die Institution Schule bestimmt unsere Basis mit, unser Verhalten gegenüber Ordnungen, Regeln: Sie ist eine regelrechte begrenzte, aber grundlegende Einübung in die Gesellschaft. Die Arbeit der Erwachsenen ist also nicht nur eine Befreiung von Kindheit (Vater / Mutter) vor der Schule, sondern auch ein Befreiung vom zunächst notwendigen Prozeß der Anpassung an das Territorium Schule, der Institution Schule als Sicherungsbasis.

Diese Sicherungsbasis tut also gut daran, ein Austrittsritual aus der Schule zu zelebrieren. Es ist die subjektive und soziale Lösung und Erlösung, die radikale äußerliche Abtrennung, die Herstellung einer sozialen Differenz (Wellendorf 1973, S. 74 ff.). Austrittsrituale müssen feierlich, mit Emphase, mit quasi-zerstörender Kritik versehen, mit Musik, Bewegung, ja Ekstase und Betrunkenheit ("Wasser" zum äußeren und inneren Abwaschen) sein. Rückwärtsstabilisierend (Arnold Gehlen) durch den Identitätsaufhänger (Erving Goffman) bestätigen sie die Werte der Schule für das weitere Leben. Wie der Anfang mehr als die Hälfte ist (so sagt Aristoteles), hier auf das Anfangsritual gemünzt, so ist auch das Finale mehr als die Hälfte, nämlich die Gloriole um Mühe, Leid, Erfolge auf dem Territorium Schule.

3. Schulleben

Die Gebundenheit an das Territorium, die Institution und Organisation Schule fordert ihre Befreiung heraus: die Grundstruktur der Schule muß mit Leben gefüllt werden. Die Institution Schule wird gelernt, indem in ihr gelebt wird, und dieses institutionalisierte Schulleben wird durch Lebendigkeit befreit.

Orientieren wir uns methodisch an den Energiezentren und der Tektonik des Körpers, so entspricht die hier angesprochene Vitalität der energetischen Psychologie Freuds mit ihrer Libido-Destrudo-Theorie, der Vegetotherapie Wilhelm Reichs, der Bedürfnistheorie Abraham Maslows, der Gestalttherapie Fritz Perls' mit seinem Experiencing, der Lebensphilosophie in moderner Ausprägung. Nach der Chakra-Lehre kommen diese Energien aus dem zweiten Kraftzentrum, das mit "Sexualchakra" zu einengend bezeichnet wird. Es geht um das Zentrum der Vitalenergien, die "evolution créatrice" mit ihrem élan vital (Henri Bergson), insofern die menschliche Evolution von daher ihre vitale Energie bekommt. Daß diese Vitalenergien auch in der Schule für die Kreativität genutzt werden kann, ja als Gegengewicht gegen "zivilisierte Körper" ausgebildet werden muß, zeigen schlaglichtartig die bekannten Bücher von Frederic Vester über die Lernbiologie und sein Plädoyer für die Berücksichtigung des limbischen Systems und des hormonellen Wechselspiels (Vester 1993) und von Horst Rumpf zur übergangenen Sinnlichkeit (Rumpf 1981).

Die Schullebenbewegung kann selbstredend Leben nicht definieren: Leben lebt durch Leben (Adolphe Ferrière) und den Tod (Walter Rest 1971, S. 116). Wissenschaftlich kommen gewissermaßen nur trockene Wissenschaftsblumen über. Lebendiger ist schon ein Verweis auf Verwirklichungen in der Reformpädagogik (Wittenbruch 1994). Eine bioenergetische und psychoenergetische Sichtweise der Lebenswissenschaft arbeitet mit Beziehungen, Kräfteverhältnissen, Potentialen, Aktivitätsdynamik, Kreieren von Wirklichkeit. Sie bedarf der Vertiefung. Es geht um existentiale, lebenskreierende, lebenssteigernde Energien. Die größte Lebenssteigerung geschieht unzweifelhaft durch die Präsenz des Sterbens, des Todes: Er bringt den letzten Ernst auch in die Pädagogik, das Leben sinnvoll Tag für Tag zu erfüllen, zu transformieren, Kinder und Jugendliche in den täglichen Eros und Thanatos einzuüben. Die Sicht des Lebens steht hinter der Rede und Existenzangst der notwendig zu befriedigenden Bedürfnisse.

Abraham Maslow hat die Konsolidierung der basalen Bedürfnisse, insbesondere des Körpers, dann auch der Seele und des Geistes in einem bekannten Schema einer nacheinanderfolgenden Entwicklungslinie aufgezeichnet: in jeder Situation sieht der Mensch zunächst darauf, daß seine basalen Bedürfnissen (Überleben,

Territorium, Institutionssicherheit) befriedigt sind, um darauf komplexere aufbauen zu können: Geborgenheit und Liebe, Wertschätzung und Selbstverwirklichung.

3.1 Lebendig in der Schule leben

Folgen wir Maslow, so sind Schülerinnen und Schüler in der Schule vital, lebenserfüllt, begeistert, wenn vier Bedürfnisse ihre Lebensqualität steigern: das Sicherheitsbedürfnis, aufbauend auf physiologischen Bedürfnissen; das Bedürfnis, ihr Lebenspotential möglichst stark zu entfalten; das Bedürfnis nach sinnlichen sozialen und persönlichen Kontakten; das Bedürfnis nach Selbsterfahrung und Selbstverwirklichung.

3.1.1 Physiologische Bedürfnisse von Schülern

Die Entwicklungsphysiologie und die Psychophysiologie stützen biologische und psychologische Erkenntnisse, welche Bedürfnisse die Schule befriedigen muß, um von Anfang an einen guten Start zu ermöglichen. Zu den Grundbedürfnissen (etwa nach Sicherheit, Bewegung, Ordnung) kommen altersspezifische, auch geschlechtsspezifische, ja kulturspezifische hinzu. Die Schule kann sie oft nur sehr unzureichend erfüllen; für bedürfnishungrige Kinder werden meist nur Ersatzbefriedigungen bereitgestellt: Schule bringt "Ersatzlebensregeln" hervor (Freinet 1971). Eine lebendige Schule beachtet die Vitalität biologisch-neurophysiologischer, sensorischer, neuropsychologischer und vor allem auch psycho-ökologischer Energien.

1. Frederic Vester plädiert für eine biologisch sinnvolle Schule. Eine (gehirn-) physiologisch-hormonell optimierte Ausgangslage, also der Abbau von Dis-Streß in jeder Form, ist die Grundvoraussetzung für Lernprozesse. Die physiologischen Vorgänge beweisen dies eindeutig. Eine positive Hormonlage stellt sich durch Erfolgserlebnisse, Freude, Entdeckerlust und Neugier, Vertrautheit trotz Neuem, Erwartung von Nutzanwendung und anderen positiven Assoziationen ein. Lernspaß kann dabei durchaus "Eu-Streß" und "harte Arbeit" bedeuten. Dabei wird für ein "reibungsloses Funktionieren der Synapsen und des Kontaktes zwischen den Gehirnzellen" gesorgt (Vester 1993).

a) Zunächst ist, besonders bei den GrundschülerInnen, auf die Befriedigung des funktionalen Bewegungsbedürfnisses zu achten. "Sein" ist Bewegung, Lokomotion; Körperbewußtsein ist Selbstwahrnehmung (Krista Mertens, s. Kap. 1), und Wahrnehmung ist Bewegung (s. den Gestaltkreis von Viktor von Weizsäcker), Spiel ist

Bewegung. Die Zentren von Motorik und Sensorik liegen im Gehirn direkt beieinander gegenüber. Zu nennen wäre auch Jean Piagets Aufbau der Intelligenz durch die Akkumulation von Sensu-Motorik. Ruhe und Bewegung wechseln einander in Gleichgewicht und Ungleichgewicht ab. Freiheit und Arbeit sind körperliche, seelisch-geistige Bewegungsmöglichkeiten. Sie bilden sich im Endeffekt im Körper bioenergetisch ab (Alexander Lowen 1975, 1980 [1967], 1981 [1958]; Keleman 1992; Rank 1995a,b).

Schon in den Grundschulen wird die mangelnde Bewegungskultur beklagt - sie ist ein Abbild der Erwachsenenbewegung. Viele Kinder bewegen sich zu wenig, zu langsam, zu antriebsarm, zu energiearm, zu undifferenziert, zu variationsarm, zu risikoarm. Jungen aktivieren im allgemeinen mehr Aggressions-Bewegungsenergien als Mädchen (Hagemann-White 1984, S. 18 u.ö.), Mädchen flexiblere, variationsreichere Bewegungsenergien.

Diskutiert wird heute eine Vielfalt von Bewegungs-Aktivierung, Bewegung zwischendurch, Sitzmöglichkeiten, z.B. auf Sitzbällen, um die Beweglichkeit und die Lust an der Bewegung der Kinder zu fördern.

b) Die Schule heute geht immer mehr dazu über, eine möglichst große Anzahl von Wahrnehmungsfeldern anzubieten: viele verschiedene Eingangskanäle - optische, akustische, haptische, olfaktorische, gustatorische, kinästhetische, propriozeptive, vernetzte (Zimmer 1995); aber auch verschieden-situative Bewegungs- bzw. Sitzmöglichkeiten: gerade auf dem Stuhl, kuschelig im Sofa etc., zudem neue Didaktiken zur selbständigen Antriebsaufforderung und Antriebsregulation durch Aufforderungssituationen, Neuartigkeit der Such-, Probier- und Zuwendungsreaktionen, Überraschungen, Konflikte, Aufbau und Abbau von Schwellenängsten für risikoreiche Bewegungen (Wopp 1986, S. 520 ff.).

c) Die Lernbiologie macht Aussagen über die didaktische Aufbereitung des Lernstoffes, um eine positive hormonelle Lernausgangslage zu erreichen. Dadurch absorbieren die Inhalte nicht die gesamte Lebensenergie des Kindes; es bleibt ein kindliche Überschuß-Energie erhalten. Vester nennt 13 Regeln, die sowohl mit Instinktgesetzen als auch mit kybernetischen Regeln in Verbindung gebracht werden können: persönliche Motivierung zu Lernzielen, Gliederung des Lernstoffs nach der subjektiven Nutzanwendung, Neugier und Faszination, Neues alt verpacken, Struktur vor Detail, Interferenz vermeiden, Erklärung vor Begriff, zusätzliche Assoziationen, Lernspaß, viele Eingangskanäle, Verknüpfung mit der Realität, Wiederholung neuer Informationen, dichte Verknüpfung (Vester 1993, S.141-143).

2. Psyche ist Leben. Physiologische Bedürfnisse sind durch die Psyche Lebensbedürfnisse; sie sind die körperliche Übersetzung der Psyche. Ungestüme Lebendig-

keit, Lachen, Übermut, Streiche sind der Institution Lehrerin oft suspekt, und sie bemüht sich rasch um eine "Äquilibration" (Piaget), ein Gleichgewicht von Lebenslust und Selbstbeherrschung. Überreaktionen erzeugen einen "Pinocchio-Komplex", dessen Erstarrung Affekt-Pädagogen mithilfe des therapeutischen Humors oft nur langwierig heilen können (Titze 1995).

a) Auch eine lebendige Schule diszipliniert den Körper, aber nicht militaristisch. Seine Bedürfnisse müssen in der Beziehung zu sich selbst und nach außen ins Gleichgewicht gebracht werden. Das Grundschulkind übt sich fleißig und unentwegt in (fein-) motorischer Koordination. Dies ist instrumentell zum Zwecke des Lernens von Kulturtechniken wünschenswert; noch wichtiger ist aber die Bewegungslust des Kindes, das Vergnügen an der Beherrschung und den vielfältigen Einsatzmöglichkeiten des Körpers - auch hier sei betont: auch der Behinderten im Rahmen ihrer Möglichkeiten. Die Schule geht mit der heutigen Zeit, wenn sie schon bei Grundschulkindern die moderne Körperlichkeit entdeckt (Bette 1989) und sinnhaft ausleben läßt. Die Kinder erreichen dadurch ein Wohlbefinden, die Auslastung ihrer Energien in kreativen Aktivitäten und in verschiedensten Fertigkeiten und die Befähigung zu "geistiger Geschicklichkeit".

b) Vitalität und Aktivität entspringen einem in der Schule aufzubauenden und ermutigend zu unterstützenden positiven Selbstkonzept gegen Langeweile und inaktive Medienfütterung. Dazu gehört auch die sensorische Beherrschung; die Askese, nicht alles hören und sehen zu sollen, was zur Innenweltverschmutzung führt. Dadurch, daß die Sinne nicht zugekleistert und zugeschüttet sind, daß sie das Gleichgewicht zu Ruhe und Stille bekommen, Müll abladen und wieder aufnahmebereit sind, können sie in Primärerfahrungen bis an ihre Grenze in der Grundschule gefordert werden; und die Kinder erfahren auch von den Sinnen her Lebenslust. Es ist nicht der Distanzgenuß des Fernsehens, sondern der Körpergenuß; nicht die hochangereicherte Spannung "schnellzerfallender Körperereignisse" (Bette 1989, S. 211), sondern eine bleibende Eigenerfahrung von lustvoller Körperresonanz.

c) Es geht um die Permanenz von Lebenslust und Neugierlernen im Grundschulunterricht. Maria Montessori nennt dafür einen Begriff, der zu einem der pädagogisch am meisten mißbrauchten zählt und heute nur schwer zu vermitteln ist: den selbstverständlich-freien "Gehorsam" als anthropologische Funktion vitaler Anpassung (hormä) des Kindes (Holtstiege 1977, S. 51 ff.). Oblinger nennt ihn "spirituellen Gehorsam" (Oblinger 1968, S. 126). Gehorsam ist bei Montessori das Lernen der Sachlichkeit, der Einsicht in die Gesetze der Sache, die Voraussetzung für freie Selbstbestimmung; eine tiefe seelische Befriedigung für sachlich richtige Lebensarbeit des Kindes. "Gehorsam ist die geheime Grundlage für den Unterricht" - übrigens auch für die Lehrerin. Sagen wir in der heutigen Terminologie eher: Lebenslust und Neugier bedürfen der ständigen Schwerarbeit an psychischer Ordnung und lebenserhaltender Selbst-Disziplinierung.

3. Lebendig wird eine Schule durch die Psychoökologie der investierten Energien. Schule ist das systemorientierte Zusammenspiel des großen Potentials einer dynamischen Vielheit. Dabei spielen zumindest drei unterschiedliche Systemarten eine Rolle: einerseits das einfach-hierarchische System, andererseits komplex-vernetzte Systeme innerhalb der Schule und zum dritten bedingt transaktive Systeme nach außen.

a) Eine einfache psychoökologische Struktur ist die Unterordnung der gesamten kreativen Lebenspotentiale der Kinder, schon der Grundschulkinder, unter abstrakt-funktional-vorgegebene Richtlinien und Lehrpläne der Schule. Damit werden Informationsaufnahme, Anpassung, Abschleifen, Kontrolle, Konkurrenz und Auslese gelernt (Lernen I; Bateson 1983 [1972], S. 362 ff.). Die moderne Grundschule lehnt dieses Modell aus anthropologisch-pädagogischen Gründen ab.

b) Eine komplex-vernetzte Psychoökologie ermöglicht die Ausgestaltung des Lebenspotentials und der vitalen Energien nach sachstruktureller intrinsischer Motivation (Heinz Heckhausen) (Lernen II). Grundschulkinder haben ein tiefes Interesse an der Umwelt. Sie sind durch diese Sachlichkeit in der Erfüllung ihrer Neugier tief befriedigt. Montessori stellte bekanntlich dabei das Phänomen der "Polarisation der Aufmerksamkeit" fest, das zur "Normalisation" des Kindes, zur Ausgeglichenheit seiner Energien, zur Lebendigkeit und Zufriedenheit führt. Damit spricht sie eine Fokussierung von innerer Energie an, eine innere Sammlung. Dem Aktivitätsstreß heutiger Kinder wird mit weiteren Methoden: dem Autogenen Training, den Phantasiereisen, den Konzentrations- und Aufmerksamkeitsübungen und der meditativen Konzentration systematisch zu begegnen versucht. Es gibt eine weitere große Anzahl unbekannter Didaktiken, Methodiken, Techniken zur Aktivierung der Vitalenergien der Kinder und Jugendlichen in den Bereichen KörperBewußtsein, Spiel, Kommunikation, Dramaturgie, Phantastik und Meditation (Heitkämper 1997).

c) Schulleben ist interaktive und transaktive Lebenszeit und lebendige Zeit. Ein "Schulleben in Grenzen" (Theo Dietrich) bezieht die Psychoökologie der vielfältigen Erfahrungen der SchülerInnen in die Schule mit ein und verarbeitet sie als Orientierungswissen, da sie dieses ja für die differenzierte Lebensbewältigung brauchen. Es ist die "Einigung der Schule und des Lebens" (Friedrich Fröbel). Sie ist besonders noch in der Grundschule vorhanden mit dem Verhältnis der Schule zur Familie, zum Freundeskreis, aber auch weit über den sozialen Bereich hinausgehend zum Naturerlebnis.

3.1.2 Die Entfaltung des Lebenspotentials in der Schule

Schule ökonomisiert das Lebenspotential. Horst Rumpf nennt als Beispiel eines lebensanschaulichen Unterrichts: Ein Hund läuft in die Schule und wird "ausdrucksempfindlich" mit größtem Interesse verfolgt und gestreichelt - was als Eindruck das ganze Leben anhält; dies im Gegensatz zu dem distanzierten, sezierten, kategorisierten, rationalisierten Unterrichtszugriff auf den Hund als Lebewesen mit bestimmten Verhaltens- und Körpermerkmalen und künstlicher Zuchtwahl etc., wie "Hund" in der Biologie gelehrt wird. Zu bedenken ist, daß dort, wo das Irrationale, Magische des Rationalen nicht genügend gewürdigt wird, es wieder hervorkriecht. Unsere Gesellschaft leidet seelisch in vielen Bereichen an unbefriedigter Körperlichkeit-Sinnlichkeit-Sinnesgemäßheit-Sinnhaftigkeit, die durch die Schule mitverursacht werden und Auswirkungen (in Richtung Drogen, Konsum, Sexualität, Mediengebrauch, Videos etc.) haben. Schule rationalisiert den Esprit; sie schafft es, das Interessanteste trocken und dürr erscheinen zu lassen (Rumpf 1981, S. 52).

Die Ökonomisierung des Lebenspotentials bringt andererseits den Menschen auf die Höhe seiner Kultur. Freinet spricht von einem wilden Fluß des Lebens (torrent de vie), der gezähmt werden muß (Freinet 1978, S. 17). Welche Vitalität zeigt der Schüler, die Schülerin? Welche Ökonomisierung ist pädagogisch sinnvoll? Wie kann das Lebenspotential zur vollen Entfaltung gebracht werden?

1. Auffallend ist, mit welchem élan Grundschüler die Schule stürmen, anfangs sehr bewegungsintensiv; wie dieser élan dann abflacht, differenziert enttäuscht und verschult wird. Dieter Baacke sieht den Schulschock nicht so sehr in den Leistungsanforderungen - diese wollen die Kinder -, sondern in den sachfremden Schulritualen. Die Vitalität schwindet oft schon im 1. Schuljahr merklich, mindestens für schlechtere Schüler im 4. Schuljahr, endgültig in der Zeit, wo die Sinnfrage gestellt wird (Baacke 1984, S. 214; Rumpf 1975, S. 23-24).

a) Die Vitalität jedes Kindes bietet, durch Erbe, Familie und Umwelt bedingt, ein verschiedenes Ausgangspotential, Lebensgefühl, Lebenstempo, eine Lebensintensität mit wiederum verschiedensten Ausprägungen: in "einer Kombination wirksamer persönlicher Kraft und wirksamer Umweltkraft" (Heider 1977, S. 102; Stöckli 1989, S. 77). Ebenso differenziert sind die Lebensenergien der LehrerInnen mit deren ganzen Lebenshintergrund, die mit der kindlichen Vitalität korrespondieren, auf sie pädagogisch-attribuierend antworten und sie begrenzen. Das Kind und der heranwachsende Jugendliche erprobt sein Potential, will Leben spüren, will sich lebendig bestätigt sehen, will mit innerer Sicherheit in dieser Welt tätig sein.

b) Leben ist erotisch; der Eros nimmt in den verschiedenen Lebensaltern unterschiedliche Qualitäten an. Dieser Eros kann in der "Latenzphase" der Grundschule die Verschmelzung mit dem Gegenstand bei der Hingabe an die Große Arbeit sein; oder das leidenschaftliche Engagement für eine Mitschülerin; oder die Neugier nach einem Reichtum der Erfahrungen. Lebendig geförderte Schüler kennen so etwas wie eine libidinöse Faszination der Sachlichkeit und Mitmenschlichkeit, die Zuwendung mit der ganzen Lebenskraft, den Flow (Csikszentmihalyi 1991; Fischer 1995).
c) Vitalität hat ihren individuell-spezifischen Charakter. Rudolf Steiner unterschied noch, für die Waldorfschule pädagogisch-didaktisch sehr fein durchkonstruiert, mit Hippokrates und Galen vier Temperamente: den Sanguiniker, den Phlegmatiker, den Melancholiker und den Choleriker, die sich in der Schulklasse entwickeln und aneinander abarbeiten sollten; Ernst Kretschmer sah in den Temperamenten "die für eine Individualität charakteristische Gesamthaltung der Affektivität nach Affizierbarkeit und Antrieb" und bestimmte sie in seinen Konstitutionstypen. Beides ist ebenso problematisch wie die Lebensformen Eduard Sprangers und die Charaktertypen des Bioenergetiker Alexander Lowen (Lowen 1981), weil Typisierungen zu eindeutige, biologistische, auch oft subjektive Attribuierungen ohne biographische Veränderungsmöglichkeiten des Lebensgefühls und der Lebensgestaltung darstellen.

Vitalität kann auch altersspezifisch sein, etwa in der Motorik, im Ausdrucksverhalten. Ebenso kann Vitalität eine geschlechtsspezifische Sozialisation erfahren haben, darüber hinaus auch eine kulturspezifische: "Jungen verhalten sich aggressiv, Mädchen sind wenig spontan", und mit der sozialen Rollenerwartung korrespondieren. Pädagogische Aufgabe kann es nicht sein, diese differierenden Vitalitäten von Grund auf nach einem Schema zu korrigieren, sondern diesen élan positiv authentisch im Sinne der vorhandenen Persönlichkeit, gegebenfalls durch Angebote alternativer Verhaltensweisen und Gegenwirkungen, anzuheben. Das Prinzip ist: die Vitalität erhalten und bis an die Grenzen der Optimalen Passung herausfordern, aber Grenzüberschreitungen mit Mut zur Erziehung korrigieren. (Die Menschenrechte geben Hinweise zu Grenzüberschreitungen; aber "divergente Sequenzen sind nicht voraussagbar" [Bateson 1982, S. 52 ff.]).

2. Schule organisiert nach und nach den vitalen Antrieb, und die Kinder und Jugendlichen haben an dieser Selbstorganisation großen Anteil. Freud sieht die (Selbst-) Disziplinierung als Voraussetzung von Kultur; Freinet nennt demgegenüber die Schule die "Quelle des Ersatz-Lebens" (Freinet 1971).
a) Der Weg geht über die praktische Organisation der Arbeit in der Schule. Zur Befriedigung seiner vitalen Bedürfnisse will und muß der Heranwachsende im Übermaß tastend experimentieren: physiologisch, bewegungsmäßig, psychisch

motiviert, sozial, verstandesmäßig. Die Jugendlichen sollen Fehler machen, an ihnen lernen und keine falschen Schuldgefühle entwickeln; wir brauchen eine fehlerfreundliche Schule (Hartmut von Hentig) - auch auf der Beziehungsebene. Diese Vitalität ist also sowohl Ausgangspunkt und - in einer induktiven Schleife - das Ergebnis vielfältiger intelligenter Aktivität. "Die tastende Erfahrung ist für ein wirksames Leben und für den Kampf des Einzelnen um die elementare Kraft absolut unverzichtbar. Man kann sie unmöglich ausschalten, ohne daß dies Disharmonie, Desintegration und Unzufriedenheit zur Folge hätte. Das ist der Anfang des - bewußten und unbewußten - kindlichen Widerstands gegen schulische Vorgehensweisen" (Freinet 1980, S. 70).

b) Mit seinem Barriere-Modell und Bresche-Modell macht Freinet klar: dieser vitale Antrieb kann durch Hindernisse gestärkt werden; Widerstände sind notwendig und sollten pädagogisch organisiert werden; ebnen wir unseren Kindern die Wege nicht zu glatt! Bei Widerständen wird sich das Kind und der Jugendliche auf den ihm am besten geeignet erscheinenden, überwindbaren Punkt konzentrieren und eine Bresche durch die Widerstände hindurch zu schlagen versuchen. Die Devise ist: Fordern statt Verwöhnen (Alshut & von Cube 1986).

Zu den Lebensbewährungsprobem Vitalität gehört das Leid: Leid durch psychische und physische Gewalt und Verletzungen, Beschämungen, Trennungen und Scheidung, durch Krankheit, Schuld, Entbehrung, Hoffnungslosigkeit, Tod. Kinder und Jugendliche wollen diesen Weg ein Stück weit selbst gehen, Trauerarbeit leisten und daran wachsen; sie benötigen eine sinnvolle Leid-, Konflikt- oder Trauerbegleitung, einfühlende Information und die Eröffnung eines neuen, gestärkt lebendigen Selbst- und Weltbezugs (Bowlby 1976, 1987; Brocher 1980; Canacakis 1987).

Aber die Lebenskraft kann auch vernichtet werden, so daß Umwege abweichenden Verhaltens, der Sublimation, Kompensation und Überkompensation reine Selbsterhaltung sind und zu Lebensersatzregeln führen (Freinet 1978, S. 75 ff.). Ehe dies geschieht und ihr Lebenspotential bedroht wird, suchen Kinder und Jugendliche nach Hilfe und Halterungen: recours-barrières, in der Familie, bei den Freunden, bei Lehrerinnen und Lehrern. Kinder suchen sich immer "Techniken des Lebens", sie suchen die Kette der Verwirklichung ihres Lebenspotentials durch Nachahmung und Stützen in Ordnung zu halten; verwirklichen sie die Kette fehlerhaft und gibt es Einbrüche, so suchen sie sie durch äußere Beispiele und Erziehung zu reparieren; ist die Kette des Lebenspotentials fast ganz zusammengebrochen, bilden sie sich Lebensersatz-Ketten (Freinet 1971, S. 65). Lehrer sollten also Widerstände aufstellen, aber bei Bedarf ihre Bewältigung erleichtern (vgl. auch das Konzept der Mentastik von Milton Trager [1991]).

c) "Ersatzlebensregeln" (vie ersatz) werden vornehmlich in der Schule gelernt. Heute sprechen wir vom heimlichen Lehrplan. Schülerinnen und Schüler lernen zu mogeln, sich zu verstellen, ihre Interessen und Bedürfnisse zu verleugnen, um mit der strukturellen Gewalt bedürfnisökonomisch zurechtzukommen. Freinet fordert eine "rééducation des techniques de vie ersatz": mit der Sexualität, der Onanie der Kinder und Jugendlichen, vernünftig und natürlich umzugehen; die Vitalität durch Arbeit, möglichst in der Natur, ausreichend auszulasten; vor allen aber die Erziehung zur Kunst, zur Liebe der Kunst und zum künstlerischen experimentellen Selbstausdruck in allen Formen Freier Arbeit herauszufordern (Freinet 1971, S. 107).

3. Die heutige Ausgestaltung des Lebenspotentials hat andere psychoökologische Bedingungen als zur Zeit der geschichtlichen Reformpädagogik. Dies betrifft das Naturverhältnis, die Kommuikationsweisen, die Pflege der Gefühle, die Vitalenergien. Schwerpunkte der Ausbildung des Lebenspotentials liegen heute in moderner Kreativität, Intuition, vernetztem Denken, funktionalistischem Interesse, in Kombinationsfähigkeit, in Logistik und Kybernetik, aber auch in ganz neuen Lehr-Lern-Methoden, Fähigkeiten und Fertigkeiten. Die Gehirnforschung spricht schon von einem neuen Gehirn, das die Gesellschaft für Rationelle Psychologie festgestellt haben will (Holler 1996). Jedenfalls transformieren die elektronischen Medien nicht nur die Logik, die Sprache, die Bildsprache, die Vorstellungswelt, die Quantität, die Qualität, die Sektoren der Informationsaufnahme, sondern auch die vitale Zuwendung (gewissermaßen das Energiespektrum des Systems Individuum und Gesellschaft, seine Schwerpunkte, seine Programme, seine Humanisierungsqualität).
a) Das Lebenspotential heutiger Kinder und Jugendlicher wird durch Musik, Filme, Videos, Comics, Nichterziehung euphorisiert, "Ersatz-Leben" mediatisiert und auch schon durch leichte Drogen, Sexualisierung u.v.m. limbisiert. Geheimnisvolles, von dem das Leben seine psychische Spannung erhält, wird ins grelle Licht der Journalisten gezerrt. Psychische Spannung fällt in die Leere der Bindungslosigkeit und in leere Freiheit, wird folglich immer künstlicher, extremistischer, perverser einsuggeriert, um sich neu wieder aufbauen zu können.

Dialektisch differenzierend können wir auch eine spannende Neu-Kreierung des Lebenspotentials von Kindheit erwarten, die es in der gesamten Geschichte und Geographie vorher nicht gab (wie ja jede Kindheit und Jugendzeit ontogenetisch und phylogeschichtlich vital neu ist): das Potential der heutigen Kinder und Jugendlichen entpuppt sich als technisch-stategisch-pragmatisch medienintuitiver als bei Erwachsenen, in begrenztem Rahmen auch reaktionsschneller trainierbar, fiktional phantasiereicher; vor allem die Mädchenwelt wandelt sich in mehr Selbständigkeit;

neue Tabus und neue Geheimnisse überformen die alten bzw. die Medien besitzen keinesfalls die anthropologische Kraft des Niederreißens vitaler Geheimnisse.
b) Entsprechend ist der Hunger nach dem Leben, die Natur mit allen Sinnen erfahren zu können. PädagogInnen und AnimateurInnen bieten eine moderne Erlebnispädagogik: erlebnispädagogische Abenteuer, Risiken, Expeditionen, Projekte haben ihre berühmten Vorläufer (z.B. Kurt Hahn); auch die Schule spezialisiert sich nicht mehr nur auf Papier (Ziegenspeck 1994); Lebensfreude, Lernmotivation, Kreativität werden durch Projekte, Landaufenthalte, Lebensweltorientierung einbezogen. Dies bleibt oft an der ästhetischen Oberfläche. Zu fordern und zu fördern ist der Schutz der Poetik des Kindes und Jugendlichen, die "Wiedergeburt des poetischen Menschen" (Neumann 1995, S. 425); die Welthörigkeit und die ästhetische Verführung des falschen Bewußtseins zu begrenzen, die Kinder und Jugendlichen zu ihrem eigenen Freien Ausdruck, ihrer Sehnsucht, Hoffnung, Selbstliebe, zu ihrem in sich Hineinhören zu ermutigen und insofern Widerstand zu leisten.
c) Faszination, tastendes intelligentes Versuchen finden (zumeist) Jungen vor dem Computer: etwa beim Videospiel, beim Anzapfen fremder Informationen, beim Hacken, beim Setzen von Viren. Die natürliche Intelligenz der Schüler kommt längst nicht mehr ohne die künstliche Intelligenz aus. Ein Teil der Schüler investiert darin viel Lebensenergie, Askese, Selbstbeschränkung, denkt in technischen Kategorien, spielt Spiele informatisch. Es gibt Untersuchungen, nach denen "die vitalen Antriebe, die Aktivität, die Streßbelastbarkeit und die positive Sozialemotionalität" durch Computerspiele bei älteren Kindern um etwa 40 % absank (Mayer & Seter 1994, S. 69).

Mädchen stecken ihre Vitalenergien durchaus auch schon in Computer, eher noch in Mädchenbeziehungen, kreatives Gestalten, Lesen ("Kids"-Verbraucheranalyse '95 des Deutschen Spielzeug-Institutes). Bei Mädchen und Jungen gilt die Faszination gleichermaßen der Musik, der Bewegung, dem Sport - vitalen Aktivitäten und Motivationen, deren Kraft die augenblickliche Schule systematisch reduziert. Pädagoginnen und Pädagogen sind angesichts dieser vitalen Konkurrenz in dem Dilemma, in eine unerotische Ersatzlebensschule Intensität und Faszination, und noch schwieriger: bindende Konsequenz und Systematik hineinzubringen.

3.1.3 Sinnlichkeit in der Schule?

Leben in der Schule heißt, die körperliche Beziehungsebene und seelische Regungen einem heimlichen Lehrplan zu unterwerfen. Die Suche nach "Genußfähigkeit" wird der Verschiebung in die Zukunft geopfert oder in eine "stilistisch ausdrucksstarke kommerzialisierte Freizeitindustrie" (Ferchhoff 1993, S. 182) verwiesen. Eine hedonistische Schule scheint unmöglich. Summerhill bleibt einsam.

Leistung in der Schule ist - gegen körperliche Veränderungen, Sexualität, Sehnsucht - "ein bedeutsames ich-stabilisierendes Element" gegen "Zerfallserscheinungen der Person"; Arbeit hat eine wichtige personagenetische Funktion, sie bringt das zivilisierte Ich hervor (Geißler 1984, S. 131 ff.).

Der und die Jugendliche verschiebt seine und ihre Sinnlichkeit auf die Freizeit oder bringt sie unter den Tisch; je höher der Kitzel und die Droge der Freizeitverführung, je lustvoller die Vorfreude und die Erwartungen an Vitalität und Libido erzeugt werden, umso spürbarer empfinden die Jugendlichen die Schule als Ersatz-Leben; um in ein Gleichgewicht zu kommen, können Jugendliche den Weg der Verdrängungen, Neurosen, des Charakterpanzers (Wilhelm Reich), des Knicks im Rücken (in der Sprache der Bioenergetik) gehen, der ihr Humanpotential einschränkt. Die Schule braucht das Gegengewicht einer lebendigen, lebensfreudigen, jugendlichen Subkultur.

Jede Beziehung, auch in der Schule, lebt von einer erotischen Note. Ab der Pubertätsphase gehen Schülerinnen und Schüler auf das Abenteuer der Selbstentdeckung, der Subjektivität. LehrerInnen in diesen Schulen sind gefordert, sich als Sinnesmenschen, in ihrer Weiblichkeit und Männlichkeit, zu akzeptieren, so daß akzeptable, mitmenschliche Zärtlichkeit und taktvolle Sinnlichkeit - erst hinter einem rauhen Umgangston der Jugendlichen - selbstverständlich werden.

1. Jugendliche wollen sich vor allem verstanden fühlen. Die heranwachsenden Jugendlichen entdecken ihre Subjektivität zusammen mit zunehmenden libidinösen

körperlichen und psychischen Vorgängen und einer diffusen inneren Labilität und Orientierungslosigkeit.

a) Sinnlichkeit in der Schule zu thematisieren, unterrichtlich zu behandeln, ist immer heikel. Sie aktiviert höchstes Interesse, Abwehr wegen Grenzüberschreitungen, Neugier-Ambivalenzen. Atmosphäre und Begegnung, Sprache / Körpersprache mit Einfühlung, Empathie, Takt bilden die annehmende "vorbereitete Umgebung" für abstrakte wissenschaftliche Thematisierungen in diesem Bereich. Wissenschaftliche Direktheit klärt, informiert genau, gibt zu denken, macht sogar die Sinnlichkeit lustvoller, schreckt auch ab. Dies ist notwendig, denn "in den Jugendkulturen ... finden radikale Experimente des Daseins statt (von den Drogen bis zur Sexualität), die aus den Bezirken einer rational verwalteten Welt weitgehend ausgeschlossen sind" (Baacke 1993, S. 248).

Lehrerinnen und Lehrer haben in dieser Zeit des Suchtmittel-Probierens auf Jugendliche Einfluß; Suchtberatung und Suchtprävention werden zur pädagogischen Notwendigkeit: eine Förderung der kognitiven, psychosozialen und moralischen Kompetenz, der Mädchenidentität und Jungenidentität, Abbau ausweichenden Verhaltens, insgesamt eine Förderung der vitalen Kompetenz (mit Krisen, Konflikten, Bedürfnissen, Aggressionen, Angst umgehen können).

b) Die jugendlichen Schülerinnen und Schüler spüren die Zwiespältigkeit des Sinnlichen: seine "Faszination und Beunruhigung", d.h. die Möglichkeit der Sättigung mit allen Sinnen und die Notwendigkeit ihrer Askese, Ökonomisierung, Beherrschung. Ohne ermutigende Unterstützung empfinden viele Jugendliche "ihre Einsamkeit, Kontaktschwäche und Unfähigkeit, Freunde und einen andersgeschlechtlichen Partner zu finden" (Böhringer & Schröder, S. 48 ff.).

Dies sind die tieferen Probleme - auch in der Schule - hinter den sexuellen Problemen und dem Reden darüber; auch hinter dem provozierenden Auftreten.

c) Jugendliche wollen von PädagogInnen versichert und in dem bestärkt werden, was sie wahrhaftig fühlen und mit den Sinnen wahrnehmen. Dies ist die Basis für eine vitale Selbstkongruenz (nicht der moralische Zeigefinger welcher Institutionen auch immer). Sie verlangen also von der Schule, ihre Sinne zu füllen, die Kunst und Erotik der Wahrnehmung, Sprachlust und Inszenierung einzuüben, durchaus auch zu korrigieren (Stevens 1975). Die Bioenergetik und Gestalttherapie haben dazu eine große Anzahl von Übungen entwickelt. Selbstverantwortung der Jugendlichen baut auf der Vitalität von Körper, Seele, Kommunikation und Geist auf.

Jugendliche verlangen von den Lehrern und Lehrerinnen aber auch, was John C. Coleman das coping nannte: die Rücksicht auf ihre Bewältigungsstrategien: ihre vitale Energie so weit zu fordern, als sie die Situation bewältigen können (coping) (Coleman 1984, S. 65 f.), Überforderungen zu vermeiden (defending-Strategien), und den Sinn von Schule auf wahrhaftig erstrebenswerte Schul-Karrieren kritisch zu begrenzen, um ihre Überfluß-Lebensenergie andernorts befreien zu können.

2. Entsprechend haben auch Lehrerinnen und Lehrer an ihrer Vitalität zu arbeiten. Sie befinden sich in einem anderen Lebensstadium mit anderen Problemen und Lernprozessen, haben auch Konflikte mit dem Kind und Jugendlichen in sich (Abrams 1993). Sie befreien ihr inneres Kind und ihren inneren Jugendlichen und ihr inneres Schulkind und sich in ihrer aktuellen Lebenslage in Dialektik zur stets neuen Jugendkultur. Das heißt, die Jugendlichen können die Lehrer und Lehrerinnen in ihrer Vitalität befreien, wenn diese sich dafür öffnen.
a) Zwar schätzen Jugendliche Vitalität, aber nicht Jugendkultur-Zentrierung Erwachsener. Denn das ist ihr abgegrenzter Bereich. Sie suchen die selbstverantwortliche sinnliche Sinnverarbeitung der LehrerInnen. Jugendliche akzeptieren darin einen klaren Standpunkt, klare Aussagen und Begründungen; sie merken unmittelbar die menschliche Durcharbeitung oder das getünchte Ersatz-Leben der LehrerInnen.
b) Vor allem den männlichen Lehrern wird Zurückhaltung anempfohlen, was libidinöse und körperliche Aspekte anbelangt. SchülerInnen können nur dann libidinöse Ängste provozieren, wenn der Lehrer seine erotischen Konflikte nicht geklärt hat.
c) Das Ausgebranntsein in der Schule erklärt sich daraus, daß Kinder und Jugendliche viel Lebens-Energie ziehen; daß LehrerInnen im Widerspruch von eigenem Idealismus und Antagonismus der Jugendlichen stehen; auch im eigenen Antagonismus, selbst so jung sein zu wollen, aber nicht zu können und zu dürfen; ihren Frust aus pädagogischen Gründen nicht jugendlich-aggressiv abladen zu können; verwaltungsmäßig nicht pädagogisch agieren zu dürfen; immer neu mit nicht überschaubaren Erfolgen Sisyphos-Arbeit zu machen. Alle diese und noch mehr Gründe könnten auch umgedreht werden, positiv verarbeitet werden, um aus der Arbeit mit Jugendlichen vitale Energie zu ziehen.

3. Sexualerziehung in der Schule ist nach wie vor ein Tabuthema - nicht in der öffentlichen Diskussion, aber in der Praxis. Sie erscheint kaum in Schriften über "Schulleben", kaum in der Lehramtsausbildung, obwohl sie in feministischen Ansätzen und Kritiken, in der Frage der Koedukation, zunehmend auch in der mitteleuropäischen und interkulturellen geschlechtsspezifischen Sozialisation erforscht wird.
a) Die pädagogische Atmosphäre der Begegnung aller am Schulleben Beteiligten, in ihren Gesprächen über ihr Leben, ihre Gefühle, Vorlieben, Moralvorstellungen, ist die Basis für eine implizierte Sexualerziehung.

b) Jugendliche SchülerInnen wünschen sich (nach Umfragen) ausdrücklich - abgestimmt und freiwillig - Begegnungen und Meinungsaustausch mit dem anderen Geschlecht (Glück 1992, S. 121-155, bes. 152-153). Koedukation ist und bleibt eine lebensformende, weil innerstes Interesse hervorrufende, verantwortungsvolle pädagogische Aufgabe: differenziert nach den Befindlichkeiten der einzelnen Schülerinnen und Schüler (ihrer geschlechtsspezifischen Sozialisation, ihren sexuellen Erfahrungen und Verdrängungen, ihrer geschlechtsspezifischen Position in der Klasse, ihren augenblicklichen Sehnsüchten); variiert nach den fachspezifischen Anforderungen (durchaus auch teils getrenntem Fachunterricht: Informatik, Naturwissenschaften, Mathematik, Textilgestaltung; teils gemeinsamem Unterricht in Fächern, in denen die traditionell geschlechtlichen Zuordnungen zu korrigieren versucht werden können); vor allem aber verständnisvoll und informativ über das jeweils andere Geschlecht. Männer und Frauen wissen in unserer Gesellschaft trotz vieler Informationen voneinander zu wenig.
c) Der objektivistische Sexualkundeunterricht hat seine Berechtigung; aber er müßte mit vielen Fächern vernetzt werden, um das Informationsbedürfnis der Jugendlichen zu erfüllen; aber auch, um ihr Schutzbedürfnis zu berücksichtigen und ihr Bemühen, mithilfe dieses Themas sich von den Eltern allmählich zu lösen. Im Unterricht sollte darüber mehr geredet werden, auch mit abgeklärter eigener Stellungnahme der LehrerInnen. Wichtig ist eine oft notwendige Korrektur des Einflusses von Gleichaltrigen und von Jugend-Subkultur.

3.1.4 Die Vitalität der Sinne in der Schule

Die Energetik der Sinne kann auf ein Optimum gesteigert werden. Pianisten und Geiger, Künstler, Kellner, Köche und Akrobaten zeigen, welche Höhe die Kultur der Sinne erreichen kann; aber auch die Kinder zeigen uns ihre Gier, ihre Neu-gier zum Auffüllen der Sinne, ihre lustvolle harte Arbeit an den Sinnen, ihre Erotik der Sinne. Auch wenn die Schule gemeinhin diesen Schwerpunkt nicht setzt, Musik, Kunst, Theater, Handwerk, Kochen, Gymnastik nebenrangig sind, auf Schönheit und Aussehen, Esprit in Sprache und Denken, "Stolz" in der Haltung, Geschmeidigkeit in der Bewegung, Kunst in der Architektur und Variationsfülle in der Raumgestaltung, also insgesamt auf Kultur oft fast kein Wert gelegt wird: die Hochbildung der Sinne, ihre Befreiung zur Wachheit, zum Wahrnehmungsgenuß und zur Wahrnehmungskritik entspricht dem Hunger der SchülerInnen, wenn er geweckt wird (v. Hentig 1985, S. 25 u.ö).

Damit geht Sinnes-"Erziehung" weit über ästhetische "Erziehung" hinaus; sie ist als Hunger lebensnotwendig, ein Maßstab von Vitalität, ein Schlüssel zum Aufschließen des Potentials der SchülerInnen. Sie reicht auf die Basis von Hunger und Liebe zurück (Neumann 1995), und bis hinauf zur Sinnfrage. Sinnestätigkeit hat also - übrigens auch physiologisch - einen Grund im libidinösen Bereich, hat Verbindungen zu Motivation, Emotion, Handlung und Kommunikation und vereinigt sich in der Sinngebung, dem inneren Sinn (Aristoteles).

1. Sinn ist ein Grundbegriff der Pädagogik und Schulpädagogik; er hat für das Leben in einer Schule grundlegende Bedeutung (wie Rousseau, Montessori, Steiner, von Hentig, Kükelhaus u.v.a. unterstreichen). Sinn ist die Ordnungsform des Erlebens (Niklas Luhmann), er konstituiert Lernprozesse, nämlich als Energie und Tätigkeit der Schüler und Lehrer, Erlebnisse zu ordnen und in eine Form zu bringen, zu in - formieren, Objekte zu identifizieren und in ihrer Bedeutung zu erkennen (etwa beim Lesenlernen). Diese unmittelbare Vergewisserung ist die Befriedigung eines unstillbaren Bedürfnisses und einer Lebensnotwendigkeit des Organismus und der Psyche, sich zur Welt zu verhalten und die Welt zu kreieren.

a) Die Energie der Sinne und des Sinns resultiert aus der Kraft des Organismus - die das "Seelische" genannt wird (vgl. Aristoteles) -, sich durch die Entgegensetzung zur Umwelt zu differenzieren und dadurch seine Vereinheitlichung zu erfahren.

Auf die Schule bezogen besteht die Kraftanstrengung der SchülerInnen und LehrerInnen darin, immer wieder und gezielt Erfahrungen miteinander und mit "Objekten" zu machen, eben durch Sinne, die dem Organismus das Gefühl der Differenzierung, der neuen Erfahrung von außen und dialektisch dadurch auch der Einheit von innen geben. Es ist das Gefühl der Bereicherung, des Sich-Auslebens, des Sich-Abarbeitens: des Daseins.

b) Dieses Bedürfnis ist auch deswegen so groß, weil die Sinne das Tor zur Welt sind: sie sind das einzige Mittel, mit dem der Organismus Erfahrungen machen kann, im Sinne Piagets sich zu assimilieren und zu akkommodieren, sich zu variieren, seine ökologische Nische am besten einzurichten. Innere und äußere Sinne sind überlebensnotwendig, und ihre Energie entscheidet über die Verwirklichung der Lebenskraft. Gerade die Differenzierung, die Variation, und dadurch die Dynamisierung der Energien der Kinder und Jugendlichen ist die Aufgabe der Schule. Sie ist also notwendig Sinnes-Schule, sinnliche Sinnes-Schule.

c) Dieses Abarbeiten der Sinne durch (schulische) Erfahrungen kräftigt sie, macht sie wach, entwickelt ihr optimales Potential, befreit den Menschen. Der lebendige Mensch ist der sinneswache Mensch. Sinnesklarheit bringt befreiende Sinneserfahrungen und kritische Sinngebungen. Klare und klärende Sinneserfahrungen in der Schule bringen Sinngebungen der jungen Menschen und sind Akte der Befreiung.

2. Sinne sind sinnlich. Sie entfalten ihre Energie mit libidinöser Kraft. Wir brauchen nur Kinder und Jugendliche zu beobachten: sie wollen das ganze Leben einsaugen, visuell, akustisch, motorisch; schreien, laufen, tanzen, wild, bis an die Grenze gehend, oft kompromißlos.

a) Alexander Sutherland Neill hat diese Jugend ihre Sinne in Summerhill (auch nur in Grenzen) ausleben lassen. Eine befreiende Schule will Schüler / Schülerinnen und Lehrer / Lehrerinnen ohne Neurosen. Sie befriedigt die Gier und Lust der Sinne nicht nur mit Buchstaben, sondern kontrastreich-lebend-vielfältig, herausfordernd und konfliktreich.

b) Sie läßt dennoch die Sinne nicht zügellos. Sie kritisiert z.B. die Manipulation der Medien mit Sinnen und Sinnlichkeit; sie differenziert die Sinne zum verantwortungsvollen Umgang mit ihnen; sie kultiviert diese Libido mit verschiedenen pädagogischen Methoden - Aktivierung, Differenzierung, Askese, Ekstase, Meditation; sie führt jeden Einzelnen zur Ausgestaltung seiner Sinne, zum Schwerpunkt seines Sinnespotentials: den möglichen Künstler, die mögliche Designerin, den möglichen Koch, die mögliche Schauspielerin, den Pianisten.

c) Die vollgetränkten und durch erhebliche Mühe bewältigten, an ihre Spitzenleistung punktuell herangeführten Sinne vermitteln den SchülerInnen das Erleben ihrer selbst, des Sinns ihrer selbst: sie erhöhen die Vitalität für je eine Weile, die positive Grundhaltung und das positive psychomentale Bild von sich selbst, etwas zu sein und schaffen zu können; sie fallen dann wieder hinter sich selbst zurück, weil der Organismus seine Vitalität auf einem Minimum an Energieverbrauch ökologisiert, die Vitalität von Bewegung und Sinnen und Gefühl, Kommunikation und Denken also immer wieder neu aktiviert und auf eine relative Spitzenleistung gebracht werden muß (Feldenkrais 1978).

3. Eine Schulpädagogik und Didaktik der Sinne kommt nie ans Ende: unendlich kann die energetische Qualität einzelner und doch nie einzeln auftretender Sinne aktiviert und verfeinert werden; ebenso unendlich spannend sind ihre Bezüge zur Lebenswelt, ihre Nuancierungen in allen Kulturen, die Geschichte der Sinne sowie die Geschichte der Sinnesentwicklung in den einzelnen Lebensaltern. Wer so die Sinne kennt, wer so als Lehrerin und Lehrer seinen Sinnen auf der Spur ist, erfährt die Sinneswelt heutiger Jugendlicher als eine mögliche Facette der Kultivierung, offeriert ihnen Maßstäbe von Differenzierungen, einen Variationsreichtum anderer Kultivierungen und führt sie zu den eigenen inneren Sinnen.

a) Raumdominante Sinne (wie Tasten, Sehen, Beziehungssinne) haben eine andere pädagogische, didaktisch-methodische und energetische Funktion als zeitdominante (wie Hören, Warm-kalt-Fühlen, Urempfinden). Ohne Raum kann z.B. der Sehsinn nicht optimiert werden, er erleidet einen Wirklichkeitsverlust (Hugo Kükelhaus); seine pädagogisch-energetische Funktion liegt in der konkreten bis abstrakten (vorgestellten) Orientierung. Der Hörsinn z.B. kann nur im Verhältnis zu Zeiten optimiert werden; seine pädagogisch-energetische Funktion liegt in der Ausbildung und Qualifizierung der Gefühle bis zum Lebensgefühl (Mues 1979). So müßten hier die energetischen Funktionen auch der anderen hauptsächlichen Sinne dargelegt werden (s. bes. Kap. 4 und 5, auch Heitkämper 1997).

b) Die hochgradige Sensibilisierung der sinnlichen Wahrnehmung ist eine notwendige Voraussetzung zur Intelligenzentwicklung. In verschiedenen Lebensaltern sind zudem Empfänglichkeiten für bestimmte Sinnesqualitäten auszumachen. Die Phasen-Psychologie hat entsprechende Modelle erarbeitet; in der heutigen Kindheit und Jugend werfen die Umwelteinflüsse eine strukturierte Abstimmung der Entwicklung durcheinander - eine Herausforderung für die Schule jedweder Entwicklungsstufe, umso systematischer immer wieder neu von Primärerfahrungen ausgehend - ähnlich wie dies in der Musikausübung stets grundlegend geschieht - die Qualität der Sinneserfahrung zu selektieren, zu variieren, zu optimieren - und gespannt darauf zu sein, ob die Sinne der jugendlichen Erwachsenen nicht noch ganz andere als bisher erwartete Leistungen, z.B. eine höhere Perfektion, eine Spezialisierung, eine größere Kreativität hervorbringen.

c) Heutige Jugendliche sind in vielen Sinnen unausgebildet, im Sehen und Hören aber überlastet bzw. selektiv spezialisiert, z.B. im oberflächlich-aggressiven Sinnesempfang; in anderen Sinnesqualifikationen sind sie früheren Generationen überlegen: an Schnelligkeit der Sinnesreaktion, in Strategie-Sinn und im Intuitions-Sinn, im "Technik-Sinn". Es hat sich eine Palette neuer Sinne herausgearbeitet, und eine ganze Anzahl früherer Sinnesfähigkeiten sind heute schon fast unbekannt. Aber selbst den normalen Sinnesgebrauch wie Sehen und Hören "kann man nicht einfach", sondern muß man systematisch erlernen und immer wieder optimieren. Auch Erwachsene müssen es immer wieder erlernen. Lehrerinnen und Lehrer müssen es also erst einmal selbst können. Es geht immer um eine Transformation und Dynamisierung: also nicht nur um das o.a. Ankämpfen gegen den biologischen Grundtrieb eines jeden Organismus, nach Erreichen der Funktionalität der Sinne faule ökologische Mittelmäßigkeit zu pflegen; es geht auch nicht nur um die Mühe einer steten Verbesserung zum Maximalumfang des Potentials (Feldenkrais 1968, S. 38 ff.), sondern es geht um eine vitale evolutionäre Weiterentwicklung im Austausch von Jugend und Lehrern, immer neue Sicht-, Fühl- und Denkweisen, quantitative und qualitative Faszination. Vor allem die inneren Sinne (Rudolf Steiner nennt sechs (Steiner 1917)) müssen gerade in einer Zeit der Außensinne systematisch immer wieder neu auf ihre Höhe geführt werden, um eine je höchstmögliche, "imaginative", energetische Vitalität der Beziehungen zu erreichen (Seeger 1992).

3.2 Die lebendige Schule

Schulleben ist auch heute noch Leben und doch nicht Leben. SchülerInnen und LehrerInnen spüren sehr genau den Zwiespalt, als Subjekte frei leben zu wollen und als Instituierte leben zu müssen. Das "non scholae, sed vitae discimus" ist im Grunde eine Kapitulation der Schule: das Eingeständnis ihrer mangelnden Lebendigkeit bzw. ihres Unvermögens, die Schüler von ihrer Lebendigkeit zu überzeugen.

Die Schulleben-Bewegung fußt auf der Lebensphilosophie. Zusammen mit ihr fordern Existentialismus, Humanismus, Psychoanalyse, Konfliktforschung, Gehirnforschung, die allgemeine Lebenserfahrung eine lebendige Schule, eine das Leben herausfordernde (und nicht in die Zukunft verschiebende) Schule. In der Schule wird gelebt, d.h. mit Freude, Leid, Langeweile und Interesse.

Nach dem bioenergetischen Wissen ist die "ökologische" Zusammenarbeit der "höheren" kognitiven Schulungsprozesse nur durch eine Sicherung des basalen Energie-Feldes sinnvoll. Daraus ergibt sich die Frage, wie die Schule Vitalität aufbaut. In den verschiedenen Lebensaltern sind unterschiedliche Qualitäten von vitalen Energien gefragt; wir brauchen also verschiedene Schulen.

3.2.1 Die schulische Lebensordnung

Die AnfangsschülerInnen der Grundschule, zwar sozialisiert durch den Kindergarten, haben durchaus noch spontane Vitalität in der Bewegung, im Spiel, im Aggressionsverhalten, im wilden Ausleben ihrer Funktionslust. Dieter Baacke berichtet über den amerikanischen Lehrer Herndon mit seinem Gewährenlassen, seiner Kooperation und dem Chaos, Kindern Spielraum zu lassen: einem "Kunststück, aus dem Schule werden kann, die im Ausschnitt noch etwas von anderer Welt hereinläßt - eine Mischung von Bewunderung, wilder Freude und ein bißchen gemeinsamen Wahnsinns". Die Schule, in der jeder tut, was ihm gerade paßt (Herndon), korrigiert sich durch anstrengendes gemeinsames Arbeiten, das Einhalten von sinnvollen Regeln einschließlich der pädagogischen Verantwortung der Lehrerin unter der Devise: "Vergiß nie, daß ein Schuß Anarchie das Schulleben würzt und interessant macht" (Baacke 1984, S. 223, 225).

Heraus kommt bei einer Übertreibung anthropologisch falscher Freiheit das imperiale Gehabe machtorientierter Kinder, vom Pädagogen als Selbstverwirklichung mißverstanden. Vielversprechender ist ein kreativ-dialektisch-dialogischer Ansatz von Schulpädagogik nach dem Motto: so viel Freiheit wie möglich, so viel Bindung wie notwendig - aber nicht nach einem starren institutionell für wertvoll erachteten Schul-Moralsystem. “Kreativ-dialektisch” heißt:

- daß Freiheit und Bindung an der Ermöglichung von Kreativität, Selbstverwirklichung, Entwicklung des Lebenspotentials gemessen werden;
- daß sie dialektisch durch positive Ermutigung, aber auch durch Widerspruch und Überwindung des Widerspruchs (Negation der Negation) herausgefordert werden;
- daß das Ausmaß an Freiheit / Bindung dialogisch personal und situativ ausgehandelt und zur Selbstverpflichtung beider Seiten transformiert werden muß.

Die Auflockerung, die Öffnung des Grundschulunterrichts durch Erlebnis, Bewegungsspiele, Sinnesprojekte, zeitliche und räumliche Variabilität, meditative Elemente und neue interessante Lehr-Lern-Methoden sind nicht neumodische Accessoires oder Drapierungen einer oberflächlichen Ästhetisierung und Kaschierung von Disziplinierung, sondern sie heben die Lebensqualität, die Lebensrelevanz der Schule; sie sind - dialektisch zu den neuen Lehr-Lern-Methoden der Erwachsenenbildung - ein antwortender Beitrag zur kreativ methodisch organisatorischen Umgestaltung heutiger Lernprozesse in Organisationen.

1. Vitale Bedürfnisse wie eine lebendige Atmosphäre können von einer architektonisch sinnvoll gestalteten Schule untermauert werden. Während Schul-Territorium und Raum-Zeiten basal Sicherheit, Abgrenzung und Stabilität bringen, sind sie jetzt, eine Stufe höher, Möglichkeiten und Wahrscheinlichkeiten einer Ausformulierung von Vitalität, geeignet für das Erkämpfen des Lebensstandorts, vielfältig anregend für die Sinnlichkeit der Sinne.

a) Die Architektur kommt hier aus ihrer euklidisch-stabilen Statik heraus: sie entwirft prospektiv die Lebendigkeit des Kindes, der Gemeinschaft, des sachlichen Lernens, des Lebensraumes Klassenzimmer und Schulhof. Hugo Kükelhaus will menschlich organadäquate Vitalität schaffen durch seine Lichtdifferenzierungen, durch vielfältig unterschiedliche Räume und Gruppierungen von Räumen, Labyrinthe, Enge und Weite; Hartmut von Hentig nennt als pädagogisches Beispiel die Höhle: abgeschirmt, dunkel unzugänglich, wo es Geheimnisse gibt, Geheimabsprachen, Mythologisches, geheime Erzählungen, Magisches, Verstecke, spannende Geschichten; und Friedensreich Hundertwasser provoziert durch Fußbodenunebenheiten, grelle Farben, Zwiebeltürme eine sinnlich-interkulturelle Erotisierung der Lernorte, wohin Kinder gerne gehen, was ihnen ständige Abwechselung bringt.

Peter Perlick zitiert Hans Scharoun bei einem Projekt für eine Volksschule in Darmstadt: "Von Kants Bezeichnung des Raumes als *Bewußtseinsform* ausgehend, setzt sich Scharoun für die gezielte Verwendung von Raum-, Farb- und Lichtmitteln ein, die dem geistigen und biologischen Wachstum der Kinder auf den jeweiligen Entwicklungsstufen entsprechen. Er traf eine grundsätzliche Unterscheidung der Klassen nach Gruppen in der Folge des Nesthöhlencharakters in der Gruppe A, des Exakten in der Gruppe B, der spannungshaften Entfaltung des Raumes zur Zweiheit in der Gruppe C" (Perlick 1969, S. 52).

b) Die psychoenergetische Wirkung des Klassenzimmers und der Schulumgebung als Anregung für das Lernen ist seit Jahrtausenden bekannt: schon in Ägypten und im fernen Osten und im griechischen Altertum, z.B. dem peripatos. Johann Heinrich Pestalozzi spricht von der Schulwohnstube, Peter Petersen von der Wohnstube, Wilhelm Flitner von der häuslichen Atmosphäre, um die Wohlfühl-Lebenswelt der Familienfortsetzung bzw. -ergänzung auszudrücken. Célestin Freinet fordert in definierte Ecken aufgeteilte Räume: Ateliers voller lebenspraktischer Anregungen, Werkraum, Poesieraum, Druckraum, Ruheraum, Leseecke, Gemeinschaftsraum; in die Sprache der Bio- bzw. Psychoenergetik übersetzt, ist dies eine anregende Umgebung, in der möglichst viele energetische Potentiale und Lebensenergien der Schülerinnen und Schüler entwickelt werden können. Schulräume sind Lebens- und Erlebnisräume.

c) Der Schulhof dient zur lebensvollen Entlastung des Schulraumlebens; er ist ein spezifischer Erlebnisraum. Entsprechend der auf dem Schulhof gewonnenen Freiheit der Bewegung sind hier andere Erlebnismöglichkeiten von Vitalität und Sinnlichkeit: Schnelligkeit, Schreien, Hauen und Stoßen, Arm-in-Arm-Gehen, Gruppenprozesse, Spiele, Alleinsein u.v.m. in ausdrücklichem Gegensatz zur Lebensordnung des Klassenraums.

2. Vitalität, Sinnlichkeit, Sinnestätigkeit sind Zeitintensitäten; Zeit ist Leben; Zeitereignisse schreiben die Biographie; jeder hat sein Leben und damit Anspruch auf seine Zeit. Die menschen- und kindgerechte, den physiologischen und psychischen Bedürfnissen angepaßte, dynamische Schule läßt Zeit (Bildungskommission 1995, S. 222 ff.). Zeit ist Zeugung (Henri Bergson): Die Schule läßt Zeit-Räume offen und drängt Zeit zusammen, in denen die Kinder ihre vitale Energiedichte erzeugen, ihren Streß, ihr Durchkämpfen und ihre Erfolgsfreude, das Zurechtkommen und das Ausmessen ihrer kindlichen Konstruktionen von sinnvoller Zeit (Piaget 1955).

a) Jede Lebendigkeit, jeder Sinn, jede Handlung, jede Bewegung, jede Kommunikation, jedes Denken braucht Zeit, den Rhythmus von aktivem Hervorbringen und Wirkenlassen (Fichtes "Leiden"), Stille, Einordnung in Informationssysteme; Montessori spricht von der Absorbtion des Geistes. Die Grundschule trägt diesen Rhythmus von Hervorbringen und meditativem Eintauchen in sich, in sein Gefühl, in sein Informationssystem (durch Nach-Denken), in die Sache, in die Gemeinschaft Rechnung durch Freie Arbeit, Spiel, "Meditation", Feste, überhaupt freudige Ereignisse. Da kann erfüllte Zeit als Tiefe der Gegenwart, als Freiheit, "unendlich" und vital tief beglückend erlebt werden. Jeder vitale Lernprozeß, jede Verarbeitung und erlebnismäßige Ausgestaltung von Vergangenheit und projizierter Zukunft, jede Emotion, jede Dramatik unterliegt diesem Rhythmus (vgl. auch Hausmann 1959).

b) Die Grundschule beachtet die kindliche Konstruktion von Zeit. Die Dauer, der Rhythmus, die Aufeinanderfolge von Ereignissen (Logik der Zeit), das Verhältnis zur Zeit (Schätzungen von Zeit und Entscheidungen zur Zeit), zu Langsamkeit oder Schnelligkeit (Zeitdisposition) stimmen keinesfalls mit Uhrzeit überein. Die Grundschule kennt diese innere Uhr der Kinder in den einzelnen Lebensphasen, d.h. die innere vitale Beziehung im Fluß der Dauer (die in der Jugendzeit wiederum anders ist). Ein sachlich-wissenschaftsorientierter Unterricht würde die Kinder des Anfangsunterrichts aus einer Vertrauens-Sicherheit, aus dem Eintauchen in den Fluß der Zeit, herausreißen; dagegen erleben Kinder ab der Mitte der Grundschule Zeit schon mehr von der äußeren Ordnung der Zeiteinteilung her.

c) Zeitordnung ist mechanisch. In allen Kritiken der Schule wird der lebensfeindliche Minutentakt gegeißelt, das subjekt- und sachfremde Zerhacken von Lebensprozessen. Zeitordnung kann aber Lebenslernprozesse ebenso verdichten, dynamisieren, spezialisieren, funktionalisieren, also qualifizieren; Quantität kann in (höhere, aber auch niedrigere) Qualität umschlagen. Eine elastische Grundschule (in Anlehnung an einen Begriff Paul Oestreichs) stellt elastische Energieanforderungen, verdichtet Zeit, löst Zeitordnung auf, arbeitet mit einer Zeit-Ökologie der Klasse, übt Zeitbewußtsein, Zeitantizipation, Zeitregeln, selbständige Zeitdisposition (z.B. durch Wochenpläne), Termingeschäfte, Terminnetze ein; gleichzeitig aber auch vitale Antriebe wie Eile, Geduld, kreativen Streß.

3. Die Grundschule entwickelt - immer in der Dialektik von Kreativität und Determinierung - ein Grundkonzept von Vitalität der Kinder, sie beeinflußt ihr vitales Persönlichkeitskonzept und ihre Freude am schöpferischen Tun. Das Grundkonzept ist der vitale Lebenszugang, die Vitalität von Bewegung, Wahrnehmung, Emotion, Kommunikation und Lernen. Das Persönlichkeitskonzept umfaßt die individuelle Gestaltung von Sensibilitäten, das Temperament, die Verarbeitung von Erfahrungen. Das Kreativitätskonzept zeigt die Flüssigkeit an, mit der die Kinder neue Ideen, Problemlösungen, Konfliktmanagement u.dgl. entwickeln.

a) Die Grundvitalität mag eine Frage der Anlage sein; sie wird aber immer durch Umwelterfahrungen aktiviert. Die Grundschule ist eine vitale Bewegungs-Schule, eine Körper-Wahrnehmungs-Schule, eine Körper-Wahrnehmungs-Aktivierungs-Schule. Sie läßt in der notwendigen Dialektik von Ruhe und Stille körperliche und sinnliche Funktionslust lustvoll ausleben (Kiphard 1979) und übt systematisch Bewegungs- und Rhythmus-Grunderfahrungen, das Körperschema, die Raum-, Zeit- und Sozialwahrnehmung und die kreative Gestaltung der Körper-Umgebung mithilfe von Musikpädagogik, Tanzpädagogik, Theaterpädagogik ein (Mertens 1991). Sie lehrt das Sehen, das Schauen, das klarer und kategorialer Sehen, als Anschauungsschule; sie ist eine Hör-Schule dadurch, daß das Lehren über Sprechen geschieht: "Beim Hören...hat es die Natur so eingerichtet, daß durch die hohen und höchsten Frequenzen eine Energetisierung des Gehirns und damit des ganzen Körpers stattfindet" (Steinbach 1995, S. 158). Sie fördert die emotionale, kommunikative, kognitive Vitalität durch energiereiche Probleme, Konflikte, lebendige Inszenierungen.

b) Jedes Kind hat, in den Grenzen von Freiheit und Bindung, ein Recht auf sein vitales Persönlichkeitskonzept. Die Grundschule erkennt seine Stärken und Schwächen, Empfänglichkeiten, Triebhaftigkeiten, Temperament, Zerfahrenheit, Aufmerksamkeitsrichtung und -typus. Auch sie fördert schon geschlechtsspezifisch und individuell spezifiziert die männlichen und weiblichen Anteile in jedem Kind und reicht diese Aufgabe an die Jugend-Schulen weiter.

c) Vitales, sinnliches Lernen ist Lernen mit allen Fasern, mit Faszination und glühendem Eifer für die Sache. Das Gehirn schon der Kinder ist (neu-)gierig nach Erfahrungen, nach Wissen, nach genauem Wissen, nach Lebenswissen. Es will die pädagogisch rechte Erfahrung zur rechten Zeit in der didaktisch rechten und sachgerechten Weise. Eine faszinierende, lebensvolle Schule hat einen Schulgarten, lebende Tiere, eine naturnahe Lage für Ausflüge (classes promenades), lebensfrohe LehrerInnen und Eltern. Sie erkennt die libidinöse Attraktivität und vitale Zukunfts-Bedeutung des Computers, des Fernsehens und weiterer interaktiver Techniken und bezieht sie in selbstgesteuertes und selbstaktivierendes Lernen, schon in der Grundschule, ein; die sinnliche Hingabe an diese technischen Hilfsmittel, deren Lernprogramme didaktisch zugeschnitten sich ständig optimieren, potenziert die schöpferischen Kräfte der Kinder. Sie projizieren in sie Lebensenergie, und auf diese Weise wird die Technik zu einem Lebenszusammenhang.

3.2.2 Schule als Lebenswelt

Die moderne Erlebnispädagogik operiert mit einem oberflächlichen Lebensbegriff. Leben lernen heißt nicht "viel erleben". Selbstverständlich formen Erlebnisse auch; aber auf die Durcharbeitung und die Qualität der Erlebnisse kommt es an. Dabei ist pädagogisch nicht voraussagbar, ob positive Erlebnisse ein positives, negative ein negatives Leben zur Folge haben: auch ist kaum vorhersehbar, was eine positive oder negative Schule, positive oder negative LehrerInnen für einen Schüler sind - erinnert sei nur an die obigen Ausführungen über die positive Wirkung von Leid und Konflikten, wenn sie lebenskonstruktiv aufgefangen werden. So haben Eliteschulen immer noch das Konzept, Schüler an ihren immensen Aufgaben wachsen zu lassen; Wohlfühl-Schulen schwören auf die sinnliche Hingabe der SchülerInnen an die Sache, und das Superlearning weist wissenschaftlich die größte Lernleistung bei möglichst sanften meditativen Bedingungen nach. Eine Dialektik des Schullebens dürfte der Zukunft der Schülerinnen und Schüler am besten nützen.

Die heutige Schule kann sich auf kein Lebenskonzept festlegen, sie hat das Problem pluralistischer Lebenswelten. Die Schule ist eine Lebenswelt für sich mit eigener Ökonomie, Logik, Verwaltung und einer Ökologie der Lebensbedürfnisse, neben anderen Lebenswelten (sog. Subkulturen), die sich ihrerseits rasant ändern; und systemisch verschachteln sich darin individuelle, schichtenspezifische, geschlechtsspezifische, kulturspezifische Lebenswelten. Wir sollten uns hüten, eine Lebens-Schule eindimensional als eine Traumschule oder ein Erlebnisparadies zu konzipieren; alles Erleben und Leben in der Schule ist angestrengte Arbeit an sich selbst und an der Sache. Jeder leistet sie in seiner Lebenswelt und zur Transformation seiner Lebenswelt und damit interaktiv der Lebenswelten seiner Mitmenschen.

1. Die Erlebnisqualität der schulischen Lebenswelt ist prägend (fast im Konrad Lorenzschen Sinne); man könnte ihre bleibenden Wirkungen konkret in der Bioenergetik des Körpers nachweisen.

a) Die Schule ist aus dem Leben nicht mehr zu eliminieren. Der Psychoanalytiker würde von einer Über-Ich-Instanz sprechen, mit der wir uns das ganze Leben herumschlagen. Wir identifizieren uns zunächst mit ihr - machen also auch entsprechende libidinöse Prozesse durch -, um uns dann loszusagen: Schule hat Einfluß auf unsere Verdrängungen und Ängste, unseren Narzißmus, unsere Erfolgserwartungen / Kausalattribuierungen (Heckhausen), Arbeitshaltung, Begleitgefühle beim Lernen, Institutionsverhalten, unser Lebensgefühl insgesamt.

b) Schule bereichert das Leben, und zwar selbstverständlich schon während des Schullebens. Fast nirgendwo bekommen Menschen je wieder diese verschieden-

artige Fülle von interessanten, geordneten Informationen, wenn Schule ihre pädagogisch-didaktische Aufgabe erfüllt. Leben wird dadurch informationsreich, strukturiert, geordnet. Wenn wir es als Schüler nur voraussichtig begriffen hätten! Wir haben wohl gefühlsmäßig die mangelnde Verbindung von Information und Leben gespürt, auch die unangemessene Überfüllung, die zur Kaschierung des mangelnden Lebenswissens, zur Zuschüttung der Entwicklung schöpferischer Ideen und zur Verhinderung des Auslebens eines vitalen Gefühlsreichtums diente.
c) Die Schule ist kein Abbild der Lebens-Wirklichkeit "an sich" - die es nicht gibt -, sondern eigenständiges Leben, schulisches Leben, das auch gelernt sein will und Auswirkungen auf lebenslanges Lernen hat. Zum Lebenlernen gehört in der Schule der Erwerb einer rauhen Schale, der Mut und die Lust zum Umlernen - auch wenn die neuen Auffassungen und Einstellungen das Selbst infrage stellen -, das Lernen des Überlebens in einer Gruppendynamik, das Durchsetzen, das öffentliche Sprechen, Protest und Widerspruch, die vitale Selbstbehauptung.

2. Schule geht bis tief in den Bereich der Existenz und der vitalen Bedürfnisse, individuell, sozial und kulturell.
a) SchülerInnen und auch LehrerInnen machen individuell-existentielle Erfahrungen, die sie nur in der Schule erleben. Die Schule ist ein Stück weit ihr Schicksal, zumindest zunächst, so wie sie zufällig am Orte ist, mit diesem Lehrer, mit diesen Mitschülern. Sie geht in die Formung des Selbstbildes ein - immer auch mit der eigenen Mitwirkung: wie motivierend, wie sympathisch oder unsympathisch sie sind, wie aus der Situation heraus fördernde oder niederschmetternde Urteile gefällt werden. Sie geht in die Formung der Geschlechtsexistenz ein - immer auch mit der eigenen Mitwirkung: wie und welche Jungen und Mädchen loben oder beschämen, etwas sexy finden oder ekelhaft. Sie geht in die Formung der Lernexistenz ein; - immer auch mit der eigenen Mitwirkung - : wie und welche Informationen gehirnphysiologisch lustvoll bevorzugt werden und welche die Schülerin oder der Schüler absolut verweigern und welche für ihren Lebensweg bedeutsam sind. Diese Organisation von Lernen rührt also an die Substanz des Selbstwertgefühls und des Selbstbildes.
b) Schulleben ist ein spezifischer sozialvitaler Erfahrungsraum. Die Schule fördert ihre Muster an Intelligenz, an Kreativität, an Lebensauffassung, an Lebensbedeutsamkeiten, an schulsozialer Vitalität. Sie organisiert ausgewählte vitale Wertungen und sinnlich-erotische Erfahrungen und spezifische soziale Begegnungsformen: Wir können dies auffallend bei Roma-Kindern beobachten, deren Vitalitätsauffassung und Naturwüchsigkeit (bzw. ihrer Eltern) sich von schulischer Vitalität gänzlich unterscheidet (Hannemann 1991, S. 41 ff.); ebenso kontrastreich aber auch bei

sogenannten Unterschichtskindern, wiederum anders bei Lagerkindern, differenziert bei armen Arbeitslosenkindern, Künstlerkindern, Zirkuskindern, die der Schule den Spiegel vorhalten.

c) Schulleben ist eine spezifische Kultur, eine Subkultur. Es ist ein kultureller Erfahrungsraum mit Widersprüchen. Denn die gelehrten hohen Kulturleistungen durchdringen nicht unbedingt die Personen und den Erfahrungsraum, sie bleiben ihnen oft äußerlich, angelernt, instrumentalisiert, vom Schulleben abgespalten. Die Vitalität und schöpferische Freude an Kultur pendelt sich trotz aller Anstrengung der Schule gern auf ein lebbares Mittelmaß ein. Kulturelle Vitalität wird in der Schule in den Highlights von Theateraufführungen, Gemeinschaftsprojekten, Konzerten, populärer Jugendmusik spürbar.

3. Vitalität hat heute viel mit Sinnen und Sinnlichkeit zu tun, nämlich mit der heutigen Vidiotie, der Sehsucht, Hörgewalt, Sexgewalt, Horror und crime, Sinnensmog. Ist da die veränderte Schule mit ihrem Verantwortungsbegriff einer pädagogisch ausgewählten Lebenswelt überhaupt noch eine oder gar die einzige Hoffnung auf Stabilität und Differenzierung?

a) Schule begrenzt die Grenzenlosigkeit. Die journalistisch bedienten Medien tendieren dazu, alle Grenzen aufzuheben, zu verwischen, bisher Unverbundenes zu verbinden, bisher Undenkbares zu denken, bisher Unausführbares auszuführen, jedes Geheimnis zu lüften, jedes Geschehen zu übertreiben, aus allem Geld zu machen. Dies fasziniert, erweitert die Weltsicht, brutalisiert die Sensibilität schon der Kinder (Glogauer 1993), hat also positive und negative Seiten. Die pädagogische Logik der Schule ordnet Informationen und Energien; sie strukturiert kompensatorisch, widerständig, suchend, tastend, ein Gegengewicht bildend, hat also zunächst eine interaktive Funktion.

b) Zunehmend wissen Kinder und Jugendliche nicht mehr, wo ihre Lebenswelt ist; sie flüchten sich in Fiktionswelten. Die Schule hat über bisherige Aufgaben hinaus die Chance von Sinn zu bieten. Es muß schon ein sinnlicher Sinn sein, ein sinnenhafter Sinn, ein lebendiger Sinn, ein Lebenssinn, der die Kinder und heranwachsenden Jugendlichen anzieht.

c) Die Schule gibt Sinn und vitale Bedürfnisse zwar ein großes Stück weit vor, aber die Schullebenswelt wird auch von jedem konkreten Schüler und Lehrer mitgestaltet, kreativ verändert. Schulleben ist also ein lebendiges Fließen, ein ständiges Hervorbringen, Bestehen, Aushandeln, Korrigieren: die Dauer (durée) eines institutionellen Lebensprozesses, aus der Einzelprozesse sich herauskristallisieren, bearbeitet werden und qualifizierend und bereichernd in den Schulprozeß wiedereingespeist werden (so Bergsons Vorstellung von der évolution créatrice).

3.2.3 Der heimliche Lehrplan subjektiven Erlebens in der Schule

Mit erwachendem Subjekt-Bewußtsein tritt die Trennung von objektivistisch orientierter Lebenswelt und Privatheit in der Schule immer deutlicher hervor und führt zur bewußten Trennung, wo Leben sinnvoll ausgelebt werden sollte. Die Bioenergetik der Pubertät, die Psychoenergetik der Selbstsuche, die Sozioenergetik von Einsamkeit und Partnerschaft und die Mentalenergetik der subjektiven Sinngebung haben eine dermaßen große Dynamik, Differenzierung und Variation, daß sie in keiner Schule vollgültig aufgefangen werden können. Ja, es ist geradezu zwingend zur Selbstfindung, jetzt in eine mehr oder weniger konstruktive dialektische Auseinandersetzung mit der Schule zu geraten.

1. Eine Schule, die der subjektiven Vitalität des Jugendlichen genügen wollte, wäre keine Schule mehr. Denn wie soll eine Schule organisiert sein, in der das Hoch und Tief der Emotionen, die Sexualität, Emanzipation vom Elternhaus, Gruppen-Subkultur, Freizeitverhalten, Lebenstüchtigkeit und Ich-Stärke gelebt, ausgebildet, ernstlich erprobt würden?

a) Eine subjektivistische Schule würde spiegelbildlich den gleichen Fehler wie die objektivistische machen. Sie würde der Schule ihre vitale Dialektik nehmen. Diese besteht in Zweifachem: einerseits im Festhalten an Schullebensordnungen, an Systematisierungen; andererseits im Auffüllen dieser Ordnungen mit variationsreicher Lebensdynamik, die folglich immer noch schulisch bleibt. An diesem Schulischen reiben sich die Jugendlichen; das lebendige Schulleben läßt sie die Schule akzeptieren; aber es ist nur ein Teil ihrer jugendlichen Lebendigkeit; diese ruft ihren Widerspruch hervor.

b) Subjektive Vitalität kann in Unterricht und Freiräumen der Schule auch heute schon durchaus ausgelebt werden: Zu denken ist da an Sport und Leibesübungen, aber auch an Musik, überhaupt Handlungsfächer; aber auch an Darstellungen in Theatergruppen, Projekten. Hier kann die Schule auch verdeckte, verdrängte Vitalität hervorholen.

c) Vitale Subjektivität erfährt demgegenüber in der Schule schnell ihre Grenzen. Schule kann Originalität, Machtgehabe und Herrschaft, das "ausufernde" Aneignen von Freiräumen oder das Verstoßen gegen pädagogische Solidarität mit anderen nicht dulden - obwohl ein Abschleifen dieser Subjektivität durch die Grenzüberschreitungen oft pädagogisch höchst wünschenswert ist. Anders gesagt: es ist höchst wichtig, die vitale Subjektivität bis zu ihren Grenzen auch in der Schule zu erproben; dies macht aber jeder Schule Angst.

2. Die Schule vom Jugendlichen aus ist noch schwieriger als die Schule vom Kinde aus. Klar ist: es geht gleichberechtigt um die Jugendlichen und um die Schule. Die Jugendlichen brauchen eine Schule mit ihrer jugendlichen Subjektivität und eine Schule jugendlicher Subjektivität. Daneben geschieht die Pädagogik der Subkulturen. Die Schule und ihre Lehrer und Lehrerinnen haben umso klarere teil-interdependente pädagogische Maximen, je unklarer die Spannung der Vielfalt jugendlicher Lebenswelten ist.

a) Schule muß weibliche, männliche und spannungsreiche androgyne Elemente haben. Schule fördert "weibliche" vitale Fähigkeiten wie Team-Organisation, Sozialität, Solidarität, Emanzipation und weibliche Selbstbestimmung; Lehrer und Lehrerinnen unterrichten die "Fächer" aus weiblicher und männlicher Perspektive; sie sorgen für weibliche Chancengerechtigkeit bei LehrerInnen und SchülerInnen; auch männliche Jugendliche sozialisieren sie in ihren weiblichen Anteilen.

b) Die weiterführende Schule baut zunehmend die männliche Fassade von Wissen und Wissenschaft, männlicher Logik und Logistik, männlicher Durchsetzung und Ausbeutung ab. Männlichkeits- und Weiblichkeitsvorstellungen und Verhaltensweisen sind zwar vieltausendjährig in allen Kulturen verankert und auch nicht ausgerechnet von der Schule in einer Hauruck-Pädagogik aus der Welt zu schaffen; aber die Schule hat das Wissen darum, und sie führt selbstbewußt-pädagogisch in einer neuen Welt heute mit neuen Anforderungen an Männlichkeit und Weiblichkeit zu Ansätzen von gegenseitig verständnisvoller Verhaltensänderung; sie verleugnet nicht die männlichen Anteile von Schülerinnen und die weiblichen von Schülern.

c) Die androgyne Schule ist keine geschlechtsneutrale Schule. Diese gibt es nicht. Scheinbare, unreflektierte Geschlechtsneutralität ist eher die Gefahr der jetzigen Schule, z.B. in der Stoffauswahl, der Benotung von Fähigkeiten. Demgegenüber fordert eine androgyne Schule die differenzierte, gleichberechtigte Berücksichtigung und die konstruktive lebensvolle Polarität beider Geschlechter. Sie bildet die libidinös-vitalen Energien einerseits dialektischer, andererseits dialogischer und synthetischer aus: emotional, kommunikativ, mental (Pool 1995).

3. Die veränderte Jugendschule heute segmentiert die Schule in noch größerem Maße als früher. Die Schule ist nur noch ein Teil-Bereich neben jugendlicher Subkultur; neben die Schule sind große (und fast größere) Lerninstitutionen getreten wie das Fernsehen mit seiner bunten Anschaulichkeit und Faszination, seinen variationsreichen direkten und unterschwelligen Informationen, seinen Suggestionen und vitalen Wertvermittlungen. Das Fernsehen macht leckere Bilder, sagte eine Talkshow-Teilnehmerin; es aktiviert Lebensbedürfnisse und zieht Kräfte der Anstrengung ab. Der Computer produziert mittlerweile eine ähnliche Bilderflut, die

Faszination der Fernkommunikation, das immer wieder neue Geheimnis von Informationsflutwellen, Geschwindigkeitsrasanz, überstürzenden Massierungen von Details und die Sucht nach Beherrschung aller Rafinessen. Lehrer können in ihren dargebotenen Stoffen kaum noch die vitalen Fragestellungen der Jugendlichen treffen: sie sind zu vielfältig, die Informationstiefe ist zu unterschiedlich, sie sind zu massiv verschüttet, um überhaupt noch vital zu sein; oder sie können in der Schule nicht verwirklicht werden. Lehrer helfen sich mit abstrakten Forderungen der Richtlinien und Lehrpläne, "was Schüler wissen müssen", oder mit schülerorientiertem Unterricht, der, wie gesagt, nicht variationsreich genug alle Schülerinnen und Schüler trifft, besser noch mit Primärerfahrungen, die wiederum nicht beliebig vermehrt werden können. Wie kann Schule pädagogisch-didaktisch dagegen halten?

a) Die zunehmende Einengung von Schule auf Wissenserwerb nimmt ihr vitale Energien. Jugendliche leben heute woanders. Schule ist lebenswichtig für später, aber nicht vital jetzt wichtig. Sie verteilt Lebenschancen durch Hineinstopfen von Wissen in den Kopf und relative Willfährigkeit, man muß sie über sich ergehen lassen; aber wenn du lebendig diese Zeit überleben willst, spaltest du sie von dir ab. Oder du wirst anpasserisch gedrechselt.

b) Die Quantität von Wissen durch Fernsehen, Computer, freiwillige Ausbildungen und Hobbys fördert das vitale Wissen (das die ganze Neugier und Libido des Jugendlichen beansprucht), die schöpferischen Fragestellungen, den Umfang von Detailwissen, die Interaktion über Informationen mit Kollegen des ganzen Globus und spezialisiert die Jugendschule auf noch systematischeres Lernen.

c) Die Schule meint durch Sortierung, Kategorisierung, Systematisierung eine spezifische Qualität zu erreichen und leitet daraus ihre superiore Berechtigung ab. Aber das Fernsehen und demnächst der Computer z.B. bieten durchaus didaktisch aufgearbeitete, lebensnahe Qualitäten (im Fernunterricht), wie sie LehrerInnen mit ihren Mitteln gar nicht hervorzaubern können. Eine Lösung erscheint in der vernetzten Zusammenarbeit mit den Medien. Versuche, mit Internet und Computer Jugendliche die ungeheure Fülle des Wissens selbst sich heranholen zu lassen, um sie mit Lehrerinnen und Lehrern zu systematisieren bzw. ihrerseits sie in das Netz einzuspeisen, laufen an. Die Jugendlichen sind fasziniert, ja süchtig. Denkbar wäre eine Kooperation der PädagogInnen wie in der Freinetbewegung, die praxisnahe und gut erprobte Inhalte dorthinein geben (vgl. die Zeitschrift "Fragen und Versuche", international der "Multilettre"). Die Schule bekommt dann durch diesen Wissensdurst und die libidinös-vitale Neugier der Jugendlichen umso größere *pädagogische* Aufgaben: die Qualität der Beziehungsebene zu organisieren, des täglichen Kontaktes, auf denen Lernen und Wissen aufbauen, Sucht in jeglicher Form, auch Computersucht, abzubauen.

3.2.4 Die Schule durch die Lebensschule überwinden

Für etwa die Hälfte der Heranwachsenden ist die Lebensschule das beginnende Erwerbsleben. Hier lernen sie Durchsetzung, Ellenbogengebrauch, Aggression, Schläue, Verteidigung; meist also schon im Tierreich bekannte basale Verhaltensweisen des Überlebens, die meist nicht humanistischen Idealen entsprechen. Die Schulbesuche in Berufsschulen sind oft eine willkommene Abwechselung von der Berufslebenssituation, aber je individuell auch von ungeliebten Schulerfahrungen überlagert und abgelehnt.

Der andere Teil der Heranwachsenden findet eine transformierte Schule vor: sie kommt ihrem vitalen Bedürfnis nach freierer Dynamik und praktischem Sinn entgegen: als Fachgymnasien, als Fachschulen. Jeder ist für sein Maß an aktiver Energie des Lernens selbst verantwortlich, für Opportunitätsüberlegungen, für das Wahlverhalten von Lernbereichen und für eine Minimierungsstrategie schulischer Lernbereitschaft (Zensurendurchschnitt, Sammelsurium der Wahlfächer) (Gudjons 1994, S. 283).

Die jetzt mögliche Freiheitserfahrung ist die Selbstbindung an klare Zielsetzungen, an die Frage nach Sinn und Unsinn der eigenen Lebensführung, ja nach Überlebensstrategien in der Zukunft. Schule wird präziser auf "das Leben" ausgerichtet, die Schule wird bewußter zur Lebensschule.

1. Psychoanalytisch gesprochen wird die Schule nun von der Über-Ich-Schule zur Ich-Schule. Sie fordert Selbstbestimmung, das mündige Ich, die Sinn-Setzung.
a) Die Ich-Schule will ein vitales Ich. Ich-Schulung heißt Erhaltung und Kultivierung der Libido als Persontiefe, Erwerb von Fähigkeiten und Fertigkeiten der Selbstbehauptung dialektisch zur Selbstbehauptung anderer. Schule leistet nur schulische Ich-Schulung, Ich-Kompetenzen, bzw. die jungen Erwachsenen leisten dies in der Schule für sich, und andernorts müssen sie andere Ich-Schulungen für sich leisten. Schule bietet also nur einen schulischen Schritt in die Lebensschule und sie überwindet damit "Schule".
b) Die Schulwirklichkeit zeigt aber, daß diese Befreiung und Überwindung von Schule unmöglich oder nur noch bedingt möglich ist. Höchstens ein langjähriger Prozeß von eindringlicher Lebenserfahrung kann aus den Erwachsenen ihre Schulerfahrung verdrängen. Nach so viel Jahren und Intensität Schule bleibt der Mensch SchülerIn.
c) Wenn also der Mensch nie mehr "richtig" befreit werden kann - im Sinne des rousseauischen Bildes vom "befreiten Wilden", der nie eine Schule gesehen hat -, so ist doch der vitale Freiheitsgewinn durch Schule nicht zu unterschätzen. Systemati-

siertes Lernen bringt eine Hochkultur hervor, die das Potential des Menschen (in Kunst, Medizin, Organisation, Technik usw.) auf sonst nie mögliche Höhe treibt. Leider befreit systematisches Lernen den Menschen auch zur höchstmöglichen Negativkultur.

2. Befreiung unseres Potentials ist nur durch Überwindung der Schule in uns möglich. Ähnlich wie Selbstbestimmung nur durch Befreiung von den Eltern oder künstlerische Eigenständigkeit durch Befreiung vom Lehrer möglich ist, wobei Eltern und Lehrer vorher notwendig waren.
a) Befreiung von der Schule ist "Befreiung von" Fremdbestimmung: eine Befreiung von einer schulischen Systematik der Dinge, Fächer, begrenzter Stoffauswahl, willkürlichen Zensuren, Schulsprache, Schule als Lernort, schulischen Verhaltensweisen, Werten, LehrerInnen-Allüren.
b) Befreiung ist "Befreiung zu" Transformation: Die jungen Erwachsenen beginnen mit ihrem Widerspruch, ihrer eigenen Sichtweise, ihren eigenen Lernmethoden, anderen als schulischen Quellen; sie wollen nicht nur das halbe Leben und gelebtes Leben anderer.

Dafür sorgen auch Fernaufenthalte in den USA, Australien, Neuseeland, also möglichst weit weg, um sich einzuholen und eine neue Freude an Vitalität, an einer Vielfalt von Lebensausprägungen und menschlichen Lebensentwürfen zu gewinnen.
c) Die überwundene Schule ist nicht überflüssig geworden. Ihre Überwindung ist schon von Anfang an im Maß der Selbstbestimmung angelegt, wird in der Jugendzeit durch konkurrierende Konstellationen und im Früherwachsenen-Stadium von der Schule selbst betrieben. Die Schule korrigiert sich selbst.

3. Der freie, geschulte Mensch ist der von der Schule befreite Mensch, dessen Vitalität, Sinnestätigkeit, Arbeitseifer, Sinnsetzung von der durchlaufenen Schule nicht zerstört werden konnten, der im Gegenteil durch sie kultiviert, angeregt, ausgeglichen eine Basis selbstbestimmter Aktivität als Erwachsener gewonnen hat.
a) Der freie geschulte Mensch freut sich seiner Befreiung von Bevormundung in seiner körperlichen Vitalität. Die Schule hat ihm zwar im Sport, im Werken, in Kunst (mehr oder weniger fremdbestimmt) eine Vielzahl vitaler Ausdrucksmöglichkeiten eröffnet, eine solche Vielzahl, die er in seinem Leben gar nicht alle vervollkommnen kann; die er kennengelernt hat, aus denen er auswählen kann. Aber mit anderen Formen der Sinnlichkeit ist sie rigide umgegangen. Sie können nun zunehmend ausgelebt werden. Erst jetzt ist ihre Zeit.
b) Der freie geschulte Mensch erfährt die Befreiung von der Schule auch als seelische und soziale Befreiung. Die seelische Vitalität erfuhr in einer guten, freien

Schule bestenfalls durch die Verfeinerung der Sinne eine Höherentwicklung; dagegen aber bewirkten Schul- und Unterrichtsrituale, Zeit, Raum, Organisation, Zensur, Inhalte, die soziale Struktur der Klasse eine Schuldeterminierung. Das seelische Erwachsenwerden beantwortet die vitale Frage: Was will ich, wenn ich wirklich will, was ich will? (Maurice Blondel) Und da steht der junge Erwachsene oft allein. Die Schule hat seine vitalen Energien meist nicht so ansprechen können, daß er diese existentielle Frage beantworten könnte.

c) Der freie, geschulte Mensch kann endlich die doch vielfach proklamierte Geistesfreiheit leben. Die Schule hat seinen Geist stark, aber einseitig bearbeitet. Ihre Befreiung wird in eben dem Maße vital-erfrischend erlebt.

4. Emotionen, Affekte, Gefühle: Die Gestaltung der Beziehungsebene in der Schule

Der seelische Bereich der körperlichen Antriebe, die libidinöse Vitalität, erreicht eine Differenzierung, Variierung und Höherentwicklung in den Emotionen.

Auf unserem Wege, unserer Methode die Körpertektonik entlang, kommen wir nun in die Bauchregion. Ken Dychtwald bestätigt, was die Bioenergetik durch vielfältige Techniken des Biofeedback herausgefunden hat und was im Sprachbewußtsein präsent ist, wenn von “Wut im Bauch”, “heruntergeschluckten Ärger verdauen”, “aus dem Bauch heraus handeln” geredet wird: "Der Bauch ist das Gefühlszentrum des KörperBewußtseins. Viele unserer Emotionen und Leidenschaften entstehen in diesem Bereich" (Dychtwald 1977, S. 133). "Die vitalen Antriebe, die Wünsche und Gefühle der unteren Chakren werden hier aufgeschlüsselt, 'verdaut' und dabei in eine höhere Energie transformiert, bevor sie zusammen mit den Energien der oberen Chakren für die bewußte Gestaltung unseres Lebens eingesetzt werden" (Sharamon & Baginski 1988, S. 107).

Das als "Sonnengeflecht" bekannte dritte Energiezentrum, das Zentrum des Körpers, ist physiologisch durch eine große Anzahl von Nervenbündeln und Nervenenden gekennzeichnet. Hier ist also eine feine, differenzierte Sensibilität. Diese Bauchregion ist zudem, durch die Aufrichtung des Menschen bedingt, eine sehr ungeschützte Region des Körpers.

Archetypisch ist, daß hier die Nabelschnur zwei Menschen miteinander verbindet, die bei der Geburt getrennt werden. Beide sind (bis in die Blutgruppe hinein) selbständige Individuen; das Kind ist von der Mutter vollständig lebensabhängig; hier ist Leben Beziehung. Die Beziehungsebene, die nun auf emotioneller, sozialer und geistiger Ebene fortgesetzt werden muß, ist entscheidend für das weitere Überleben und die seelische Gesundheit. Das Kind (und übrigens auch der Erwachsene) ist mit einem sehr feinen Sensor der Beziehungsqualität ausgestattet; in jedem sozialen Zusammenhang ist die Beziehungsebene primär, sie begründet die Inhaltsebene (Watzlawick). Deswegen ist die positive Qualität der Beziehungsebene auch in der Schule vorrangig.

Was ist die "Beziehungsebene"? Sie ist ein komplexes System von Ebene 1 (Instinkten mit Ritualen etc.), Ebene 2 mit Trieben, Bedürfnisenergien, hier nun Ebene 3 mit Emotionen, Gefühlen, Affekten als Grundlage seelischen Überlebens (Motivationen und des Interesses) - und noch weiterer Ebenen, die mit Sprache, Bewußtsein, Intuition zu tun haben: Die Beziehungsebene ist also ein basales

Erfahrungs- und Wahrnehmungssystem des ganzen Menschen. Die Ebenen sind in ihr systemisch miteinander verbunden, aber hierarchisierbar.

Grundprinzip der Ebene 3, der Emotionsdimension, ist die Gestaltung des Seins, die Bejahung und Erweiterung der Lebenserfahrung, das Streben nach Kraft, Fülle, Anerkennung, Macht und gesellschaftlichem Status, Durchsetzung der eigenen Persönlichkeit, Wille zum Selbst und zur Gemeinschaft (ebd.), Einfluß des Subjekts auf die Umwelt und Einfluß der Umwelt auf das Subjekt (Fischer 1993, S.27). Mit diesen Kategorien gewinnen Emotionen und Gefühle ihre existentiale Substanz zurück: "Erregung / Interesse, Freude / Vergnügen, Schreck / Überraschung, Schmerz / Kummer, Geringschätzung / Ekel, Wut / Zorn, Erniedrigung / Scham, Entsetzen / Furcht" (Izard 1981, S. 24), Trauer, Ärger, Abscheu, Verachtung gestalten das Leben, sie sind mehr als nur flüchtige Prozesse oder Ereignisse oder Handlungen oder Interaktionsgefüge.

Der Emotionspsychologie ist es noch nicht gelungen, die Skala der fundamentalen Emotionen und ihre begriffliche Definition letztgültig abzuklären; dies wird wahrscheinlich aus sprachlichen und subjektiven Gründen nicht möglich sein. Das deutsche "Gemüt" ist ebenso in andere Sprachen nicht übersetzbar wie das französische "esprit" und das englische "understatement". Emotionen werden subjektiv, situativ, intensiv, sensitiv unaussprechbar erlebt.

Allgemein sind Emotionen - wie Zorn, Freude, Ekel, Furcht, Scham u.a. - durch evolutionär-biogenetische, physiologisch-neurale-hormonale, sozial-behaviorale-kommunikative, kulturell-subkulturelle und kognitive - wertende Faktoren multikomponentiell gekennzeichnet (Tischer 1993, S. 6). Während Triebe zyklisch sind, trifft dies auf Emotionen und Affekte nicht zu. Der Affektbegriff und das Gefühl sind übergreifende Begriffe, die auch höhere Qualitäten seelischer Erregungen beschreiben (Izard 1981, S. 85 ff.). Sie basieren auf "Stimmungen" als Lebensgefühl des Daseins (Bollnow 1956).

Für Schulpädagogen sind folgende Zusammenhänge interessant:

❒ Emotionen formen den Körper, die Muskeln, die Haltung im Zusammenspiel mit den anatomischen Gesetzmäßigkeiten (Keleman 1992), und umgekehrt haben die verkörperten Gefühle Auswirkungen auf aktuelle Emotionspotentiale und auf die Verwirklichung unserer emotionalen Energien; Emotionen sind so Teil des KörperBewußtseins (Potenzdimension von Emotionen);

❒ Emotionen haben physiologische Faktoren: Sie können neural-hormonell Lernen erleichtern oder hemmen; die Lernbiologie macht Aussagen über die Wirkung von Emotionen; Emotionserziehung ist also auch ein Teil der lernbiologischer Erkenntnisse (Lerndimension von Emotionen);

- Emotionen haben eine Verbindung zu den Sinnen: Sie werden mit Sinnen wahrgenommen, sie haben energetisch Anteil an den Sinnen; jeder Sinn ist in seiner Weise sinnlich, und diese Sinnlichkeit wird von Emotionen gespeist (Valenzdimension von Emotionen). Emotionserziehung ist also auch ein Teil der Sinneserziehung et viceversa;
- Emotionen sind ein Kommunikationsfaktor: Kommunikation und Handeln sind emotionell (Aktivitätsdimension von Emotionen); Emotionserziehung ist also auch ein Teil der kommunikativen Erziehung et viceversa;
- Emotionen sind ein energetischer Faktor von Kognitionen; jede Kognition ist emotionell gefärbt; Emotionen und Kognitionen sind interdependent; Emotionserziehung ist also auch ein Teil kognitiver Ausbildung und der Bildung;
- Emotionen sind ein ökologischer Faktor; sie färben den sozialen Zusammenhang von den kleinsten bis zu den größten sozialen Einheiten, sie schwingen bei den Wechselwirkungen jeglicher Handlungen der Menschen bis weit in ihre Umwelt mit, sie tönen das Verhältnis des Menschen zur Natur, zu Tieren und Pflanzen, zur Landschaft (Ökodimension von Emotionen); Emotionserziehung gewinnt durch Ökopädagogik eine neue Dimension.

Noch ein Wort zur Unterscheidung von Emotionen, Affekten und Gefühlen: Emotionen sind der Teil des Gefühlslebens, der in enger Verbindung mit Instinktreaktionen energetisch vitalen Potentialen am nächsten steht. Emotionen sind gerichtet, sie haben eine räumliche (hoch-tief) und zeitliche (erlebnismäßig in abgrenzbaren Phasen verlaufende) Dimension (Tischer 1993, S. 3 ff.).

Affekte sind energetisch hoch aufgeladene und dementsprechend kurzdauernde, zielgerichtete Erregungen, die durch physiologische Überenergetisierung oft unkontrollierte Handlungen auslösen.

Gefühle haben demgegenüber eine auf das gesamte Seelenleben beziehbare Erlebnisqualität mit durchgehender Leibbezogenheit. Der Gefühlsbegriff ist also der umfassendste dieser drei Begriffe (Scheler 1954).

4.1 Emotionserziehung in der Schule

Kinder und Jugendliche sollen, auch in der Schule, ihren inneren Reichtum in möglichst vielen Dimensionen zur Entfaltung zu bringen, also auch die Vielfalt der "positiven" und "negativen" Gefühle ausgestalten und regulieren. Gleichwohl kann in dieser Institution nur ein schulspezifischer Emotionsreichtum ausgelebt werden (in der Familie, im Wirtschaftsbetrieb herrschen andere Emotionen). Aus diesem Dilemma ergibt sich die pädagogische Frage, welche Emotionen in der Schulerziehung notwendig zu formen sind, welcher Erregungsgrad angestrebt werden sollte, ob die

Schüler in ihren Gefühlsintensitäten belassen oder korrigiert werden sollten, ob diese geschlechtsspezifisch unterschiedliche Ausformungen erreichen sollten, in welchem Lebensalter welche Emotionen ausgebildet werden müssen.

Eine differentielle Emotionserziehungstheorie für die Schule ist kaum vorhanden. Ein Stück weit verfolgt das Konzept von Erik Erikson die Identitätsentwicklung auf der Gefühlsebene, nach Lebensaltern (also auch nach Schulalter) und unter erzieherischen Aspekten. Es ist freilich zweifelhaft, ob es die Vielfalt und Sozialisierung heutiger (auch medial vermittelter) Emotionen der Kinder und Jugendlichen, zudem in ihrer kulturspezifischen Eigenart, genügend differenzieren kann; es sollte also durch die moderne Emotionspsychologie ergänzt werden.

4.1.1 Die emotionale Basis im Anfangsunterricht

Wenn das Kind in die Schule kommt, muß es eine gefestigte Gefühlsbasis aufweisen, d.h. bestimmte emotionale Phasen müssen abgeschlossen sein (auch wenn Kinder und Erwachsene immer wieder darauf regredieren), und das Kind muß mit diesen Gefühlen umgehen können, sonst ist es nicht schulfähig. Die Regulierung dieser Gefühle und Emotionen ist gesundheitlich wichtig und für das Überleben in der Schule Voraussetzung. Eriksons Kategorien des Urvertrauens vs. Urmißtrauen, der relativen Autonomie vs. Scham und Zweifel und der Initiative vs. Schuldgefühle müssen durchlebt sein und bilden auf einer neuen Ebene, im Schulalter, eine Basis mit neuen Ausprägungen.

1. Ur-Vertrauen gegen Ur-Mißtrauen: Der Schüler muß beim Eintritt in die Schule eine “gesunde Oralität”, eine emotionale Stabilität mitbringen. Er muß es gelernt haben, infantile Ängste des Alleinseins, des Verlassenseins, des Zu-nichts-gut-Seins, ja Abhängigkeitsgefühle und Gefühle der Geringschätzung auszuhalten und zu bearbeiten. Dadurch hat er ein ausgeglichenes Verhältnis zur Welt gewonnen, zum Geben und Nehmen, zunächst als aktives Einverleibungsverhalten (mit Ohren, Augen, Zähnen) als Ergreifen und Festhalten von Dingen. Diese erste Verhaltenssicherheit und das Gefühl des Selbstvertrauens sind die Eintrittskarte in die Schule.
a) Emotionale Stabilität heißt in der Schule zunächst einmal das gefühlsmäßige Annehmen-Können, was mir als Schüler geboten wird: die dortige Lebensweise, die Auseinandersetzungen zum Zwecke des Überlebens, die Darbietung von anspruchsvollen Inhalten. Hat ein Schüler radikale Störungen in dieser Annahmefähigkeit (indem er z.B. zu empfindlich, zu ängstlich, zu mißtrauisch, zu traurig, zu schreckhaft, zu verärgert, zu verzeifelt oder zu egozentrisch, zu gleichgültig, zu gering-

schätzig, zu lustlos ist), wird er große Schwierigkeiten beim Sich-Geben für die Gruppe und beim Abgeben von Informationen haben.
b) Die Schule verlangt aber darüber hinaus einen aktiven Einverleibungsprozeß, "das Vergnügen an einer aktiveren und zielgerichteten Einverleibungstätigkeit, ... die Lust, auf harte Gegenstände zu beißen, etwas durchzubeißen" und sich durchzubeißen, in bezug auf die Gruppe und auf Inhalte (Erikson 1974, S. 67).
c) Gesunde Oralität ist dann gesunde Ich-Liebe. Das Kind löst sich in der Anfangsphase der Schule noch ein Stück weiter vom Elternhaus, aber dann auch von der Bindung zur Lehrerin, und es bezieht die Lernprozesse immer selbständiger auf sich selbst. Geschieht dies nicht ausgeprägt genug und mit positiven, lustvollen Lebens-Emotionen, so kommt es zu einem "depressiven Unterton", zu negativer Motivation und den bekannten Problemen der Kausalattribuierung, nämlich Lernleistungen nicht sich selbst zuschreiben zu können.

2. "Autonomie gegen Scham und Zweifel": Bei Eintritt in die Schule muß ein Schüler "gesunde Analität" besitzen. Er oder sie muß Emotionen der Scham, des Zweifels, eben Schuldgefühle, Furchtgefühle (Trennungsgefühle) erlebt und überwunden haben, um sich einerseits zurückhalten und andererseits loslassen zu können. Die Institution Schule verlangt das Einhalten von Ordnungen und das Sich-Fügen und ebenso stark die Durchsetzung des eigenen Selbst.
a) Emotionale Stabilität ist schon zu Beginn der Schule das Gleichgewichthalten zwischen "sich machtlos viel gefallen zu lassen" und ehrgeizig nach Macht zu streben. Schule stellt die Frage des Überlebens in einem wesentlich ungeschützteren Schonraum als manche Familien. Schüler müssen nicht nur etwas annehmen, sondern auch es sich nehmen, als Besitz ergreifen und festhalten können, z.B. eine Position auch gegen Druck vertreten, und andererseits auch loslassen können, also die vertretene Position korrigieren. Sie lernen das emotionale Aushalten, die emotionale Potenz von Passivität und Aktivität, das Fühlen des aktiven und passiven Hinzumir und Wegvonmir (Tischer 1993, S. 27).
b) Schule verlangt gekonnte Aggression (Alexander Mitscherlich) - emotionell übersetzt: den Mut zur geregelten Aggression, zur angemessenen Kraftentwicklung, die Freude am Macht-und-Interessen-Aushandeln.
c) Der emotional ausgeglichene Schüler kann geben und nehmen, für eigene Leistungen Ansprüche stellen, aber auch Ansprüche anderer erfüllen. Geschieht dies nicht im ausgleichenden Verhältnis, kommt es zu ungebührlichen Unterordnungen oder zu Herrschaftsallüren.

3. "Initiative gegen Schuldgefühle": Bei Eintritt in die Schule muß der Schüler und die Schülerin eine gesunde, geschlechtsspezifisch differenzierte, emotionale Basis mitbringen. Unzweifelhaft lassen sich Draufgängertum bei Mädchen und Jungen unterscheiden, schon aus Gründen der langen Kulturgeschichte. Das Kind hat eine erste Annahme der Geschlechtsrolle vollzogen; mit der gewonnenen Sicherheit geht es mit gesteigertem Interesse, mit lustvoller Neugier, mit kraftvollem Ich und zielsicherer Energie an Neues heran.

a) Emotionale Stabilität braucht die Annahme des eigenen Geschlechts, entsprechender Identifizierungen und Rivalitäten (Vater, Mutter; mit und gegen LehrerIn); durch diese Emotionen wird die mit Triebhaftigkeit energetisch angereicherte Erlebniskraft bunt, phantasie- und spannungsreich und differenziert.

b) Erikson spricht als Psychoanalytiker vom Modus des Eindringens in neue Bereiche: das Eindringen auf und in andere durch physischen Angriff; das Eindringen in die Ohren und das Bewußtsein anderer durch aggressives Reden; das Eindringen in den Raum durch kraftvolles Umherlaufen; das Eindringen in das Unbekannte durch eine unersättliche Wißbegier (Erikson 1974, S. 89). Dem Eindringen entspricht das Aufnehmen, die Initiative als aktive Aufnahme, Aneignung und Verarbeitung der Schülerinnen und Schüler.

c) Ein kraftvolles, weil aus der "unteren" Basis her durch Gleichgewicht und Ungleichgewicht, Sicherheit und Unsicherheit gut ausgebildetes Ich kann in der Schule die gewonnene Lust und Vitalität in die Gefühlswelt integrieren, das heißt, es kann die Emotionen mit Lust und Vitalität durchdringen; es kann Fröhlichkeit, Verachtung, Begeisterung, Sorge, Scham und Wut aktivieren, ausdrücken und mit sich und seiner Umwelt verarbeiten.

Tausch und Tausch sehen in der emotionalen Zuwendung der Lehrerinnen und Lehrer eine Hauptdimension der Erziehung (Tausch & Tausch 1979). Sie setzen das Verhalten der Wertschätzung und Ermutigung in ein Koordinatenkreuz zu Lenkung, Dirigierung, Kontrolle, und sie geben damit auch den kategorialen Rahmen der Emotionserziehung an. Ihre Sprachbeispiele zeigen, wie geschichtsbedingt, situativ und individuell Emotionsbewertungen sind. Weiterführend geht ein Konzept heutiger Emotionserziehung in zwei Richtungen: einerseits wird eine emotional freundliche Atmosphäre geschaffen, in der Emotionen welcher Art auch immer nicht abgewertet, sondern bearbeitet werden, und andererseits nimmt die Lehrerin aktiv Emotionen auf und sucht sie positiv und systematisch zu schulen, d.h. so, daß sie eine positive Folgewirkung haben.

4.1.2 Differentielle Gefühlserziehung

Ist das psychische Überleben in den ersten Jahren der Grundschule gewährleistet und stabilisiert, so qualifiziert die Lehrerin die Emotionen mit der Zeit durch eine differentielle Gefühlserziehung. Gefühle sind von Kind zu Kind verschieden, ebenso Gefühlsintensitäten, ebenso die Fähigkeit zum Ausdrücken der Gefühle und die Hilfsmittel zur Gefühlskommunikation; Gründe sind die biologische Ausstattung, die Lerngeschichte des Individuums, das Alter, die Sozialisation und die Enkulturation. Entsprechend "temperamentvoll" aktiv oder passiv verhält sich der Schüler, reagiert auf Mitschüler und Lehrer und wird als hell, freudig, sympathisch, kreativ oder dessen Gegenteil in seinem Selbstwertgefühl verstärkt bzw. geschwächt (Hernegger 1982).

Eine differentielle schulische Emotionserziehung im beginnenden Jugendalter ist also in zweifacher Hinsicht differentiell: individuell-differentiell nach den Vorerfahrungen der Kinder und Jugendlichen, und emotionell-differentiell nach einer reichen Palette verschiedener Emotionen, die ausprobiert und ausgebildet werden müssen.

1. Emotionelle Differenzierung: Bezogen auf die Kommunikationssituation können Emotionen konstruktiv und destruktiv sein. Es ist also Erziehungsaufgabe, Kinder und Jugendliche zu lehren und zu veranlassen, Emotionen in Situationen adäquat zu verarbeiten, auszuwählen, konstruktiv anzuwenden. Sie lernen, Emotionen als "Lust-Unlust" (Valenzdimension) und in ihrem "Erregungsgrad" (Aktivitätsdimension) zu kontrollieren: z.B. die Entstehung von Wut als Resultat extremer Unlust in Kombination mit hoher Erregung (Tischer 1993, S. 29 ff.).

Jedes Kind sollte möglichst viele, möglichst verschiedene und möglichst große Intensitäten von Emotionen kennenlernen und bei sich und anderen unterscheiden können. "An sich" nur positive und "an sich" nur negative Gefühle gibt es nicht, sie sind nur situationsbezogen zu bewerten. Es genügt nicht, eigene Emotionen zu kontrollieren; Schülerinnen und Schüler lernen auch die Emotionskommunikation und verschiedene Informationskomponenten für Emotionen anderer zu bewerten und konstruktiv zu verarbeiten (Wallbott 1990).

a) Eine Lernmethode ist, Emotionen zu isolieren. Dazu gibt es genügend lebensvolle Situationen, affektive Inhalte in den einzelnen Fächern und subjektbildende Methoden in der Schule. Zu denken ist vor allem an die Theaterpädagogik (Otto 1993; Boal 1989), an eine hervorgehobene Dramaturgie des Unterrichts (Hausmann 1959), an Rollenspiele, an Emotionen in lebensnahen Situationen wie Streit, Konflikten, Trauer, Krankheit, Wettkämpfen; zentral ist die Emotionsbeherrschung und Reaktion bei Gewalt (Helmer). Sie sollten Anlaß sein, sie genau und ernst zu nehmen, sie auszuarbeiten, nochmals durchzuspielen, zu akzentuieren, zu dramatisieren, neu und anders und spannender und vielleicht bis zu einer Grenze (Schmerz- oder Glücksgrenze) zu erleben, zu beantworten, zu durchdenken: mit Unterstützung der Lehrer, der Gruppe, der Klasse.

b) Die Isolierung als Grenze und die energetische Hochführung an eine Grenze erbringt die Genauigkeit und Differenzierung einer Emotion. Um situationsadäquat emotional agieren zu können, müssen Kinder und Jugendliche expressiv, zielgerichtet und adaptiv ein reichhaltiges Repertoire an Emotionen und an Intensitätsabstufungen ausprobieren, die eigenen emotionellen Grenzen sprengen und über sich hinausgehen. Zur Differenzierung werden Emotionen mit Kognitionen, mit Kommunikationen über das gegenseitige Erleben und Fühlen anderer und über die Legitimität von Emotionen gemischt und durch geeignete Inszenierungen und Methoden (Rollenspiele, Kämpfe im Sport, Nachempfinden, Tanz, Musik) eingeübt.

c) Seine spezifisch expressiv und intensiv ausgeprägten Emotionen als individuelle Basis-Persönlichkeit akzeptieren und lieben zu lernen, gehört ebenfalls zum Erziehungsprogramm jedes Einzelnen in der Schule. Das Kind lernt sich selbst kognitiv-emotional genauer kennen, es spürt seine Nähe zu bestimmten Emotionen und zu anderen nicht. Aber es erweitert und korrigiert auch seinen Persönlichkeitsprozeß durch differentielle Gefühlserfahrungen: Jede Emotion kann in ihrer Intensitätstiefe und in ihren erlebnismäßig abgrenzbaren Phasen (Tischer 1993, S. 3 ff.) erzieherisch ausgebildet; jede Emotion einer Basis-Persönlichkeit kann interdependent mit anderen Emotionen gemischt, variiert, transformiert zu neuer Lebensqualität geführt werden.

2. Individuelle Differenzierung: Zur Ausbildung einer differenzierten, energievollen Persönlichkeit schon der Schülerinnen und Schüler sind drei grundlegende Hilfsmittel zu beachten: das Akzeptieren, das Erfahren und Äußern, und die Ausbildung in der Anwendung der Gefühle.

a) Schwäbisch und Siems raten dringend zu einer Erziehung des Akzeptierens der eigenen Gefühle. Schon Kinder müssen zu ihren Gefühlen stehen dürfen und sie nicht unterdrücken, sonst entsteht ein Gefühlsstau und ihre Gefühle können nicht erwachsen werden. Es ist also richtig, ein Gefühl zu haben, "es kann nie falsch sein, ein Gefühl zu haben! Sie haben ein Recht auf alle Ihre Gefühle, Sie fördern Ihre eigene Entwicklung und die Verbesserung Ihrer Beziehungen, wenn Sie Ihre Gefühle stärker wahrnehmen und in den Sozialkontakt einbringen, und zwar in der direkten Form" (Schwäbisch & Siems 1974, S. 50). Lehrer sollten also Kinder und Jugendliche ermuntern, sich zu ihren Gefühlen direkt und klar und sofort zu bekennen, z.B. auch Ärger angemessen wahrzunehmen. Dies heißt nicht, jedes Gefühl auszuleben.

b) SchülerInnen müssen lernen, sowohl in sich hineinzuhorchen, auf ihre Körperreaktionen (Rotwerden, Zorn etc.) zu achten, als auch ihre Emotionen in Sprache übersetzen und angemessen ausdrücken zu können. Dies ist einzuüben, z.B. in Konflikten der Gruppe: etwa Interesselosigkeit in sich selbst zu verspüren und dies der Gruppe kundzutun; Interessen und Motive auszusprechen, zu ihnen zu stehen.
c) Emotionen richtig anzuwenden ist eine Kunst der Lebensführung; sie sorgt für seelische und körperliche Gesundheit und soziale Überzeugungskraft. Thomas Gordon hat in seinen bekannten Büchern "Familienkonferenz" und "Lehrer-Schüler-Konferenz" praktische Anregungen dazu gegeben: Zur Annahme und Nichtannahme von Gefühlen, von Problemen; zur Sprache der Annahme, der Ich-Botschaften; zu "Straßensperren" von Gefühlen und ihrer Überwindung, zur Decodierung von Gefühlen, zur Herstellung von Empathie in der Schule (Gordon 1972, 1977).

3. Emotionserziehung ist eine Gemeinschaftsaufgabe. Gefühle werden in Kontexten ausgelebt bzw. unterdrückt. Eine differentielle Emotions-Entwicklungspädagogik unterscheidet altersspezifisch neben dem Bereich des individuellen emotiven Verhaltens auch gruppenspezifische, geschlechtsspezifische, gesellschaftlich-nationalspezifische, kulturell-ethnospezifische emotionale Verhaltensweisen und Erziehung. Höhepunkt emotionalen Probierens ist die Jugendzeit. In der Vorpubertät bildet sich zunächst die Fähigkeit aus, sich emotional in Sachverhalte und Personen hineinzudenken.
a) Heranwachsende Jugendliche sind zunehmend von gruppenspezifischen Emotionen abhängig, in die sich oft Schichtenzugehörigkeit mischt. Die Kohäsion der Gruppe verlangt feinfühlige emotionale Anpassung - womit nicht gesagt ist, daß es in der Gruppe emotionell feinfühlig zuginge! -, und gegenseitige emotionell ausprobierte und ausgehandelte Zuschreibungen affektiver Muster der immer detaillierteren hierarchischen Rolle des Einzelnen.
b) Emotionserziehung ist seit jeher geschlechtsspezifisch unterschiedlich. Dies wird in der Vorpubertät allmählich selbstbewußt. Die Geschlechter dürfen verschiedene Emotionen verschieden ausleben und werden trotz aller Bemühungen um Gleichbehandlung emotionell unterschiedlich erzogen. Dies weisen auch die neuesten Jugendforschungen aus. Männliche Interessen, Motive, Gefühlskommunikationen unterscheiden sich von weiblichen nach wie vor. Dies ist empirisch nachgewiesen in bezug auf Freizeit, Schule, Beruf; allgemeine orientierungsbezogene Interessen wie Musik, Tanzen, Spiele, Lieblingsfächer: "Die Geschlechtsidentität ist offensichtlich der zentrale Organisationsaspekt individueller Interessen" (Jugendwerk 1992, S. 301, 315; Abels 1993; Ferchhoff 1993; Jugendinstitut 1985; Pool 1995).

c) In die Emotionserziehung mischt sich nun die Willenserziehung (Piaget 1974, S. 201), der Wille zu übergeordneten Pflichten, der Leistungswille, der Aktivitätsdrang, die Freude am Arbeiten, das Interesse an Wissen, das Streben nach Anerkennung und Gruppenstatus, die emotionale Abgrenzung zu Unsympathischen. Sozialspezifische, regionale, nationale und kulturspezifische, ethnische Emotionserziehung erhöhen das stark gefärbte Zugehörigkeitsgefühl zu Gemeinschaften und Kulturen. Das Gefühl von Größe, Stolz, aktivem Dabeisein und von Kulturleistung wird durch emotionsträchtige Ritualisierungen geweckt.

4.1.3 Emotionen und Identitätsdiffusionen

Was Erikson für das Jugendalter als "Identität gegen Identitätsdiffusion" bezeichnet, ist die Phase des Ausbrechens einer ganzen Gefühlsskala von Freude, Kummer und Schmerz, Ekstase, Zorn und Wut, Geringschätzung bis Verachtung, Scham, Schüchternheit bis Erniedrigung und Ekel. Diese Phase wird von Jugendlichen krisenhaft erlebt; sie setzen sich ab, gruppieren sich in ihren Wohlfühlgruppen mit ihren Gefühlen, mit ihrer Musik oder mit ihrer Härte und Wut, Drogen, Videos und Gewaltmitteln. Dieses Durchprobieren und diese Intoleranz sind ein notwendiger Schritt auf der Suche nach ihrer Identität.

1. Abspaltung und innere Emigration (Immigration) mit intensiv flutenden Gefühlswellen bei gleichzeitiger äußerlicher Schroffheit, Teilnahmslosigkeit und Inaktivität, Faulheit, Coolness, Flippigkeit, Aggressivität, ja Gewalttätigkeit, angepaßtem Fleiß und körperlicher Schlaksigkeit, Hedonismus, Übersensibilität, Ungleichzeitigkeiten, Disproportionen fordern bei Lehrern sämtliche pädagogischen Fähigkeiten heraus.
a) Die emotionale Infragestellung des Verhältnisses zu den Erwachsenen, ihren Werten und Normen, Ritualen, Lebenserfahrungen, Institutionen, das Anfragen an ihre Kultur, ihre Inkonsequenzen, ihren Opportunismus, das Entdecken ihrer Schuld, ihres Versagens, das Leiden an den Verbrechen dieser Welt und dem Nichtstun zu ihrer Veränderung wirft die Wahrheitsfrage der Jugendlichen leidenschaftlich-vehement auf die Pädagogen - Eltern und Lehrer - zurück. Nur diejenigen können ein (vielleicht nur heimliches) Sympathieverhältnis zur Jugend stiften, die als Erwachsene an den gleichen Fragen leiden, die ein pathisches Verhältnis zur Welt haben (Viktor von Weizsäcker).
b) Die Jugendlichen wollen starke PädagogInnen-Persönlichkeiten, die zu ihren Handlungen und Denkungsweisen stehen, durchaus im Widerspruch zu ihren eigenen jugendlichen Affekten. Diese Standhaftigkeit und dieser Mut, ja diese konstruktiven Vorwürfe und gegenseitigen Infragestellungen - bei weitem nicht ein

Sich-Anbiedern und falsches Jungsein - bilden ein Geländer, eine Zuwendung, ein gefühlsmäßiges Ernstnehmen der Jugendlichen, mit dem sie an sich arbeiten können. Hier gilt also das pädagogisch-didaktische Prinzip der minimalen Hilfe.
c) Jugendliche nehmen die Chance ihres Lebens wahr, auszubrechen und Leben zu probieren. Sie durchforschen ihren Körper und ihre Seele und ihre Erfahrungen. Pädagogik ist bei diesem manchmal reißenden Fluß Eindämmung am Ufer, Einsatz bei Überflutung und Versinken, durchaus auch zeitweises Risiko des Untergehenlassens im Vertrauen auf wichtige Lebenserfahrungen, Regulierung gegen gesellschaftliche Maßnahmen (Schule, Polizei, Staat, Justiz).

2. Wo Pädagogik nicht hinreicht, dort lebt die Vielfalt der Subkulturen der Jugend. Dort fühlt sie sich wohl, geborgen, sie selbst. Dort entstehen temporäre eigene variationsreiche Emotions-Kulturen, eine weitere bedeutsame Enkulturation.
a) Diese Emotions-Kulturen leben eine Bandbreite von männlichem Chauvinismus, Rassismus, politischem Extremismus, körperlich-sinnlichem Extremismus, Draufgängertum, Schicki-Micki-Manierismus, Sexismus, Drogenszene, Ordentlichkeit, viel Schulstrebertum, Spiritualität, Computerismus, Ökologismen und deren Vermischungen. Ende offen. Bewertung verboten?

Übrigens wird die "terra incognita der historischen Jugendforschung", die Erforschung der weiblichen Jugend und ihrer emotionalen Genese (Ferchhoff 1993, S. 57), erst jetzt beachtet. Wie männliche Emotionalität sich von weiblicher emotionaler Sozialisation und Aktivität unterscheidet, so auch deren Emotionskultur in der Jugendzeit. Sie haben z.B. völlig verschiedene Accessoire-Rollen in der "Profane Culture" (Willis 1981, S. 39 ff.) oder in der "Szene" (Stock & Mühlberg 1990).
b) Widerstand, das Überschreiten bisheriger Grenzen mit begrenzter Verantwortung, gehören zum Recht des Jugendlichen. Eigene Lebensstile, von weich bis extrem, Hauptsache: von den Erwachsenen differierende Lebensstile, bilden spezifisch subversive Gefühlsstil-Kitzel aus. Man ist wer. Wir bekommen Beachtung. Die emotionale Semantik der Clique und Szene geht auf "das an der Grenze des Abwegigen Liegende" (Stock & Mühlberg 1990, S. 242) oder auf die Exklusivität von Jugendlichen eigentlich nicht zugedachten Räumen und Stilen: jedenfalls auf die emotionale Konfrontation mit stets Neuem.

Der Zusammenhang Schule, den Pädagogen beeinflussen können, ist dabei eher emotional oberflächlich-konventionell. Schwindelerregende Freiheit kann dort nicht erlebt werden.
c) Kühnheit neuer Entwürfe, Träume von Idealen; Sturm und Drang, das Gefühl einer wesentlichen Rolle zur Rettung der Menschheit: alles wird sich schon abschleifen, korrigieren (PädagogInnen hoffen auf die Langzeitwirkung früherer Erziehung); aber

erst diese emotionale "exzentrische Positionalität" (Hellmuth Plessner) bringt den Menschen zu sich selbst (zurück), zu seinem Selbst.

3. Der bis zu seinen Grenzen der Emotionen und inneren Sinne gegangene Jugendliche hat eine energische Beziehungsstärke gewonnen; auf dieser Basis kann er / sie die Beziehungsebene differenzieren, korrigieren, intensivieren, aktivieren.

a) Aus einem variationsreichen Angebot von modischen Lebenskonstruktionen haben die Jugendlichen einen synthetischen Lebensstil mit emotionalen Kodierungsregeln, Manifestationsregeln, Korrespondenzregeln durchgearbeitet (Fiehler 1990, S. 70 ff.) und mindestens zwei, wenn nicht mehr emotionale Regelsysteme - "Ich-Bausteine" für "multiple Identitäten" (Ferchhoff 1993, S. 145) - gewonnen. Daraus beginnt nun die Selbstkonstruktion. Der Selbstbildungsprozeß hat nun die motivational-existentielle Grundlage von Beziehungen zu sich selbst, zu Freunden, zu Außenstehenden, zur Natur, zu den Dingen.

b) Beziehungen werden nun vom Jugendlichen organisiert, verlassen, geändert, gestaltet, innerlich erfüllt. Die Zahl und Qualität möglicher emotionaler Auslöser, Emotionsschwellen, des Emotionsspektrums, der Emotionsbewertung, der Emotionsmittel, der Emotionskonventionen, überhaupt der Emotionsregeln und der einzelnen affektiven Schemata sind erweitert, aber auch gezielt vom wachsenden Selbstwertgefühl begrenzt. Nun geht es an die Kultivierung emotionaler Identität.

PädagogInnen in der Schule, die diesen Prozeß aus ganz anderen Lebensverhältnissen und Sinngebungen begleiten, tun sich oft schwer mit der "Schwingungsqualität" dieser Beziehungen, dem Loslassen von "Lizensierung qua Erfahrungs-, Wissens- oder 'Altersvorsprung oder qua Definitionsmacht'" und mit ihrem eigenen "pädagogischen Outfit" als anregende, positiv denkende, emotionale und faszinierende "Persönlichkeiten" mit Ausstrahlung (Ferchhoff 1993, S. 180).

c) Trotz aller Abspaltung oder nur Teilinterdependenz zur Jugendkultur leisten Beziehungsebene und Inhaltsebene in der Schule ihren sektoralen Beitrag zum Reichtum emotionaler Gestaltung des Lebens: Freude und Schmerz, Verachtung und Triumph, Unsicherheit, Trauer, Wut, Ärger, Abneigung, Angst, Zufriedenheit vermittelt sie zwar schulspezifisch fokussiert, was Farbigkeit, Lust-Unlust und Erregungsgrad angeht. Aber ihr Nachteil ist auch ein Vorteil: Emotionale Prozesse werden kognitiv (und nicht nur valenzgeladen affektiv) verarbeitet, klassifiziert, kommuniziert, bewertet und sublimiert und in die Arbeit an sich selbst überführt.

4.1.4 Die Vernunft der Affekte durch Schulbildung

Das Selbstbewußtsein des jugendlichen Erwachsenen arbeitet immer klarer auch mit Emotionen, Gefühlen, Affekten als farbigem Bestandteil der Persönlichkeit. Die emotionale Bewußtseinsebene wirkt an den wichtigsten organisierenden Faktoren im Bewußtsein mit: Aufmerksamkeit, Wahrnehmung, Urteile sind unlösbar mit irrationalen Motiven verbunden. Bildung ist Emotionsbildung (Izard 1981, S. 167).

Die Schule erzieht zur Vernunft der Affekte (Carl Friedrich von Weizsäcker 1977, S. 225 ff.) auf der Subjektebene durch reguliertes Ausleben der Affekte und Emotionen in verschiedenen Intensitäten, innerhalb der Grenzen der Menschen- und Naturrechte, freilich auf schulischem Terrain; auf der Beziehungsebene durch Disziplinierung, Institutionalisierung; kommunikativen Austausch, Anpassung, Empathie, freiwillige Selbstbeherrschung; und nicht zuletzt auf der Inhaltsebene durch Aufklärung, Logik, Kategorien des Denkens, Rationalisierung der Irrationalität.

1. Emotionserziehung, Emotionsdynamik und Emotionsregulierung unter schulisch-rationalisierten Bedingungen sind langfristig gesellschaftlich und politisch bedeutsam. Vorhandene emotionale Energien (aufgrund von Unrechtsbewußtsein, Ohnmachtsgefühlen, eigenen Ungeklärtheiten) können in der Schule relativ gut aufgearbeitet, intersubjektiv-behavioral wahrgenommen, thematisiert und in kommunikativ-strukturierende Bahnen gelenkt werden. In einer Didaktik der Selbst- und Fremdwahrnehmung werden die emotionalen Bedürfnisse gesehen, akzeptiert, realistisch relativiert und zur positiven, konstruktiven Energie umzuwandeln versucht.
a) Vorurteile und Feindbilder, Stereotypisierungen, Radikalismen und Fundamentalismen zeigen die gefährliche Sprengkraft politisierter Emotionen in jedem von uns. Sie erfüllen territoriale und affektive, ja quasi-religiöse Bedürfnisse (nach Selbstsicherheit, Abgrenzung, Macht, Sympathie etc.), insbesondere bei schwachen und starken Persönlichkeiten (Ostermann & Nicklas 1982, S. 19). Schule kann hier klären, subjektives Erleben thematisieren, geschichtliche Hintergründe aufzeigen, kognitive Dissonanz erzeugen (Festinger), emotionale Modernisierungen einleiten. Dadurch wird Emotionsbildung zur friedensstiftenden Kulturleistung.
b) Das "Emotionsbudget" (Fiehler 1990, S. 58) der subjektiven Emotionen der jugendlichen Erwachsenen wird in der Schule ernst genommen, also gewürdigt, relativiert, geordnet, bewertet, in Formen der Manifestation und des Umgangs mit Emotionen gebracht. Dadurch haben SchülerInnen Orientierungen; es kommt zu Interferenzen: ihre Gefühle des Unverstandenseins, der Verständnislosigkeit der Erwachsenen werden von den Erwachsenen verstanden, geachtet aufgeschlüsselt;

dadurch weichen die Kategorien der Erwachsenen auf und es kann zu korrespondierenden Gefühlen kommen - nicht zwingend zu einem Einverständnis.
c) Die positiven emotionalen Energien der jugendlichen Erwachsenen sind für die Gesellschaft wertvoll. Pädagoginnen und Pädagogen sehen es als ihre Aufgabe an, deren Emotionen als Anlaß zu gesellschaftlichem Nachdenken zu proklamieren und insofern öffentlich zu verteidigen.

2. Carl Friedrich von Weizsäcker nennt unter den Affekten, die der Vernunft bedürfen: Interesse, Besitz und Macht, Liebe, Werte, Friede (v. Weizsäcker 1977). Es sind die erst im Alter junger Erwachsener relevanten Affekte und Gefühle. Emotionen haben eine Logik, die gelernt werden muß: Selbstverwirklichung und Selbstbeherrschung, Lust und Unlust, Glück und Unglück, Feindschafts- und Freundschaftsgefühle können und müssen gedeutet, typisiert, begründet, bewertet, eingeübt und - z.B. in der Schule - durch gelernte Techniken vernünftig reguliert werden.
a) Alfred Adler, Rudolf Dreikurs u.a. haben die Logik des Zusammenhangs von Gefühlen und Gemeinschaft - auch pädagogisch - herausgearbeitet. Geltungsstreben und das Gefühl der Minderwertigkeit sind danach die tieferen Gründe für emotionales Ungleichgewicht. Sie zwingen den Menschen, einseitig "alle Kräfte zusammenzunehmen...Durch die erhöhte Kraftanstrengung soll die eigene Person in den Vordergrund gestellt und siegreich gemacht werden" (Adler 1966, S. 232). Daher müsen schon dem Kinde und gerade auch den jugendlichen Heranwachsenden ein starkes soziales Interesse und viel Ermutigung entgegengebracht werden, um ihre "Minderwertigkeitsgefühle" und "Überwertigkeitsgefühle" mit ihren weitreichenden Ausprägungen zum Verschwinden zu bringen bzw. positiv umzuwandeln.
b) Jugendliche Erwachsene sollten u.a. folgende Techniken der Gefühlskontrolle beherrschen, wobei ihnen die Schule behilflich sein kann:

- Techniken des Kennenlernens von Gefühlen: Gefühle zulassen zu können, Gefühle bei Mitmenschen nachzufragen und zu erkennen, Lebenserfahrungen mit bestimmten Gefühlen und sozialen Reaktionen zu beachten.
- Techniken des Auslebens von Gefühlen: Kennen von und Erfahrungen mit bioenergetischen Techniken, Psychodrama, Phantasiereisen, Inszenierungen, Theaterpädagogik.
- Techniken des Einbringens von Gefühlen in die Gemeinschaft, Gruppe, Gesellschaft: themenzentrierte Interaktion (Ruth Cohn), Ich-Botschaften und Sprache der Annahme (Thomas Gordon), gesprächstherapeutische Methoden (Carl Rogers).

c) Die jugendlichen Erwachsenen erkennen, daß Emotionen, Gefühle, Affekte gelernt und inszeniert werden können und von Erfahrungen abhängen, also eine

Wirklichkeits-Konstruktion darstellen, die durch andere Erfahrungen und Beziehungsstiftungen im Nu veränderbar ist: Vorurteile verschwinden oft mit der Nähe zum Vorurteils-Partner.

3. Eine Schulpädagogik der Emotionen klärt über die Mündigkeit von Emotionen auf, weil sie Lebensbedeutung hat. Unbestritten überwiegt in den Fachschulen, Gesamtschulen, Gymnasien die Inhaltsebene. Jede Inhaltsebene wird von Emotionen getragen, Emotionen sind die Grundlage der Kognitionen.
a) Aufklärung über Affekte ist die Aufklärung über den Mut, sich der eigenen, regulierten, vernünftigen Emotionen zu bedienen (Weizsäcker 1977, S. 246). Es ist die Aufklärung über unterdrückte Seiten und ihre Aufarbeitung, also über Unterdrückung allgemein (Wilhelm Reichs "Charakterpanzer"); über bioenergetische und psychologische Modelle emotionaler Energiegewinnung als Basis kraftvollen Lebens; Aufklärung über Emotion und Gesellschaft (Wilhelm Reichs Theorie des Faschismus), Aufklärung über die Notwendigkeit der Regulierung von Gefühlen mithilfe von Denken, Vernunft, Urteilskraft (Immanuel Kant).
b) Aufklärung ist auch Aufklärung über die Logik von Gefühlen: Wie entstehen Emotionen, welche Phasen durchlaufen sie (Anlaß, Höherentwicklung, Kulmination und Abschwächung), wie sind sie zu regulieren? Welchen persönlichen und gesellschaftlichen Stellenwert dürfen und müssen Gefühle haben, wie sind sie zu aktivieren, zu mißbrauchen und zu begrenzen?
c) Aufklärung ist auch Aufklärung über die Pädagogik der Gefühle. Wie sind sie in die Gesamtpersönlichkeit zu integrieren, welche Kybernetik der Gefühle ist wünschenswert (auch angesichts von Süchten, Extrememotionen, Fanatismen, politischer Propaganda, Medieneinflüssen).

4.2 Gegen die kühle, für eine wärmere Schule

Emotionen, Gefühle, Affekte kommen in der Schule nur insoweit zur Geltung, als das Schulkonzept diese Energien bejaht und integriert, dadurch vielleicht entstehenden Konflikten nicht ausweicht und lebensvolles Beziehungs-Lernen fördert. Weil jedes Lernen mit Gefühlen verbunden ist, entscheidet sich die moderne europäische Institution Schule - schon aus lernbiologischen Gründen (Frederic Vester) - für das positive Durcharbeiten von Gefühlen.

Daß die Emotionen in der Schule, bei Motivation und Lernen, eine bedeutsame Rolle spielen, zeigt die berühmte Heckhausen-Formel zur Lernmotivierung, in der Aussagen über energetische Elemente enthalten sind: Bedürfnisse (nach Identität,

Zustimmung, Geltung, Strafvermeidung etc.), Anregungsvariablen, sachbereichsbezogene Anreize (Heckhausen 1968, S. 193 ff.).

Gefühle sind ein Ausdruck von Intelligenz, Gefühle haben eine Intelligenz, Gefühlsintelligenz ist eine eigene menschliche Qualität, ein Erziehungsziel; Gefühle machen intelligent, Gefühle tragen durch Lernen zur Intelligenz bei und zur Lebensbewältigung (= Definition von Intelligenz) insgesamt (Cameron-Bandler & Lebeau 1990).

Gefühle, Emotionen, Affekte werden mithilfe der inneren und äußeren Sinne wahrgenommen; die Sinne sind Mittler zur personalen und kommunikativen Kognition der Emotionen; Emotionen füllen die Sinne energetisch, sie werden durch Erziehung zur Sensibilität kontrolliert, differenziert, variiert und transformiert.

4.2.1 Die Wohlfühl-Grundschule

Die Grundschule nimmt die emotionalen Energien der Kinder wie Stolz, Angst, Aktivitätsfreude, überhaupt Sinnenfreude und Freude der Bewegung, Fröhlichkeit, Traurigkeit, Angst, Wut positiv auf und verbindet sie allmählich mit systematischem Lernen: sie stabilisiert und integriert die Emotionen im institutionell-rituellen Zusammenhang, auf der Beziehungs- und Inhaltsebene der Schule.

1. Die durch Regeln abgesicherte vorbereitete Schonraum-Umgebung vermittelt Gefühlssicherheit durch das Entgegenkommen und die Gefühle der feststehenden Autoritäten, durch die (gegenüber dem Kindergarten) eindeutigere Ausrichtung der emotionalen Energie auf Leistungswillen und gezieltes Lernen, durch stärkere Ritualisierungen (s.o.). Dadurch ändert sich auch die Qualität des Gefühls, es wird schul-sozialisiert, bestimmte Gefühle werden eher ritualisiert zugelassen als andere.
a) Emotionen zu zeigen bzw. herauszufordern wird in der Grundschule institutionell gesichert bei Spiel- und Sportveranstaltungen (bei Wettspielen, Theaterspielen, Feiern, Rollenspielen, kommunikativen Spielen, Brettspielen; im Sport bei Affekten durch Überlegenheit - Unterlegenheit, bei Konflikten, Scham, Trauer), bei Wanderungen mit Singen, Freude, Aktivitäten. Die bioenergetische Forschung legt nahe, daß dann kräftig geschrieen werden kann, Zorn, Wut und Aggressionslust (in Grenzen, die aber bisherige Grenzen überschreiten) ausgelebt werden dürfen, aber auch Angst bei Wagespielen und gespielter Gewalt (Abenteuer) überwunden werden muß.
b) Die Institution Schule kultiviert bestimmte Emotionen. Ihre Erziehungsaufgabe ist das Kanalisieren ihrer energetisierenden Funktion (Jean Piaget) zur Lust am Lernen. Schon in der Grundschule ist diese Aufgabe mehrdimensional: personspezifisch geht es um das Abschleifen der Spitzen aller Emotionen, um das Aktivieren verschütteter Emotionen, situationsspezifisch um die Regulierung von schulisch zugelassenen und

nicht zugelassenen Emotionen. Kinder erleben ihre Vergesellschaftung. Es ist schulpädagogisch sinnvoller, die Emotionen in Grenzen auszuleben und anzustacheln, als wenn verhindert würde, Emotionen und Gefühle zuzulassen und zu erleben, sich mit seinen Emotionen zu erleben. Das Prinzip ist, erst diese gewaltigen Energien im Ansatz kennenzulernen, um sie dann in konstruktive Arbeit umzuleiten. Dieses Prinzip ist physiologisch, sinnestheoretisch, kommunikationswissenschaftlich, therapeutisch, kognitionstheoretisch begründet.

c) In der Grundschule findet ein kontinuierlicher Prozeß emotionaler Assimilation und Adaption, das Formulieren affektiver Schemata, die emotionale Gleichgewichtsfindung statt. Piaget spricht von personellen und interpersonellen Emotionen (Pulaski 1975, S. 75; Wiater 1993, S. 141 ff.); das Kind braucht hier zu seiner emotionalen Entwicklung den festen Rahmen institutioneller Regeln, der in Rückwirkung seine Emotionen reguliert. Es ist ein ständiges Austarieren, auch ein Überschreiten emotionaler Versuche auf der Basis bisher ausgebildeter Emotionalität. Die Institution Grundschule gibt dem Kind eine schulorientierte Antwort zur Regulierung dieser Emotionen und trägt insofern zu seiner Stabilität, möglicherweise aber auch zu seiner Irritation bei; Irritation, weil diese Adaption und Assimilation ein Gewinn an Selbsterfahrung und Sozialisierung und gleichzeitig oft ein Verlust an emotionaler Vielfalt ist. Kinder fühlen sich emotionell mißverstanden, weil der Unterricht individuelle Tiefenmotive an die Peripherie packt; weil die Lehrerin die psychoökologische Grundstimmung und Akzente von Empfindlichkeiten / Verletzungen dieses Kindes nicht empathisch genug bewertet.

Grundschulemotionen sind andere als Jugendschulemotionen. "Die inhaltliche Analyse zeigte..., daß sich die geäußerten Gefühle im Schulkindalter vorwiegend auf Gegenstände (z.B. Freude oder Ärger über Dinge) bzw. auf andere Personen (z.B. Angst, Trotz, Neid) beziehen - das steht mit der nach außen gewandten, sachbezogenen Grundhaltung des Schulkindes in guter Übereinstimmung" (Nickel 1975, S. 112). Aber eine solche Aussage ist wiederum schulisch schematisiert. Denn die Emotionen der Anfangsphase unterscheiden sich stark von den hier thematisierten des 3./4. Schuljahres; es ist zudem fraglich, ob die zum Ausdruck gebrachten Gefühle mit der inneren Gefühlswelt kongruent sind oder nur demonstrieren, in welchem Ausmaß darin ungelernte Gefühlsäußerungen verborgen sind.

2. Der erzieherische Auftrag der Grundschule legt eine stabilisierende Emotionsarbeit aller Mitglieder der Schule auf der Beziehungsebene nahe. Sozialisierung ist Regulierung der Emotionen. Sie ist der Prozeß vom egozentrischen Ausleben der Gefühle zum Einfühlen in Emotionen anderer.

a) "Manche Kinder wissen nicht genau, was Gefühle sind ... In meiner Arbeit hat es sich als sehr hilfreich erwiesen, die Kinder eine Vielfalt von verschiedenen Gefühlen erleben zu lassen ... Ein erster, wichtiger Schritt ... besteht darin, über Gefühle zu sprechen. Sie müssen wissen, welche Gefühle es gibt, daß jeder Gefühle hat, daß man Gefühle ausdrücken, mitteilen und über sie sprechen kann. Sie müssen auch lernen, daß man zwischen verschiedenen Formen des Gefühlsausdrucks wählen kann. Kinder müssen die verschiedenen Spielarten der Gefühle kennenlernen dürfen, damit sie eine Beziehung zu ihren Gefühlen bekommen" (Oaklander 1981, S. 157 ff.; Buddrus 1992, S. 91).

b) "Wir unterhalten uns über den Zusammenhang zwischen Körper und Gefühlen, darüber, daß Gefühle körperlich wahrgenommen und mit dem Körper ausgedrückt werden, daß sie in unserer Körperhaltung und im Rhythmus unseres Atems zum Ausdruck kommen. Wir üben deshalb, Gefühle mit unserem Körper auszudrücken, indem wir verschiedene Bewegungen und Haltungen, die bestimmte Emotionen zum Ausdruck bringen könnten, übertreiben ... Wir sprechen darüber, wie wir unsere Gefühle vermeiden, sie zur Seite schieben, sie vernebeln, sie verbergen, sie unterdrücken. Die Gefühle verschwinden jedoch nicht, sondern stauen sich im Körper an. Erst wenn wir sie anerkennen und erleben, können wir sie auch freisetzen und unseren ganzen Organismus für andere Dinge nutzen. Tun wir das nicht, wird sich ein Teil von uns ständig mit den von uns ignorierten Gefühlen beschäftigen und uns daran hindern, unser Leben aktiv und bewußt zu leben" (ebd.).

c) Solche humanistische selbstreflexive Emotionsarbeit ist im Grundschulalter noch "sachlich": SchülerInnen lernen mit LehrerInnen ihre persönlichen, geschlechtsspezifischen, kulturellen Ausprägungen von Emotionen, ihre emotionale Identität, ihre mehr oder weniger große Plastizität der Gefühle, auch ihre Verdrängungen, Sublimierungen, Ritualisierungen, Tabuisierungen kennen. Die Grundschule übt die Beziehungsebene rituell-symbolisch, spielerisch, kommunikativ, sachlich-inhaltlich ein; sie gibt Regeln für den Ausdruck von Emotionen, aber auch für die Verantwortung zu seinen Gefühlen als Elementen der Person. Die Lehrerin gibt auch einen Teil ihrer Gefühle preis, zeigt Selbstbetroffenheit, sichert die Berechtigung personaler Gefühler aller, bricht Verdrängungen auf, läßt emotionale Ausbrüche zu - und sieht sich (oft etwas ängstlich) in der Rolle der allgemeinpädagogischen Therapeutin.

3. Der emotionale Reichtum und seine Intensität stehen in direkter Beziehung zur Motivation des Kindes. Ein warmes und positives Selbstbild als Spiegelbild von Familie, peer group, Schulklasse und LehrerIn weckt Interessen, Freude, Wagemut. Ein konfliktreiches Kind kann ein emotional vielschichtiges Abenteuer bescheren. Schnell sind die Lehrerinnen geneigt, die Emotionen auf Leistungsmotivation und

Lernmotivation durch die Einschränkung auf schulisch kodifizierte Inhalte zurückzuschneiden und jeden Überschuß an Energien zu beschränken. Aber ein emotional anderswo beanspruchtes Kind hat keine Energien für schulisches Lernen bereit; erst die bioenergetische, gestaltpädagogische (Oaklander 1989) Vorarbeit fokussiert das Kind auf schulisches Lernen.

a) Das Grundschulkind will arbeiten. Es will seine Energien, seine Dynamik - und die Emotionen sind Dynamik - erproben, dem experimentierenden Tasten (Freinet) aussetzen. Inhalte sind nicht einfach sachlich, sondern mit Emotionen vermischt, und diese Emotionalität von Inhalten ermöglicht auch die Motivation zu Inhalten. Die typischen motivierenden Emotionen des Anfangsschülers: Stolz (jetzt das Schreiben zu lernen), Versagensangst (Schulangst, in der Literatur ausgiebig beschrieben), Freude (die Lehrerin zu treffen) usw., sind eine Mischung persönlicher und sachlicher Elemente, die Erfahrungen ausgesetzt wird und sich im Laufe der Grundschule klarer differenzieren läßt.

b) Das entmutigte Kind ist oft auf der Beziehungsebene emotional entmutigt; die Pädagogin tendiert dazu, die Beziehungsebene erst zu reparieren. Das Kind bewertet von sich aus aber die Inhaltsebene emotional sehr hoch (etwas zu lernen und zu können), und die Reparatur der Beziehungsebene kann viel erfolgreicher über die motivierend-emotionale Darstellung der Inhaltsebene gehen, und dadurch kann eine neue Beziehung zum Kind und zur Klasse aufgebaut werden. Denn die Inhaltsebene ist ja eine inhaltliche Beziehungsebene; oder anders ausgedrückt: es ist eine Watzlawicksche Ideologie, Inhalt und Beziehung zu trennen, nur in der Beziehung sei Emotion; schon Grundschulkinder sind von Inhalten emotional-motivational gefesselt und können von daher ihre ganze Energie ausleben. Wichtig ist die emotionale Rückspiegelung; wichtig sind Inhalte, in denen die Kinder sich wiederfinden, mit denen sie sich emotional verbinden können.

c) Wir sind heute, mit guten Gründen, geneigt, anzunehmen, allein das pädagogisch-didaktische Öffnungspostulat (Offener Unterricht, Schülerorientierter Unterricht) ermögliche emotionale Beziehungsarbeit. Bei dieser Annahme gehen wir von einer heilen Welt der Kinder aus; denn Offener Unterricht setzt die Begrenzung der Offenheit durch die Fähigkeit zu emotionaler Selbstbeherrschung voraus. Das pädagogische dialektische Prinzip heißt: Was nicht von innen kommt, muß von außen kommen. Die Lehrerin ersetzt die emotionale Regulierung von außen in dem Maße, wie das Kind eine Begrenzung seiner Emotionen benötigt, und sie fördert die Äußerung innerer Gefühle in dem Maße, wie das Kind sie zurückhält; in beiden Fällen führt sie es zur Balance von Innen und Außen.

Das Ergebnis institutioneller autoritativer, beziehungsmäßiger und inhaltlicher emotionaler Aufbauarbeit in der Grundschule sind dann in ihren Selbstgefühlen (körperlich, seelisch, geistig) und in ihren interpersonellen Gefühlen ausgebildete und gestärkte SchülerInnen, die diesen Schonraum des Selbstvertrauens (Erik Erikson) allmählich übersteigen und sich auf ihre Gefühle verlassen können; und Lehrer und Lehrerinnen, die am Modell der Kinder vor ihnen die Emotionalität des Kindes in sich selbst zu ihrem eigenen Nutzen aufarbeiten (Fürstenau 1964); denn ihre Emotionsarbeit mit den Kindern ist interdependent mit ihrem eigenen kindlichen Reichtum.

4.2.2 Die Willens-Schule

Oft noch in der letzten Phase der Grundschule, aber verstärkt beim Übergang in die weiterführenden Schulen wird die Energie der Emotionen gebündelt. Piaget spricht dann von einem stabilen Gleichgewicht organisierter Emotionen durch emotionale Schemata, parallel zur Ausbildung der logischen Operationen. Hier tritt die Willenskraft auf als Regulator der Energien; der Wille zur Selbstbeherrschung, zur Zielorientierung, zur Selbstverpflichtung (Pulaski 1975, S. 78; Wiater 1993, S. 150). Diese kindliche Erwachsenheit beantwortet die Schule mit dem Zulassen halbstarker Emotionen, dem In-die-Pflicht-Nehmen erster Konsequenzen und der persönlichkeitsspezifischen Differenzierung.

1. Die Schule ermöglicht nun das Ausprobieren von Emotionen, die versuchsweise Regelüberschreitung; die hypothetische Emotion, die in ihren Auswirkungen erfahren werden will. Sie eröffnet solche Versuchsräume für Aggression, Neugier, Angst, Sehnsucht, Traurigkeit, Freude, Ärger usw. durch Nischen gelockerter institutioneller Kontrolle als Aufforderung der kommunikativen Gruppenregelung, durch ein hypothetisches Annäherungs-Gleichgewicht von Autoritätsperson und Schüler. Olaf-Axel Burow nennt dies die Förderung von Synergie als handlungsleitendem Prinzip oder den "Versuch, aus 'Gewinner-Verlierer-Schulen' 'Gewinner-Gewinner-Schulen' zu machen" (in: Burow 1992, S. 205). Synergie ist "Wir-Bewußtsein". Ähnliches, aber nicht energetisch ausgedrückt, finden wir bei Thomas Gordon mit seiner Niederlagelosen Methode oder unter dem Stichwort "Reversibilität vs. Irreversibilität von Wertschätzung und Lenkung" bei Tausch & Tausch (1963).
a) Institutionelle Nischen ermöglichen das Ausagieren von Emotionen in spezifischen Wohlfühlgruppen und auch einzeln. SchülerInnen-Mitverantwortung, die Mitsprache in Konferenzen, die Mitgestaltung von Wochenarbeitsplänen, Schülerveröffentlichungen, Kritik an Institutionen, Personen, Verhältnissen; Funktionen befreien, erproben, verarbeiten Frustration und Aggression, Ängste, Minderwertigkeitsgefühl; ermöglichen das Gefühl von Wichtigkeit und Lebensernst. Das Gefühl institutionell geteilter

Macht bzw. von Machtarrangements kompensiert die beginnende emotionale Labilität und Rollenunsicherheit nach innen und nach außen.

b) Entsprechend lockerer lassen die Lehrerinnen und Lehrer die Zügel, bemühen sich um emotionsfreundlichen Unterricht, geben Vorschuß auf das Abschleifen und das emotionale Vernünftigwerden, eben auf das hypothetische Gleichgewicht ausgewogener Affekte durch die Verknüpfung von nun hinlänglich erworbenen "Vorstellungsinhalten, Gefühlen / Wertungen und Handlungsbereitschaften" (Wiater 1993, S. 152). "Eine mittlere bis hohe Verwirklichung des positiven Poles (der emotionalen Wertschätzung, P.H.) führt bei Kindern und Jugendlichen zu reziproken Affekten im Sinne einer höheren emotionalen Sicherheit und Gegenkonditionierung von Angst, sie fördert die Selbstachtung und das Selbstvertrauen und unterstützt damit die Ausbildung eines positiven Selbstkonzepts" (Heller & Nickel 1976, Bd. 1, S. 250). Bei Mißachtung durch Lehrer und Mitschüler internalisieren und ettikettieren die Schülerinnen und Schüler "Gefühle der Beschämung, Demütigung und Bloßstellung" und ein negatives Selbstwertkonzept (ebd.).

Zudem gibt ihnen der Schulerfolg recht: Emotionale Prozesse innerhalb eines positiven Erregungsspektrums beeinflussen die intellektuelle Leistung positiv; bei Grenzerregungen und Negativerregungen werden schlechtere Problemlösungsleistungen, Lösungsstrategien angewendet, "was sich u.a. in der Rigidität des Denkens, in der Neigung zu stereotypen Lösungen, in der Tendenz zur vermehrten

Anwendung früher erlernter Lösungen ausdrückt, die jedoch in der aktuellen Situation inadäquat" sind (ebd. S. 258).

c) Geschlechtsspezifische Emotionen differenzieren sich und erfordern eine differentielle sowie koedukative Emotionserziehung. In der Literatur wird bei diesem brisanten Thema vermutet, daß durch die Annäherung der gesellschaftlichen Geschlechtsstereotypien die Differenzierung der Emotionen sich ebenfalls annähert (Nickel 1975, Bd. 2, S. 335). Ja und Nein. Nein, weil die gehirnphysiologische, evolutionäre, hormonabhängige geschlechtsspezifische Emotionalität aus vielen wissenschaftlichen Forschungen, zumal von Frauen, erwiesen zu sein scheint (Moir & Jessel 1990; Pool 1995); die Annäherung der Emotionen wird von daher als äußerlich und immer wieder veränderlich eingeschätzt. - Ja, es gibt eine Veränderung und androgyne oder gynandrische Annäherung der Emotionen im euroamerikanischen Kulturraum, weil die Gehirne sich verändern, die Sozialisation, Enkulturation, Medialisation ein größeres Spektrum emotionaler Wertemuster, emotionaler Ritualisierungen und Imitationsvorlagen bieten.

Eine differentielle Emotionserziehung in der Schule, schon vor der Orientierungsstufe, läßt die Schülerinnen und Schüler selbst ihre Emotionen gestalten, und zwar

- die Emotionszuschreibung zu Jungen und Mädchen; erzieherische Aufgabe: Überwindung von Geschlechtstypisierungen, Ermutigung zu Individualisierungen;
- die Emotionsauswahl aus der Palette möglicher Emotionen; erzieherische Aufgabe: Erweiterung des Repertoires, Ermutigung der Äußerungen;
- die Emotionsexpression in Qualität und Intensität; erzieherische Aufgabe: Sachangemessenheit, Ermutigung zu differenzierter Intensität;
- die Emotionsbewertung; erzieherische Aufgabe: Ermutigung zu Akzeptanz.

Die differentielle Emotionserziehung führt die beiden Geschlechter durch koedukative Emotionserziehung zusammen. Die Fronten verlaufen individuell, gruppenspezifisch, in der Orientierungsstufe erst stark geschlechtsspezifisch mit der Tendenz zur Auflösung.

2. Die Schlaksigkeit der Emotionen könnte man mit einem Ausdruck von Piaget "barbarisch, aber klar" nennen (Pulaski 1975, S. 59). Am Ende der Kindheit wird die psychoenergetische Basis durch klare Emotionen, entschiedene Identität im Sinne der Zuordnung zu Gruppen mit gleichen Gefühlen und emotionalen Leitbildern, Abgrenzungen geschlechtsspezifisch, subkulturell, gruppenspezifisch gesichert. Je nach Schulart bzw. Motivation in bestimmten Schularten bieten die jungen Jugendlichen u.U. einen verstärkten Einsatz und eine bemerkenswerte Leistungssteigerung durch emotionale Identifikation mit einem bestimmten Stereotyp von Männlichkeit

bzw. Weiblichkeit und deren Leistungen, dies auch fächerspezifisch unterschiedlich (Nickel 1975, Bd. 2, S. 334).

a) Die Schule beantwortet diese Bedürfnisse und Interessen mit einer ersten Stufe von Willenserziehung. Sie zielt darauf, daß die jungen Jugendlichen ihre Emotionen zu beherrschen, zu begrenzen, zu selektieren lernen. Der Wille wird zum reversiblen Energieregulator (Piaget 1972, S. 201), ein Katalysator von Emotion und Kognition: Schulische Anforderungen sind hier geeignete Mittel, das Es zu disziplinieren, das Ich-Ideal herauszuarbeiten und das Ich diesem Maßstab entsprechend in die Pflicht zu nehmen. Auf der Beziehungsebene bietet die Institutionelle Pädagogik Anregungen: begrenzte Selbstverwaltung, Gruppenarbeit, Projektarbeit regulieren die Emotionen und nehmen die einzelnen Schüler in die Verantwortung, sich selbst, den Gruppenzusammenhang und die sachliche Notwendigkeit zu systematisieren (zu dezentrieren nach Jean Piaget, hier auf emotionale Dezentrierung übersetzt).

b) Die Gruppendynamik in der Schulklasse kanalisiert auch die emotionale Dynamik. Die Schüler und Schülerinnen arbeiten - teilweise rüde - ihre Emotionen gegenseitig ab - ein beliebtes Thema auch in Filmen. Diese Formung der Emotionen von Leid, Trauer, Freude, Neid, Leere, Einsamkeit, Sehnsucht, Ärger, Wut, Angst, Furcht, Eifersucht, Glück durch schulische Gruppendynamik (der Schüler untereinander) mit ihren eigenen Gesetzmäßigkeiten hat große Wirkung auf die Identität: auf überdauernde Einstellungen (attitudes), kognitiv-emotionale-motivationale Verhaltensbereitschaften und den Willen zu Durchsetzungskraft und Handeln.

c) Die Schule sieht jetzt zunehmend ihre Verpflichtung zur gesellschaftlichen Emotionserziehung. Sie kann in diesem Alter der jungen Jugendlichen noch bei deren Ich-Ideal und dem Willen zur In-die-Pflicht-Nahme ansetzen. Je nach Schulart versucht sie schwerpunktmäßig die emotionale Grundstimmung, emotionale Belastbarkeit, emotionale Bewältigungskompetenz, die Regulierung der Empfindlichkeiten durch mehr oder weniger systematische Erfahrungsmöglichkeiten - nicht nur im individuellen, sondern auch im sozialen und politischen Interesse - mitzugestalten. Aktuelle Konflikte wie der Rechtsextremismus, die Friedensfähigkeit von Subkulturen, der Umgang mit Gewalt, die multikulturellen Konflikte werden thematisiert; sie werden sachlich, personal und sozialpolitisch kritisch begründet; aber auch die enorme emotionale Energie Einzelner und ganzer Gruppen und deren gesellschaftlich-politisch notwendige Regulierung werden von den Erziehern herausgearbeitet.

Eine neu sich eröffnende, Jugendliche interessierende Chance der Emotionserziehung auch in Schulen sind die fernöstlichen Verteidigungsmethoden, das Siegen durch Nachgeben, die äußerste Disziplinierung der Emotionen durch ihre

Fokussierung auf eine genaue und leichte Reaktion und die gleichzeitige Wahrnehmung der gesamten Umgebung (Helmer).

3. Dieter Ulich weist (mit Ekman) auf drei kulturabhängige Ausdrucksweisen von Emotionen hin, die hier auf Schule und Lehrer zu beziehen sind: Schule sozialisiert Auslöser von bestimmten Emotionen kulturell spezifisch; sie bestimmt die Darstellungsregeln von Emotionen mit, und von Kultur zu Kultur ist das auf die Emotionen folgende Verhalten unterschiedlich.
a) Der Wille zu Handlungen und Handlungsbereitschaften wird maßgeblich durch auslösende Situationen mitbestimmt und insofern auch gelernt. Schule lebt von auslösenden Situationen ("vorbereiteter Umgebung"), die so "organisiert" oder bereitgestellt werden, daß eine bestimmte Situationsdeutung möglich wird, bestimmte Emotionen und Einstellungen zu Personen und Sachverhalten durchlebt und reflektiert werden. Angestrebt werden Handlungsintentionen, Handlungskontrolle, antizipierende Vorstellungen, Handlungsbereitschaft durch emotional positiv erlebte, auslösende Situationen. Pädagogisch sinnvoller sind wirklichkeitsnahe, auch kritische eigenkulturelle und fremdkulturelle emotionale Erfahrungssituationen als Auslöser, weil sie politisch-demokratisch kommunizierbar sind.
b) Darstellungsregeln von Emotionen sind nach Ulich "das Herunterspielen, Intensivieren, neutral- und emotionslos-Sein, die wahre Emotion verbergen und dafür andere vortäuschen" (Ulich 1983, S. 156). Zur erfolgreichen Alltagsbewältigung sind diese Emotionskompetenzen und -strategien auch schon von jungen Jugendlichen zu entwickeln. LehrerInnen bringen SchülerInnen in spezifische Ereignisse oder Ereignisklassen, so daß sie ihre emotionale Belastbarkeit in Krisensituationen erfahren, vielleicht mit "multiplen Stressoren", mit entwicklungsfördernden und lebenslauforientierten Belastungsfaktoren, jedenfalls zusammen mit der Bereitstellung von Bewältigungsmöglichkeiten. Auch hier gelten die didaktischen Prinzipien der minimalen Hilfe und der optimalen Passung.
c) Lehrer sind "Stimmungsmacher", sie sollten möglichst "positive reziproke Affekte senden" (Grell 1990, S. 118). Dadurch wird die Schule nicht nur humaner, der Unterricht persönlicher und überzeugender, für den Lehrer zudem gesundheitsfördernd, sondern die Schüler lernen auch modellhaft Emotionen, Emotionsstrategien; mit Emotionen von Erwachsenen (reziprok) umzugehen, differenzierende Verhaltensweisen anzuwenden, die Folgen von Emotionen zu beachten (weil der Lehrer sie von ihnen einfordert). Sie lernen zudem an den Lehrpersonen eine ganze "Sprache der Emotionen" verbal und nonverbal mit relativen Höhen und Tiefen unter Kontrolle und Anleitung (Collier 1985); sie tut sich in allen nonverbalen Facetten des

Lehrers und der Lehrerin, in der vokalen Kommunikation (Fischer 1993), in der Personifikation der eigenen Geschlechtsrolle kund.

4.2.3 Emotionale Bewältigungsversuche in der Jugendschule

Die psychische Energie, die sich nun nach innen wendet, von Idealen schwärmt und diffus auf Erwachsenheit hinstrebt, kann von der Schule, wenn überhaupt, nur begleitet werden. Piaget sieht in der Adoleszenz nicht nur eine vielfache Vertiefung der Gefühlskraft, sondern durch die energetische Steigerung der Willenskraft auch die Möglichkeit zur willentlichen Disziplinierung der Emotionen auf Ziele und Ideale hin, trotz der rapiden Verwerfungen und Beeinträchtigungen (Piaget 1972, S.201 ff.).

Die Schule (in ihren verschiedenen Schularten) hat nun drei Aufgaben:

1. die Trennung von Schule und Zentrum des Erlebens zu akzeptieren,
2. die personalen und interpersonellen Emotionen zu differenzieren, variationsreich auszubilden und zu unterstützen, und
3. zur Klarheit bei der Konstruktion der Persönlichkeit beizutragen.

1. Spielraum und Ernstfall (Hartmut von Hentig) teilen sich im Jugendalter. "Spielraum" zentriert sich außerhalb der Schule; Jugendlichen ist damit emotional spielerisch ernst. "Ernstfall" zentriert sich auf die Schule, als spielerischer Ernst und ernstes Spiel mit absolut ernstem Ziel. Schule muß sich hier ernst nehmen; SchülerInnen wollen, daß sie sich ernst nimmt, gerade auch, damit sie sich mit ihrer Welt des Spielraums von ihr absetzen können, und damit sie das Vor-Gefühl des Erwachsenen-Ernstes haben.

a) Die in der Schule geregelten, ritualisierten Emotionen treten in Gegensatz zu dem innerlich tief Gefühlten; eine Segregation findet statt: Schule erfüllt längst nicht mehr die Neugier, die Freude, das Interesse, die Motive der Jugendlichen; die Jugendlichen spalten sich von den Gefühlsschablonen und der emotionalen Wertbindung der Schule ab, nicht ohne auch in der Schule die Bewältigung eines Teils ihrer Emotionen zu versuchen. Die Schule nimmt die Tatsache ernst, daß sie die Emotionen der Jugendlichen nur noch bedingt ausbilden kann; LehrerInnen erkennen darin ihre Grenzen an, wertschätzen die Emotionen der Jugend, setzen aber mit kritischer Überzeugung - und nicht besserwisserisch, sondern selbst lernend - die Erziehung der Emotionen der Jugend fort.

b) Eine subjektorientierte Schule schult im Jugendalter die Emotionen anders als in der Grundschule. Einerseits sind die Jugendlichen emotionaler Variation (dem "himmelhoch jauchzend - zu Tode betrübt") mit viel mehr subjektiver Energie hingegeben; andererseits kann die Schule mit ihrer "regulativen Vernunft" bei den viel bewußteren Selbsterfahrungen intentional eingreifen, "destruktive" Emotionen, d.h. Emotionen mit negativen, nicht wünschenswerten Konsequenzen, der Verantwortung der Jugendlichen unterstellen und durch Regeln der Emotionsaustragung (mit dem Hintergrund institutioneller Sanktionen) Grenzen setzen; sie stabilisiert das Aktivitätsniveau und die Dominanz (Potenzdimension) auf einer mittleren Stärke, um von daher den Erregungsgrad, wenn nötig, zu aktivieren oder zu sedieren, jedenfalls zu variieren.

c) Schüler und Schülerinnen können Lehrern und Lehrerinnen emotional auch überlegen sein und sie und sich viceversa emotional erziehen. Jugendliche Emotionalität ist in ihrer Spontaneität, Kreativität, unmittelbaren Körperlichkeit, Ekstatik und mit dem Hintergrund je sich ändernder Jugendkultur anders als Lehrer- oder Lehrerinnen-Emotionalität.

Zudem können alle von der Variationsbreite weiblicher und männlicher Emotionen lernen: "Bei männlichen Jugendlichen scheinen stärker die Übereinstimmungen in den Interessen, bei weiblichen mehr emotionale Zuneigungen eine vorrangige Rolle zu spielen" (Nickel 1975, S. 422), dies auch sozio- und kulturstereotypisch und historisch und individuell unterschiedlich; Lehrerinnen und Lehrer unterliegen den gleichen Differenzierungen, aber zumindest eine Generation emotionaler Erfahrungen weiter. In der Schule, der Klasse, dem Kurs ist dieser synergetische emotionale Variationsreichtum vorhanden; er wartet wie ein humaner Schatz auf seine Entdekkung; er stößt auf höchstes Lebens-Interesse aller Beteiligten, wenn er vorsichtig-taktvoll systematisch-bildend (eben schulisch) genutzt wird.

2. Die Beziehungsebene der Schule als Basis des Zusammenlebens und des gemeinsamen Lernens besteht aus der emotionalen Erlebnisqualität dieser konkret zufällig zusammengekommenen verschiedenen Menschen (Lehrer wie Schüler). Ihre systemisch vernetzten psychischen Kräftefelder haben je ihre Energie: ontogenetisch-biographisch-personal, sozialisationsmäßig, geschlechtstypisch, interpersonell-kommunikativ, und nicht zuletzt situativ-chaotisch oder willensmäßig kontrolliert. Die Schule tendiert dazu, ihre institutionellen Vorstellungen von Emotionalität zu etablieren und die Emotionstiefe und Emotionsvariationen dieser Menschen ungenutzt zu übersehen.

a) Die subjektorientierte Schule ist erlebnisreich. Über Erlebnisse und Erlebnispädagogik wird eine Vielzahl und Vielfalt von Emotionen an sich selbst und an anderen erfahren und ein Emotionsreichtum mithilfe einer Emotionsschulung (-distanzierung, -regelung, -kontrolle) eingeübt. Die Erlebnispädagogik hat dabei den Vorteil, die

Jugendlichen in ihren "out-door-und in-door-Aktivitäten" (Ziegenspeck 1994, S. 89), ihrem körperlichen, künstlerischen, musischen, kulturellen, sozialen, technischen, ökologischen Gestaltungsdrang anzusprechen und sich ausleben zu lassen. Dieses emotionale Sich-selbst-Erleben kann flüchtig, krisenhaft, existentiell sein. Emotionen können risikohaft bis zu einer Grenze erfahren werden, man weiß, "welcher Kerl in einem steckt", wie man in Situationen reagiert und was korrigiert werden sollte.

b) Die Jugendlichen verändern die Schul-Beziehung durch das Einbringen eines Teils ihrer Erlebniswelt. Sie verändern die Beziehungsebene in der Schule und ihre eigene Beziehung zur Schule. Großen emotionalen Erlebniswert haben jugendliche Musikrichtungen, Körperlichkeit (Jazzdance, Tanz und Bewegung in allen Formen) und Sport, Theater, überhaupt Inszenierungen. Sie sind teils integrativ, teils als Arbeitsgemeinschaften, teils als Projekte ein Beitrag zur Schulkultur. Auseinandersetzungen über rivalisierende Subkulturwelten, symbolisch über Haartracht, Kleidung, Sprache, finden unterhalb der offiziellen Ebene statt, sie können konstruktiv variationsreich genutzt werden.

c) Das Erleben schult selbst. Es wird durch die emotionale Kommunikation mit den anderen bestätigt, korrigiert, variiert, angereichert. Hier haben auch Lehrerinnen und Lehrer eine regulative Aufgabe in einer Rationalisierung, Durcharbeitung und Transformierung des Emotionalen, indem sie das im Erlebnis enthaltene Ergebnis reflektieren. Gerade Jugendliche benötigen emotionale Distanz zum Aufbau emotionaler Erwachsenheit.

3. Klärungen der Emotionen, im Endeffekt klare Emotionen, erzeugen eine klare Persönlichkeitsstruktur. Im Jugendalter fallen beim Probieren aufwühlender, bis an die Grenze gehender Erfahrungen Entscheidungen darüber. Es geht um eine emotionale Strukturierung und eine emotionale Disziplin. Sie ist eine Vorbereitung für das Arbeitsleben.

a) Jugendliche suchen und verwerfen viele emotionale Identifizierungen mit Ich-Idealen. Die Schule macht ihnen ihre Vorschläge und versucht das angebotene Repertoire mithilfe der Jugendlichen selbst vielfältig zu erweitern, um eine Emotionskompetenz zu erreichen. Emotionskompetenz gewinnen Jugendliche an Primär- und Sekundäremotionen:

- ❐ Lehrerinnen und Lehrer greifen individuelle Emotionen auf und verarbeiten sie mit dem Individuum.
- ❐ Individuelle und interpersonelle Emotionen werden in ihrem Kommunikationswert analysiert.
- ❐ Situative Emotionen reichern die Palette an.

- Hauptarbeit der Schule ist die Analyse und Strukturierung inhaltlich an Texten, Medien, ersichtlichen Emotionen. Sie müssen erlebnismäßig erst einmal konkret gemacht werden. Sie sind Sekundäremotionen, insofern die Jugendlichen sie erst nachempfinden müssen.

b) Im Beziehungsverhalten der Schule - mit allen Folgen - erlernen die Schüler systematisch eine Sprache und Grammatik der Emotionen. Diese richtet sich nach dem Profil der Schulen und Schularten (durch Anpassung), den Kompetenzen der Lehrer und Lehrerinnen (durch Modellernen) und der Intensität systematischer Emotionsschulung. Einige ausländische Eliteschulen sind auf diesen Akzent besonders stolz.

c) Die Schule vermittelt gerade über die Semantik der Emotionen Menschenkenntnis, Lebenserfahrung und Lebenstüchtigkeit im Arbeitsleben. Im differenzierten Arbeitsleben sind nur spezifische und geglättete Emotionen brauchbar, manche mit besonderer Ausprägung; im persönlichen Beziehungsleben sind wiederum andere, z.B. ein Reichtum an sensitiven Emotionen, nötig. Die Schule der Emotionen hat für beide und noch mehr Fälle zu sorgen - wenn auch nicht als einzige Instanz. Ihre emotionale Semantik ist dadurch begrenzt, daß

- sie die Jugendlichen nur segmentär erreicht;
- sie für die SchulabgängerInnen ebenfalls nur eine Teilleistung erbringen kann, weil die Emotionsausbildung dann längst nicht Erwachsenen-Niveau erreicht hat;
- die Emotionsschulung im Berufsleben dann noch segmentierter, einseitig, härter und fordernder weitergeführt wird;
- angeforderte Emotionen sich mit der gesellschaftlichen und technisch-industriellen Entwicklung des Elektronikzeitalters verändern. Die Schule kann die entsprechend notwendige Emotionsausbildung nur ungenügend im Vorgriff einüben.

4.2.4 Die Schule der Disziplin

"In der Adoleszenz sind die wichtigsten emotionalen Errungenschaften nach Piaget die Entwicklung der Persönlichkeit und der Ideale ... Für Piaget ist 'Persönlichkeit die Unterwerfung des Ich unter ein Ideal, das es verkörpert, aber über es hinausgeht und es sich unterwirft'. Eine starke Persönlichkeit ist jene, die das Ich disziplinieren kann, indem sie sich ihm widersetzt" (Pulaski 1975, S. 78). Starke Worte. Es geht nicht um Schwarze Disziplinierungs-Pädagogik, sondern um heutige Erwachsenheit.

1. Der neue Disziplinbegriff, in der Weiterführung von Rudolf Dreikurs, Pearl Cassel, Norbert Rückriem, Thomas Gordon u.a., ist die "Verhaltenssicherheit" (Rückriem 1975, S. 10 u.ö.), genauer: Standfestigkeit und Beweglichkeit als territoriale, vitale, emotionale Verhaltenssicherheit.

Junge Erwachsene sollten in der Schule eine Emotionsökonomie und Emotionsökologie lernen. Emotionsökonomie will besagen, daß das Erwachsenenleben immer nur einen kleinen Ausschnitt von Emotionen aktiviert, für nützlich erklärt und rituell absichert; und Emotionsökologie drückt den Tatbestand aus, daß Menschen wegen der Verletzlichkeit von Gefühlen damit haushalten müssen - auch zu ihrem eigenen Schaden, nämlich daß sie den Emotionsreichtum begrenzen müssen; sie lernen, die Streubreite, die spezifische Energieinvestition, die Amplitude und Dichte dieser Energien, die Energiespeicherung, die Regeneration von Energien sorgsam zu bedenken. Das ist das Lernen von Disziplin. Sie macht das Kind im Erwachsenen traurig.

a) Jugendliche wollen und sollen erwachsen werden; die Schule mutet ihnen stufenweise die Rolle des Erwachsenen zu. Sie bringt sie in emotionalen Streß, in emotionale Konflikte, zur Rationalisierung von Emotionen, zu verantwortlichen Entscheidungen mit Konsequenzen für sich und andere. Dies bedeutet eine Auswahl und Selbstdisziplinierung der Emotionen, etwa bei der Kritik an MitschülerInnen, bei der Begrenzung der eigenen hedonistischen Lebensführung, bei verantwortlichen Entscheidungen für die Lebensplanung.

b) Die Schule spiegelt dabei nicht die Erwachsenenrealität unmittelbar wider, sondern eine Schulrealität, eben eine pädagogisch begleitende und intentional herausfordernde Realität mit Entwicklungsmöglichkeiten spezifischer, schulisch eingeschränkter Emotionen. Vorteil schulischer Emotionsschulung ist jetzt die einsetzende ökologische Urteilskraft. Lehrer und Lehrerinnen fordern die sprachlich-begriffliche Begründung, Analyse und Bewertung und die Einordnung affektiver Handlungen in ein Persönlichkeitsbild.

c) Mit der Emotionsschulung verhält es sich wie mit allen hochenergetischen pädagogischen Bemühungen der Schule - eigentlich einem ökologischen Prinzip des Überflusses, der nicht überflüssig ist: Trotz aller pädagogischen Investitionen kann die Institution Schule (welcher Art auch immer) "auf das Leben" und die in der "Erwachsenenwirklichkeit" notwendige Erzeugung und Verarbeitung von Emotionen nur bedingt vorbereiten. Sie macht die jungen Erwachsenen mit Variationen und einem Reichtum von Gefühlen bekannt, die sie sonst vielleicht nie kennenlernen würden; sie hilft bei der emotionalen Selbstkonstruktion mit; ansatzweise können auch Schemata für Erwachsenen-Emotionen erworben werden.

Aber in verschiedenen Institutionen und Lebenssituationen werden verschiedene Emotionen, Emotionsqualitäten und -vernetzungen gebraucht, deren Erfahrungen auf eine primitive Emotionsorganisation hinauslaufen und in der Schule nur bedingt präfiguriert werden. Die Schule als Bildungseinrichtung widersetzt sich diesem Primitivismus; die jungen Erwachsenen kennen ihn aber längst aus eigenen Erfahrungen.

2. In der Schule ist also noch viel emotionaler Spielraum und wenig realitätsgerechter Ernstfall. Die Pädagogik sieht diesen Spielraum als Chance, die willkürlich konstruierte "Realität" zur Dispositon zu stellen: Es ist das Vorrecht der Jugend, emotional auf die gesellschaftlichen Verhältnisse zu reagieren, sie zu verachten, radikale Blütenträume zu spinnen. Schule hilft, nachdem sie die Energiedichte dieser Emotionen gefördert hat, nun beim Strukturieren, Disziplinieren und Zurückschneiden dieser Emotionen.

a) Die pädagogische prinzipielle Dialektik von Energetisierung und Strukturierung kommt hier in ein elastisches Gleichgewicht. Jedem Pädagogen und jeder Pädagogin schlägt bei den sehr subjektiven Sturm- und Dranggefühlen, der emotionalen Argumentation, der Sinnhaftigkeit und Urteilskraft der Gefühle der jungen Erwachsenen das Herz höher; da ist noch die emotionale Kraft zu einschneidenden gesellschaftlich-kulturellen Veränderungen (bekannt in der Goethe-Zeit, der Zeit der Reformpädagogik, der 68er Jahre). Diese Energien gehören nicht gemaßregelt, sondern gepflegt.

b) Konstruktiv ist auch die klare Sicht der jungen Erwachsenen für die eigenen politisch-gesellschaftlichen Probleme, die sich in emotional gefärbten Bewegungen wie der Friedensbewegung, der Frauenbewegung, der Umweltbewegung, der Dritte-Welt-Bewegung ausdrücken. Eine moderne Schule reagiert hier nicht bürokratisch, sondern pädagogisch-politisch "zornig, aber nicht eifernd, radikal, aber nicht utopisch" (Hartmut von Hentig 1993), aber doch mit konkreter Utopie (Ernst Bloch).

c) Jean Piaget sagt: "Die Heilung für den ungezähmten Idealismus der Heranwachsenden ist Arbeit, effektive und konstante Arbeit heilt, sobald sie in einer konkreten und genau definierten Situation aufgenommen wird, von allen Träumereien ... Man braucht sich also nicht zu beunruhigen über die Extravaganzen und Verirrungen gerade der besten unter den Jugendlichen ... Die echte Anpassung an die Gesellschaft erfolgt zuletzt automatisch, sobald der Jugendliche vom Reformator zum Realisator wird" (Piaget 1972, S. 209).

3. Die eruptive Kraft von Emotionen junger Erwachsener überflutet schnell die Grenze zur radikalen Emotionalität. Diese, gepaart mit Intellektualität, führt zu

Fundamentalismen: Es ist ein wichtiges Feld schulischer Aufklärung, die emotionalisierten ideologischen, kulturellen, religiösen Terrorismen durch Kritik einzudämmen.

a) Jugendliche Erwachsene glauben, die Welt und die Menschheit retten und heilen zu können und zu müssen, weil es ja auch ihre Zukunft ist. Ihr analytischer Scharfsinn, ihr gerechter Zorn und Mut, ihr Gespür für Gerechtigkeit, eine Mischung positiver und zerstörerischer Emotionen, kann sie zum Konflikt mit der Schule führen, die, sehr genau beäugt von Eltern, Schulaufsicht, Journalismus-Öffentlichkeit und politischen Instanzen, eher konservativ reagiert. Jetzt kommt es auf die langfristig aufgebaute Urteilskraft an, mit der Schule sich bemüht, über das idealistisch Drogenhafte von Ideologien und ihr realistisches Scheitern aufzuklären.

b) Gleiches gilt für den kulturellen oder auch multikulturellen Fundamentalismus. Emotionen sind hier für die Beziehungsstiftung wichtig. Eine emotionale Bindung und Beziehungsstiftung der Kulturen ist für eine friedliche und freiheitliche Zukunft ausschlaggebend. Die Schule ist ein Ort, wo dieses Geben und Nehmen (unter idealen, nicht-realen Bedingungen) stattfindet wie sonst kaum in der Gesellschaft mit dem Ziel einer neuen emotionalen Kultur. Aber jede Übersteigerung provoziert Emotionen und eine Grenzverletzung. Dann kann der Dampfkessel des "Es" kaum noch von der kritischen Urteilskraft zugehalten werden.

c) Religiöse Fundamentalismen sind mit Emotionen verknüpft; das religiöse Gefühl hat mit Freude, Trauer, Zorn usw. eine emotionale Basis. Diese reicht noch viel tiefer in einen hartnäckigen Komplex von Kindheitserfahrungen, kulturellen Traditionen, Sinnfragen, die sehr leicht durch Überwertigkeits-, Minderwertigkeits- und Ohnmachtsgefühle radikalisiert werden können. Letztendlich ist die Schule hier politisch machtlos. Die aufgezeigte reale Gefahr trifft sie heute zu einer Zeit, in der sie als laizistische Schule religiöse Gefühle kaum pflegt, bearbeitet, kritisiert. Es bleiben ihr als Weg: ihre Bemühungen um Identitätsstiftung, Beziehungsstiftung, Aufklärung.

5. Herzensbildung und Wertbegegnung

Peter Kern und Hans-Georg Wittig suchen in der Pädagogik nach den wichtigen Begriffen Herzlichkeit und pädagogischer Liebe; sie finden sie in der romantischen Pädagogik, die uns heute als Gegengewicht gegen anthropologischen Funktionalismus eine ganze Reihe heilsamer pädagogischer Begriffe wie Vervollkommnung, religiöses Erleben, Kontemplation und Imagination liefern könnte; der Begriff der Herzensbildung geht auf Johann Heinrich Pestalozzi zurück (Kern & Wittig 1985); Jaroslav Krejci sieht in den romantischen Begriffen Glück und Glücklichsein zentrale Begriffe der Pädagogik (1989); Hans-Heino Ewers vollzieht die Kindheit als poetische Daseinsform bei Rousseau, Herder, Jean Paul, Novalis und Tieck nach (Ewers 1989) - alles Anlässe der Pädagogik, von der Äußerlichkeit zur Innerlichkeit zu kommen.

Bei den Theorien zur Schule ist unter dem Stichwort "Herzensbildung" zwar Fehlanzeige - sie gilt als vermottet, Begriffe wie "Güte", "Herzlichkeit", "Gefühlswärme", "Gemüt", "Mütterlichkeit und Väterlichkeit" drohen aus unserem Alltagswortschatz zu verschwinden -, aber Martin Bubers Umfassungsbegriff, Carl Rogers' und allgemein der humanistisch-pädagogische Empathiebegriff, der Begriff des religiösen Werterlebens (Stille, Ruhe, Ekstase) und viele andere Tendenzen weisen darauf hin, daß das in der Sache hier Angesprochene in einer Zeit rationalistischer Effizienzsucht (sogenannter "hochentwickelter" Kultur) als Gegenwirkung (Schleiermacher) pädagogisch bedeutsam ist, und daß eine Erziehung in der europäischen Schule ohne "Herzensbildung" und "Werteerziehung" einen zentralen Mangelzustand darstellt.

Doch zuvor einige bioenergetische Überlegungen:

Das Herz ist in der Denkweise vieler Kulturen das seelische Zentrum.

Es steht mit dem körperlichen Zentrum in enger Verbindung, liegt - phänotypisch und phänomenologisch interessant - körpertektonisch über ihm, beherrscht und verfeinert die Emotionen (und die noch groberen Triebe), und es stellt, da es im zentralen Kreuz des Körpers liegt, eine Verbindung her sowohl zu Armen und Händen, also zu den Handlungen, als auch zum Sprechzentrum (Kommunikation) und darüber hinaus zum Kopf mit seinen vielfältigen Bewußtseins-Funktionen.

Weitere Assoziationen psychosomatischer Sachverhalte folgen, wenn wir den als Brustraum bezeichneten Körperteil differenzieren: die Brust gilt seit dem Altertum als Zentrum aller Lebens- und Seelenfunktionen, daraus bildete sich eine vielfältige Gebärdensprache bei Sieg und Niederlage, Trauer und Freude: sich auf die Brust (die Thymus-Drüse) klopfen, Demutsgebärden, Verschränkungen der Arme über der Brust etc.; die männliche Brust gilt althergebracht als Paradigma von Mut, Stärke,

Tapferkeit, Willen, Sich-Entgegenstellen, Nach-außen-Gehen, Repräsentieren; die weibliche Brust als Paradigma von Säugen, Stillen, Mütterlichkeit, von Liebe-Geben und -Empfangen; da ist der Brustraum mit den Lungen, also Atmung, die Prana = Lebenskraft einnehmen und verbrauchte herauslassen; im Inneren ist das Herz als Energiepumpe, Blutpumpe, Symbol von Leben, von Wärme, von Liebe = caritas, agape. Es wird auch als Zentrum des Ich erlebt, der Innerlichkeit, des inneren Dialogs, der Stille, der Gefühle von Sehnsucht, Liebeskummer, Freude, Vertrauen. Da sind außerdem die Schultern als Schutz der Herzregion, der Atmungsregion, aber auch im Sinne des Tragens seines Lebensschicksals; da ist die bioenergetisch so interessante obere Partie des Rückens mit seinem möglichen Charakterpanzer (Wilhelm Reich) und dem Verstecken und Aufladen von verdrängten Gefühlen; da ist der edukinästhetisch herausgefundene physiologische Zusammenhang von Muskelpartien zu Blockaden im Gehirn und vieles mehr.

Zusammengefaßt ist das Herz-Energiezentrum der Mittelpunkt, in dem "die drei unteren physisch-emotionalen Zentren mit den drei oberen geistig-spirituellen Zentren verbunden" sind (Sharamon & Baginski 1988, S. 118).

Hier wird gelernt, sich einzufühlen (Empathie zu empfinden), mitzuempfinden, die "Beweglichkeit des Herzens, ... die Bewegung auf etwas zu, den Kontakt, das Sichberühren-lassen und Mit-den-Dingen-in-Berührung-sein", Trauer, Schmerz, positives Lebensgefühl, das Ja zu mir und zum Leben, das Annehmen und Ablehnen, Sympathie und Antipathie, die Wertbegegnung, das Wertfühlen (Max Scheler), die Tiefe des Herzens, des Mitgefühls, der Hilfsbereitschaft; Fröhlichkeit, Glück, Herzlichkeit - und immer auch das Gegenteil, kurz: wenn diese Region dermaßen wichtig ist, hat diese Dimension auch immense Bedeutung für die Erziehung und die Schule.

These 1: In Wiederaufnahme der großen philosophischen Diskussion von Nicolai Hartmann, Henri Bergson, Max Scheler, Martin Buber u.v.a. muß die Schule das Wertfühlen und die Wertbegegnung einüben. Der Gebildete hat "Herzenergie". Eine humane Schule, die zur Bildung verhilft, tabuisiert Herzlichkeit nicht.

These 2: Die heutige Schule stellt für viele Schülerinnen und Schüler eine Gegeninstitution gegen Herzlichkeit dar; sie lernen dort oft Verhaltensweisen "niedriger Ebenen" des Menschen; dies verpflichtet geradezu die Pädagoginnen und Pädagogen, Herzlichkeit, fair play, solidarische Höflichkeit, Achtung, Geradlinigkeit, Wahrhaftigkeit und Wahrheitsliebe als Elemente des Humanen zu pflegen. Herzensbildung ist ein romantischer deutscher Begriff. Andere Länder mögen andere Qualitäten mit einbringen. Trotz aller Tabuisierung und ideologischen Abhängigkeit fordert eine moderne humane Schule Herzensbildung als Qualität menschlichen Lebens.

5.1 Herzensbildung der Schülerinnen und Schüler

Ein antikes Wort - eine Provokation! In der Schule geht es ruppig zu, Durchsetzung ist gefragt; sie soll schließlich auf das Leben und die freie Wirtschaft vorbereiten. Leicht ließe sich aber zeigen, in welchem Maße Menschen daran krank sind und wie anthropologisch notwendig die Ökologie der Gefühle ist: die Notwendigkeit der Verfeinerung der Gefühle, des Durchgangs von Vitalität und Emotionen zu Vernunft und Weisheit.

"Herzensstärke", etwa Mut und Ausdauer, Toleranz und Wille, ist eine leitende zentrale menschliche Energie, die durch Erziehung auszubilden ist; Herzlichkeit wird als Seelennahrung empfunden; Ich-Stärke ist das Zentrum der Selbstverwirklichung: "was will ich, wenn ich wirklich will, was ich will" (Maurice Blondel 1893, p. 133; Heitkämper 1971, S. 191); es geht um Wertbegegnung und Wertbildung - früher sagte man Tugendbildung -, sensible Phasen der Ausbildung der Logik und Vernunft des Herzens ("raison du coeur" Blaise Pascals) und des Wertfühlens; es geht um eine Entwicklungspsychologie und -pädagogik der Herzensbildung, der Menschlichkeit (Pestalozzi) - auf der Grundlage einer großen europäischen Tradition von Sokrates, Plato, Ambrosius, Augustinus, Bonaventura u.v.a. bis hin zur materialen Wertethik Scheelers und zur einfachen Sittlichkeit Bollnows; es geht um eine Entwicklungspsychologie und -pädagogik insbesondere der heute lebbaren Moralität im weitestmöglichen Sinne des Wortes (Gebräuche, Sitten, Verhaltenskodex, Sittlichkeit, Usus, Kultur) als pädagogische Aufgabe.

5.1.1 Elementarbildung

Pestalozzi versteht unter Elementarbildung die "naturgemäße Erziehungsweise", die die Basis für das ganze Leben bildet. Es ist die oft zitierte Ausbildung von Herz, Kopf und Hand, mit dem "Übergewicht der Sittlichkeit, was dem Ganzen der Menschennatur sein Gleichgewicht gewährt und sichert" (Kern & Wittig 1985, S. 148), und zwar in der Reihenfolge: "Das Gute zu wollen, zu können und zu kennen" (ebd. S. 151). Dem Herzen kommt dabei übergeordnete Bedeutung zu. Die gegenwärtige Menschenbildung hat "Kopf" und "Hand" längst aus ihrer Bindung an das "Herz" gelöst - aber Erkenntnis und Handeln haben nur dann heilsame Folgen, wenn sie mit "Menschlichkeit" verbunden sind (ebd. S. 148).

Elementarbildung heute ist das Plädoyer für ein möglichst früh im Kindesalter mit erzieherischer Liebe eingeübtes ökologisches Regelsystem des Verhaltens. Dieses ist "elementar" in zweifacher Weise: 1. daß es früh anerzogen wird, und 2. daß es

Grundlage personaler Lebensphilosophie wird. Der Erzieher lebt Liebesfähigkeit, auch liebende Streitkultur, Herzensbildung, Herzlichkeit, Gefühlswärme, Großzügigkeit, Güte, Verläßlichkeit, Konsequenz, Väterlichkeit / Mütterlichkeit, in diesem Sinne Religiosität exemplarisch vor.

1. Bei nahezu 80 % (Winterhager-Schmid 1994, S. 110) der Grundschulkinder können wir trotz des "Verschwindens der Wirklichkeit" und der Kindheit noch von relativ intakten Familien und von relativer kindlicher Ganzheit, Spontaneität und Offenheit ausgehen, auch wenn das Kind heute in vielen Familien und beim Fernsehen die "einfache Sittlichkeit" schon verlernt hat und meist Gewalt, Mord, Sex, Perversion ebenso kennt wie rüde Durchsetzung von Helden in Filmen (Glogauer 1993): Die Frage ist, ob und wie es noch "reiner Gefühle" (Pestalozzi) fähig gemacht werden kann und soll.

a) Es gibt die kindliche Ausstrahlung, das Vertrauen in die Welt, die kindliche Selbstüberzeugung. Sie kann in der Grundschule als stabilisierende Basis nicht mehr "naturwüchsig" vorausgesetzt werden. Trotzdem und gerade deswegen, sagen uns David Gribble im Anschluß an Alexander Sutherland Neill, und Hartmut von Hentig, die sich "auf die Seite der Kinder" stellen (1991): Schaffen wir eine Vorbereitete Umgebung (Maria Montessori), dann erfüllt sich eine "pädagogische Sittenlehre; sie erhält Sätze wie diese

- Ein normales Kind möchte gut sein.
- In einer sozial eingestellten und freien Umwelt wird sich ein Kind sozial und frei verhalten: es lernt Verantwortung.
- Wenn Kinder sich fragen: Was ist wirklich wichtig?, werden sie in der Regel die richtige Antwort geben; man lasse ihnen darum auch in wichtigen Dingen freie Wahl.
- Die Wirklichkeit hat eine disziplinierende Wirkung. Die Kontrolle der Erwachsenen enthebt die Kinder dieser Wirkung, Freiheit setzt sie dieser Wirkung aus.
- Eine gute Schule kommt mit wenig Regeln und ohne Strafen aus / eine gute Schule ist eine, an der nicht gelogen werden muß / eine gute Schule ist eine, an der man freundlich sein kann, weil man keine Angst hat" (v. Hentig, ebd. S. 25).

b) Primärerfahrungen berühren die Kinder (wie überhaupt alle Menschen) viel intensiver als jede mediatisierte Erfahrung. Beispielhaft hat Maria Montessori dies im sog. "Phänomen der Polarisation der Aufmerksamkeit" aufgewiesen, in der dortigen Großen Arbeit, dem Sich-Öffnen den pädagogisch vorbereiteten Dingen gegenüber, dem Mit-den-Dingen-in-Berührung-Sein und Sich-immer-stärker-von-ihnen-berühren-Lassen. Sie konnte zeigen, daß diese meditative Konzentration und der innere Dialog mit sich selbst und den Dingen "normalisierend", d.h. beruhigend, energieausgleichend, ins Gleichgewicht bringend, fast könnten wir sagen: "moralisierend" wirkt im besten Sinne des Wortes.

Heute ist der Gedanke von Meditation eine ganze pädagogische Bewegung geworden; Stilleübungen bringen die Kinder zur Begegnung und zum Dialog mit sich selbst, Konzentrationsübungen fokussieren ihre Aufmerksamkeit, Entspannungsübungen (Autogenes Training, Tiefenentspannung, Progressive Muskelentspannung) lassen sie sich selbst erfahren und in Ruhe genießen, Phantasiereisen in allen möglichen Fächern erhellen das persönliche, soziale und natürliche Erleben, Mandala-Übungen helfen auf dem Weg von außen nach innen, meditative Übungen bringen Ausgeglichenheit und inneres Glücksgefühl, Meditatives Tanzen bringt "Umwandeln durch umwandeln" (Lander & Zohner 1987, S. 55; Halbfas 1982; Faust-Siehl u.a. 1993).

c) Alles dies ist Elementarbildung im pestalozzischen Sinne. Ein weiterer Aspekt der Elementarbildung ist die "Moralität der Sachlichkeit". Die Dinge verlangen das Respektieren ihrer Gesetzmäßigkeiten, sie erziehen die Kinder. Wenn ich Erfolg haben will, muß ich Anpassung leisten, mich ein Stück weit nach den Dingen richten (Akkommodation), wenn ich sie nicht beherrschen kann (Assimilation).

Daraus entsteht ein positives realistisches Lebensgefühl, ein Gefühl der eigenen Kraft und Kraftbegrenzung, der Selbstwertschätzung und Fremdwertschätzung, der Zufriedenheit und des Respekts zu anderen, eine seelische Stabilität ohne übersteigerten Egoismus, also ein moralisches Gefühl für die Berechtigung subjektiver und objektiver Regeln.

2. Von diesem Sicherheitsgefühl, der Normalisation, des In-der-Ordnung-Stehens und des In-Ordnung-Seins her ist eine Fröhlichkeit der Seele fundiert. Kinder wollen Gerechtigkeit. Sie schaffen sich dafür moralische Regeln. Die stabile Ordnung der Grundschule ist für sie auch eine stabile Wertordnung. Sie sind ihr nicht hilflos ausgeliefert, sondern sie können durch ihr Verhalten an den kommunikativen Regeln mitarbeiten, sie sind an einer Moralität der Stabilität interessiert.

a) Montessori sagt dazu: Freiheit ist der Gehorsam der inneren Ordnung gegenüber; Freie Arbeit stellt diese seelische Fröhlichkeit und Schaffensneugier her. Die Moralität der Ordnung ist nicht passiv, sondern kreativ. Die Anpassungsprozesse gestalten die Ordnung in sachlichen Grenzen dynamisch, und die Kinder suchen zunächst einmal Grenzziehungen, Sicherheiten zu erkunden und auszuprobieren. Wenn sie innerlich abgesichert wissen, woran sie sich zu halten haben und daß dieses gerecht und auch lebbar ist, sind sie fröhlich.

b) Dabei geht es nicht ohne Auseinandersetzung zu. Im Mittelpunkt steht im Sinne des moralischen Realismus (Jean Piaget) die Gerechtigkeit der Sache, die Gerechtigkeit der Regel. "Es gibt nur weniges, was Kinder leidenschaftlicher erörtern als Gerechtigkeitsfragen" (Gribble 1991, S. 183). Mut und Ausdauer, auch Tapferkeit und Güte werden bei Widerständen, zum Einüben von Beharrlichkeit und Durchsetzung verlangt. Es sind Widerstände von Sachen und Personen zu bearbeiten. Freinet hat eine entsprechende, oben skizzierte Widerstandspädagogik entwickelt (Heitkämper 1996).

c) Im Zentrum der "Elementarbildung und Wertbegegnung" steht subjektiv die Ausbildung des Mitgefühls, der Hilfsbereitschaft, in der Grundschule zunächst auf der Ebene des Gebens und Nehmens, des Gerechtigkeitsgefühls, der Wahrhaftigkeit, der Regelbefolgung. "Gegenseitiger Respekt ist die Seele progressiver Pädagogik", schreibt David Gribble (1991, S. 53) als Weg zur Reform der Schule. Damit sind die Grundwerte genannt, denen die Kinder begegnen sollen, die sie bei den Lehrerinnen und Lehrern als Vorbildern finden, und die sie in Kommunikation mit den anderen Kindern unter pädagogischer Leitung einüben. Sie führen gleichzeitig aus der egozentrischen Phase hinaus.

3. Lawrence Kohlberg nennt dieses Verhalten aus einem egozentrischen Ordnungsgefühl die heteronome Stufe der moralischen Entwicklung im Übergang zur Stufe des konkreten Individualismus (um das 10. Lebensjahr). Nur wäre es falsch, heutigen Kindern blinden Gehorsam anzudichten (Hoffmann 1979, S. 98). Die Suche nach Autoritäten reguliert ihr moralisches Urteil und Handeln, sie wollen Strafe vermeiden und belohnt werden. Aber sie haben ein eigenes Gewissen, sie haben eine bestimmte Freiheit, die sie in ihren Grenzen moralisch verantwortlich macht.

a) Der Tatbestand ist heute differenzierter: Grundschulkinder haben nicht mehr die Moralität des Zwanges (Jean Piaget). Innerhalb der vertrauensstiftenden Ordnung der partnerschaftlichen Autorität nutzen sie die Freiheit der eigenen Kinder-Welt. Ganz unterschiedlicher Kinder-Welten. Ihr Moralgefühl ist auf diese ihre Welt ausgelegt; dadurch sind sie teilweise den Erwachsenen in moralischer Sensitivität überlegen, z.B. bei Tiermißhandlungen (Gribble 1991, S. 184). In anderen Wertentscheidungen sind sie wiederum auf durchgreifende Erziehung angewiesen: über ihren eigenen Standpunkt der Nützlichkeit hinaus die Solidarität mit anderen zu sehen, hilfsbereit und gerecht für andere zu sein (Piaget 1954, S. 223 ff.).

b) Sachgerechte Disziplin ist auch eine moralische Kategorie: Das Grundschulkind wird durch die äußere Ordnung und die Institution zur Selbstüberwindung, zum Durchführen der Aufgabe bis zum Ende, zum gerechten Verhalten den anderen gegenüber angehalten. Es sind grundlegende objektive, subjektive und kommunikative Ordnungswerte.

c) Diese autoritative Ordnung kommt dem Kind so entgegen, daß es, wie Pestalozzi für die Elementarbildung verlangt, zum "Nachdenken und Vergleichen der Rechts- und Sittlichkeitsverhältnisse, in denen das Kind schon durch sein Dasein und seine Umgebungen steht", angeleitet wird: Das Kind erkennt Moralität als eigenes Interesse und den Austausch der Verpflichtung als Interesse aller.

5.1.2 Gemeinschaftssinn

Aus diesen Nützlichkeits- und Gerechtigkeitserwägungen der eigenen Interessen, dem Tausch der Interessen: "Gibst du mir das, verpflichte ich mich, dir dies zu geben", und aus Billigung und Mißbilligung (Hahn 1982, S. 19) erwächst die Einbindung in die Regeln der Gruppe, nach Kohlberg die "Interpersonale Konformität" (Stufe 3): Das Ich ist stark auf die Anerkennung anderer angewiesen, es hält an einer Rolle fest (role-taking) und erkennt andere Rollen an, strebt Rollenidentitäten und Rollenkonformitäten an, differenziert aber zunehmend zwischen sich und den Normensystemen. Im weiteren Lebensverlauf erkennt das Kind die Schule als Ort der Pflichterfüllung, der Erfüllung einer sozialen Ordnung (Systemkonformität, Stufe 4), sozialer Moralität.

1. Piagets "Moralität der Kooperation" entspricht bei Kohlberg die "Moralität der interpersonalen Konformität". Die Wahrheit liegt in der Dialektik beider: nämlich den heranwachsenden Jugendlichen ist die Beachtung der gegenseitig ausgehandelten Regeln der Gruppe wichtig; sie erkennen diese als objektive Vereinbarungen an; ihnen wird subjektiv die Gruppe immer bedeutsamer, und sie erklären sich konform mit subjektiven und situativen Absichten der Gruppe.
a) Zuvor liegt der Prozeß des Sich-Durchboxens auf der Hierarchieleiter der Gruppe; die Anerkennung der erworbenen eigenen Rolle ist für das Selbstwertkonzept und für Überwertigkeits- bzw. Minderwertigkeitsgefühle entscheidend. Recht stereotyp wird als richtig erachtet, was Zustimmung findet, insbesondere bei Jungen: welche Werte das aktivste Gruppenmitglied bestimmt. Die Gruppe selbst und die in ihr herrschende Stimmung ist ein Wert. Aber Korrekturen von außen werden noch sachlich-kritisch angenommen. Eine kooperative Vorstellung von Werten kann in diesen Prozeß, insbesondere bei Mädchen, durchaus noch eingreifen.
b) Die gefundene Gruppennorm und subjektive Verhaltensnorm in der Gruppe stehen allmählich in einem prozessualen Verhältnis zueinander, sie können korrigiert und erlebnisstark verändert werden. Alle sind neugierig auf Neues, auch von Außenseitern. Subjektive Motive und Umstände für Verhalten werden an der Gruppenspitze gerechter gewichtet; es ist jetzt moralisch, Ungerechtigkeiten in der Gruppe, Ein-

zelleistungen von Gruppenmitgliedern mit auf die Waage der Gerechtigkeit zu bringen. Auf diesem Wege bekommen dann vielfältigere Sichtweisen, Fähigkeiten, Fertigkeiten moralische Anerkennung im Sinne einer austeilenden Gerechtigkeit (Piaget 1954, S. 367).

c) Ganz deutlich werden geschlechtsspezifische Stereotypwerte und aktuelle Jugendlichenwerte. Geschlechtsspezifische Werte werden durch alle Zeiten hindurch unbewußt von den evolutionsgeschichtlichen Funktionen her bestimmt, sozialhistorisch moduliert: Werte der Jungen sind Muskelkraft, sportliche Fähigkeiten, Wagemut, Führungseigenschaften, männliches Aussehen und Gehabe; heute kommen Computer-Werte, neue Medien-Werte, hinzu; Werte der Mädchen sind Kooperationsbereitschaft, gutes Aussehen, sportliche Eigenschaften (Nickel 1975, S. 129 ff.).

2. Interpersonalität und Systemkonformität bekommen nun einen tieferen Sinn: die Solidarität. Es handelt sich hier um einen qualitativen Sprung der Moralität zum Gemeinschaftssinn. Heranwachsende Jugendliche wenden sich immer mehr innerpsychischem Erleben zu und haben zunehmend auch für psychische Gegebenheiten und Wertsetzungen anderer Verständnis. Hier setzt auch die Pädagogik an, indem sie - keineswegs mit Druck - Modelle für den Nutzwert von Systemkonformität und Widerstand vor Augen führt: inhaltlich in der Schule, in einzelnen Fächern (Rekus 1991), plastisch praktisch handelnd in lokalen sozialen Konflikten.

a) Zunächst beginnt die Einsicht in sachlich und sozial und subjektiv notwendige Gemeinschaftswerte wie Einordnung, Geduld, Einsatzbereitschaft, fair-play, Mut und Risiko für die Gemeinschaft, damit diese gut funktioniert und allen nützt. Die Gruppe dient als Spielraum für soziales moralisches Verhalten.

b) Die Gruppe wird nun zur Gemeinschaft. Sie fördert allmählich die Abwendung von der Werten der Eltern, Lehrerinnen und Lehrer, anderen Gruppen, der Gesellschaft. Dadurch wächst die Gruppendichte, die Verpflichtung gegenseitiger Achtung, ge-

genseitigen Verständnisses, des Gebenkönnens und Nehmenkönnens, der Dankbarkeit, der Solidarität und des Geradestehens für die Werte der Gemeinschaft, auch für die Fehler, das Engagement für deren Ziele, das sich darauf verlassen Können.
c) Eltern und Lehrer befinden sich in einer parallelen zwiespältigen Lage wie die heranwachsenden Jugendlichen. Einerseits sind diese zu Hause integriert, andererseits selbständig. Sie fördern nun einerseits Selbständigkeit und Ablösung vom Elternhaus, manchmal auch zu ausgeprägt, ohne Brücke in die Jugendzeit hinein; andererseits zeigen sie aufgrund der Wertorientierungen in ihrer eigenen Jugendzeit gegenüber den Werten der heutigen Jugendlichen konkret oft wenig Flexibilität, Toleranz und Verständnis.

3. Heranwachsende Jugendliche sind noch keine ethischen Nonkonformisten. Es kommt ihnen auf pragmatische Normsetzungen an, die sie im Elternhaus, in der Schule, im System der Gruppe, in der Klassengemeinschaft erfahren und korrigieren können. Es ist noch eine objektivistische, aber kooperativ-subjektiv vermittelte Moralität konkreter sozialer Ordnungen. "Besonders soziale und moralisch-sittliche Einstellungen und Verhaltensweisen sind auch in diesem Alter noch verhältnismäßig stark von denen der Eltern beeinflußt" (Nickel 1975, S. 357). Eltern und Lehrer tun gut daran, ihre Wertorientierungen mit denen der heranwachsenden Jugendlichen parallel zu führen und nicht hinter dem Berg zu halten. Dieses Erziehungsmodell heißt heute "ökopsychologisch-interaktional" (Nickel 1993, S. 244 ff.)
a) Beide Interaktionspartner: Schüler und Schülerinnen und Lehrerinnen und Lehrer haben ihr System von Wertorientierungen und Werterwartungen unter ständiger Veränderung erworben. Darin sind objektive, soziale, subjektive, situative Wertungen mit einer bestimmten Variationsbreite enthalten. Sie treffen nun aufeinander und haben interaktional Wahrnehmungsschwierigkeiten der Wertungen des anderen, Rückmeldeschwierigkeiten, Verhaltensmodifikationsschwierigkeiten. Beide Seiten haben Wahrnehmungsverzerrungen. Um nun die gegenseitigen Wertungen und propagierten Wertgefüge abzugleichen, bildet dieses Alter für Pädagogen die Chance eines bilateralen Interaktionsprozesses ohne die außerordentlichen Konflikte, die in Zukunft zu erwarten sind.
b) Die heranwachsenden Jugendlichen zeigen noch ein sozial-emotionales Beziehungsverhältnis zum Lehrer, sehen sich noch in Wertordnungen eingebunden, empfinden die sachlich-soziale Notwendigkeit gewissenhafter Pflichterfüllung, gehen an Interaktionen mit subjektivem Gerechtigkeitsgefühl heran, brauchen die Wertorientierung der Erwachsenen zum Aufbau des Ich, zunehmend in Korrespondenz und Widerspruch mit den Wertorientierungen der Gruppe.

c) Es kündigt sich in einem ersten Schritt der Aufbau einer veränderbaren sozialen Moralität an, dessen, was die Jugendlichen nur noch subjektiv wertend akzeptieren können. Die Anerkennung sozialer Werte als abstrakt empfundene sachliche Grundlage der Gemeinschaft, die Notwendigkeit von Gemeinsinn und von Engagement füreinander wird vor den Richterstuhl der subjektiven Wertung zitiert.

5.1.3 Gewissensbildung

Die Jugendlichen kommen nun zur Herausbildung des personalen Ichs, Pestalozzi spricht von der "Erweckung des Inneren". Damit ist zugleich der pädagogische Vorgang fein angedeutet: die Selbstorganisation der Wertebildung im Inneren und von außen die Bereitstellung von Vorbildern und Möglichkeiten zu Entscheidungen und zur Lösung von Gewissenskonflikten. Der Lehrer kommt hier nicht mehr direkt an die SchülerInnen heran; indirekte Mitteilung erscheint als geeignete Methode, deren Willensentscheidung, die Frage der multiplen Lebensabschnitts-Identitäten und die Haltung zur inneren Verpflichtung zu klären.

1. Die Pubertät als physio-psychosozialer Einbruch in das Leben der werdenden Jugendlichen bringt eine Krise des Wertgefühls und Wertbewußtseins. In Rückkopplung mit dem erst diffusen neuen KörperBewußtsein werden alle Fragen von Faszination, Hingabe, Engagement, Zuwendung, Moralität neu gestellt und konflikthaft intensiv erlebt. Frühere Einstellungen, Wertkonzeptionen, Verhaltensregeln werden trivial und als “babyhaft” verworfen; die Ökologie der Werte stimmt nicht mehr, schon länger war sie an den Rändern ausgefranst, jetzt wird ihre "Substanz", das ganze System, kritisch.
a) Die stabile Einheit von Körper-Seele-Geist zerbricht, und mit ihr das selbstverständliche Vertrauen auf Ordnungen. Diese wirken aber weiter und werden "von außen" in Form von Grundwerten, Vorschreibungen, Verboten, Sanktionen, Disziplinierungen von den Jugendlichen verlangt, tragen also ein Stück weiter durch. Umso heftiger versucht ein Teil der Jugendlichen, aus dieser Art Moralität, Anpassung, Arbeitsorientierung, auszubrechen. Meist nur der kleinere Teil der Jugend. Die einen durchpulst ein ausgelassenes Freiheitsgefühl, gerade die Grenzen der Moral interessieren sie: sie wollen dahinter schauen, Werte zerreißen, raus aus den Pflichten, weg von elterlicher Moral, mal ganz nach unten, "schön düster", oder "wenn sie schreien und dann wegrennen - das macht Spaß", oder "dieses Aufmüpfige, dieses ständige Aufstehen" oder ekstatisch nach oben, "es ist eine gewisse Art von Freiheit" (Stock & Mühlberg 1990, passim); die anderen sehen cool die Chancen der Anpassung und egoistischer Werte, vielleicht unterbrochen durch Werte der Clique.

Sexualität ist ein zentraler Wert. Alle drücken ihre Kontrastwerte durch Musik und Mode aus; als "Fans" (fanatics) schütten sie den Musikgruppen und Liedermachern ihre Herzen, ihre ganze Liebe, ihre Ekstase, entgegen (Döpfner & Garms 1986).
b) Dies prägt sich geschlechtsspezifisch unterschiedlich aus. Schon allein die körperlichen Vorgänge unterscheiden sich, auch nach Lebensalter, Wirkung, psychischen Begleiterscheinungen, sozialer Akzeptanz und Kontrolle. Mädchen entwickeln hier - auch nach Abenteuern, Ausrissen, entstrukturalisierten Biographien - nach und nach Formen der Zuwendung, partnerschaftlicher Werte und soziales Engagement - gruppen-, gesellschafts-, vielleicht auch modespezifisch, aber doch unterschiedlich zu Jungen mit ihrer Orientierung auf die Werte ihrer Gruppe, oder z.B. auf technische Faszination und weniger auf "weibliche Tugenden". Inhaltlich unterscheiden sich diese Werte in jeder Jugend, häufig schon im nächsten oder in den nächsten fünf Jahren, so daß der entscheidende Eindruck entsteht, auf dem neuesten Stand der Werte zu sein.
c) Entgegensetzungen und Konflikte arbeiten sich gerade an den Institutionen Eltern, Geschwistern, LehrerInnen ab. Sie werden auf ihre Moralität (im weitesten Sinne), ihre Verläßlichkeit, die Übereinstimmung von Wort und Tat, das Engagement, die Schwächen hin geprüft. Dieses Abtasten verlangt von den Erwachsenen das elastische Dagegenhalten: die grundlegende Prüfung der eigenen Werte, die Setzung von Maßstäben, den Mut zu kommunikativen Erziehungsvorstellungen und Beratungen gegenüber der heutigen Amoralität, permissiveness und gegenüber der Flucht vor der Übernahme von Erziehungsverantwortung. Jugendliche wollen keine Schwächlinge von Pädagogen.

2. Gerade diese labile Phase der Werte-Neuorientierung bietet die große Chance der Ausbildung neuer moralischer Qualitäten. Sie zerren gegenseitig an ihren eigenen Werten, richten die Erwachsenen an ihrer Unzulänglichkeit, proben in ihren tastenden Versuchen oft das Gegenteil herrschender Moral, eben die Umwertung der Werte, Chaoswerte, um zu neuen Werten zu kommen.
a) Je flüssiger und explosiver der innere Kern, umso größere Mauern werden um ihn herum gebaut. Diese Flüssigkeit braucht ihre Zeit des Durchlebens und Abkühlens, der Wechselbäder, der Krisen, der Festigung und Ordnung nach selbstgewählten und sozial akzeptablen Prinzipien; dann entpuppt der Kern sich als wertvoll, wertehaltig, wahrhaftig, moralisch in eigenem Sinne, engagiert, von einer faszinierenden Neubewertung der Menschen und Dinge.
b) Jugendliche nehmen ihre Zuflucht in übersteigertes Gerechtigkeitsempfinden, Veränderungsdrang, Absetzung von eingespielten Ordnungen, Radikalismen. Sie

halten Erwachsenen den Spiegel vor, in den diese nur ungern hineinsehen. Radikalismen sind Moralisierungen.

Sie sind zugleich richtig und wichtig und falsch und diskussionsbedürftig. Das Ergebnis der pädagogischen Akzeptanz des Anliegens, der Zuwendung und des Gesprächs ist die Erkenntnis der "Unstimmigkeit des pädagogischen Outfits und Habitus'" (Ferchhoff 1993, S. 180 ff.): Erwachsene lernen Zuhören, Selbstkorrektur, neue Wertorientierungen.

c) Das vor der Außenwelt geschützte Innere der Jugend hat intensive Harmoniebestrebungen, Sehnsucht nach Kontakt und Liebe, Ergänzung im Du des Gleichaltrigen, gleich- und gegengeschlechtlichen Partners und der Gruppe und Clique. Hier offenbaren die Jugendlichen Ideale, Engagement und Hingabe.

3. Martin Buber spricht hier von der Notwendigkeit der Charaktererziehung, zunächst sozusagen von der Ausbildung des kleinen Charakters. Er meint damit eine Erziehung zur Übernahme der Verantwortung erst einmal für sich selbst und die Gruppe und die Annahme des anderen als Person; der äußere Gehorsam wandelt sich in inneren, "freiwilligen" Gehorsam (Georg Kerschensteiner) als eine Form der Selbstbeherrschung. Hier beginnt dann die Gewissensbildung als subjektive Verantwortung (Buber 1965, S. 56 ff.).

a) Zum inneren Gehorsam - heute Selbstverwirklichung genannt - gehört das Wissen, was ich will. Der und die Jugendliche tritt in ständigen Kontakt zu sich selbst, der intrasubjektiven Instanz des Ich; erst diffus und schwimmend, unklar über sich selbst, Vertrauen lösend, sichere Brücken abbrechend. Die erste Entdeckung des Selbst kann von Eltern und Lehrern nur in Selbstbesinnung über die Auswahl des "Richtigen", wie Buber sich ausdrückt, begleitet werden.

b) Aus der Besinnung erwächst die Gesinnung des Jugendlichen, das Engagement, die Hingabe und Tatkraft, die moralische Qualität Gewissen. "Es ist dazu zu erziehen, überhaupt erst wieder zu einer wirklichen Stellungnahme gelangen zu wollen" (ebd. S. 64). Jugendliche arbeiten daran zentral. Sie leben ihre Werte, teils ohne Rücksicht auf Verluste. Teils werden sie medial total außengesteuert und zugeschüttet. Dann leben sie mediale Werte, die sie für existentiale halten.

c) Vollendet wird die Gewissensbildung innerhalb eines zunächst kleinen Gesichtskreises durch die Annahme des eigenen Selbst und der Personalität anderer. Beste Gewähr dafür ist die vertrauenserweckende Stabilität von Haltepunkten der Umgebung: von Personen, Institutionen, Tätigkeitsfeldern; ein Prozeß, der optimal aus einer Wertbegegnung, aus einer Begegnung von Ich und Du gestaltet werden kann.

5.1.4 Die Ausbildung der raison du coeur

Gewiß große Worte großer Erzieher, mit großer Einfachheit selbst gelebt: Pestalozzis Herzensbildung und Bubers Rede vom Großen Charakter. In der Schulzeit muß aber an dieser Zielrichtung gearbeitet werden. Sie wird auch von den Heranwachsenden mit ihren übersteigerten Werten der Größe, des Erhabenen, gewollt. In der letzten Phase der Schule soll in der Erziehung alles vollendet werden, was an hehren Begriffen in der Pädagogik vorhanden ist: die Heranwachsenden sollen - nach Humboldt - eine Vorstellung des gebildeten Menschen entwickeln, sie sollen - nach Montessori - im Sinne des Kosmischen denken und handeln, sie sollen - nach Buber - der Moralität des Großen Charakters nacheifern, sie sollen - nach Pascal - in der raison du coeur ausgebildet werden. Das Ziel soll der Weg sein und der Weg das Ziel: taoistisch gesprochen muß diese Wertorientierung mit großer Einfachheit geschehen.

1. Bildung ist der Zentralbegriff. Gemeint ist hier Wertebildung im Sinne Pestalozzis, die "Notwendige Bildung" (Kern & Wittig 1985) in Erinnerung schon des Buddha, des Konfutse, des Sokrates, des Jesus Christus, aber auch des Mahatma Gandhi und vieler anderer Sprecher der Menschheit, je spezifisch getönt auf unsere heutigen Verhältnisse transformiert: Herzensbildung, Bildung im Sinne des Kantischen Imperativs, im Sinne von Maurice Blondel: "Was will ich wenn ich wirklich will was ich will" (Blondel 1893) - wie gesagt, nicht als großartige pädagogische Proklamation, sondern als einfach gelebtes Leben.
a) Michel Foucault spricht von der Selbstsorge (epimeleia heautou), von der "culture de soi", der für alle Menschen geltenden "art de l'existence", der "techne tou biou", der Lebenskunst also; Lebenskunst ist sich selbst Leben, braucht also eine "conversion à soi - epistrophe eis heauton"; das Ergebnis ist das Glücksgefühl der "subjectivité morale". Dies alles sind Umschreibungen für den modernen Begriff der Selbstverwirklichung und Selbstbestimmung, die eine Moralität, ja eine aus Überzeugung gelebte Sittlichkeit voraussetzen, nämlich die Kultivierung von Aggression und Macht, Sexualität, Emotionen, Kommunikation, Geistigkeit mithilfe von Erziehung, Ausbildung und Erfahrung (Heitkämper 1986, S. 44).
b) Diese Bildung ist anstrengend; es ist das Sich-Verschleißen (Joseph Beuys) im Dienste einer Sache, im Dienste der Menschen, ein Sich-mit-Hingabe- und-Engagement-zur-Verfügung-Stellen, ein Beitrag zur Herzlichkeit, zur "Gefühls-Erwärmung der Erde" (Heitkämper 1994). Dies erst bringt Sinn. Es ist das, was Pestalozzi und Bollnow mit Erziehung zur "einfachen Sittlichkeit" bezeichnen, die bei jedem großen Hinausposaunen ihren Wert verliert. Es ist die Selbstverständlichkeit

menschlichen Lebenszusammenhangs. Dies muß eingeübt werden, es muß in der Zeit des jugendlichen Erwachsenen begonnen und thematisiert werden.

c) Diese Spiritualität hat heute lokal interkulturelle und internationale Dimensionen. Sie ist keinesfalls die Haltung eines Naivlings. Sie ist ein ständiger mühsamer, unbequemer, kritischer Lernprozeß in der ernsten Durcharbeitung realistischer Welterfahrung und Wertungen im Austausch mit den Nöten, Ansprüchen und Traditionen interkultureller Gruppen. Wertung und Gewissensbildung gebrauchen viel kritisches Wissen: Menschenkenntnis, wissenschaftliches Wissen über Tatbestände, Strategien, Macht, kontrafaktisches Charisma.

2. Heutiges soziales und politisches Engagement sammelt sich in der Umwelterziehung, Friedenserziehung, "Kosmischer Erziehung" (Maria Montessori), Eine-Welt-Pädagogik, Interkulturellen Pädagogik, Transformationspädagogik. Man könnte sie als Wertpädagogiken zusammenfassen. Sie stellen sich den heutigen Menschheitsaufgaben auf pädagogischem Gebiet.

a) Gebildet ist heute, wer die Moralität und Herzensbildung für die genannten Problemgebiete aufbringt und in deren Lösung seine eigenen Menschheits-Interessen verwirklicht sieht. Es geht um die notwendige Empathie gegenüber den Menschen, der Menschheit und der Natur. Blaise Pascal geht über das Mitgefühl hinaus, wenn er von der "Vernunft des Herzens" spricht (le coeur a ses raisons, que la raison ne connaît point. Pensées Fragm. 277). Vor dieser Frage stehen Pädagoginnen und Pädagogen immer wieder, weil diese Vernunft ihre Wertordnungen kreiert, die den Werten der realistischen rationalistischen Leistungs-Durchsetzungs-Gesellschaft vordergründig zuwider sind. Der Kampf der Werte gegeneinander ist in einen Kampf der Werte füreinander zu transformieren: in einen dialogischen Kampf (à la Ernst Bloch) für die Werte der Vernunft des Kopfes und für die Werte der Vernunft des Herzens.

b) Umwelterziehung, Ökopädagogik, Mitweltpädagogik, Naturnahe Erziehung, Erziehung zur Rettung der Erde sind keine idealistischen Orchideen-Pädagogiken. Sie fordern ein konkretes Wertesystem der Vernunft und eine entsprechende Gewissensbildung und moralische Erziehung. Das neue ökologische Wertesystem nimmt im Wirtschafts-, Wissenschafts-, Philosophie-, Technikbereich schon konkrete Gestalt an (Kern 1990). Peter Kern nennt für das Ökosophische Management vier Prinzipien, die auch in pädagogische Werte zu transformieren sind:

- ❒ "die Person-Verträglichkeit: Die Würde des Einzelnen ist zu respektieren;
- ❒ die Sozial-Verträglichkeit: Der Idee der Gerechtigkeit im sokratischen Sinne ist weltweit Rechnung zu tragen;

- die Natur-Verträglichkeit: Die Mitleidensfähigkeit mit allem Lebendigen ist zu kultivieren;
- die Zukunfts-Verträglichkeit: Produkte und Produktionsverfahren, die Leben überhaupt bedrohen..., sind ethisch nicht zu rechtfertigen" (ebd. S. 146).

c) Kosmische Erziehung ist das Verantwortung-Übernehmen für den ganzen Menschen und die Menschheit und die Natur. Sie findet ihren Ausdruck in den (immer wieder überarbeitungsbedürftigen) Werten der Menschenrechte. Pädagogisch geht es um "die Bildung des inneren Menschen, die Kultivierung der Gefühle der Menschlichkeit, die Achtung vor der Gesamtleistung der Menschheit, die Notwendigkeit der Neustrukturierung der Erdgesellschaft unter den leitenden Prämissen Gerechtigkeit und Liebe, immer unter Rückbezug auf die kosmischen Gesetze der Natur zur Schaffung der 'Super-Natur' - wie sie die Menschheitskultur nennt" (Heitkämper 1996). "Herzensbildung" Pestalozzis trifft hier ihren Kern, aber auch über jede Romantik hinaus ihre Materialisation.

3. Ein anderer Ausdruck für diese höchste Moralität ist der "Große Charakter" Bubers, immer nie erreichter Zielpunkt, immer mit dem "sich die Hände schmutzig Machen" Jean Paul Sartres. Es ist fraglich, ob Schule, wie Martin Buber meint, in die Widerspruchsfülle heutigen komplexen Lebens diese Einheit einbringen kann, "die Wiedergeburt der persönlichen Einheit ... des Wesens ... des Wirkens" - oder ob Schulpädagogen tunlichst von diesen Idealismen Abschied nehmen.

a) "Die Sehnsucht nach der persönlichen Einheit, aus der die Einheit einer Menschheit geboren werden soll, soll der Erzieher in seinen Zöglingen erfassen und stärken" (Buber 1953 [1939], S. 72). Richtig ist, daß die Heranwachsenden voll dieser Sehnsucht und Kraft sind.

b) Da schießt auch die Selbstüberschätzug über: die Anklage gegen Eltern und Großeltern, die Geschichte des Volkes und der Völker, die Unmoralität exzessiver Grausamkeit und Hinterlistigkeit; Sturm und Drang, Verantwortung übernehmen zu wollen und nicht zu können, die Welt zu verbessern, neu entwerfen zu wollen, sich einzusetzen.

c) Neue Werte, eine neue Schule oder weg mit der Schule, ein ganz anderes Leben, Freiheit und Engagement, Kraft und Wille, genauso aber auch Anpassung, Durchsetzung, Karrierebewußtsein sind Haltungen, mit denen junge Erwachsene die Schule verlassen. Der Pädagoge sieht auf beide mit kritischer Distanz und bei der Entlassung "ins Leben" mit dem Prinzip Hoffnung, durch seine empathischen Bemühungen und die mannigfachen Auseinandersetzungen zur Vermenschlichung der Welt in Zukunft beigetragen zu haben.

5.2 Schule und Werterziehung

Werterziehung ist umfassender, selbstbestimmter und dialektischer als Moralerziehung. Sie umfaßt
1. das Ich: als die "mental-ich-hafte Ebene des Austauschs von auf Gegenseitigkeit beruhender Selbstachtung, deren Paradigma Ichbewußtsein und Selbstreflexion ist; ihre Sphäre ist die gegenseitige persönliche Anerkennung und Wertschätzung (der Höhepunkt der "Praxis"), und ihr archetypischer Analytiker ist Hegel"; so Ken Wilber (1984, S. 378); die Erziehung zur eigenen Wertschätzung, die basale Erziehung zum Selbstbewußtsein und zur Selbstliebe, umfaßt alle körperlichen, seelischen und geistigen Qualitäten des Ichs;
2. die Funktion des Ichs: als Instanz der Vermittlung, Verarbeitung und Läuterung von unteren (gehirnevolutionär früheren) bioenergetischen Ebenen von Trieben, Motiven, Emotionen, im Lichte von Gefühlswärme, Herzenergie (Liebe), die das Ich bis auf die Handlungs-, Kommunikations- und Bewußtseinsebene hin vermittelt; dies in ständigem interdependenten Austausch;
3. die Funktion des Über-Ichs: als Wertbasis, ausgehend von der Selbstachtung, Fremdachtung, Achtung der Menschenrechte, Achtung der Erdrechte - grundgelegt in Goethes Ehrfurchtslehre; wegen des Furcht-Begriffs besser zu ersetzen durch eine Achtungs-Lehre im Sinne Kants.

Schule begleitet pädagogisch und vermittelt didaktisch alle diese Prozesse in der Aufbauphase des Kindes und Jugendlichen, in Unterstützung oder in Gegenwirkung zum originären Erziehungsort Familie. Sie beeinflußt maßgeblich das Selbstwertgefühl, die gesamte Konstruktion des Ichs durch Beziehungs- und Inhaltsebene und die Verantwortung vor sich, der Sozialität und der Sachlichkeit.

5.2.1 Die gefühlswarme Autoritätsschule

Angesichts des Wissens um die gesamte Selbstentwicklung des Heranwachsenden sorgt die Elementarschule für eine möglichst stabil-flexible Wertorientierung. Herauszuarbeiten ist hier die spezifisch schulische Weise, mit der Bildung des Selbst umzugehen. Dabei gilt, wie vorher schon ausgeführt, auch hier das Prinzip der "optimalen Passung", von einer "Pädagogik der nächsten Stufe" aus auf das Kind einzuwirken.

1. Dem Vertrauen, dem inneren Stolz, der Neugier und der Freude - vielleicht auch der Beklemmung, der Angst, dem Leistungsdruck - des Kindes am Schulanfang

kommt die Lehrerin mit Gefühlswärme und Wertschätzung entgegen; in einem Umfassungsverhältnis, wie es Martin Buber eindrucksvoll beschrieben hat; gleichzeitig weiterführend auch mit der pädagogischen Intention, das Kind könne in Nachahmung des Kredits, der ihm ständig gewährt wird, andere auch wertschätzen lernen.

a) Das Umfassungsverhältnis ist nicht moralisierend, sondern wertaktivierend. Die Lehrerin steht insofern in einem Autoritätsverhältnis, als sie das offene Vertrauen des Schülers zur Einsicht in seine Situation nutzt, die Offenheit verantwortungsvoll erwidert, um "das Richtige" weiß und ein "Geländer" für das Verhalten anbietet (Buber 1953, S. 31; Daniélou 1953).

b) Kinder brauchen in der Familie einen hohen Grad an Wertschätzung; in der Grundschule sollen Lehrerinnen ihnen einen mittleren Grad an Wärme und Wertschätzung geben, austariert mit einem notwendigen Maß an Führung (Tausch & Tausch 1963, 9. Aufl. 1979); denn hier handelt es sich um sozial-emotionale Wertschätzung. Kinder lernen dadurch Gefühlsdifferenzierungen. Die Wertschätzung der Lehrerin korrigiert weitmöglichst Gefühlsverwahrlosungen, Unter- und Überverwöhnungen. Die individuelle und situative Zuwendungsqualität aufzubringen, das Liebesbedürfnis der Kinder zu erfüllen, aber nicht vollzufüllen, ist eine hohe Kunst der Selbständigkeitserziehung auf Zukunft hin.

c) Grundschulkinder wollen Wertvolles wissen. Sie beschäftigen sich intensiv vertieft mit Inhalten, weil die Lehrerin sie für wertvoll hält und sie ebenfalls; möglichst mit Inhalten, mit denen sie eine Beziehung herstellen können (Inhalte sind Beziehungen), die ihnen dadurch wertvoll werden. Sie lernen durch verschiedene Inhalte verschiedene Werte. Sie wollen, daß Sachen sachlich richtig und in diesem Sinne wertvoll behandelt werden. Sie können von spannenden Inhalten nicht genug bekommen, weil sie einen geheimnisvollen Wert haben. Werte dürfen nicht zerstört werden.

2. Auf jeder Schulstufe gibt die Schule stabilisierende Wertorientierungen, aber differenziert. In der Grundschule brauchen die Kinder jene Wertorientierung und menschliche Wärme, die Grundlage für eine positive Ichstärke und die Wertschätzung anderer ist.

a) Martin Buber sagt: Das pädagogische Fundament ist nicht die Freiheit, sondern die Begegnung. Danach stellt Schule zunächst statt “Freier Arbeit” begegnende Arbeit zur Verfügung: Begegnung und Wertschätzung durch Arbeit der beteiligten Personen, und Begegnung mit mir selbst über Inhalte und meine Wertschätzung. Und immer wieder Arbeit, "Große Arbeit" (Maria Montessori) der SchülerInnen und LehrerInnen an sich selbst, am Gegenstand und an den beteiligten Personen.

Unsere Arbeit ist wertvoll, wir machen wertvolle Arbeit, wir entwickeln unser Selbstwertgefühl über unsere wertvolle Arbeit. Begegnende Arbeit ist Werterziehung, Wertaufschließung (Buber 1953, S. 22).
b) Dabei ist Schule zur Sachgerechtigkeit verpflichtet. Nicht jede Arbeit ist gleich wertvoll. Den Wert bekommt Arbeit durch die subjektiv investierte Energie einerseits und durch die objektive Sachgerechtigkeit andererseits. Im Verlaufe der Grundschule lernen Kinder immer mehr, Werte zu bewerten, eine Taxonomie objektiver, sozialer, subjektiver Werte unter dem Kriterium der Sachgerechtigkeit aufzustellen. Sachlichkeit ist somit eine moralische Kategorie der Schule (Georg Kerschensteiner). Daraus erwächst dann schon anfanghaft das Lebensgefühl des Lernens und Handelns als Sachlichkeit im Sinne von Gesetzmäßigkeiten, die man kennen muß, um der Sache, den Personen, der Gemeinschaft gerecht zu werden. Dinge, Zusammenhänge wollen mit Hingabe und personalem Einsatz und größtmöglicher Genauigkeit erobert und erspürt werden, um ihren Wert zu erkennen.
c) Wertbegegnung braucht begegnende Methoden. Werterschließende sachorientierte Methoden der Grundschule stellen Dinge mithilfe von Medien in den Mittelpunkt, lassen die Kinder im gebundenen oder freien Unterricht darüber diskutieren. Subjektive Werterschließung kann durch Philosophieren mit Kindern, Sinn-Fragestellungen und psychologische, gesprächseröffnende Methoden gefördert werden. Soziale Werterschließung wird durch kommunikative Methoden, Rollenspiel, Spiel, erfahren.

3. Eine Vertrauensbasis und eine stabil-flexible Wertsicherheit kommen durch eine für die SchülerInnen relativ klare Wertordnung zustande. Lehrerinnen und Lehrer müssen Wertorientierungen "erstens haben, zweitens leben und drittens vermitteln. Man kann sie im übrigen nur vermitteln, wenn man sie hat. Auch wenn man sie hat, vermittelt man sie am wirkungsvollsten dadurch, daß man sie vorlebt" (Lammers 1995, S. 64). Schon die äußere Ordnung - eine Regelhaftigkeit, die auf die innere Ordnung wirkt - repräsentiert auch eine Ordnung der Werte. Wie außen so innen, wie innen so außen. Wo alles egal ist, sind auch Werte nichts wert.
a) Die Vorbereitete Umgebung (Montessori) sind vorbereitete Wertorientierungen. Sie sind auch Ausdruck der Wertorientierung der LehrerInnen, der Schulkonzeption insgesamt. Dazu zählen auch vorhandene Medien, Klassenraumgestaltung, ausgehandelte Regelsysteme. Damit kein Mißverständnis entsteht: Nicht der aufgeräumteste Klassenraum, bei dem man vom Fußboden essen kann, ist der Ausdruck höchster Moralität; höchstens Ausdruck psychoanalytisch problematischer Sauberkeitswerte (Mitscherlich). Werte müssen lebbar sein, in der Grundschule sind es Wohlfühlwerte.

b) LehrerInnen brauchen keine Engel zu sein. Aber sie haben Vorbildfunktion auch in ihrem Leben von Werten. Kinder sollten bei ihnen nachempfinden können, welche (Wert-)Arbeit sie an sich, im Dienste der Sache und in der menschlichen Ausgestaltung der Schule leisten. Sie werden sie personal-solidarisch nachahmen.
c) Gerade in einer Kindheitsphase, in der Autorität, Vorbild, Nachahmung, Gerechtigkeit gefragt und genauestens beobachtet werden, ist das offene Selbstwertkonzept und das eigene Wertfühlen der Lehrerinnen und Lehrer, die Offenlegung der persönlichen und sachlichen Bewertung mit kindgemäßer Begründung die Voraussetzung für Schülerinnen und Schüler, das Werten zu lernen.

5.2.2 Normen und Werte in der Schule

Gemeinhin wird die Schule als rigider Ausdruck der Normen und Werte einer Gesellschaft angesehen: Jede Gesellschaft hat die Schule, die sie verdient. Entsprechend den Phasen der Schullaufbahn und der Identitätsentwicklung der Schülerinnen und Schüler werden die Normen und Werte in der Schule aber differenziert gehandhabt; in der Grundschule und noch in der Orientierungsstufe sind die aufwachsenden Jugendlichen auf systemkonforme Konventionen in der Wert-"Orientierung" angewiesen, die sie dann später radikal verlassen können.

1. Hier nützt also "Offenheit" als solche erst einmal wenig, sozusagen offene Offenheit (Offenheit ist ein dialektischer Begriff, Offenheit muß immer begrenzt sein!); Lehrerinnen und Lehrer in der Orientierungsstufe praktizieren begrenzte Wertoffenheit: sie sind sensibel aufgeschlossen für die Werteerfahrungen der heranwachsenden Jugendlichen, sie vermitteln in dieser Haltung von Offenheit und Überzeugung und realistischer Begrenzung ihre Werte und Werterfahrungen. In dieser Vermittlung wird deutlich:

- ❒ Werte haben ihre Feld-Energie in einer konzentrativen Mitte, an den Rändern geraten sie in die Beliebigkeit, bei Grenzüberschreitung werden sie zur einen Seite hin wertlos, zur anderen Seite hin ideologisch bis fanatisch.
- ❒ Werte können nicht gepreßt werden. Lehrerinnen und Lehrer müssen sie als ihre eigenen Erfahrungen und entsprechenden Forderungen an die Schülerinnen und Schüler vermitteln und/oder in einer empathischen Didaktik sensible Wahrnehmungen von Werten ermöglichen und an die eigenen Erfahrungen der Jugendlichen anknüpfen und sie interaktiv diskutieren.

Zusätzlich zur Schule bekommen jetzt Gruppen eine wertbildungsfördernde Funktion. Da sind nicht nur das Zusammengehörigkeitsgefühl, die zusammen erlebten Emotionen, Gefahren, Team-work, Widerstände, Triumphe: sondern auch die

Normen und Werte der LehrerInnen, der Klasse und einzelner SchülerInnen, auch der verschiedenen subkulturellen Gruppen treten erst zusammen, dann immer differenzierter in Konkurrenz zueinander auf.

a) Zunächst und eine ganze Weile insgeheim haben LehrerInnen und die Schule noch Bedeutung, wenn diese die SchülerInnen mit ihrem Vorbild überzeugen können, sinnhafte Normen repräsentieren, einsehbare jugendliche Werte vorleben. Die Werte differenzieren sich aber inhaltlich schon stark nach Schulformen.

b) Stärker bilden sich in der Klasse Gruppierungen, peer groups, mit Geheimsprache, außerschulischen Erfahrungen, normativen Absprachen; Gruppenstars diktieren die Regeln, wer dazu gehört und wer nicht, welcher Lehrer akzeptiert wird und wer zappeln soll. Die Schule begreift sich hier aber noch als zumindest gleichwertige sozialisierende fordernde Instanz mit moralischer Intentionalität: "Du sollst das wollen!" (Portele 1978, S. 147) entsprechend Lawrence Kohlbergs 3. Stufe, eingepackt in eine kommunikative Didaktik: "Sieh es selber ein!"

c) Außerschulische Gruppen relativieren allmählich, aber effektiv die Normen und Werte der Schule. Unter der Vielzahl der Aktivitäten heutiger heranwachsender Jugendlicher mit höchst unterschiedlichen Werten und Wertintensitäten (Musikschulen, Ballett, Rockgruppen, Fußballvereinen etc.) gehen nur wenige mit der Schule konform; die Schule mit ihnen auch kaum.

Langsam verschiebt sich die Wertorientierung von der Konventionalität der Schule zur subjektiven Selbstbestimmung und Übernahme von Verantwortung für eigenes Handeln. Die Schule erzeugt selbst diesen Fortschritt durch eine empathische kommunikative Didaktik, die Öffnung für die jugendlichen Werte und die institutionelle Mitbestimmung der heranwachsenden Jugendlichen.

2. Die Schule ist jetzt umso interessanter, je stärker sie die SchülerInnen fordert (nicht überfordert): in Aufgaben, die schwierig, aber nicht zu schwierig sind. Schule ist Herausforderung auch in Wertorientierungen, im Kampf gegen laue und pluralistische Gleichgültigkeit. Dies ist ein Wagnis für Lehrerinnen und Lehrer, weil die Schülerinnen und Schüler selbstverständlich ihr Zurückbleiben hinter den Werten konstatieren. Aber selbst das relative Scheitern ist erzieherisch wertvoll.

a) Kerschensteiner und Freinet, Montessori und Piaget, Steiner und Makarenko proklamierten die Arbeit als Wert. Die Arbeitsschule bringt den Wert der ernsten, zu bewältigenden Lebenssituation, sie fordert das Bildungsprinzip der Adäquatheit (Kerschensteiner): vom Anfang bis zum Ende, von der Planung bis zur Vollendung fordert die Arbeit Werte wie Konsequenz, Disziplin, Sauberkeit und Ordnung, Engagement für die Sache, Genauigkeit, Freude bei der Arbeit usw., die den Lebensernst widerspiegeln und kategorial bildend wirken.

b) Das Gemeinschaftsgefühl der Gruppe, weitergehend das der Klasse, kann durch Projektarbeit, integrierte Differenzierung, gemeinsames Feiern, Schulausflüge, heiße Diskussionen um ein (Wert-)Thema herausgefordert und verstärkt werden. Es geht dabei hier nicht um das Gefühl, sondern um das Kennenlernen des Wertes jedes einzelnen Gruppenmitgliedes, des Wertes jeder Ansicht, des Wertes der unterschiedlichsten Fähigkeiten, die Diskussion des Wertrelativismus einseitiger Bewertungen der Schülerinnen und Schüler.
c) Werterziehungs-Herausforderungen gibt es aktuell zuhauf: Die sog. integrative Pädagogik Behinderter in Regelschulen; die Integration ausländischer Schüler in die deutschen Schulen; Medienerziehung; Sexualerziehung; Friedens-, Umwelt- und Entwicklungspädagogik. Hierbei bleibt Werterziehung nicht abstrakt. Schon wird die Überforderung der Schule befürchtet (Terhart 1989).

3. Schule hat die zweifache Aufgabe, gerade in heutiger Zeit: der Erziehung zu Werten, der lebendigen Überzeugung von Werten, und gleichzeitig des späteren Relativierens zu eindimensional aufgefaßter Werte.
a) Die Literatur und die Politik ist voller Klagen, daß die Schulen ihrem Erziehungsauftrag nur begrenzt nachkommen. Ihr Erziehungsauftrag ist auch Grundwerte-Erziehungsauftrag.
Schülerinnen und Schüler ihrerseits werden - auch geschlechtsspezifisch unterschiedlich - zunehmend ärgerlicher über die einseitigen Schulwerte. Da wird verkündet, was nicht gehalten wird. Sie werden verpflichtet oder fühlen sich verpflichtet zu Werten, die die Schule nicht lebt, die bei Schülermitverwaltung nicht durchzusetzen sind, die sie aber für die Demokratie, die Gleichheit der Menschen, das Wohl der Menschheit für nützlich ansehen.
b) Krappmann spricht im Zusammenhang von Normen und Werten von der notwendigen Frustrationstoleranz und der Ambiguitätstoleranz. An diesen Werten erleben SchülerInnen am eigenen Leibe, wie wenig und wie schwierig Werte gelebt und durchgesetzt werden können, und wie notwendig eine mehrseitige Sichtweise, auch vom Gegner her, also eine Wertrelativierung (besser: die relationale Betrachtung von Werten) ist.
c) Bestimmte Aspekte der Werterziehung rücken ins Zentrum schulischer Diskussion und finden unbeschränkte Zustimmung: Fragen der Gewaltprävention, der Gesundheitserziehung angesicht von Drogen, der Sexualerziehung angesicht der sexuellen Nötigung von Kindern und Jugendlichen, Fragen der Medienerziehung angesichts der Verwässerung aller Werte. Schule bemüht sich dabei um eine persönliche Wertentscheidung, eine Verpflichtung jedes einzelnen zu seinen Werten, zum Kampf für seine Werte - in der Hoffnung, daß diese Wertbasis die Jugendzeit hindurch hält.

5.2.3 Vom Umgang der Schule mit inneren Werten

Ähnlich dem Einschnitt der Pubertät ist jetzt eine neue, sensible Schule nötig. Es ist die Entdeckung des Körpers, der Subjektivität, der Distanz zu dem Traditionellen, zu den Erwachsenen, die nun eine körperwert-orientierte, subjektorientierte, jugendwerteorientierte Schule und die sensible Verarbeitung der inneren Werte benötigt.

1. Der Körper, der Leib, die Leiblichkeit, Körperlichkeit bekommen einen hohen Stellenwert, oft über allen anderen Werten. Wie repräsentiert die Schule diesen "Wert"?
a) Eine körperorientierte Schule fördert den Wert des Körpers körpergerecht: durch eine Leibeserziehung im vollen humanistischen Sinne, nicht nur durch Sport. Die Leibeserziehung offenbart den leiblich-seelisch-geistigen Zusammenhang, also auch die Werte des Leiblichen für Bildung, Gemeinschaft, Gesellschaft. Wertorientierungen sind z.B. Ausdauer, Anstrengung bis zum Äußersten, Ruhe und Entspannung, Sexualität, Erotik, Wagemut, Flexibilität, Schönheitsbewußtsein, Gesundheit, Pflege, Ekstase. Die formaleren, in die Schulordnung integrierbaren Werte pflegt die Schule, die energetischeren beläßt sie der Individualität und den Subkulturen.
b) Die Schule wird jetzt geschlechtsorientierter, nämlich eine Schule, die die unterschiedlichen und gemeinsamen Werte der Geschlechter fördert. Jungen wollen Aktionen durchführen, räumliche Erfahrungen machen, Kräfte ausprobieren, sich aneinander messen; ihre Werte sind körperliche Leistungssteigerung, Muskelpakete, Siege bei Wettbewerben; Mädchen wollen Gemeinschaftsspiele, gemeinschaftlich körperliche / sexuelle Probleme besprechen, körperliche Vorzüge ausbilden; ihre Werte sind Freude am Körper, körperliche Spannkraft und Flexibilität, Attraktivität (s. Gilligan 1983). Die Koedukations-Debatte fordert von der Schule die Förderung der geschlechtsspezifischen Werte und der Brücken zueinander.
c) Die Schule bekommt jetzt für die SchülerInnen einen neuen Reiz, eine gewisse Erotik des Einander-Nahekommens in Abgrenzung. Eine Klasse oder ein Kurs ist nicht nur mehr eine Veranstaltung des kognitiven Lernens, sondern auch - vielleicht sogar vorwiegend - ein Kennenlernen verschiedener geschlechtsspezifischer, sozialer, kultureller Wertorientierungen. Die Erotik, die in der institutionalisierten Schule in festen Grenzen ist, wird nun als zentraler mitmenschlicher Wert erlebt.

2. Subjektivität wird nun ein Wert, die Schule wird nun zur subjektorientierten Schule. Die Schule nimmt die Jugendlichen nicht nur in ihrer Subjektivität ernst, sondern sie bemüht sich um eine Ausbildung dieser Subjektivität, des Facettenreichtums und der Variationsmöglichkeiten von Subjektivität. Sie vermittelt z.B. personale Spannungs-

erfahrungen, Existenzerfahrungen, Grenzerfahrungen, von denen Peter Petersen im Anschluß an Karl Jaspers spricht (Petersen 1963, S. 14 ff.) - Kurt Hahn nicht zu vergessen -; sie veranlaßt die Jugendlichen, sich selbst im Sinne des "Ich bin o.k." in ihren Diskussionen und Handlungen ernst zu nehmen, sich also auf sich selbst gestellt zu sehen, durch Inhalte und Beziehungen zu eigenen Wertentscheidungen zu kommen.

a) Jugendliche kommen jetzt zur Erkenntnis von Eigenheiten; LehrerInnen hatten sie zwar schon früher subjektiv angesprochen, nun aber als subjektive Subjekte. Die Schule akzeptiert, unterstützt, korrigiert die immer deutlicher werdenden Eigenheiten und biographischen Variationen der Schülerinnen und Schüler, erkennt sie unter ihren Kriterien in ihrem Wert oder Unwert, macht sie pädagogisch wertvoller für die Jugendlichen, die Klasse und die Schule: sie fordert die positive Ausgestaltung dieser Energien und Dynamiken, ihre philosophische, lebenspraktische, pragmatische Reflexion, ihre kreative Einbindung in den Schulzusammenhang.

b) Die Schule hilft den Jugendlichen, jetzt zur Erkenntnis des eigenen Werts zu kommen. Dies dürfte eine der größten Leistungen der Schulpädagogik sein. Das Selbstwertgefühl kann in einer Phase innerer Spannungen und Selbstzweifel nur durch positive Attribuierungen gestärkt werden. Lehrerinnen und Lehrer bringen den Jugendlichen positive Hochachtung entgegen, die deren Selbstachtung stärkt (Rogers 1978), sie situativ immer wieder ins Gleichgewicht bringt, sie im sozialen Vergleich heraushebt, ihre Selbstverwirklichungstendenz, ihre Selbstliebe unterstützt. In der Schule kann dies relativ systematisch über Inhalte in einem empathischen Klima der Begegnung geschehen.

c) Der Schule kommt hier oft angesichts der vielfältigen anderen Wertschulungen eine Korrekturinstanz zu. Ihr ist klar, daß die Entdeckung des Selbst, die entwicklungsbedürftige Substanz des eigenen Werts, in ihrer Tiefendimension sich dem schulischen Alltag entzieht: wer bin ich, was bin ich wert? Sie ist aber eine dermaßen mächtig in das Selbst eingreifende Institution, sie berührt dermaßen tief die Wertfrage nach den eigenen Fähigkeiten und beruflichen Zukünften, sie formt dermaßen einschneidend das positive Selbstbild, die Selbstannahme, die Minderwertigkeitskomplexe, die Wertorientierungen, daß pädagogisch kompentente Lehrerinnen und Lehrer mit dieser Wertdefinitionsmacht in der Jugendzeit eine positive Hilfestellung innerhalb der variationsreich wechselnden Selbstwertgefühle bieten können.

3. Die immer größer werdende Distanz zwischen den inneren Tiefen, der Ekstase (z.B. bei Tanz und Musik) und Depression, Sturm und Drang und dem Einerlei der Schule, ihrer formalistischen Organisation und Systematik, den "alten" LehrerInnen

ohne jugendliche Werte, den lebensfernen, als abstrakt empfundenen Inhalten führt zu einer Abspaltung des Privaten und Öffentlichen der SchülerInnen; dessen, was "eigentlich" innerlich wertvoll ist, nämlich zu leben, zu erleben, Spaß zu haben, zu fühlen, zu lieben, und dessen, was äußerlich-instrumentell wertvoll ist, nämlich in der Schule weiterzukommen. Der empirisch nachgewiesen größte Teil der Jugendlichen lebt nicht in diesem Wertkonflikt, sondern in der Wertspaltung.

a) Die Jugendlichen bringen einen Teil ihrer idealistischen Werte mit in die Schule: sie kritisieren Verhältnisse mit jugendlichem Wertrigorismus, unterbreiten provokativ radikale Vorschläge, mahnen die Verantwortung zur Veränderung an. Schulpädagogisch sinnvoll ist es dann, diese Wertmaßstäbe weiterzuformulieren, sie sensibel bis an ihre Grenzen zu verfolgen, variierende Wertemodelle durchzuspielen, individualisierend differenziert eine Gewissensentscheidung zu akzentuieren, eine Vielfalt von emotionalen, moralischen, kognitiven Werten mit ihren Konsequenzen vor Augen zu führen: also erst einmal auszuweiten und subjektiv problemhaltig Spannung zu erzeugen statt zu früh einzugrenzen und die jugendliche Energie zu enttäuschen.

b) LehrerInnen sehen sich dann schnell objektiven und subjektiven Argumenten und Werten konfrontiert, die sie innerlich bejahen mögen, deren Konsequenzen sie oft nicht zu tragen bereit sind. Schule bröckelt dann in den Augen der Jugendlichen zu einer Ruine idealistischer Werte ohne Wahrheitsgehalt, wenn die Lehrenden dies nicht wahrhaftig zugeben. Diese wenden sich folgerichtig anderen Instanzen als der Schule zu - Cliquen, Bands, Banden -, die ihren emotionalen inneren Werten Halt geben.

c) Als Plus bleibt der Schule ihr Festhalten an äußeren Werten: am Wert der Leistung, an der Realistik von mitmenschlichen, sozialen, kulturellen Lebenswerten, an der konsequenten Erziehung zu einem Wertekodex (Grundwerten, Menschenrechten), das Eingeständnis der Beschränktheit schulischer Werte. Darin überzeugt sie die Jugendlichen immer. Der Grad an weiterer Überzeugungskraft der Schule wächst auf einer vorstellbaren Taxonomie der Werte mit dem Wagnis zur kritischen Akzeptanz jugendlicher innerer Werte, die "Echtheit" (Carl Rogers) verlangt und dann zur ruhigen Begründung und Transformation der Wertorientierungen beiträgt.

5.2.4 Bildung in der Schule

Der jugendliche Erwachsene hat mit der nötigen Intensität die inneren Tiefen ausgelotet, tritt nun bereichert wieder nach außen und braucht im letzten Schulstadium bzw. in den Fachschulen und im Arbeitsleben eine Erwachsenen-Schulung. Sie geht über den Kolleg-Status weit hinaus. Gefragt ist eine Schule der Weltkenntnis, eine Schule der Menschenkenntnis, eine Ausbildungsschule in Bildung.

1. Hier soll Schule endlich auf "das Leben" vorbereiten; sie soll helfen, daß jugendliche Erwachsene ihre Standpunkte klar bekommen, ihre Werthierarchien, ihre Standfestigkeit in der Welt, ihr Engagement für Werte. Schule und "Leben" verlangen hier Verantwortung für die Arbeit, für Verhalten, für Ansichten und Einsichten.

a) Die Schonraum-Situation ist jetzt z.T. kontraproduktiv. In der Freiheit der Angebote, der Freiheit von Zeiten und Räumen, dem Austausch mit der Umwelt, der gezielten Organisation von Auseinandersetzungen, Diskussionen, Konflikten fordert die Schule zur flexiblen Stabilisierung erworbener und übernommener Wertorientierungen heraus (Kapfhammer 1995, S. 229 ff.); sie verlangt eine affektiv-kognitive Wertstrukturierung, die innere begründete Überzeugung von Werten, Selbstwertgefühle, Autonomie, Arbeitsmoral, kommunikative Werte. Wir brauchen noch viel variationsreichere Schulen, die die Tatsache inhaltlich und beziehungsmäßig berücksichtigen, daß, belegt durch viele Forschungen, auch in diesem Alter die Werte der jungen Männer und der jungen Frauen recht unterschiedlich sind (in der Literatur werden meist amerikanische Verhältnisse als für die gesamte Welt geltend zitiert):

- ❐ Jungerwachsene Frauen legen auf interpersonale Werte, auf persönliche Verbundenheit und Verantwortlichkeiten erheblich mehr Wert als junge Männer;
- ❐ bei jungen Frauen gehören Erfahrungen von Liebe und Geliebtwerden integral zu ihrem Selbstwertgefühl - was in Übergangszeiten der Neustrukturierungen von Beziehungen als Adoleszenzkrise erlebt wird -, während junge Männer ihre Identität nicht unbedingt daraus herleiten;
- ❐ technologische Werte vermitteln jungerwachsenen Männern relativ klare Wertorientierungen, während humanistische Wertorientierungen bei jungen erwachsenen Männern und Frauen oft intensivere Krisenverläufe erzeugen bis hin zu "Wiederholungs- bzw. Dauerkrisen" (ebd. S. 235 ff.).

b) Bei aller postmodernen Enttraditionalisierung sind Schule und Beruf in diesem Altersstadium die stabilisierenden Faktoren gesellschaftlicher Werte: der Beruf und die Fachschulen in der fraglos vorausgesetzten Übernahme der ökonomischen Wertorientierung, die Kolleg-Schule bzw. die Oberstufe des Gymnasiums als Orte der Möglichkeit sinnreflektierender Urteilskraft des Einzelnen. Wertanpassung überwiegt überall. Das "Hier stehe ich, ich kann nicht anders" - der Konflikt des Ernstfalls, das Durchhalten des eigenen eingesehenen Wertes, das Aushalten der Außenseiterposition, der Schmähungen, des Ausschlusses aus der Gruppe (bei einer Party nicht eingeladen zu werden) werden von der Schule kaum aufgefangen; sie könnten und müßten im Eintreten für Individualität und Widerstand aber doch allgemein thematisch-argumentativ durchgearbeitet werden.

c) Schule organisiert in diesem Lebensstadium die gezielte, systematische Hereinnahme des "Lebens draußen": durch Einladung der verschiedenen BerufsvertreterInnen, Podiumsgespräche, Betriebspraktika etc. kommen die Wertorientierungen auf den Prüfstand, werden dem Gewissen vorgelegt, fluktuieren, werden stabilisiert, differenziert, variiert, transformiert.

2. Menschenkenntnis zu erwerben ist unzweifelhaft ein wichtiges Bildungsziel der Schule; es ist in sich so vielschichtig wie der Mensch mit seinen Emotionen, Gefühlen, Denkweisen selbst. Auf der Ebene der Werte muß Schule ein Gefühl für den Wert des Menschen, der verschiedenen Menschen, der Anerkennung der Verschiedenheit, des kritisch-realistischen Umgangs mit Menschen, den Wert der Menschheit kultivieren.

a) Ein erster Anschauungsunterricht ist der Unterschied von proklamiertem Wert und praktischem Wert des Menschen. Beim sofort arbeitslosen jungen Erwachsenen spricht die Realität eine deutliche, kaum korrigierbare Sprache. Der Arbeitsplatz mit der Gefahr der Wegrationalisierung ist ebenfalls eine Wertaussage über den Menschen. Die gymnasiale Schule geht immer mehr dazu über, die Kollegiatinnen und Kollegiaten eigene Erfahrungswerte mit dem Verhalten der Erwachsenen und der Menschenwertorientierung der Institutionen erwerben zu lassen, z.B. durch Begegnung mit Behinderten, mit Ausländern, mit Gefängnisinsassen; durch Besuche von Gerichten, Polizei, Aussiedlerheimen. Der Begegnung folgt die umfassende kognitive Bewertung.

b) Schule ist nicht der Ort idealistischer Verbrämung des Menschen. Dafür sind in der Schule zu viele Menschen zusammen. Menschenkenntnis, Anerkennung des Wertes des Menschen besagt auch die Bewertung seiner Negativität, Destruktivität, Gewaltsamkeit, seiner Vorurteile und Feindbilder, also seiner Gegenwerte; wiederum nicht abgesondert in einer nicht vorhandenen Welt, sondern in uns selbst, im anderen, im Freund und Bekannten, in Lehrerinnen und Lehrern, in unserer Umwelt, in Organisationen. Erfahrungen und Erkenntnisse über die Bewertung des Menschen erwerben heißt, eine kritische Sichtweise einzuüben, Begründungen zu finden, eigene Wertorientierungen zu relativieren und die Menschenliebe durch radikale Verurteilungen nicht zu verlieren.

c) Aus dieser kritischen Distanz die Positivität herauszuretten, also das positive Denken zu vermehren, ist nur einer Schule möglich, die vom pädagogischen Auftrag her inhaltlich und beziehungsmäßig in ihrer demokratischen Praxis überzeugt, die die universalen ethischen Prinzipien trotz allem Negativen "offensiv" thematisiert und zur Geltung bringt. Schule tut dies durch die praktische Achtung jeden Schülers, die Anerkennung der Menschenrechte in der Schule selbst, durch die Bemühung jedes

Einzelnen um sachliche Sittlichkeit. Hier vollendet sich nach mannigfacher pädagogischer Durcharbeitung auch, was Johann Heinrich Pestalozzi die "Herzensbildung" nannte: die realistische und oft kontrafaktische Wertschätzung des anderen, die, wie der oben zitierte Joseph Beuys es ausdrückte, zur Gefühlserwärmung der Erde beiträgt.

3. Dieser subjektive Faktor Bildung ist integriert in den objektiv-inhaltlichen Faktor Bildung: die Kategoriale Bildung (Klafkis und handlungsorientiert über Klafki hinaus), die Kritische Bildung, die Bildung als Schule des permanenten Erwachsenwerdens.
a) Die Erziehung zu "Werthaltigem" hat Wolfgang Klafki in den Begriff der "Kategorialen Bildung" gefaßt; daraufhin gab es eine breite Diskussion über das Fundamentale, Elementare, die "Großen Gegenstände". Groß sind Gegenstände nur durch das "Fühlen" des Werthaften, die "evidentia mentem rapiens", das tiefe Erfaßtwerden des "ganzen" Menschen. Ein Vorteil der Schule ist unzweifelhaft, daß sie als Institution solche Inhalte / Beziehungen auswählen, vorstellen, durchsetzend zur Erfahrung bringen kann.
b) Bildung ist heute ein stetes kritisches Unterwegsein des homo viator (Gabriel Marcel). In einer "tachogenen" (Odo Marquard), sich ständig schneller verändernden, äußerst vielgestaltigen Welt sind universale Werthaltungen schwer durchzuhalten; die Inhalte der Menschenrechte ändern sich mit dieser Welt ständig, sie verlangen ständige Überarbeitung. Schule enthält alle diese Problemkreise mit ihren Wertentscheidungen en miniature: Ausländer, Deutsche als Minderheiten in der Klasse, Behinderte verschiedenster Art, Einwirkungen von Technik / Computer auf Langsamkeit / Schnelligkeit, Bedürfnisse, Begriffe; Suchtprobleme; Sexualprobleme; Interessenbeeinflussung, Manipulationen, Gewaltsamkeiten / religiöse Fundamentalismen. Aber sie fordert diese Wertprobleme und Ansprüche vor die gemeinsamen "Gerichtshöfe der Urteilskraft" (Kant) (Sander 1984, S. 269).
c) SchülerInnen, jetzt KollegiatInnen, werden schon früh "erwachsen" bzw. teilen das Schicksal der Infantilisierung der Erwachsenheit heute oder der Erwachsenheit von relativ Infantilen. Die Schule des Erwachsenwerdens als eines permanenten Prozesses ist eine Schule der Zumutung: Zumutung nach dem pädagogischen Prinzip, Schwierigkeitsgrade anzubieten, die gerade noch bewältigt werden können und nicht zu leicht sein dürfen. Zugemutet werden der Mut zum "Wildwasserfahren" durch persönliche Erfahrungen, Konfrontationen mit Wertungen, Schicksalen, Arbeitsüberlastungen, Einsamkeit, Entscheidungen, Gewalt, Sucht; und die Zumutung, bei alledem mit einem positiven Selbstwertgefühl die Arbeit des Erwachsenenlebens zu beginnen.

6. Die handlungsorientierte Schule

Gegen das Maulbrauchen (Johann Heinrich Pestalozzi) und den Nürnberger Trichter der verkopften Schule, gegen die Besoffenheit durch "Fakten" und Tatsachen, die der Schüler nicht selbst nachgefragt und nicht selbst getan bzw. erlebt hat, wollten schon die Schulen der Reformpädagogik, der École active (Adolphe Ferrière), die Freinet-Schule, das Learning bei doing (John Dewey) bzw. die Arbeitsschul- und Industrieschulbewegung ein Gegengewicht schaffen, das in der heutigen Laborschule Bielefeld, der Glocksee-Schule Hannover, der Gievenbecker Grundschule Münster u.a. aufgegriffen wird.

Handlungsorientierte Pädagogik leistet das Nach-außen-Bringen (das Yang-Prinzip) der inneren pädagogischen Prozesse (Yin-Prinzip). Was nützt ein Reichtum an Lernprozessen und an erzieherisch geförderter Innerlichkeit, wenn er nicht nach außen gebracht werden kann? Das Gleichgewichts-Wechselwirkungs-Prinzip heißt: So außen wie innen, so innen wie außen. Die Handlung ist die Verkörperung der Wahrheit. Sie ist Ziel, Sinn, Produkt, Ausgestaltung der pädagogischen Intention.

Es gibt drei Ebenen der Außen-Handlung: Die energetische Ebene der Bewegung, die ausführende Ebene der Handlung, die mitteilende Ebene der Kommunikation. Die Bewegungshandlung wurde in Kapitel 1 beschrieben, hier geht es jetzt um die Ausführungs-Handlung, im nächsten Kapitel "Kommunikation" um die Mitteilungs-Handlung. Dem entsprechen die Innen-Handlungssysteme des Gehirns bzw. Bewußtseins: die neurale, die sensu-motorische und die mentale Präfiguration und Aktivation der Bewegungs-, Sprach- und Vorstellungs-Handlungen.

Diese *Ausführungs-Handlungsorientierung* ist in den Aufbau des menschlichen Körpers interessant eingebunden. Das Dreieck Pestalozzis: "Kopf, Herz und Hand" steht körpertektonisch in einem engen Beziehungsverhältnis, praktisch in einem Kreuz-Verhältnis. Die Handlung hängt mit der Wertorientierung und mit der "Herzregion" zusammen, gesteuert vom Kopf; jedes dieser Elemente ist kategorial für seine Funktion; schon gestaltmäßig, muskulär, physiologisch, neural, aber auch psychologisch sind die Arme und Hände die Verlängerungen der Herzregion: sie sind psychosomatische Sonden, die den Kern (den Rumpf) bewegen, die Kontakt aufnehmen, non-verbale Kommunikation gestisch durchführen. Energetisch haben sie also physio-psychosozial-ökologische Funktionen (Dychtwald 1981, S. 58, 185 ff.) - wiederum in bioenergetisch-körpertektonischer Staffelung: Arme und Hände auf der Ebene der Ausführung (zusammen mit und oberhalb dem ganzen Rumpf), während die Mitteilungs-Handlung auf der vermittelnden Ebene des Halses (zusammen mit von außen Einatmen und nach außen Ausatmen - und nur durch *nach außen* Ausatmen fungiert die Sprech-Handlung -) geschieht und all dies unter der Denkhandlungs-Regie des Hauptes.

Die Arme sind Ausdruck zwischenmenschlicher Beziehungen: die Oberarme spiegeln Stärken und Schwächen (ebd. S. 186 ff.); die Ellenbogen sind in einer Ellenbogen-Gesellschaft für Durchsetzung bekannt; die Unterarme mit Elle und Speiche symbolisieren eine Beweglichkeit und Geschmeidigkeit der Handlungen. Die Tatsache zweier Arme und Hände potenziert die Möglichkeiten des Ausgreifens in die Welt und des Hereinholens, des Sortierens, Strukturierens, Dominierens, des Gebens und Nehmens, der Handlung und Erfahrung, des sachlich und personalen Interaktiven, des Umfassungsverhältnisses. - Interessant ist bei alledem die Korrespondenz der Arme-Hände zu den Beinen-Füßen in puncto Wirklichkeitserschließung. Das griechische Wort Met-hodos kennzeichnet die stabil-bewegliche Wirklichkeitserschließung durch das Sich-auf-den-Weg-Machen (s. Kap.1), während die Arme-Hände die Poietik des Menschen symbolisieren.

Insbesondere die Hand des Menschen zeigt eine einmalige Vielfalt (Revesz 1944), insofern sie durch eine sehr verfeinerte zerebrale Steuerung eine ungeheure Ausbildungsmöglichkeit erfahren kann. Die Hand kann tasten, greifen, herstellen: Werkzeuge, Waffen, Güter; sie ist Kampforgan, sie ist Pflegeorgan für den ganzen Körper und für andere; durch Handauflegen (Hand-Energien) kann geheilt werden, gewärmt werden, getröstet werden; die Hand kann sprechen, z.B. in der Gebärdesprache, sie ist ein Mittel des Ausdrucks durch Symbolisieren; sie kann Musik und Kunst bis zur höchsten Vollkommenheit ausführen; insgesamt ist sie also ein Werkzeug von Körper, Seele und Geist.

Auf diesem bioenergetischen Hintergrund stellen die kommunikativen Handlungstheorien nur einen Ausschnitt und eine flache Ebene von Handeln dar, sie argumentieren praktisch nur auf der horizontalen Ebene; aus energetischer Sicht müssen die Vertikale und die Horizontale miteinander verbunden werden. Die hier vorgelegte Methodik weist den Weg zu einer systematischen Handlungstheorie. Darin muß *grundlegende Stabilität*: auf festen, gleichgewichtigen Füßen Stehen als Voraussetzung von Handlungen, in jede stimmige Handlungstheorie eingearbeitet werden; gleichfalls *Territorialität* als sozialgeographisch-sozialgeschichtliche Raum-Zeit-Komponente von Handlungen zusammen mit Instinkten und Ritualen; es muß systematisch (und nicht nur zufällig) die *Innenstruktur der Handlungen*: Bedürfnisse, "Triebe", Emotionen und Motivationen, Sinn- und Wertentscheidungen thematisiert werden; und auf dieser Systematik sitzen dann soziale Handlungen, Dialog, kommunikative Verhältnisse, Zielfestlegungen und rationale-intuitive Sinnelemente auf - und alles dies in Interdependenz.

Handeln, wirklichkeitserschließendes und -veränderndes, methodisch-poietisches Handeln ist eine anthropologische Grundkategorie: Praxis. Praxis ist nicht da, sondern konstruierend-handelnd geschaffene Tat-Sachen, *Fak*ten, deren Energetik in einem normativ-institutionellen Abkühlungsprozeß erstarrt, wenn sie nicht immer wieder aktiviert wird. Schulische Aufgabe ist die Förderung dieser Poietik des Kindes und Jugendlichen.

6.1 Die Poietik von Schulkindern und Jugendlichen

Schüler und Schülerinnen handeln auf verschiedenen Altersstufen qualitativ unterschiedlich, brauchen also einen verschiedenen Unterricht: verschiedene Unterrichtsformen, verschiedene Unterrichtsmethoden. Das systematische pädagogische Prinzip ist - wie bei den anderen Energiepotentialen - auch beim Handeln die Kontinuität in Stufen oder in progressiven Interessen: Ist Freie Arbeit und diszipliniertes freies Handeln als späterer Erwachsener das Ziel, so müssen vom Kindergarten und der Grundschule beginnend aufbauend alle Qualitäten von entsprechenden Handlungsmöglichkeiten des Erwachsenen latent im handlungsorientierten Unterricht vorhanden sein, z.B. Freie Arbeit in nuce schon zu einem Zeitpunkt, wo sie noch nicht "frei" und nur durch Anleitung (Wochenpläne) geleistet werden kann. Die Basis muß die im Endeffekt angezielten Handlungsmöglichkeiten latent immer mit ermöglichen, auch wenn sie diese noch nicht verwirklichen kann; und das Ziel von freier Handlung in einem freien Unterricht und in einer freien Schule muß trotz egozentrischen oder gruppenzentrischen Handelns pädagogisch, didaktisch, methodisch schon immer vorbereitet worden sein. Der Erwachsene hat dann über die verschiedenen Alterstufen und Schulstufen hinweg ein variationsreiches Repertoire an Handlungsmöglichkeiten erlernt.

Handlungsorientierung ist heute umso notwendiger, als Kinder und Jugendliche dauerhafte (Allein-)Fernseher und Autobeisitzer sind und die Schule ihr KörperBewußtsein speziell fördern muß; sie sind Sitzer und Gleiter; ihre Handlungen, d.h. ihre Einsätze des Körpers, der Arme und Hände, auch der Beine und Füße, sind generell geringfügiger als z.B. noch vor 50 Jahren, auch spezialisierter (denken wir an den Computer), z.T. hyperaktiver, auch rhythmischer. Und soziale Handlungen sind rar. Schulische Aufgabe ist also eine ganzheitliche, d.h. die Handlungsmöglichkeiten quantitativ und qualitativ erweiternde und kreative Förderung.

Freilich handeln die Kinder und Jugendlichen in der Schule schulmäßig: schulmäßiges Handeln ist nur eingeschränkt Lebens-Handeln. Dieses Handeln macht im besten Falle schultüchtig. Selbstverständlich lassen sich Handlungsformen der Schule auch auf außerhalb übertragen, so z.B. das Gruppen-Handeln, das Sprech-

Handeln; aber diese Übertragung hat Grenzen, weil jede Institution und Kommunikation unterschiedliche Rahmenbedingungen hat. Aufgabe wäre also über das oben Gesagte hinaus der Versuch der Schule, ihre Rahmenbedingungen so variabel wie möglich auf das Handeln in der Lebenswirklichkeit einzustellen.

6.1.1 Das konkret handelnde Grundschulkind

Kinder sind poetisch. Sie schaffen sich handelnd ihre Wirklichkeit. Sie setzen Arme, Hände und Füße, den ganzen Körper kreativ ein. Sie haben Lust am Handeln. Durch Handeln spüren sie ihren Körper, machen Erfahrungen, bekommen sie Bestätigungen oder Zurückweisungen, spüren sie sich im Einklang mit ihrer Lebensenergie. Sie üben fleißig, wenn es ihnen nicht abgewöhnt wird, sie lassen sich von der Anstrengung der Arbeit nicht erlösen, und sie stehen erfrischt und energiegefüllt (Montessori 1952, S.193 ff.) von der konzentrierten, sinnvollen Arbeit auf.

Aber wie handeln Kinder heute? "Veränderte Kinder" versinken in den Medien, im Konsum, in der Einsamkeit ihres Ein-Kind-Zimmers; sie handeln selten, sondern sitzen (zappelnd und fasziniert) und lassen geschehen, fühlen sich überall im Kino. Aber was tun sie wirklich - handelnd im Sinne von behandeln, erarbeiten, bearbeiten, umsetzen, tätig sein, spielen (nicht nur in Bewegung sein)?

1. Zur Beantwortung dieser Frage bietet sich an, von den genauen praxisnahen Beobachtungen der Reformpädagogen auszugehen und sie heute zu überprüfen. Kinder spielen Spiele mit Arbeitscharakter, sagt Célestin Freinet, und er begründet dies in der Zeit des Übergangs in das Grundschulalter in seiner auch energetisch zu nennenden Psychologie, durchaus verwandt mit Jean Piaget, mit dem Experimentellen Tasten, aus dem sich die Lebensregeln aufbauen (Freinet 1978, S. 39 ff.; Heitkämper 1996). Die Spiele haben sich seit diesen Aussagen stark verändert; viele jahrhundertealte Spiele sind heutigen Kindern unbekannt und verlustig gegangen; andere sind durch die Wohngegebenheiten eingeschränkt; ganz neue Spiele, elektronische Spiele, auch zerstörerische Spiele, didaktische Spiele, Lernspiele bilden ganz neue Fähigkeiten (des blitzschnellen Reagierens, des strategischen Spielens, des intuitiven Erfassens, des Fehlerfindens, der Computerlogik), eben für diese ihre Welt, aus, und es ist spannend zu sehen, wie sie nach dem freinetschen Tasten erobert werden.

a) Die Anfangsphase der Grundschule ist die Zeit spielerischen Lernens, des spielerischen Handelns mit Personen und Sachen (s. äußerst anregend Keller & Fritz 1995). Im Austausch der Handlungen von innen nach außen und Erfahrungen von außen nach innen wird die Vitalenergie geltend gemacht, ausprobiert, verfeinert.

Dies ist wie bei jedem ersten Ausprobieren "mechanisches (besser: funktionelles) tastendes Versuchen": wie weit kann ich gehen, wie funktioniert das, wie muß ich mich zweckmäßig verhalten - anpassen - aggressiv werden, um etwas zu erreichen. Der spielerische Charakter dieses Experimentierens erleichtert die Überwindung von Grenzen und die Setzung von neuen Grenzen, die Motivation der Neugier und die Austarierung des Energie-Einsatzes.

Die Spiel-Energie der Kinder ist in der Grundschule auf ihrem Höhepunkt; ihr koorespondiert ein kaum übersehbares, aufregendes Angebot an verschiedenartigen Spielen und Spielkategorien in der Grundschule (ebd. S. 279 ff.), die die Kinder auf der Phantasie-Ebene und auf der Handlungsebene ansprechen. Herbert Spencer sprach von der Überschuß-Energie des Spiels; es ist ein sich immer Weiterspinnen, ein Halbvergessen der äußeren Welt, ein Ausleben von kindlicher Handlungs-Lust. Auf der Ebene der Handlung ist Spiel immer auch Wirklichkeit; dort machen Kinder Körper-Erfahrungen, emotionale, soziale Erfahrungen, Leistungs-Erfahrungen; dort kann Spiel auch pädagogisch-systematisch, sogar didaktisch eingesetzt werden.

b) Das spielerische "funktionelle" Tasten geht dann, aufgrund handelnder Erfahrung, in "intelligentes" Tasten über. Die Schüler erwerben sich spielerisch-ernst ihre Wirklichkeit, sie erobern sich handelnd immer mehr ihre Schule, und in einer Dialektik des Handelns grenzen sie immer mehr ihre Handlungsweisen auf Schulhandeln ein. Im Maße der Rationalisierung der Intelligenz werden die Handlungen beschränkt, normierter und zielgerichteter, produkt-orientierter. Der Verlust ist ein Gewinn und der Gewinn ein Verlust.

c) Aus dem Ausprobieren, dem Tastenden Experimentieren, werden Erfahrungen, Schemata, Komplexe; Freinet nennt sie Lebensregeln. Wir müßten hier von Schul-Lebensregeln sprechen. Die Regeln in der Grundschule, einer Zeit der Regeln und des Ausprobierens von Regeln, werden im positiven Falle zu Lebensregeln, wenn das Kind sein Potential durch Handlungen und Erfahrungen möglichst voll entfalten kann. Schule kann aber auch zu einer Schule der Ersatz-Lebensregeln werden (règles de la vie-ersatz; Freinet 1971), weil sie mit ihrem heimlichen Lehrplan, mit zu kleinem und zu großem Widerstand, mit zu wenig und zu vielen Hilfen und pädagogischer Unzulänglichkeit auf Umwege von Sublimierungen, Kompensationen und Überkompensationen führt.

2. Handeln ist Poiesis. In Zeichnungen, im Herstellen, im handelnden Erarbeiten des Sachunterrichts, im Schreiben eines freien Aufsatzes, eines Gedichtes, im Spielen auf Instrumenten, in der Konstruktion ökologischer Projekte objektiviert die *Kunst* schon der Grundschulkinder ihre "*Kunde des Lebens* (poetische Vernunft) und erst im nachgeordneten Sinne ...(das) *Können* (instrumentelle Vernunft)" (Neumann

1995, S. 32). Grundschulzeit ist Zeit der systematisch-kreativen Ausgestaltung der Hand bzw. der Koordination der Sinne und des Gehirns mit der Hand, der funktional-intelligenten Stabilisierung der Hand als Organ des Gehirns und ihrer Verfügbarkeit über Handlungen, also des "Gehorchens" der Hand für Handlungen.

a) Größte Bedeutung bei diesem Handeln kommt der Hand zu. Sie ist ein zugleich motorisches wie haptisch-sensorisches Organ, aber weit darüber hinaus ein geistiges und ganzmenschliches Organ, das Werkzeug der Werkzeuge (Aristoteles), deren Schulung, etwa durch musikalisches Tun, eine ungeheure Sensibilisierung der Differenzierungsfähigkeiten des Menschen bewirkt, und zwar in allen Bereichen menschlichen Handelns: der Arbeit, der Herstellung, des Austausches mit der "Umwelt".

Die Grundschulzeit hat mit ihrer Stabilisierung und Systematisierung zwei Aufgaben: stabilisierend übt sie den Übergang von der sogenannten Grobmotorik zur Feinmotorik der Hand ein (z.B. beim Schreibenlernen), die in späteren Jahren weiter noch feiner und variationsreicher ausgebildet wird; und systematisierend sorgt sie für eine möglichst umfangreiche Handnutzungs-Intelligenz, weil diese der Ausbildung der kognitiven Intelligenz parallel geht. Die Poiesis, die Kreativität, die Praxis mit der Hand, hat so die Funktionen: Tastendes Experimentieren, Sinnesschulung des Tastens und Gleichgewichts, Selbsterfahrung und Nach-außen-Gehen, Umweltherstellung, Körpereinsatz, Durchsetzung, Abwehr, Geben und Nehmen, Trösten und Umarmen und An-die-Hand-Nehmen, Kontaktherstellung, Arbeiten: Die Mannigfaltigkeit der auszubildenden Handtätigkeiten läßt sich kaum darstellen, sie "greift, zieht, stößt, drückt, hält, wirft, schleudert, reißt, schlägt, dreht, faltet, knüpft, wickelt, knetet, spült, füllt, bricht, biegt, ordnet" (Révész 1944, S. 48 ff.), fühlt, spürt, hilft, berührt und vieles mehr, weit über die heutige Spezialisierung auf das Tippen in elektronische Medien hinaus; "Hand und sprechende Stimme stellen die größte Vollendung der menschlichen Unspezialisiertheit dar" (Gadamer 1993, S. 7) - wenn sie entsprechend ausgebildet wird und wenn diese Ausbildung ein Leben lang immer erneut auf ein hohes Niveau gebracht wird.

b) Die Hand ist Erfahrungs- und Ausführungsorgan von Handeln. Ihrem Handlungseinsatz geht ein innerer Handlungsentwurf voraus, ein Wollen, eine Zielsetzung, eine Abschätzung von Erfolg und Mißerfolg, eine Berechnung der sozialen Strategie und der einzusetzenden Energie. Dieses methodische, reflektierte Handeln wird in der Grundschule systematisch eingeübt, parallel zur Kontrolle von Körperlichkeit, Bewegung und sprachlichem Handeln. Wie komplex dabei der Lern- und Erfahrungsprozeß schon dieser Kinder ist, zeigt ein kurzer Blick auf eine Theorie des Handelns. Handeln ist in jedem Fall inhaltlich zielgerichtet, es entwickelt zugleich eine systemische und strategische Ziel-Organisation. Es gibt kein Handeln, das sein Ziel direkt

erreichte. Nur Gedanken sind direkt. Das Ziel wird zwar bewußtseinsmäßig in den Blick genommen, aber es verlangt beziehungsmäßige, methodische und materiale Handlungsleistungen. Methodisch setzen diese sich nacheinander zusammen aus Handlungsenergie, Handlungsbedingungen, Handlungsplänen, Handlungsrealisierungen; sie beginnen also in bezug auf das Handlungsziel immer indirekt-komplex. Die Handlungsenergie muß diese Handlungsleistungen von Anfang bis Ende durcharbeiten, beispielsweise bei Handlungsbedingungen in den ökologischen Zusammenhang, bei Handlungsplänen strategisch vielfältig investieren, bei Handlungsfertigkeiten auf Geübtes zurückgreifen und dies auf die gewünschte Handlung hin spezifizieren, Widerstände der Handlungspläne anderer überwinden. Dies hört sich schwierig an, ist aber die Investitionsenergie bei jeder unserer Handlungen, die wir von Kind auf abzumessen gelernt haben.
c) Grundschulkinder haben eine individuelle und entwicklungstypische Handlungsenergie. Individuell ist sie aus körperlichen, physiologischen, metabolischen Gründen und aus allgemeinen und spezifisch für diese Handlung erworbenen Vorerfahrungen. Entwicklungstypisch ist im Grundschulalter eine Handlungsenergie großer explorativer Freude, Spiellust, Phantasielust, Regellust, Erlebnis- und Sachorientierung.

3. Die Handlung, zumeist und primär durch Hände und Arme, unterstützt durch den ganzen Körper, verlangt die Energie des Operators, den Willen. Grundschulzeit ist also über die Erziehung des Willens hinaus auch das Anbahnen der willentlichen Handlung, der Beginn der freien = frei-willigen und dadurch befreienden, den Menschen frei machenden Arbeit. Handarbeit macht frei, wenn sie aus freiem Willen geschieht, weil sie Inneres zum Ausdruck befreit.
a) Es gibt ein mächtiges Energiepotential von Handlungen, nämlich unwillkürliche Handlungen, also etwa aufgrund von Reflexen, Trieben, Emotionen, die eine Koordination verlangen, zunächst durch objektivierte, regulierte Grenzen, Rituale, Schemata, Institutionen, die in die Reflex- und Triebbasis von Handlungen und Verhalten eingehen. Dieses Energiepotential von Handlungen braucht also determinierende Tendenzen, wie sie die Schule in Fülle zur Verfügung hat und was ja auch die Erziehung ausmacht: es sei nur an die obigen Ausführungen zu Regulierungen in der Schule erinnert (Kap. 2).
b) Grundschulzeit ist Zeit der Erziehung zu zielgerichteten, ausgewählten Handlungen; und der Einübung sozialer Handlungen, der Regeln eines Konfliktmanagements. Die Leistungsbereitschaft, die Anstrengungsbereitschaft auf Ziele hin, die Durchführung von Arbeit und die Überwindung äußerer und innerer Widerstände werden regelrecht - möglichst lustvoll - trainiert. Das Kind lernt, Ziele mithilfe von Handlungen anzustreben und den Weg dahin durchzuhalten. Das sich nun an-

strengende Ich erfährt sich als Ursache von Leistung, als energetisches Potential, das seine Kraft einsetzen kann und muß - erfolgreich oder trotz Mißerfolgen.
c) Auf dieser Basis der Internalisierung von Aufgabengerechtigkeit in Korrespondenz mit ihrer kreativen Poietik können die Kinder nun schulisch-frei handeln. Ihr Handeln erleben sie als frei, wenn es in schulischen Bahnen geordnet keine Sanktionen erfährt, also wenn die geordnete Umgebung ihrer Neugier, ihrem Tatendrang, ihrer Kreativität, ihrer freiwilligen Unterordnung, ihrem Interesse entgegenkommt. In der Grundschule ist freies Handeln vorgeordnetes Handeln - das den Menschen nie wieder verläßt und den Großteil seines Handelns - bis auf existentiales Handeln - ausmacht. Vorgeordnetes Handeln ist eine Basis für befreiendes Handeln.

6.1.2 Experimentelle Erfahrungen

Der Realitätssinn nimmt durch die bisher operational-gebundenen Erfahrungen zu, wird differenzierter, freier gestaltend. Das Kind am Ende der Kindheit ist voller Energie an Welterfahrungen interessiert; nicht an Weltveränderung, sondern an Assimilation und Akkommodation (Piaget) und an beginnender Deutung; an begründender und organisierender Erfahrung durch sachgerechte Arbeit, "adaptiv-konstruktiven Erfahrungen" (Krüger & Lersch 1993, S. 199), an Handarbeit zur Erfahrung des eigenen Könnens und Wollens - im Fernseh-Zeitalter notwendiger denn je. Projekte mit Planung, Versuch und Irrtum, Hypothesen und ihrer praktischen Überprüfung stehen jetzt im Vordergrund der Welterfahrung. Realismus und Sachlichkeit interessiert vorwiegend Jungen, und Sachlichkeit und Mitmenschlichkeit sind vorwiegend bei Mädchen gefragt. Es interessiert die Logik von Handlungen in der Umwelt und in der Gemeinschaft.

1. In der beginnenden Jugendzeit haben wir eine Gleichgewichtsebene von Ich, Gegenstand, Handlung, Reflexion der Handlung, "Bedeutungserwerb durch Handlungen". Projekte werden mit viel Mühe, körperlichem und geistigem Einsatz durchgeführt. Wichtig ist die Disziplin des Durchhaltens, der Weg und Prozeß bis zur Fertigstellung der Arbeit. Auffallend ist hier auch schon eine Differenzierung der Handlungen von Jungen und Mädchen: worauf wird das Augenmerk gelenkt, wer macht die Strategie, wie wird organisiert, was wird als wichtig erachtet?
a) Learning by doing ist bekanntlich John Deweys Stichwort in der Laboratory School und Hartmut von Hentigs in der Laborschule, überhaupt der internationalen Arbeitsschulbewegung. Handlung, Erfahrung, Praxis sind dabei durchaus unterschiedliche Begriffe. Ein handlungsorientierter Unterricht ist nicht unbedingt ein praxisorientierter Unterricht (Gudjons 1986). Praxis ist, etwa nach Karl Marx, ein gesellschaftlicher,

sozio-ökonomischer - heute auch -ökologischer Prozeß: Die SchülerInnen leiden ja gerade daran, daß sie ihre Handlungen als unnötig, überflüssig, in keiner Weise gesellschaftsrelevant erfahren. Sogar ihre Leistungen dienen nur dazu, einmal angeschaut und ad acta gelegt zu werden (Heinrich 1991).

b) Die Jungen setzen verstärkt den Körper ein, sie bilden in der Gruppe Hierarchien aus, ihre Handlungen sind auf äußere Aktivitäten und Erfolge hin angelegt. Die Mädchen bilden auf andere Weise Hierarchien, in gegenseitiger Team-Verständigung, diffuser und die Gruppe nach außen zusammenhaltend, und sie legen auf empathische Aktivitäten wert, ihre Hand-Fähigkeiten sind feinfühliger und differenzierter, ihr KörperBewußtsein (als Voraussetzung von Handlungen) meist ganzheitlicher. Die handlungsorientierte Erziehung bildet einerseits die jeweiligen Vorteile akzentuiert weiter aus und versucht andererseits vorsichtig für die Fähigkeiten und Fertigkeiten von Mädchen und Jungen, ihre gegenseitigen oder sich ergänzenden Handlungsräume, Aktivitätsformen und Handlungsinhalte Verständnis zu wecken und sie integrativ miteinander zu verbinden.

c) Schüler und Schülerinnen arbeiten in dieser Phase immer mehr aus eigenem Antrieb heraus, um Erfahrungen mit Gegenständen, mit der Lebenswelt, mit Ideen zu machen, sie bis zum Ende zu verfolgen, Dinge fertig zu machen, etwas wissen zu wollen, etwas mit Gebrauchswert herzustellen, in der Gemeinschaft durch soziales Handeln etwas zu gelten.

2. Handlungen sind Ausgriffe des Individuums in die Umwelt. Heranwachsende Jugendliche sind nicht mehr nur egozentrisch, auch nicht nur objektivistisch, sondern auch konstruktivisch: sie erfahren bei Handlungen die Welt als objektiv mit eigenständigen Gesetzen, sie entwerfen hypothetische Handlungen und probieren sie aus, aber noch nicht so, daß sie sich schon als Urheber neuer Ideen sähen. Sie gehen mit den Dingen um, führen

aus unter Nutzung und Aneignung der ihnen praktisch gebotenen Handlungsmöglichkeiten (Fernsehen, Film, Video, Computer etc.).
a) Sie wollen möglichst viele Dinge handelnd erfahren, ihren Nahraum (der in den Ferien sehr fern sein kann) tätig erkunden und erweitern, sich körperlich betätigen, viel Realität kennenlernen. Der Realitätsbegriff dieses Alters umfaßt die Handlungen im objektiven, im kommunikativen und im virtuellen Bereich:

Heranwachsende Jugendliche erfahren die Realität körperlich-sportlich, musisch, technisch, lesend, mit Freunden. Sie basteln und werkeln, organisieren, gestalten; Jungen mehr den Dingen und Freunden, Mädchen mehr ihrer Gemeinschaft und der kreativen Gestaltung zugewandt. Sie definieren aber weitergehend die Realität schon zur Wirklichkeit um, indem sie selbst schöpferisch wirksam werden. Jungen handeln immer mehr mit dem Computer und anderer Technik. Die Computerwelt ist eine ihrer Wirklichkeiten, eine ihrer zentralen Handlungswelten. Und, vom Realitätsprinzip abgeleitet, beziehen sie, ebenso meist Jungen, auch hypothetische, virtuelle Wirklichkeiten, Science Fiction, in ihren Handlungszusammenhang phantasierend ein. Praxisnaher phantasieren Mädchen, den Jungen in der Entwicklung voraus, um ihre Körperlichkeit, um ihre eigene, auch zukünftige Rolle, in der Clique, in der Familie, um den Geschlechterkonflikt (Zeuner 1994, S. 79).

b) Heutige Fernsehkinder kennen eine weitere Erfahrungswelt: die Fernseh-Wirklichkeit ohne Wirkungsmöglichkeit (diese wird in naher Zukunft aber schon mit Einwirkungsmöglichkeiten versehen werden). Vor ihren Augen wird gehandelt; sie identifizieren sich mit deren Handlungen, ohne den Körper, dafür aber eine faszinierte Seele, einsetzen zu können. Dies hat zweifelsohne Auswirkungen auf die Einstellungen zum Handeln: sie lassen handeln, haben Ohnmachtsgefühle, wenn nicht in ihrem Sinne gehandelt wird, suchen sich per Knopfdruck - als eine Art Ohnmachtshandeln zusammen mit Omnipotenzphantasie - die Handlungen aus, die ihrem Glücksgefühl entgegenkommen. Dementsprechend verliert die erste Wirklichkeit an Faszination; sie ist umso mühsamer - mit den Beinen und Armen / Händen, dem Körper, Seele, Geist - zu erobern, je einfacher die zweite Wirklichkeit eingeschaltet werden kann. Warum soll ich mit dem Körper mühevoll handeln, wenn die Handlung ihre Mühe verlieren kann und lustvoll ist?

c) Basale, sozusagen früher evolutionsgeschichtlich wichtige körperliche Tätigkeiten wie Sport, Kraftentfaltung, Verteidigungsmethoden, aggressives Handeln, körperliche Schönheit behalten ihren hohen Stellenwert und werden segmentär gepflegt: in Kursen von Sportvereinen, Schwimmvereinen, Aikido, Gymnastikkursen, Jazzdance etc. Davon zu unterscheiden sind Handlungen im Sinne von Realitätsaneignung und Realitätsbewältigung, die Rückführung auf sinnlich-greifbare, hand-handlungsbezogene Erfahrung, Körperhandeln, das mit allen Sinnen Handeln (nicht nur das spielerische Handeln).

3. Kinder dieses Alters im Übergang auf das Jugendalter interessieren die Logik der Umwelt, das Planen und das Ausführen und das willentliche Handeln mit Erfolg, das Vorbild großer Wirklichkeitsgestalter, geschichtliche Handlungen und die Geschichte der Dinge, die Handlungen in Romanen, Science Fiction.
a) Komplexe Umwelten haben vielfältige Logiken, und im Bereich des Handelns haben wissenschaftliche Untersuchungen immer wieder sog. weibliche und männliche Handlungsstrategien herausgefunden (Rose 1995), also verschiedene subjektive Handlungslogiken auch bei gleichen Sachlogiken (Objekten); oder das weibliche und männliche sachlogische Zugehen auf verschiedene Objekte, wie etwa eine Fahrradreparatur, die eine andere Logik hat als die Bedienung eines Computers und die Seidenmalerei und das Nähen mit der Nähmaschine. Sie gehen verschiedenartig handelnd an diese Objekte heran und handeln sich damit eine je andere Welterfahrung ein. Die Energie der Schüler und Schülerinnen differenziert sich nach ihren Handlungserfahrungen.
b) Schülerinnen bringen andere Handlungserfahrungen ein als Schüler, andere Planungs- und Ausführungsweisen, andere Sichtweisen, andere Zielsetzungen von Handlungen, andere Handlungsmuster, Handlungswege, Handlungslogiken, Umweltinterpretationen, Ergebnisinterpretationen. Eine Gleichschaltung von Handeln ist unmöglich und pädagogisch nicht sinnvoll. Die Bewertung der Leistung von Handlungslogiken ist ein pädagogisch schwieriges und gesellschaftlich weitreichendes Problem: nicht alle Handlungslogiken sind sinnvoll, sicherlich aber viel mehr Handlungslogiken als sozial geachtet werden; nicht alle Handlungen der Menschen können unter dem Gleichheitsgrundsatz bewertet werden. Schülerinnen und Schüler stellen sich (nehmen wir an: entsprechend der Gaußschen Verteilungskurve) darauf ein, welche Handlungen bevorzugt werden, nur wenige widersetzen sich dem Handlungszwang, üben sich in Widerstandshandlungen, nur wenige vollführen außergewöhnliche Handlungen.
c) In diesem Alter kommt der Ehrgeiz auf, willentlich Ziele zu verfolgen, in einer vom Willen gesteuerten Handlung Ergebnisse zu haben, etwas schaffen zu können. Handeln stärkt den Willen. Die erfahrenen Widerstände, deren positive Bewältigung durch Handeln, die Formung der Außenwelt nach meinem Willen und Ellenbogen (Machthandeln) ist eine starke Basis für die sich aufbauende Ich-Identität.

6.1.3 Handlungsräume und Handlungszeiten

Handlungen werden nun immer mehr eigenwillige Handlungen. Nun suchen und forschen die Jugendlichen, geleitet von deduktiv-hypothetischem Denken, experimentieren aufgrund praktischer Erfahrungen mit erweiterten Überlegungen, Wenn-Dann-Begründungen, virtuellen Assoziationen. Handlungen werden nun vom Ich ausgehende eigene, subjektive Handlungen, die wiederum Handlungsräume erweitern und differenzieren, je nach der Aktivität des Jugendlichen. Handlungen ändern die Räume, Raumformen (Aebli 1963, S. 117, 119); sie werden gewissermaßen jetzt nicht-euklidisch: Handlungen verinnerlichen sich und wandeln sich um in Vorstellungen, werden dadurch "abstrakt" (in allem Abstrakten ist ja das Konkrete clusterhaft enthalten), sind nicht mehr ausschließlich an konkrete Räume und Zeiten gebunden, bekommen andere Zeitdimensionen.

1. Die Raumgebundenheit von Handlungen wird allmählich aufgehoben. Das Fernsehen und die Science Fiction, überhaupt die Medien (das Telefon mit den verschiedenen Netzen, das Bildtelefon, Fax, E-mail, Internet, interaktives Fernsehen) mit dem unendlich erscheinenden Markt der Möglichkeiten und mit je ihrer Handlungslogik und spezifischen Raum-Zeit-Komponente, tragen zu diesem Prozeß erheblich bei. Früher - sagen wir noch in den 50er Jahren - war der Handlungsprozeß stark an konkrete Raum-Zeit-Erfahrungen gebunden; die Verinnerlichung von äußerlich Erfahrenem war eng an konkrete Vorstellungen und realitätsnahe Phantasien geknüpft. Heute mit den zusätzlichen Medien hat sich nicht nur die Schnelligkeit der Raum-Überwindung geändert; mit der Vervielfachung möglicher Handlungen, Wirklichkeitskonstruktionen und Vernetzungen hat die intuitive Kreativität und phantasievolle Präfiguration von neuen Handlungsmustern, Wirklichkeiten, Ordnungen eine qualitativ neue Handlungsebene erreicht, mit der die Jugendlichen fleißig operieren.
a) Jede Handlung führt über die Gegenständlichkeit, die Sinnestätigkeit, die emotional-motivationale Begleitung, über den Einfluß von Vorstellungstätigkeit hin zu Komplexen und dann zu einem Abstraktionsprozeß (Schemabildung). Im Alter der Jugendlichen wird sie in die Instanz des Ich hineingenommen; ein innerer-äußerer Dialog entsteht, die Handlung wird reflektierte Handlung; das Ich kann die Handlung von ihrer Gegenständlichkeit wegnehmen, raum- und zeitunabhängig (z.B. vor der Handlung) reflektieren und die ganze Handlung durchschecken, Handlungen nicht mehr nötig machen etc.
b) Durch diesen Prozeß der Verinnerlichung differenzieren sich auch die verschiedenen Handlungsebenen und die Räume, innerhalb derer gehandelt werden kann: konkret-praktisch oder praktisch-organisatorisch plus konkret-praktisch oder

hypothetisch-praktisch oder simulationsmäßig oder virtuell oder "rein" theoretisch. Betont sei wiederum, daß bei all diesen Ebenen erworbene Handlungsschemata angewendet, differenziert, variiert und transformiert werden.
c) Das Handeln ist die Basis und der Schlüssel von Denk- und Vorstellungsräumen. Jede Vorstellung, jeder Begriff, hat Raumcharakter. Die aktuellen Datenautobahnen, in denen diese Jugendlichen schon herumsausen, zeigen uns: Es gibt verschiedene Grade von Wirklichkeiten durch Handeln: die von mir selbst handelnd erworbene Wirklichkeit; die durch Hören und Sehen, Informationen, z.B. durch die Schule erworbene Wirklichkeit; die durch in Medien konkret handelnde Menschen vorgestellte, zurechtgeschnittene Wirklichkeit; die medial selbst geschaffene und beeinflußte Wirklichkeit; die gedachte Wirklichkeit mit ihren unterschiedlichen Bewußtseinsebenen. Durch die Parallelisierung und Implementation verschiedenster Wirklichkeiten mithilfe von Informationen und Medien differenzieren sich bei unseren heutigen Jugendlichen die Aktionsräume: es werden zusätzlich Phantasieräume, Traumräume, strategische Handlungsräume, virtuelle Welten angeregt; ich muß sie zwar inaugurieren, aber die Technik mit ihren Zusammenhängen schafft sie vor meinen Augen; wenn diese Welten mir nicht gefallen, drücke ich auf den Knopf, und weg sind sie: Knopfdruck-Welten in Hülle und Fülle.

2. Der Verinnerlichungsprozeß als Verlust von Raumgebundenheit und Verlust konkret-körperlicher Handlung ist ein Gewinn von Raumfreiheit und auch ein Gewinn an Zeit. Handlungen sind raum- und zeitgebunden; sie sind die psychologische Grundlage von Raum und Zeit. Jugendliche gewinnen, wie aus dem oben Gesagten hervorgeht, ein eigenes Verhältnis zu Raum und Zeit, sie erfinden ihre Räume und andere Zeiten.
a) Wir können heute allgemein von einem Raumverlust der Jugendlichen sprechen, weil sie in früheren Lebensaltern oft nicht intensiv und mühevoll genug Räume erobert haben. Auf der anderen Seite gewinnen sie Handlungsräume hinzu - praktisch die ganze Welt, die sie erst per Fernsehen, dann später selbst per Flugzeug erobern oder mit denen sie per Internet korrespondieren. Aber es ist weitgehend eine real erlebte Vorstellungswelt, die nicht mühevoll durchgearbeitet wird.
b) Räume und Zeiten versubjektivieren sich. Zwar wird von "der" Jugend und "der" Jugendkultur gesprochen (z.B. in bezug auf Musik); aber unterschiedliche Jugendliche investieren ihre vitale Handlungsenergie in unterschiedliche Handlungsräume und Handlungszeiten; differenzierte Grade an Verinnerlichungs- und Veräußerlichungsprozessen; verschiedene Zeitformen, Handlungsweisen auf unterschiedlichen Zeitebenen.

In der Schule handeln und erfahren sie selbstverständlich anders als in ihrer Jugendkultur. Handlungsorientierter Unterricht ist gut und schön, aber längst nicht mehr ein Motivationszauberwort und sehr unterschiedlich imaginiert: Die Schule muß sich auf die Relativierung der Vermittlung von Handlungskompetenz und des handlungsorientierten Unterrichts einstellen. Dennoch hat sie darin für die Jugendlichen eine zentrale Aufgabe, weil sie die einzige Institution ist, wo die Jugendlichen unter pädagogisch-didaktisch-methodischer Begleitung und Disziplin die Begriffe Kritik, Grenze, Verantwortung des Handelns systematisch reflektieren.
c) Handlungen differenzieren sich also immer mehr in ihrem Grad an Verinnerlichung und Intensität. Wir können also nicht nur von einer Verdichtung und subjektiven Differenzierung und Fokussierung der Handlungsenergie der Jugendlichen sprechen, sondern auch von einer variationsreichen Feineinstimmung.

Musik hat z.B. ausgesprochen unterschiedliche Intensitätsgrade, nach innen und nach außen bis an Grenzen; viele Jugendliche betätigen sich in der Musik und Kunst mit Hingabe - auch wegen ihrer körperbezogenen Aspekte; in Sport und Gymnastik ebenso; Theatergruppen eröffnen ein variationsreiches körperlich-subjektiv-sozial erlebtes Handlungsrepertoire; das Hineinleben in andere Zeiten und Räume (der Geschichte und Kulturen, der Astronomie, der Science Fiction, der leichten Droge, der alternativen Subkultur) differenziert nicht nur den Erfahrungshintergrund, sondern auch das Handlungswissen. Handlungswissen bestimmt seinerseits die Handlungsenergie. Sicher ist jedenfalls, daß auch Vollblut-PädagogInnen kaum noch in jugendliches Handeln eindringen können.

3. Jugendliche erreichen am Ende in der Schule einen Abstraktionsgrad des Denkens, durch den sie mühelos Operationen durchführen können, in denen (vordergründig) Raum und Zeit keine Rolle mehr spielen. Als Ausgleich brauchen sie außerschulisch etwas, das man die Handlungserfahrungen mit Symbolisierungen nennen könnte. Alles in den Jugendkulturen besteht aus Symbolisierungen (vgl. z.B. Baacke 1993, passim). Nennen wir Symbolisierung das richtungsbezogene Mittel zur Herstellung von Begegnung in Motorik, Emotionalität, Erleben, Sprache und Bildhaftigkeit (Stüttgen 1992), so wird klar, daß die Jugendlichen ihre ganze Handlungsdynamik für solche spezifischen Symbolisierungen einsetzen.
a) Da sind zunächst die symbolischen Handlungen der Jugendlichen, mit denen sie sich von der Erwachsenenwelt befreien und absetzen. Es ist jugendliche Motorik, auch Motorräder, die Sexualität, Gestik, emotionale Erregung, Affektivität, Sprache, Denkungsweise: insgesamt die psycho-ökonomische Symbolik der Jugendlichen in ihren bei der Jugend stets wiederkehrenden Kennzeichen und in der gerade aktuellen Jugendmode.

b) Die Symbolisierungen der Jugend sind erst imitative Handlungsaneignungen, ein Probehandeln: Sie probieren aus, wie moderne Jugend handelt: wie ich handeln muß, wenn ich dieser Mode, dieser Clique, diesem Trend, dieser Musik, diesem Haarschnitt angehören will, wie sich die anderen Jugendlichen zu mir verhalten, wie die Erwachsenen; welche Sanktionen, welche Gruppenbelohnungen zu erwarten sind.

c) Erst später, wenn die Aktivitäten allseits erprobt sind, können die Jugendlichen zur Handlungskreativität übergehen. Sie spielen jetzt mit ihrer Rolle, mit der gesellschaftlichen Zumutung, mit der neu geschaffenen Kultur, für die sich auf einmal Wirtschaftsleute, Wissenschaftler, Politiker interessieren.

6.1.4 Freie Arbeit

Streng genommen gibt es ebensowenig "Freie" Arbeit wie "Freiheit" - um Martin Bubers "Reden über Erziehung" zu zitieren -, sondern nur in der Bindung "freie" und befreiende Arbeit. Die Heranwachsenden spüren dies außerordentlich feinfühlig, wenn sie sich nach dem Sinn ihrer Handlungen fragen. Sie wollen dabei eine Bindung ihrer Handlungen: durch Handlungen wollen sie ein reichhaltiges Leben führen, die Welt verbessern, ihren Beitrag zur Demokratie leisten etc.; sie wollen sinnlich volle, sinnvolle, verantwortungsvolle Handlungen - ganz gleich, ob sie in das Berufsleben gegangen sind oder sich schulisch weiter bilden.

1. Freie Arbeit kann im Schonraum Schule (und später womöglich der Universität) als freiwillige Arbeit mit innerem Leistungswillen bezeichnet werden. Verinnerlichte Handlungszwänge begründen eine freiwillige Unterwerfung unter das Lernen, wobei der Befreiungscharakter dieser Handlungen in dem Maße zunimmt, wo die Schülerinnen und Schüler eigenes methodisches Handeln anwenden.

Eigenes methodisches Handeln, d.h. seinen eigenen Weg zu finden und zu gehen, ist wirklichkeitserschließendes und wirklichkeitsveränderndes Handeln, es ist die Poietik des Menschen und die Selbstverantwortung des Handelns - das, was der Künstler Joseph Beuys als Soziale Plastik bezeichnete.

Wir können also von einer Taxonomie des Handelns sprechen:

- ❒ von einem Handeln als Tun, Erstellen (homo faber);
- ❒ von einem Handeln als äußerem Ergebnis eines inneren Handelns (Eigentätigkeit);
- ❒ von einem Handeln als selbständig-methodischem Handeln (Poiesis);
- ❒ von einem Handeln als sozial-verantworlichen Handeln (Soziale Plastik).

a) Jugendliche Erwachsene handeln schon relativ selbstbestimmt. Bei bisher gelungener Sozialisation spüren sie eine enorme Energie in sich, die sich in einer Vielzahl von Aktivitäten (Poiesis) ausleben will; und sie sind relativ bereit, sich für das Lernen in der Schule körperlich zu disziplinieren, sinnliche Reduktionen in Kauf zu nehmen (die sie dann anderswo kompensieren), der Arbeit einen hohen Stellenwert neben den Beziehungen einzuräumen.
b) Arbeit wird dann - vorausgesetzt, sie ist sinnvoll - als notwendiges Handeln des Menschen akzeptiert, durchaus in der Ambivalenz von Schuften und Freude, von Verschleißen und gesellschaftlicher Nützlichkeit. Mit dem Blick auf ein Handlungsziel kommt, ob nun außerhalb oder innerhalb der Schule, wieder eine neue Sachlichkeit auf, die Hingabe an die Aufgabe, nun zusammen mit der Übernahme von Verantwortung für das Handeln.
c) Freie Handlungen sind dies im allgemeinen noch nicht. Denn dazu gehört eine Portion Metakommunikation: der Mut, durch Handlungen neue Wege zu gehen, Hindernisse und Widerstände beiseite zu räumen. Gleich schwierig ist es für Pädagoginnen und Pädagogen, die selbst kaum diesen Mut aufbringen, Anlässe für befreiende Handlungen zu geben.

2. Jetzt können wir dann wenigstens von Ansätzen Freien Willens sprechen. Es sind kritische Willenshandlungen. Die Ebene der Wahlfreiheit wird nun viel tiefgehender, nämlich existentiell selbstbestimmter.
a) Jugendliche Erwachsene werden nun schon partiell für ihre Handlungen verantwortlich gemacht, sie müssen sich mit ihrer Person rechtfertigen. Ihre Handlungen unterliegen genau definierten juristischen Faktoren und damit dem Anpassungsdruck.
b) Selbstbestimmte Handlungen werden gefragt. Es ist dies die Quantität und Qualität an Handlungs-Energie, die ich aufbringen muß, um mich zu behaupten, z.B. etwas Originelles zu tun, mich in Gegensatz und Kritik zur Umwelt und meinem bisherigen Verhalten als Jugendlicher zu setzen, mein Leben und nicht ein copiertes zu leben.
c) Jugendliche Erwachsene konstruieren nun erstmals ihre Welt, ihre Zukunft, ihre Ziele. Sie entwerfen und verwerfen Handlungspläne, formulieren Handlungsziele, organisieren selbständig Aktivitäten. Sie bringen nun erwachsenenorientierte Leistungen, wirtschafts- bzw. berufsorientierte Leistungen.

3. Sie wollen nicht nur die Freiheit des Handelns, sondern vor allem sinnvolles Handeln, d.h. die Rückbindung an nützliche oder idealistische Zwecke.

a) Ein Ausdruck des Erwachsenwerdens ist die Durchmischung, sagen wir 10 % sinnvollen Handelns mit dem Durchbaggern der 90 % Vorarbeiten. Es ist zugleich Aktivitätsverzicht; die Sorgfalt, Handlungsenergien zu strukturieren, nicht zu verschwenden, sie sinnvoll auf das Ziel hin einzusetzen. Dies ist das Ziel pädagogischer Handlungsorientierung. Von da aus sind nicht alle Erwachsenen erwachsen.
b) Sinnvolles Handeln ist reflektiert-kritisches Handeln. Die kritische Begründung kann aus empathischen Gefühlen (raison du coeur) oder aus dem kritischen Verstand kommen. Sinnvolles Handeln ist immer entschiedenes Handeln.
c) Freies sinnvolles Handeln hat auch eine weite politische Komponente: Es ist politisches Handeln als demokratisches, gerechtes, sachangemessenes Handeln. Es ist kosmisches Handeln im Sinne Maria Montessoris: ein Handeln für mich, die Umwelt, die Welt (Ludwig 1996).

6.2 Die praxisnahe Schule

Jürgen Habermas nennt in seiner "Theorie des kommunikativen Handelns" das normenregulierte, das dramaturgische und das kommunikative Handeln, um daran das Sinnverstehen anzuschließen (Habermas 1981, S. 114 ff.). Für unseren Zusammenhang des kommunikativen Handelns in der Schule folgen daraus verschiedene zu konzipierende Handlungstheorien. Sie sind in eine differentielle Praxis der Schule umzusetzen, und sie sollten sich an einer Entwicklung des kindlich-jugendlichen Handelns orientieren.

Es gibt einen ausgesprochenen Unterschied zwischen handlungsorientierter und praxisorientierter Schule, wenn wir unter Handlung jede (körperliche und geistige) Tätigkeit verstehen, die in der Schule zum Zwecke des Lernens ausgeführt wird, und wenn wir unter Praxis die Lebenswirklichkeit insgesamt verstehen, die durch Tätigkeit hergestellt wird. Eine praxisorientierte Schule ist dann eine lebenswirklichkeitsnahe Schule. In einer solchen Schule wird inhaltlich über das Leben gelernt, beziehungsmäßig und methodisch zu leben gelernt.

6.2.1 Die objektivistisch-normative Schule

Die Schule stellt den Kindern einen äußeren Handlungsrahmen. Ihre äußere Ordnung soll durch Handlungen mit Gegenständen, die schulisch zur Verfügung gestellt werden, zur inneren Ordnung werden. Kinder können so ihre noch nicht zielgerichteten Energien ordnen. Sie brauchen dazu erst einmal ein normatives Gefüge, an dessen Grenzen sich die Energie jeder Handlung abarbeitet, um sie schließlich überwinden zu können, weil sie ja Erfahrungen mit ihrer notwendigen Begrenzung gemacht hat. Dialektisch dazu muß sich die Schule den Handlungsenergien der heutigen Kinder anpassen. Sie spezifiziert dadurch ihre Normierungen auf heutige Probleme, beispielsweise Lärmen, Unruhe, Konzentrationslosigkeit, Gewaltsamkeit, Technik, Hunger nach Person, nach Stille.

Praxisnahes Handeln heißt in der Grundschule, an lebensnahen Objekten in einem operational gebundenen Unterricht sinnesmäßig und sinnhaft zu handeln: innerhalb einer relativ regulierten Beziehungsstruktur Klasse und Schule die Strukturen der Dinge (Inhalte), der Beziehungen der Kinder, der Institution Schule handelnd zu erfahren und entsprechendes Verhalten handelnd einzuüben. Zunächst ist also die Grundschule als inhaltsreiches System die Praxis handelnden Lernens. Der Spannungsbogen von "Praxis" bezieht sich darüberhinaus auf die konkrete Bewältigung der Lebensprobleme der Kinder, ihre körperlichen, seelischen, sozialen Konflikte, soweit die Lehrerinnen sie in der Grundschule ansprechen und, z.B. mit Eltern, verhandeln können.

1. Nach heutigen gehirnphysiologischen, sinnespsychologischen u.v.a. Erkenntnissen lernen Grundschulkinder vornehmlich an Materialien, die ihrem Körpergefühl entgegenkommen, weil die Schüler handelnd ihr Bedürfnis befriedigen können, sich zu verobjektivieren: Sie wollen für sich die Wahrheit der von den Lehrerinnen als objektiv vorgestellten Wirklichkeit nachvollziehen.

a) Am entschiedensten materialisiert Maria Montessori. Die Materialien des täglichen Lebens, die Sinnesmaterialien, die Mathematik-Materialien und viele andere, heute nach ihren Prinzipien verfertigte zusätzliche Materialien, sind Objekte, sind gegenständlich verdichtete Kultur und Logik, Ordnung und Lebenspraxis, die durch Handeln ihre Gesetzmäßigkeiten offenbaren. Das Kind assimiliert und akkommodiert durch Handeln die im Material geistig vorbereiteten Gesetzmäßigkeiten; es weiß diese dann in einem inneren Wissen, und es lernt sie gedächtnismäßig in einem äußeren Wissen. Das Handeln ist der eigene systematische Nachvollzug und die Aneignung der Logik der Sache. Der Schüler und die Schülerin lernen sie exemplarisch und konkret lebenspraktisch: für ein geordnetes, regelorientiert freies, vernünftig überlegtes, kenntnisreiches, selbsterarbeitetes, gemeinschaftliches, ökologisches (kosmisches) Handeln.

b) Célestin Freinet läßt die Schüler und Schülerinnen auch mit Material handeln, aber nicht mit dermaßen streng normiertem und geordnetem Material wie Maria Montessori (beides hat Vor- und Nachteile): Der Handlungsvorgang von Assimilation und Akkommodation ist kreativ-vielfältiger, wir würden heute sagen: systemischer,

konfliktträchtiger, ungleichgewichtiger, fehlerfreundlicher, technischer, politischer, kampforientierter, gesellschaftlich durchsetzungsorientierter; die Objekte können auf vielfältige Weise gebraucht, bearbeitet, spielerisch verwertet werden; Genauigkeit, Ordnung, Disziplin, Sachangemessenheit des Handelns werden aber gleichfalls verlangt, weil sie von den Kindern auch gewünscht wird; das Handlungsziel ist in Form des Wochenplans verpflichtend vereinbart, die Methode und Organisation des Handelns sind z.T. frei ("viele Wege führen nach Rom"), ebenso die Zeit und die aufzubringende Energie (Zusatzaufgaben, Kreativität) ist in Grenzen frei wählbar.
c) Der Unterricht in der Grundschule ist ausgeprägt spielerisch-handlungsorientiert (Keller & Fritz 1995): es werden möglichst viele Handlungen ausgeführt, weil das Kind in diesem Alter sich die Dinge noch stark über Handlungen aneignet und viele SchülerInnen kinästhetisch lernen. Erst allmählich geht der Unterricht von einer materialistisch-handlungsorientierten Bildung zur formalen Bildung hin (Wolfgang Klafki), zum verinnerlichten, von Handlungsschemata abzugreifenden Handlungsentwurf, vor der praktisch durchgeführten Handlung.

2. Nie mehr ist Schule so praktisch (auch nicht die Berufsschule). Die Handlungen sind sinnlich nahe an den Händen, an den Objekten, aus der Erfahrungswelt der Kinder. Die Grundschule ist eine operationale Sinnesschule.
a) Handlungen aktivieren die Sinne und die Sinne aktivieren die Handlungen: wie jede körperliche Fitness sind auch die Sinne aktiv zu üben. Schule setzt dafür gezielte Mittel, Methoden, Handlungen ein: Sehen, Hören, Lauschen, Fühlen, Riechen, Bewegung, Handarbeit werden gezielt herausgefordert, korrigiert, geschärft, stabilisiert, verinnerlicht bis zur "Meditation am Detail" (Montessori). Sinnesschulung ist Handlungsschulung, Methoden-Kreativität, eine Aktivierung des KörperBewußtseins. Immer neue Handlungsarten, -differenzierungen und -variationen werden erfunden und individuell (auf die Physiologie, das KörperBewußtsein, die Handlungs-Potentiale des Individuums bezogen) ausprobiert.
b) Die Schule schult die Sinneshandlungen, indem sie sie vereinzelt, systematisiert. Für einzelne Sinne bestehen ganze Fächer (Musik, Leibeserziehung, Kunst). Die Handlungen gehen vom Nahsinn zu Fernsinnen, von der Langsamkeit zur Schnelligkeit, vom Ganzen zum Detail, vom Allgemeinen zum Besonderen, vom ganzheitlich Diffusen zum Effektiven. Und: dermaßen aufgebaute Handlungen sind systematisch wieder abzubauen; Aufbau und Abbau sind immer wieder neu zu üben, zu stabilisieren, an anderen Objekten zu erproben, täglich neu auf den höchstmöglichen Stand zu bringen. Denn Handlungsaktivierungen und Sinnesaktivierungen und geistige Aktivierungen - alle drei sind immer zugleich gefragt - verlieren sich schnell, wenn sie

nicht aufs Höchste, d.h. über jedes Mittelmaß hinaus, ständig herausgefordert werden.

c) Ein Ziel der Grundschule ist die Grundlegung des praxisnahen Menschen - sei er später noch so ein großer Theoretiker. Sie besorgt möglichst viele Handlungsanlässe, auch eine Vielseitigkeit der Handlungen aller Schüler im Sinne der Polyästhetischen Erziehung (Roscher 1976). Jeder Handlungsanlaß ist dann als Erfahrung gespeichert. Jede Kombinatorik, jeder Denkprozeß, jede Simulation, jede Modellvorstellung speisen sich aus dem inneren Nachvollzug von Handlungen. Je vielfältiger und reichhaltiger das körperliche, sinnliche, emotionale, sprachliche, also alles mit dem Körper vollzogene Handlungsrepertoire in der Grundschule (und weit vorher) erworben wurde, umso intelligenter im umfassenden Sinne ist der Mensch. Diese Handlungslust und Handlungssättigung in der Grundschule wird sich in der Folgezeit und im Lernprozeß des "praktischen Lebens" spezialisieren, typisieren, theoretisieren, jedenfalls reduzierend fokussieren.

3. In der Grundschule lernt das Kind, mit Handlungen Ziele zu verfolgen und im Rahmen kindlicher Erfolge unter Beachtung von Normen durchzusetzen. Die Grundschule bietet dazu die institutionellen, psychologischen, soziologischen und pädagogischen Aspekte des Handelns.

a) Schüler lernen institutionelles Handeln, d.h. mit Regeln, Worten, Vereinbarungen, Einrichtungen, Materialien, Autoritäten, Machtgefügen, Energien verschiedenster Art umzugehen: zu jonglieren, zu manipulieren, zu strategisieren, zu dialektisieren, zu argumentieren.

b) Schüler lernen psychologisches und soziales Handeln, d.h. mit verschiedenen SchülerInnentypen, Geschlechtern, Schichtzugehörigkeiten, überhaupt Lebensläufen zu handeln, Macht zu gewinnen oder abzugeben, sich durchzusetzen oder hintanzusetzen, sich selbst zu befreien oder zu unterdrücken.

c) Schüler lernen durch die systematische Pädagogik der Lehrerin die Gesetzmäßigkeiten des Handelns. Sie beziehen sich auf Subjekte: wie muß ich mit MitschülerInnen umgehen? und auf Objekte: was sagen mir die Dinge, welche Neuigkeit kann ich erfahren, wie gehe ich mit Objekten um? Was die gesamte Schulzeit, ja das Leben lang dauert, wird in der Grundschule schon systematisch handelnd eingeübt. Spiel und Handeln haben den Zweck der Lebensbewältigung. Es geht nicht nur vordergründig darum, die sog. objektive Welt durch Handeln kennenzulernen.

Handeln stiftet das Beziehungsverhältnis zu den Subjekten und Objekten. Das Handeln bringt die Schüler von ihrer Egozentrik weg. Sie erfahren zudem, daß sie durch TUN ihre eigene Situation und die ihrer Klasse positiv gestalten können, daß sie sich dem Handeln, dem in der richtigen Situation, in der richtigen Gegenwart richtigen Handeln nicht entziehen können und dürfen; daß jede Situation eine gehandelte Situation ist; daß sie nur durch Handeln zufriedenstellend gemacht werden kann; daß Nicht-Handeln ein Handeln ist (1. Axiom von Watzlawick); daß Handeln und Nicht-Handeln schuldhaft, ungerecht sein kann. Dieses Handeln wird pädagogisch immer wieder gefordert, provoziert, Widerstände werden sichtbar gemacht, die Vielfältigkeit möglichen Handelns im körperlichen, seelischen, sozialen und geistigen Bereich wird aufgewiesen und systematisch, fast planmäßig eingeübt, damit die Kinder im Endeffekt eine Handlungskompetenz erwerben.

6.2.2 Schule als handlungsreguliertes soziales System

Der Begriff des normenregulierten Handelns (z.B. in der Grundschule) setzt Beziehungen "zwischen einem Aktor und genau zwei Welten voraus. Neben die objektive Welt existierender Sachverhalte tritt die soziale Welt, der der Aktor als rollenspielendes Subjekt ebenso angehört wie weitere Aktoren, die untereinander normativ geregelte Interaktionen aufnehmen können. Eine soziale Welt besteht aus einem normativen Kontext, der festlegt, welche Interaktionen zur Gesamtheit berechtigter interpersonaler Normen gehören. Und alle Aktoren, für die entsprechende Normen gelten (von denen sie als gültig akzeptiert werden) gehören derselben sozialen Welt an" (Habermas 1981, S. 132).

Wichtig ist in unserem Zusammenhang, daß die Schule den Schülerinnen und Schülern im Alter der Grundschule und über die Grundschule hinaus deutlich macht, daß Normen durch Handlungen zustande kommen, Normen also geschichtliche Handlungsverdichtungen sind und eine Matrix mit hardware und software, mit Tiefen- und Oberflächenstruktur bilden, und daß sie von ihnen durch Handlungen in einem gewissen Rahmen geändert werden können.

1. Eine handlungsorientierte Schule ver-handelt Normen. Sie zeigt den heranwachsenden Jugendlichen durch ein gewisses Maß an Mitbestimmung, daß zwar allen Normen Handlungen zugrunde liegen, die aber nur zu einem bestimmten Teil verhandelt, reaktualisiert und neu konstitutiert werden können. Dadurch lernen diese hautnah mit ihrem eigenen Handeln, daß Normen zum einen Teil eine Basis für Verhaltenssicherheit sind, daß sie zum anderen Teil kontingent sind und Möglichkeiten und Grenzen der Veränderung bieten, nämlich in dem Maße, in dem ihr Verschleißen offensichtlich wird. Durch ihre hypothetischen Handlungsvorschläge, Handlungspläne, konkreten Verbesserungsversuche lernen Schüler wiederum die Möglichkeiten und Grenzen der Durchsetzbarkeit neuer Normsetzungen kennen; sie lernen, anhand der Schule und von Lehrern explizit begründet, realistisch etwas über

Handlungsregulierungen, über ihre wohlgemeinte Handlungsenergie und die Schritte begrenzter Verwirklichung, über differenzierte Zielvorstellungen einzelner Handelnder, die Erstellung strategischer Handlungsentwürfe, "noise" bzw. Sand im Getriebe, über jugendliche Überschußenergien, über Enttäuschungen und Täuschungen, Handlungsinteressen, Geltungsinteressen, funktionalen Einsatz von Normen etc. Das Ergebnis ist ein bestimmtes Maß an sozialer Handlungskompetenz der Schülerinnen und Schüler. Diese muß pädagogisch motiviert werden, trotz aller Hindernisse seine Handlungsenergie verschleißen zu wollen (Joseph Beuys).

a) Die Schulpraxis dient exemplarisch als Vorbereitung für handlungsregulierte soziale Systeme der Gesellschaft. Dazu ist sie aus dem Grunde geeignet, daß es Handlungseinübungen unter pädagogischen Schonraumbedingungen sind; sie ist dazu aus demselben Grunde nur bedingt geeignet, daß jedes soziale System der Gesellschaft andere Norminhalte, andere Normdurchsetzungsmechanismen, andere Altersbedingungen als Schule hat. Von Schülerseite her ist das Alter heranwachsender Jugendlicher für diese Normenlernprozesse geeignet, weil diese eine "objektivierende Einstellung" zur normierten Schule haben, "eine Beziehung zur objektiven Welt, der der Aktor erkennend gegenübersteht, oder in die er zielgerichtet intervenieren kann, hier als eine Beziehung zur sozialen Welt, der der Aktor in seiner Rolle als Normadressat angehört, und in der er legitim geregelte interpersonale Beziehungen aufnehmen kann. Weder hier noch dort wird freilich der Aktor *selbst* als eine Welt vorausgesetzt, zu der er sich reflexiv verhalten könnte" (Habermas 1981, S. 135). In dieser Weise erwerben Schüler also eine Basis, durch Handlungen Normen zu setzen und zu akzeptieren, nach Normen zu handeln - bevor sie sie im Jugendalter womöglich umstürzen.

b) Die normorientierte Schule ist eine tolerante Schule, um jeder école caserne und Aggression und Frustration entgegenzuwirken, insbesondere eine ambiguitätstolerante Schule (Krappmann 1975, S. 132 ff.). Ein qualifizierter Toleranzbegriff beläßt Basis-Normen, "hard-ware", läßt "soft-ware"-Normen fluktuieren. Das heißt, daß auf der Grundlage schulspezifischer Normen ein Schulleben organisiert wird, in dem auch recht unterschiedliche Handlungen ausgelebt und erfahren werden können: alternative Lernmöglichkeiten, Methoden und Gestaltungsmöglichkeiten von Schule, eine alternativ handlungsregulierte Schule in der Regelschule (Forderung aller neuen konstruktivistischen Pädagogiken).

c) Zunehmend legitimieren nun SchülerInnen und LehrerInnen ihre Handlungen. So werden angehende Jugendliche gelehrt, Handlungen systematisch zu planen, zu begründen, ihre Folgen zu bedenken, alternative Handlungen einzuplanen, mit Handlungswiderständen zu rechnen, hinter bestimmte normative Vorgaben nicht zurückzugehen. Dies gilt nicht nur für Schülerinnen und Schüler. Lehrerinnen und

Lehrer legen ihre Handlungspläne offen und geben sie der Kritik und Begründung der Schüler preis. Sie teilen auf diese Weise (komplementär) Handlungsmacht.

2. Nur durch Normen wird die Schule eine soziale Schule. Über die Normen der Schule hinaus vermittelt sie die individuellen und personalen Handlungsnormen der SchülerInnen und LehrerInnen und zugleich die Normen der Sozialität, macht sie einsichtig, fordert zu differenzierter Sichtweise auf.
a) Je differenzierter die Normen der Gesellschaft, umso differenzierter die soziale Schule. Eine differentielle Handlungstheorie der Schule verarbeitet objektive und soziale Normen der Umwelt in der Schule. Diese Normen haben je unterschiedliche Logiken, die kognitiv-emotional und kommunikativ handelnd beachtet werden. Die Schule stellt also unterschiedliche Normen vor Augen, sie lehrt diese Unterschiede, vertritt dazu einen eigenen Standpunkt und fordert zu Standpunkten auf; sie unterscheidet die Normgebungen der verschiedenen Kulturen; sie initiiert eine Lehre von der Menschenkenntnis, indem sie am Äußeren der Menschen, an Verhaltensweisen, an Sprache und Auftreten, an der Ausstattung von Umgebungen, an der Ästhetik der Menschen usw. Symbolisierungen der Normgebung der Menschen entdeckt, aufdeckt, differenziert. Schüler kennen dann die Symbolisierungen als Normgebungen, auf die sie sich handelnd einstellen können. Differenzierte Menschenkenntnis und Normenkenntnis sind Ziele einer Schule, die - bei aller ihrer Begrenzung - auf das Leben vorbereiten will.
b) Die Schule ist nicht bloßes Abbild der Normen der Gesellschaft - ganz abgesehen davon, daß wir nur unzulänglich und überholungsbedürftig (z.B. im Recht) wissen, was "die" Normen der Gesellschaft sind. Es ist auch zweifelhaft, ob Jugendliche, die in der Schule zurecht kommen, ebenso gut in einer Verwaltung, einer Fabrik etc. zurecht kommen: das heißt, daß die Schule ihre eigene Sozialität und Normgebung, ihr eigenes Gruppenhandeln schult und sich darum bemüht, daß diese Handlungen möglichst praxisnah-gesellschaftlich brauchbar sind. Die soziale Schule intendiert eine soziale Basis-Schulung, die trotz Abwandlung in der verschiedenartigen gesellschaftlichen Wirklichkeit durchhält. Basis-Schulung sozialer Handlungen heißt in der Orientierungsschule:

❐ Handlungskompetenz erwerben: Welche Art von Handlungen gibt es, was bewirken Handlungen innerpsychisch und sozial, wie plant man Handlungen, wie genau kann man das Ergebnis erreichen? Exemplarisch Handlungen durchführen.
❐ Sich Kennenlernen bei Handlungen in der Schule: Wie handlungsfreudig bin ich, plane ich vor dem Handeln, führe ich die Handlung bis zum Erreichen des Handlungsziels aus? Exemplarisch sich erproben.

- ❐ Ausbildung in sozialen Handlungsmethoden: Welche Handlungsmethoden gibt es, welche Hilfsmittel, welche sozialen Handlungsbereiche? Exemplarisch Handlungsbereiche kennenlernen und unter schulischer Begleitung differenzierte Methoden ausprobieren.

c) Die soziale Schule lehrt präfigurativ also Handlungen, Verhaltensweisen, Techniken, Normen in verschiedenen gesellschaftlichen Situationen, und sie versucht, dieses Handeln in spielerischer Form oder als Ernstsituation praktisch einzuüben. Dazu bietet sich die Methode der classes promenades an, der Neugier nach dem Innenleben der Gesellschaft hinter ihren Mauern, die lehrreicher ist als manches normative Trockenschwimmen in der Schule selbst. Sie kann in den einzelnen Schularten spezifisch ausgerichtet werden, mehr praktisch, mehr realitätenbezogen, mehr modellhaft-praktisch; es empfiehlt sich eine Durchmischung dieser Methoden handelnder Kenntnisnahme der gesellschaftlichen Wirklichkeitsbereiche, um die Grenzen von Veränderungshandlungen schon in diesem Schüleralter zu erkennen.

3. Handlungsorientierung ist also ein Ausbildungsinhalt von Schule: sozial nach Normen handeln, Normen rationalisieren, Normen tolerieren, unsinnige Normen relativieren oder verändern, Widerstand gegen Normen leisten zu können. Dieser Ausbildungsinhalt ist zunächst stabilisierend, differenzierend, orientierend, damit die Basis vor der Jugendzeit so solide gelegt ist, daß sie trotz möglicher Zerfetzungen durchhalten kann.
a) Schule hat nur geringe Möglichkeiten zur sozialen Veränderung, aber viele Möglichkeiten, in ihrem eigenen Rahmen z.B. demokratische Handlungen zu lehren und einzuüben, hypothetisches Handeln präfigurativ beurteilen zu lassen, Normenkonfrontationen zu organisieren. Daß sie dies mit dramaturgischen Mitteln spannend macht, ist selbstredend.
b) Sie hat auch die Möglichkeit, Handlungen sozialer Widerstände zu diskutieren, Handlungen mit Standvermögen zu erproben, Handlungen bei körperlichen, emotionalen, verbalen, argumentativen Angriffen zu lehren. Notwendig wäre dazu eine Liste von aggressiven Möglichkeiten und ihren friedlichen Begegnungen. Diese sollten systematisch durchgespielt werden: bei körperlichen Handlungen wird die Notwendigkeit von Kraft, Geschick, Flexibilität, vielleicht des Erlernens von östlichen gewaltlosen Verteidigungstaktiken, deutlich; bei emotionalen Konfrontationshandlungen erlernen die Schüler ihre Strategien, die Schülerinnen ihre Strategien; verbale Handlungen (Sprachhandlungen) müssen systematisch auf die verschiedenen möglichen Situationen bezogen eingeübt und herausgefordert werden; im Ansatz sind auch schon Argumentationsweisen zu lehren.

c) Jugendliche brauchen die Herausforderung. Die angehenden Jugendlichen schulen also in der Schule Handlungen verschiedenster hierarchischer Ebenen, verschiedenster Praxissegmente, inhaltlich und beziehungsmäßig und methodisch vielfältig, differenziert nach Alter, Lebensgeschichte, Geschlecht. Sie erkennen ihre Möglichkeiten und Grenzen des Handelns; die Schule hilft ihnen mit mannigfachen und oft spannenden, sinnlich-sinnhaften Methoden, sie auszuweiten. Unter anderem bieten sich an: Dramaturgie von Rollenspielen, Inszenierungen von sozialen Situationen, von Lerninhalten, von Gremienhandlungen des Klassenrats, schul-öffentliche Diskussionsveranstaltungen. Die Lehrer haben an diesen Handlungen ein Eigeninteresse, weil sie sie ständig mit sich selbst konfrontieren und sie jung erhalten.

6.2.3 Schule als Raum subjektiver Handlungen

Die kommunikative Handlungstheorie eröffnet neben den bisherigen zwei Welten noch eine dritte: die objektive, die soziale und jetzt die subjektive Welt (Habermas 1981, S. 149). Im Vordergrund soll hier nicht der kommunikative, sondern der Handlungsaspekt von Erfahrung stehen, also die subjektive Handlung in der Schule und in der Schulung. Der und die Jugendliche handelt jetzt aus einem subjektiven Gefühl, einer subjektiven Distanzierung und Reflexion heraus - ob er oder sie interaktiv oder gar kommunikativ handelt, ist erst ein zweiter Aspekt der Frage (der im nächsten Kapitel zur Erörterung steht).

Zwar hat die Schule das Bildungsziel subjektiver Selbstbestimmung. Aber sie hat für subjektive Handlungen oft kaum Raum und Zeit bzw. muß diesen Raum erst erobern. Ich möchte zwischen objektiv-subjektiven Handlungen und objektiv-sozialen-subjektiven Handlungen unterscheiden.

1. Jede Handlung ist objektiv-subjektiv. Sie ist subjektiv, weil vom Subjekt erzeugt, und objektiv, weil in die Außenwelt gesetzt. Nun gibt es aber verschiedene Grade von Subjektivität und von subjektiven Handlungen. Die Jugendlichen in den weiterführenden Schulen können Handlungen subjektivistischer reflektieren, strategisieren und relativieren als vorher.

a) Es ist ein großer Vorzug, objektiv handeln zu können, denn dann können wir Innenprozesse nach außen bringen, zum Ausdruck bringen, uns verobjektivieren. Das können wir aber erst bei einem bestimmten Grad an körperlicher Gesundheit und psychisch auch nur dann, wenn wir auch subjektiv handeln können. Grundschüler handeln anders mit Objekten als Jugendliche, die mit der Subjektivität ihres Handelns handeln. Das Subjekt handelt dann von sich selbst und vom Objekt abgehoben über das Objekt. Das Phänomen der Polarisation der Aufmerksamkeit kommt in der Sekundarstufe durchaus zustande (Meisterjahn-Knebel 1995), aber das Objekt ist nun für das Subjekt da, das Subjekt geht nicht mehr so sehr in dem Objekt auf, rezipiert dessen Gesetzmäßigkeiten viel weniger mit "absorbierendem Geist", die Distanz von Subjekt und Objekt ist größer, das Subjekt erkennt, und zwar viel mehr reflexiv und qualitativ und quantitativ viel systematischer aufgrund von Erkenntnismodellen. Der Jugendliche spielt mit den Objekten ganz anders als das Kind.

Entsprechend stellt die Schule Spiel-Objekte samt Erkenntnis- und Handlungsmodellen zur Verfügung, die zur freien subjektiven Selbsttätigkeit anregen; dazu sind heute ästhetische Methoden reichhaltig entworfen worden: Rollenspiele, theaterpädagogische Methoden, polyästhetische Inszenierungen: Filmsequenzen, multimediale Interaktionen, pantomimische-luminodynamische-instrumentale Kommunikationsspiele, improvisatorisches Theater, Collagen, Montagen, interkulturelle Stilintegration; sozialgeschichtliche ästhetische Analysen und Arrangements (Roscher 1976; Boal 1989; Otto 1995). Sie bieten einen Variationsreichtum an Handlungsproben an, der nicht die abgehobene aisthesis, sondern die poiesis, nicht das Spiel nur, sondern das Spiel des Ernstes von Handlungen als Ziel hat. Hier leben sich die Jugendlichen auch in der Schule handelnd aus, mit ihrer ganzen Körperenergie, mit Gefühlsenergie, mit Einsatz von Handlungsorganisation.

b) Über das subjektivistische Ich des Jugendlichen und der Jugendlichen hinaus plant die Schule, die soziale Sensibilisierung jetzt neu anzusetzen. Auch angehende Jugendliche handeln selbstverständlich sozial, z.B. in der Gruppe; aber das Verhältnis zur Gruppe ist jetzt anders als in der Kindheit: sie können jetzt sozial-subjektiv handeln, weil er und sie sich als Subjekt setzen und von diesem Ich her sich (in gewissen Grenzen) entscheiden können, die eigene subjektive Energie in diese Gruppe zu investieren. In der Jugendzeit geht es also um die Transformation der sozialen Normen, Werte und Handlungen in subjektive soziale Normen, Werte und Handlungen.

Die Schule hat an diesem Umsetzungsprozeß nur segmentär Anteil, weil sie nicht auf alle Jugendlichengruppen Einfluß hat, aber sie hat die wichtige Funktion der systematischen Reflexion und Einübung subjektiv bestimmter Handlungen. Und dies zu einem Zeitpunkt der subjektivistischen pubertären Infragestellung aller Normen, auch des Sozialen, aber auch zu einem Zeitpunkt der Idealisierungen in viele Richtungen.

c) Es könnte nun die Gefahr gesehen werden, daß die Jugendlichen die Räume subjektiver Handlungen genau abspalten: daß die Schule durch die Subjektivierung der Jugendlichen im subjektiven Bereich nichts mehr zu suchen hat. Sie gebärdet sich ja auch oft in einer Weise objektivistisch-wissenschaftlich, daß dieser Eindruck nicht falsch sein kann. Dadurch vergibt sie eine wichtige pädagogische Chance, nämlich durch Einbeziehung des subjektiven Variationsreichtums der Jugendlichen ein Gegengewicht gegen pubertären Subjektivismus bilden zu können. In einer kognitiv-objektivistischen Schule, ja in einer nur kognitiv-erfahrungs- und handlungsorientierten Schule (wo das Handeln also nur im Kopf stattfindet) lernen Jugendliche weder das Handel, noch das Nach-außen-Gehen noch das Gleichgewicht des Innen und Außen einer auszubildenden Persönlichkeit.

2. Gerade in dieser wichtigen Phase der Ich-Entwicklung und der Subjektivierung der Handlungen des Jugendlichen sollte die Schule vermehrt subjektive Handlungen zulassen: mit Objekten sollte stärker subjektiv, mit Subjekten subjektiv und ebenso mit sozialen Gegebenheiten subjektiv gehandelt werden können.

a) Daß der Objektivismus auf das Subjektive angewiesen ist, wurde oben herausgearbeitet. Bei allem Objektivismus ist es also der Schule möglich, subjektive Räume und Zeiten auszusparen, ja das Objektive subjektiv bis subjektivistisch zu verarbeiten und zu kreativen neuen Lösungen zu kommen. Die Jugendlichenschule ist also schon architektonisch, aber auch didaktisch-methodisch eine Experimentierschule. Über das experimentierende Handeln in den naturwissenschaftlichen Fächern in eigens dafür hergerichteten Räumen hinaus erlaubt sie in den humanwissenschaftlichen Fächern Kreativität, deren Grenzen von allen beteiligten Subjekten abgesprochen werden: verquere Handlungen, Handlungsbrainstorming, ständige Revisionen, ernsthafte Verrücktheiten, Grenzüberschreitungen in mögliche Normierungen hinein.

b) In der Geschichte der Schule gibt es durchaus auch subjektive Schulen (z.B. Summerhill unter Alexander Sutherland Neill; auch Paul und Edith Geheeb sind zu nennen, ebenso Freie Schulen, Free Schools): Schulen mit intensiv auslebbaren subjektiven Spielräumen, mit Gruppenerleben, das Sich-Verlieren in der Subjektivität bis zu Grenzsituationen, die eine wichtige, manchmal auch schädliche Erfahrung darstellen können. Aus der Regelschule sind diese zum Teil ausgegrenzt, zum Teil wiederum mit Recht. Zum Teil fürchten Lehrerinnen und Lehrer die Überforderung ihrer therapeutischen Handlungsbereitschaft und Fähigkeit.

c) Ein ausgewogenes Verhältnis objektivierter Erfahrungen und subjektiver Handlungen zeichnet eine humane Schule aus. Die Laborschule Bielefeld favorisiert von ihrem Konzept her - ebenso wie etwa die Friedensschule in Münster - subjektive verantwortliche Handlungen: die umfassende Pflege von Tieren, die Hilfe Behinderter, die Organisation von Jugendcafés u.v.m. Hier wird also nicht nur Pflege-Handlung, Organisationstätigkeit, technisches Handeln, künstlerisches Handeln, Hand-Werk u.a. eingeübt, sondern unmittelbar damit auch in einem abgegrenzten Rahmen die Verantwortung verbunden. Handeln ohne Verantwortung darf es nicht geben, denn Handeln ist immer das Eingreifen in einen Zusammenhang, das Zerstören des

Alten und das Herstellen des Neuen, also ein Infragestellen, auf das eine Antwort gegeben werden und das über die Zeit hin tragen muß.

3. Die Kommunikation in der Schule differenziert und variiert sich nun; gemeinschaftliches Handeln ist den Jugendlichen nicht mehr unbedingt wichtig, vielmehr gemeinsames Handeln in Freundschaften, Cliquen, außerhalb der Schule. Vom pädagogischen Standpunkt aus sind dieses nicht nur Aufenthaltsorte: es sind Räume des Lernens subjektiver Handlungen. Teilweise wird hier das eigene Energiepotential der Jugendlichen aufs Härteste trainiert, die bisherige Dynamik vollständig verändert (z.B. in coolness), die Schulleistung bodenlos relativiert - so daß die Frage ist, ob in der Schule diese Zeitlang überhaupt Leistungszertifikate sinnvoll sind.

Will Schule trotz dieser Segmentierung der Lernorte eine Bedeutung behalten, so versucht sie "an der langen Leine" Handlungs-Kompetenzen zu vermitteln, mit denen die Schülerinnen und Schüler selbstbestimmt operieren können: z.B. in Projekten, in Bereichen brennenden Interesses (etwa Musik, Mode, Computer).

a) Die Klasse wird zur Teil-Clique. Subjektivistisches Handeln untersteht dann den Normen dieser Clique, weniger der Schule. Die Anerkennung in der Clique ist wichtiger. Für das eigentlich wichtige Handeln, das die Subjektivität ganz erfüllt, ist Schule nicht mehr zuständig: entweder die Jugendlichen verschließen sich zeitweilig in ihrer Innerlichkeit oder gehen rabaukenhaft nach außen; die bevorzugte Handlungsdomäne vieler Jugendlicher ist außerhalb der Schule. Und die Schule sollte keine falsche Akkommodation betreiben; die Jugendlichen spüren sofort, was echt ist.

b) Die Schule arbeitet unverdrossen und mit gedämpfter Kraft schulisch. Im Handlungsbereich intensiviert und variiert sie die Handlungserfahrung und Erlebniserfahrung. Schulisches Handeln heißt hier, weitere Handlungskompetenzen einzuüben:

- Strategisches Handeln: Gedanken, Wünsche, Kommunikation strategisieren, Ziele formulieren, Handlungspläne entwerfen, Hilfsmittel und Ressourcen erörtern.
- Entscheidungshandeln: Alternatives Handeln durchreflektieren, relativieren, Entscheidungsfreude einüben, das Entschiedene durchführen, evtl. nachbessern.
- Verantwortungshandeln: Während der Handlung sensibel die Konsequenzen überprüfen und voraussehen, im Notfall stornieren, im Endeffekt die Konsequenzen tragen und begründen.

c) Am Ende des Jugendalters ist die Schule auf Teilfunktionen geschrumpft. Da viele intensive Erlebnisse ausgelagert werden, bleiben ihr die Informationsfunktion, verbunden mit abstraktem Denken und begrenzter Handlungsrelevanz, und ihre differenzierte soziale Funktion als Ort der Cliquenbildung.

Unversehens wird nun das Kriterium Praxisorientierung, Handlungsorientierung und angestrebte Handlungsebenen im zukünftigen Leben zum Kriterium für die weitere Schullaufbahn. Ein Teil der Jugendlichen drängt aus der Schule heraus in Bereiche praktischer Betätigungen mit finanzieller Bestätigung, ein Teil geht auf *Handels*schulen, auf Schulungen über organisatorisches Handeln mit spezifischen Realitäten (Fachschulen), ein Teil geht weiter auf Schulen theoretischen Wissens über Praxis.

6.2.4 Schulungen sinnvollen Handelns

Eine weitergeführt sinnverstehende Handlungstheorie (Jürgen Habermas) stellt Handeln als Einsicht dar, die ich mir als Sinn zu eigen mache, freiheitlich aus nüchterner und kritisch engagierter Vernunft durchführe. Eine sinnerstellende und sinnverarbeitende Handlungstheorie (Niklas Luhmann) verarbeitet Sinn in Unterscheidung von Unsinn als Träger der Beziehungen zur Welt und zur Konstitution der eigenen Lebenswelt. In beiden Fällen handelt es sich um vier Welten: bei Habermas um die genannten drei Welten: objektive, soziale, subjektive Welt plus die Metaebene (Sinn-Welt), bei Luhmann auch um diese drei und statt der Metaebene um die Basisebene von Lebensvollzügen.

Die Sekundarstufe II der Schule - in anderen Ländern das collège, das college, das colegio - ist eine Schule des Sinnverstehens, des Sinnverarbeitens und Sinnerstellens. Die Fachschulen verschiedenster Art erschließen ebenfalls Sinn: im realitätsnahen Sinne, den Sinn (in der ursprünglichen Bedeutung des Wortes: Weg) von Organisation, von Handel, von Industriefertigungen.

1. Jetzt fordern die Schulen selbstverantwortliches Handeln und die Überwindung der Schülermentalität - also Erwachsenen-Probehandeln, teilweise in Ergänzung von Theorie und Praxis mit Akzent auf Bewährungshandeln. Der Ernstcharakter des Handelns ist zwar immer noch abgeschwächt, simulativ-übend (Söltenfuß 1983), antizipierende Handlungsregulation, aber auf ein Ziel, Ergebnis, Produkt, auf Zieladäquatheit, Reduktion von Umwegen, Fehlern, Hilfsmitteln und Methoden, auf Systematik, Strukturierung, Ökonomisierung ausgerichtet. Dies gelingt bei der heutigen Organisation unserer Schulsysteme nur bedingt; ihr Handeln ist zumeist sprachliches Handeln, Trockenhandeln, bei dem eben nur sprachlich-informierendes Handeln geübt werden kann.

a) Die Schule zeigt ihre strukturelle Distanz zur Praxis. In der Kolleg-Schule mag dies angehen, werden dort doch eine berufsunspezifische Allgemeinbildung und Schlüsselqualifikationen wie wissenschaftsorientiertes logisches Denken, argumentative Flexibilität, kritische Entscheidungsfähigkeit, freiheitlich-demokratisches Handeln angestrebt.

Für Ausbildungen praktischen und ökonomischen Handelns ist der Mangel an Transfer-Wissen und konkreter Anwendbarkeit von Theorien über Praxis von zwei Seiten her zu kritisieren (Söltenfuß 1983, S. 163 ff.): diese Schulen genügen weder den praktischen noch den theoretischen Ansprüchen; für das Praxis-Handeln sind die Theoriefragmente zu spezialisiert und vermitteln zu wenig Handlungskompetenz, für die theoretische Bewältigung sind die Theoriefragmente zu wenig umfangreich.
b) Wie immer sich Schule in diesem Alter auch transformiert: sie wird den differenzierten Ebenen und der Variationsbreite heutiger Handlungsanforderungen nicht genügen. Nehmen wir nur das pädagogische Modell einer Erwachsenen-Probeschule, einer Probeschule zum Erwachsenwerden. Dort müßte ein Probehandeln in einem relativen Schonraum Schule mit Erwachseneninhalten stattfinden wie: Menschenkenntnis erwerben durch Handeln und Reflektieren mit Menschen einschließlich schulischer Metareflexion; juristische Kenntnisse durch das Durchspielen von Problemfällen; medizinische Kenntnisse durch Erste Hilfe und Kenntnisse von Selbsthilfe-Gesundheitsmethoden; ökonomische Kenntnisse durch Einübung allgemeinen grundlegenden kaufmännischen und verwaltungstechnischen Handelns und Probierens, das im Alltag für jeden notwendig ist; Ernstsituationen bewältigen; Menschen helfen; konkrete Widerstände mannigfacher Art durch Handeln überwinden; sich selbst in Grenzsituationen kennenlernen; arbeiten, Ausdauer zeigen, Anstrengung bis an seine Grenzen erleben; genießen und asketisch zu leben lernen.
c) Der Einzelne ist einem Bewährungstest auszusetzen, durchaus mit Unterstützung der Schule, z.B. in Praktika.

2. Ein Ziel der hier besprochenen Schulstufe ist die subjektive Selbstregulation. Diese schließt alle Formen institutionellen, sozialen und persönlichen Handelns, eben auch der persönlichen Sinnerarbeitung, ein. Der Schule ist klar, daß Erfahrungen mit Handeln, also der Erwerb von Handlungskompetenz, nur in primären, originären Handlungssituationen und nur spezifisch möglich ist. Jedes Handeln hat unterschiedliche Gesetzmäßigkeiten, die durchaus einen allgemeinen Handlungsschatz erzeugen, aber nur bedingt auf spezifische Handlungsbereiche transformiert werden können. Schulisches Handeln ist großenteils sprachliches Handeln, und sprachliches Handeln ist fiktives Handeln; Verwaltungshandeln unterscheidet sich

von Pflege-Handeln und von ökonomischem Handeln, künstlerischem Handeln; nur Teilbereiche dieser Handlungsweisen werden in der Schule erworben.

a) Erwachsenenhandeln kann und muß heute in einem "Denaturierungsprozeß" (Bruner 1974, S. 129 ff.) systematisch eingeübt werden. Neue und immer neuere und neueste Erwachsene braucht das Land, und die verschiedenen Schulen - mit hoffentlich nicht nur "alten Erwachsenen" - arbeiten die schulische Situation verschieden daraufhin um. Die schulische Erwachsensein-Einübung strebt lebensnahe differenzierte und variationsreiche wirklichkeitsstrukturierende Handlungsschemata an. Sie sind je nach Schulorientierung bereichsspezifisch.

b) Persönlichkeitsbildung kann sich heute auf moderne Methoden stützen. Sie sind zum Teil bioenergetisch auf das KörperBewußtsein bezogen, zum Teil kommunikativ, zum Teil konzentrativ, zum Teil selbstregulierend-autotherapeutisch (Heitkämper 1995). Persönlichkeitsbildung ist Selbstorganisation (Autopoiesis) in sinnerarbeitender Konstruktion der Umwelt und im Rückfluß auf die Strukturierung der eigenen Lebensenergie. Diese hilfreich-indirekten Methoden sind zugleich lustvoll, kompetenzfördernd und integrativ-ganzheitlich. Bekannt sind heute in der Lehrerfortbildung schon geübte Methoden des Neurolinguistischen "Programmierens", der Rhetorik, der Stimmbildung, der Konzentration. Es gibt in der Geschichte der Didaktik aber sehr vielfältige, kreative Didaktiken, Methoden, Techniken vergangener Zeitalter und großer Pädagogen, die im "normalen" schulischen Unterrricht die Persönlichkeiten der Schülerinnen und Schüler herausfordern (Heitkämper 1977): Dramaturgische Methoden, Spiele-Methoden, Argumentationsmethoden, Strategie-Methoden, Dialog-Methoden, Dialektiken, meditative Methoden, Körper-Methoden.

c) Ziel des Erwerbs subjektiver Handlungskompetenz ist die eigene Erprobung in einer Ernstsituation, das Erkennen von Handlungsmöglichkeiten, das Gefühl beim Durchführen verschiedenster Erwachsenen-Handlungen, das Wissen um die eigenen Fähigkeiten, um Fähigkeiten zur Veränderung durch Handeln; die kritische Distanz zu sich selbst und zum Handeln anderer, die Entmythologisierung der Handlungen anderer, auch von "Führern", das Kennenlernen des Freien Willens als Handlungs-Qualität.

3. Im Grunde spielt die Schule sämtliche Ebenen der Lawrence Kohlberg-Handlungshierarchien durch, in der 4., 5. und 6. Stufe stehenbleibend bzw. oszillierend, je nach Gegenstandsorientierung der Schulen. Den Schulen aller Spezies ist klar, daß die jungen Heranwachsenden theoriegeleitete systematische Ordnungsvorstellungen nur hier bekommen, daß sie sie praxisnah brauchen, aber: "Die enaktive Erfahrungsbasis könnte so schmal geworden sein, daß sie nicht mehr ausreicht, die Mengen an symbolisierter Information und ihre Verarbeitung kognitiv und emotional zu stützen.

Vielleicht sind Schulmüdigkeit, Unlust, Absinken der Motivation unter anderem auf diese Verschiebung zurückzuführen" (Schulze 1980, S. 131 f.; Söltenfuß 1983, S. 191).

a) Zentral motivierend - von der Grundschule her immer vertreten, aber immer unter verschiedenen Aspekten - ist jetzt die Gegenstandsorientierung von Handeln (Söltenfuß 1983, S. 184). Das "Was" erfüllt den Wissensdurst: Wissensdurst als konkreter Erfahrungsdurst, als experimentelles Tasten, in das Geheimnis des Gegenstands einzutauchen, ihn zu erkunden und zu verändern, ihn einzuverleiben, systematisch etwas genauer wissen durch kognitive Handlungen. Und das "Was" erfüllt diese Neugier, diese Gier nach Wissen (was das Innerste zusammenhält) dadurch, daß der Gegenstand ist; daß die jungen Erwachsenen konkret, real, mühevoll, mit Einsatz und Enthusiasmus, sinnvoll, sinnträchtig sich an ihm abarbeiten können. Handlungen bauen sich also auch in höchsten Theoriegebäuden immer von der Körperlichkeit auf. Sie bringt Sinn.

b) Söltenfuß stellt ein Stufenmodell von Aufgabenarten, Handlungsforderungen und Lernerfordernissen auf (1983, S. 246-247). Daraus wird die Bedeutung nicht nur zufälliger, additiv gesammelter Handlungen, sondern systematisch-kognitiv begleiteter Handlungsschemata und deren ständigen Neukonstruktionen ersichtlich: genau eben der Funktion der Schulen entsprechend, die ein interdependentes Theorie-Praxis-Konzept fahren. Tendenziell reißt die Natur-Verwissenschaftlichung aller Gesellschaftsbereiche, aller Tätigkeitsbereiche, von jeglichem Naturzusammenhang und von allen Lebensenergien und von sinnlichen Arbeitshandlungen weg. In dem Maße, in dem Maschinen als Roboter des Menschen vehement in die Außenwelt eingreifen, werden Handlungen auch des Menschen zu Tätigkeiten, zu Gedanken-Spielen und zu Kombinatorik. Von daher dürfen die SchülerInnen mit einer vorelektronischen Handlungsanthropologie nicht irregeführt werden: als wenn das Arbeitsleben die Chance der Selbstverwirklichung durch Handeln böte.

c) Schleiermachers berühmtes Wort von der Dignität der Praxis in der Pädagogik (1826) gilt noch immer für den Entwicklungsaufbau von Handlungen und von Handlungsschemata; auch für die dem entsprechende schulische Systematik. Insofern die Praxis in der Schule ist oder von der Schule aus organisiert wird, ist sie Praxis + fiktive Praxis + begrifflich durchgearbeitete Praxis.

Die Marxsche Weiterführung des Praxis-Begriffs als gesellschaftliche Wirklichkeit und als Wirken in der ökonomisierten und heute ökologisierten, vernetzten Gesellschaft, Praxis als Selbst-Vergegenständlichung des Menschen durch Arbeit und Handlung, Vernatürlichung des Menschen und Vermenschlichung der Natur ist schulpädagogisch durchaus bedenkenswert, aber heute in der Form, in der sie gedacht war, längst überholt, entsprechend auch schulpädagogisch nur als Durchgang von Handlungskompetenz sinnvoll:

Die heutige Konstruktion von Praxis, von Handlung, von Erfahrung, von Tätigkeit, von Tun erlaubt der Schule nicht mehr, den praktischen, heute und zukünftig handlungskompetenten Menschen heranzubilden. Denn der "zwischenmenschliche Verkehr", die ökonomisch-technischen Handlungen in unserer Gesellschaft und von daher auch des Einzelnen, die notwendigen Berufshandlungen lassen die den bisherigen Handlungstheorien zugrundeliegende Anthropologie und die darauf ausgehende Schulpädagogik als ergänzungsbedürftig erscheinen. Der Mensch wird das Handeln mit seinen intelligenten Produkten teilen müssen, und seine Zauberlehrlinge in den Fabriken und im Alltag drängen Pädagogen und Pädagoginnen in den Schulen umso mehr zur Selbsterkenntnis des Menschen und der ungeheuren schöpferischen Handlungskompetenz seines Bewußtseins.

7. Kommunikation in der Schule

Von den Handlungstheorien zu den Kommunikationstheorien ist es nur ein kleiner Schritt: Handlungen sind kommunikative Vorgänge, gewissermaßen unterhalb der Kommunikation; Handlungen sind kommunikative Praxis, insofern sie *Aus*-druck des Menschen sind, (soziale) Umweltgestaltung, Poiesis mit Menschen und Sachen, Arbeit zusammen mit anderen Menschen. Deswegen ist Interaktion kommunikative *Handlung* und weniger reflexiv und ausdruckshaltig als Kommunikation.

Eine bioenergetische und psychoenergetische Sicht vervielfältigt, verlebendigt, dynamisiert das starkdiskutierte Thema Kommunikation und Sprache, ihrer Entwicklung und Förderung in Kindheit / Jugend und Schule. Die Energetik der Kommunikation kann sich Karl Bühler, die Energetik der Sprache Wilhelm von Humboldt als Gewährsmann nehmen und auf moderne energetische Sprachauffassungen (Weisgerber, Sapir-Whorf-Hypothese, Chomsky) aufbauen.

Eine energetische Kommunikationstheorie betrachtet die *Kraft* und *Kreativität* der Erzeugung von Kommunikation einerseits und die *Prozesse* und die *Produkte* der Kommunikation andererseits sowie die Wechselwirkung aller vier Faktoren in einem Kommunikationsfeld. Kommunikation ist also analog zur Feldtheorie Lewins auf höherer Ausdrucksebene ein soziales energetisches Feld, dessen Dynamik von subjektiven, situativen, sachlichen und vernetzten Unbestimmtheitsspielräumen lebt; diese kreativen Zusammenhangs-Prozesse verfestigen sich in Produkte: in kulturell-soziale Handlungsbestände und in Wissensbestände, die sich ihrerseits strukturieren, systematisieren, systemisch-ökologisch in erneute Wechselwirkungen eintreten.

Wilhelm von Humboldts energetische Sprachtheorie unterscheidet energeia und ergon. Energeia ist die lebendige geistige Erzeugung von Sprache; Ergon ist das Erzeugnis, das Werk, das aber energetisch in dem Sinne zu denken ist, als es nicht nur ein Faktum, ein Produkt, ein Gebilde, ein Symbol darstellt, sondern als solches Wirkkraft und Wirklichkeitskraft hat. Symbole haben, auf höherer Kommunikationsebene als die Rituale, kommunikative Ausdruckskraft und Wirkung. Die Energetik der Symbole ist psycho-sozio-poetologisch-kommunikativ-religiöse Sinnkonstitution: unterhalb von Sprache als nonverbal verstehbares instinktverdichtetes Ritual oder Zeremoniell; als Körper- und Verbal-Sprache bedeutungsverdichtete Wirklichkeitsbestimmung; parasprachlich, d.h. mit einem erweiterten Sprachbegriff, der Sprache der Sinne, der "intermodalen Sprache" (Bildsprache, Sprache als Hör-Konstruktion, Geruchsprache etc.), differenzierend unterstützt; metasprachlich mit unausdrückbarer Tiefendimension. Sprache ist Begriffsarbeit, Sprech- und Schrift-Akt, Bedeutungsverleihung und Bedeutungsentnahme (Musolff 1990, S. 49). Und weil Sprachbildung ständig neu zu aktivierende Bildung ist - man "ist" nicht "ge"-bildet im Sinne eines Abschlusses -, weil Körpersprache, emotional-rationale Sprache ganzmenschliche Wirklichkeitskonstruktion ist, ist die Sprach-Energetik der Höhepunkt der geistig-seelischen Ausdrucksmöglichkeiten des Menschen.

Bioenergetische Betrachtungsweisen von Sprechen, Stimme, Prosodie-Akt (nonverbaler Kommunikation; Ausdruck, Deixis, Emblematik, Gestik), von Funktionalität von Vokalen und Konsonanten, Formanten u.v.a. bis in Details liefern für das Verständnis und die Pädagogik des Kommunikations- und Sprachprozesses und Sprachproduktes weitere, noch nicht ganz erforschte Einflußfaktoren auf Kommunikation und Sprache. Deswegen sind hier bioenergetische Überlegungen zur ganzheitlichen Begründung von Kommunikation interessant:

Auch hier ist bemerkenswert, daß die Tektonik und das immer differenzierter, variationsreicher und komplexer werdende KörperBewußtsein des menschlichen Leibes genaue Interpretationen ermöglicht.

Der Kopf ist der ganzen Tektonik (und Logik) des Körpers entsprechend aufgebaut: Der Hals hat die Funktionen der Stabilität und der Bewegung, Gleichgewicht und Ungleichgewicht; da finden wir das Archaische, den Schlund, die Aggression der Zähne; das Sexuale, den Mund und die Zunge; das Gemeinschaftliche und Gefühlsmäßige mit der Nase (jemanden riechen können), den Augen, den Ohren, dem Intuitionssinn; das Kommunikative, die Sprachproduktion, das Denken im Gehirn.

Das Kommunikations-Energiezentrum (Hals-Chakra) umfaßt den Ausdruck der Kehle, eingeschlossen den Ausdruck des Mundes, des Kinns, des Kiefers, der Zähne und der Zunge; es umfaßt aber auch auf dem Rücken den oberen Halswirbel (Alta Mayor) samt den (doch sehr beweglichen, also Flexibilität dokumentierenden) Halswirbeln. Alle diese Körperpartien sind in ständiger Relation mit dem Ausdruck des ganzen Körpers, und diese Relationen kennzeichnen ihre energetische Funktion.

Der Hals ist die Brücke zwischen Rumpf und Kopf, also zwischen Fühlen und Denken. Er ist zudem die Stütze, der Stand (gewissermaßen auf höherer Ebene das Standbein) des Kopfes, die Haltung des Denkens, des Selbstbewußtseins.

Kinn, Kiefer, insbesondere Unterkiefer, und Zähne stehen für die Art und Weise der Durchsetzung, des Sich-Durchbeißens - auch im Tierreich bei Angriff und Drohhaltung (Irenäus Eibl-Eibesfeldt) (wir könnten auch [anatomisch nachweisbar] von der Symbolik des Analen, des Sich-Raum-und-Territorium-Verschaffens auf der Ebene der Oralität, des "Geheges der Zähne" und der Sprache sprechen). Eine Kieferblockierung ist Ausdruck einer übermäßigen Selbstkontrolle, Ausdruck der emotionalen und sprachlichen Aggressions-Blockierung, des nicht Herauslassenkönnens. Physiognomisch zeigt sich bei lang andauernder Spannung - pädagogisch interessant - der zurückgezogene Kiefer als Beißverbot, z.B. in der Jugend, die zurückgehaltene Traurigkeit; oder als vorgeschobener Kiefer der Ausdruck der Entschlossenheit, sein Territorium zu halten. Auch Disziplin und Strenge sind hier sichtbar.

Die Kehle mitsamt Kehlkopf und Stimmbändern steht für flexible Ausdrucksmöglichkeit, aber auch für Ausdrucksangst (die Kehle ist zugeschnürt), der Husten oder das Asthma (zusammen mit Atmen, Luftdruck) oder das Räuspern und Reinigen der Stimmbänder für psychische Beeinträchtigungen und die Notwendigkeit, sich zu befreien: z.B. von Dominanzen.

Der Mund ist generell das Paradigma von Oralität (gewissermaßen das Sexualchakra auf der Ebene des Kopfes). Die Sprache der Lippen, der Mimik, Weichheit, Härte sind libidinös.

Der Aufbau der Gefühle kann bioenergetisch auf der Kommunikationsebene nachvollzogen werden. In Stimme und Sprechen haben wir 1. das libidinöse Timbre, 2. die Vitalität, die Herstellung zwischenmenschlicher Beziehungen, 3. die Herzlichkeit und 4. das Sprechhandeln auf geistig-seelischer Ebene.

Die Stimme ist ganzmenschlicher Ausdruck: in Höhe und Tiefe, Variationsfähigkeit, Stärke und Stimmgewalt, zudem in Verbindung mit der Oralität des Mundes, der Gefühle; auch sich Außenraum und Territorium schaffend.

Sprache in ihren vielfältigen Formen ist menschliche Existenzweise und Beziehungsstiftung. Dazu gehört auch das Hören, also das Ohr, das die Verbindung zu höherem Sinn herstellt. Es läßt die Außenwelt-Schwingungen in den Menschen hinein. Die Stimme gibt sämtliches Fühlen und Denken (als innerer Ausdruck des Herz-Energiezentrums auf geistig-seelischer Ebene und als äußerer Ausdruck des geistig-seelischen Handelns) in die Außenwelt heraus.

Die Kommunikation ist also der gesamte seelische Austausch von Innen und Außen, von Außen und Innen.

Der Tektonik des Leibes entsprechend sind folgende Kommunikationen zu unterscheiden:

1. die handlungsorientierte Kommunikation (entsprechend Armen, Händen): im Mittelpunkt stehen der Austausch mit der Umwelt, die Hereinnahme der Umwelt und die Anpassung an die Umwelt (Piagets Assimilation und Akkommodation auf kommunikativer Ebene);
2. die inhaltsorientierte Kommunikation (Sprache, Hören): im Mittelpunkt steht die Realität, das Kommunizieren über Personen und Sachen;

3. die beziehungsorientierte Kommunikation (Stimme, Körperausdruck): im Mittelpunkt steht der Ausdruck von Gefühlen;
4. die sinnorientierte Kommunikation (Sprache, Hören): im Mittelpunkt steht die Metakommunikation, die kritische emanzipative Integration von Inhalten und Beziehungen.

7.1 Schülerinnen und Schüler kommunizieren

Die Kommunikationsweisen sind in verschiedenen Lebensaltern unterschiedlich. Das Grundschulkind im Anfangsunterricht fühlt sich in symmetrischer Kommunikation, wenn die Kommunikation seiner "Egozentrik" (Piaget) entgegenkommt: bei einer LehrerInnen-Autorität und in einer vorbereiteten Umgebung mit relativ einfacher Struktur. Der Autoritätsstil ist gesellschaftsstilabhängig. Ganz anders kommuniziert der Schüler der weiterführenden Schulen: er ist aktiver in die Herstellung der Symmetrie eingebunden, Lehrer überlassen ihm subjektive Gestaltungsräume.

Ähnlich verhält es sich mit den Schulsprachen: Im Laufe der Entwicklung durchläuft das Kind verschiedene Sprachkomplexitäten, Sprachstile und Verstehensmöglichkeiten, auf die die LehrerInnen sie unterschiedlich ansprechen. Sprachliche Verständlichkeit ist auf verschiedenen Schulebenen und in verschiedenen Schularten also unterschiedlich, und SchülerInnen müssen erst zu ihrer Sprache, zur gesellschaftlichen Sprache und zur objektivierten Sprache kommen.

7.1.1 Handlungsorientierte Kommunikation

Welche Art von kommunikativer Schule ist für die Anfangsphase der Grundschule zu fordern? Wie kommunikationsfähig sind diese Kinder? Welche spezifische Kommunikation üben sie unter sich? Auf welchen Ebenen? Welche non-verbale und verbale Kommunikation kommt der Eigenart dieses Lebensalters und der Kindersprache entgegen?

1. Kommunikatives Handeln dieser Kinder ist immer auf gegenständlich-sinnliche Erfahrungen rückbezogen. Kinder erforschen ihre Umwelt in diesem Alter handelnd, "prä-operativ" und "konkret-operativ" (Jean Piaget). Sie bilden, modern gesprochen, handelnd eine Ökologie ihrer Kommunikation aus. Das heißt, daß ihre (egozentrische) Selbstorganisation in einer kommunikationsaktivierenden Umgebung ihre früher erworbenen Kommunikationsschemata überprüft, nach diesem Code, und dementsprechend in Grenzen, neue kommunikative Erfahrungen aufnimmt, in

Wechselwirkung bringt, das Kommunikationssystem ständig bereichert, differenziert, variiert und allmählich transformiert. Hier sehen wir das Prinzip der negativen Rückkopplung (Frederic Vester); die Kinder setzen sich nicht dem Höchstanspruch von Pädagogen: einer symmetrischen Kommunikation aus, sie verfahren dosiert mit ihrer kommunikativen Handlungsenergie. Und dies ist eine ökologische Vorgehensweise.

Auch bei ihren kompliziertesten Fragestellungen gehen die Kinder in ihrer Kommunikation und Sprache vom handelnden Umgang mit Beziehungen, Erfahrungen, Gegenständen aus, und auch Vorstellungsgehalte werden gegenständlich-raumzeitlich gedacht.

a) Martin Wagenscheins Auffassung vom Lernen und Verstehen ist hier wegweisend. Er geht den genetischen Weg vom Phänomen zur Umgangssprache zur fachlichen Ausdruckssprache.

So ist der sprachliche Weg der Fokussierung auf den (wissenschaftlich gemeinten) Begriff. So ist aber auch der Weg der Umdeutung der Phänomene zu alltagssprachlichen Begriffen, die zu alltagssprachlichen Fachbegriffen werden. Das handelnde, bewegungsfigürliche, wahrnehmungsintensive, verstehens-hermeneutische Nachvollziehen führt zum Dialog mit dem Gegenstand, zu einem komplex-sprachlichen Erfassen, dann zum komplexen Begreifen, dann zum klaren Begriff, zum bewegungsintensiven sprachlichen Ausdruck der Kinder (Wagenschein 1970). Je nach Lerntyp herrscht die kinästhetische, akustische oder optisch-bewegungsfigürliche Aneignungsweise vor.

b) Die Kinder des Anfangsunterrichts haben zwar schon ein erstaunliches wissenschaftliches Vorverständnis, aber sie haben noch ihr sprachloses Staunen über ein Phänomen, immer wieder Momente des Frappiertseins (K. Giel). Ob sie nun Informationen von anderen Kindern oder wissenschaftlich-fachliche Informationen von der Lehrerin oder aus dem Fernsehen bekommen: sie erscheinen ihnen allesamt rätselhaft, erstaunlich, immer wieder befremdend und neugierig machend. "Nun beginnen die Kinder mit der Sprache zu ringen" (Spanhel 1973, S. 390). Sie erzeugen die ihnen gemäße Vorstellungskonstruktion, ihren Begriff von der Sache, eben ihren Spezialbegriff - mag er noch so falsch oder umgangssprachlich klingen - und kommunizieren so "fachsprachlich" mit den anderen Kindern, schleifen ihre Begriffe dadurch ab und finden in diesem Austausch-Spiel einen gemeinsamen Nenner.

c) Der Weg führt - ob in der Familie, in der peer group, in der Klasse - von der staunenden Sprachlosigkeit zur kommunikativen Sprachwerkstatt (dem tastenden Experimentieren mit Sprache), dann zur formulierenden Sprache; vom komplexen emotionalen Ausdruck zum geordneten Ausdruck; von der Kommunikation mit sich selbst über die Anregung zur Kommunikation mit anderen zu Erfahrungen gekonnter Kommunikation. SchülerInnen bekommen zudem kommunikativ und sprachlich erhebliche Korrekturen, Ergänzungen, Neuigkeiten, die sie in ihre eigene kommunikative Ökologie einarbeiten und den anderen gegenüber ausprobieren.

Zu dieser Kommunikations-Ökonomie und -Ökologie gehört pädagogisch von Anfang der Grundschule an auch das Lernen des Schweigens (Jourdan 1989, S. 57), der Pause; des Schweigens nicht nur im Wittgensteinsschen Sinne, daß man schweigen möge, wenn man nichts zu sagen hat, sondern weitreichender im Sinne Martin Bubers: der Tiefengrammatik der inneren Sammlung und Stille - Montessoris Stille-Übungen - als zu Seiner-Mitte-Kommen, zum intrasubjektiven Dialog (Walter Rest), der dann intersubjektiv konzentrierte Kommunikation und Sprache kreiert. Denn die Sinnesaufnahme und die sprachliche Verarbeitung stehen energetisch in der Polarität zur Stille, die der physiologisch-psychische Aneignungsvorgang, das Über-legen, die Re-flexion, die Fokussierung und Sammlung auf den Punkt der Klarheit benötigen.

2. Die in diesem Buch bisher detailliert nachvollzogene Beziehungsebene wird durch Kommunikation nun auf die Ausdrucksebene gehoben: "Man kann nicht nicht kommunizieren", Kommunikation und Ausdruck werden herausgefordert und verlangen nach Einordnung und Klärung. Die Familie, auch "verinselte" Umgebungen (des Ballett-, Musikunterrichts, des Sports) und der Klassenverband sind durch die Enge des Zusammenlebens geeignet, kommunikative Handlungen sichtbar, hörbar, beurteilbar zu machen. Da finden symbolische Handlungen, Interaktionen, Verständigungsprozesse vor aller Augen und alle oft hautnah betreffend statt. Und Schülerinnen und Schüler werden schon systematisch angeleitet, Beziehungen zu thematisieren, was auch Auswirkungen auf die anderen kommunikativen Zusammenhänge hat, in denen Kinder sich befinden.

a) Kommunikative Klassifizierungen hatten die Kinder schon im Kindergarten vorgenommen; in der Grundschule werden nun die kommunikativen Regeln einer jeden Kommunikationsgemeinschaft bewußt eingeführt und von den Kindern genau kontrolliert. Mit diesem Regelsystem regeln Kinder nicht nur Kommunikationen, sondern auch partiell innere Sympathien und Antipathien, und sie begründen sie nun auch mit dieser Ordnung. Denn wer in diesem Alter Kommunikationsregeln ständig übertritt, kann nicht sympathisch sein.

b) In Soziogrammen läßt sich nachweisen, daß die Interaktionen sich bei Eintritt in die Grundschule neu organisieren und nach einigen Umorientierungen relativ stabil bleiben. Auch hier zeigt sich also das Bedürfnis nach Stabilität, Regelhaftigkeit und Vertrauen. Freundschaften werden oft für lange Zeit geschlossen; sie sind kooperative Freundschaften und Spielfreundschaften - und weniger als in späteren Lebensphasen Gefühlsfreundschaften. Übrigens zunächst auch über die Geschlechtszugehörigkeit hinaus.

Kommunikation läuft also zentral über das Arbeiten und Spielen. Montessori und Freinet sagen, daß in diesem Alter beide dasselbe seien: Kinder wollen arbeiten, Kinder arbeiten beim Spiel, Kinder erarbeiten sich spielend ihre Kommunikation, ihre Sprache, ihre Begriffe, ihr Durchsetzungsvermögen, ihre Überzeugungskraft, ihre soziale Stellung in der Gruppe, ihre Attraktivität für die anderen.

c) Die Kommunikationsprozesse differenzieren sich heute auch schon in der Grundschulzeit nach sozialen und kulturellen Unterschieden, die den Kindern insbesondere von den Eltern auferlegt werden, nur also zum Teil von den Kindern kommen. Auch spielen gleiche Interessen, Wohnen in der Umgebung, Zeit füreinander, modische Übereinstimmungen, aufgemotzte Markenartikel-Konkurrenz, eine Rolle.

3. Die Sprache der Grundschulkinder und die Unterrichtssprache ist in empirischen Untersuchungen immer wieder erforscht worden. Weil sprachliches Handeln als Energeia im Sinne Wilhelm von Humboldts Wirklichkeitskreation ist, interessiert ihre Entstehung, ihre Genese im Laufe der Kindesentwicklung und ihre Förderung durch Erziehung und Unterricht. In den 60er und 70er Jahren haben Basil Bernstein und Ulrich Oevermann auf den "restringierten Code" und den "elaborierten Code" als schichtenspezifische Formen des Sprachverhaltens und auf entsprechende notwendige pädagogische Förderungen aufmerksam gemacht (Bernstein 1972; Oevermann 1968). Es ist fraglich, ob diese Unterscheidungen in europäischen Gesellschaften heute noch stimmen; außerdem stehen aktuell die Sprachprobleme von Aussiedler-Mitschülern und ausländischen Mitschülern verschiedenster Herkunft und rechtlicher Grundlage und damit der verschiedensten Motivationen, die deutsche Sprache zu erlernen und voll zu beherrschen, ungleich stärker im Mittelpunkt des pädagogischen Interesses.

a) Die Sprachspiel-Forschung hat den operativen Sprachmodus dieses Kindesalters herausgearbeitet. Karl Brose spricht mit Max Scheler von einem "rechenhaften" Sprachmodus, der - bestätigt durch die Kindersprachforschung - oft aus Gründen der Selbstbehauptung bis an die Grenze des Egoismus geht; er weist die Vermengung vieler Erwachsenenklischees, Vorurteile, Erziehungsimperative sowie sprachliche Anpassungen an Autoritäten nach. Entsprechend verlaufen auch die Gespräche als Gesprächsspiele: funktional abhängig vom Erwachsenen, von der Lehrerin, insofern sie einen Gebrauchswert für das Kind haben (Brose 1987, S. 113). Darüber hinaus müßte die Verschiedenheit von Altersmundarten thematisiert werden, wie sie Berthold Otto in seinem Gesamtunterricht pflegte.

b) Damit ist auch schon der Sprachstil angesprochen, die Eingebundenheit in Wirkungszusammenhänge der Familien-Schicht, der Schulsprache, begrenzt auch der peer-group. Der Stil ist durch Einlinigkeit und Ungenauigkeit in der Genauigkeit gekennzeichnet. "Einlinigkeit des Wortschatzes und Satzbaus auf der einen Seite und eine Häufung von Wörtern auf der anderen", die nonverbal durch ein gestisches Nachzeichnen des Gemeinten unterstützt bzw. angereichert werden. Und Ungenauigkeit in der Genauigkeit: falsche Wörter werden oft mit der richtigen Idee eingesetzt; wichtig ist das richtig und genau gemeinte, nicht das verwendete Wort. Drittens ahmt der Stil des Nachsprechens der Wörter und Anordnungen der Erwachsenen die Autoritätspersonen nach. - Eltern und Lehrerinnen sollten also Einlinigkeit durch einen vielfältigeren Satzbau behutsam korrigieren; Genauigkeit durch das Verarbeiten der Begriffe, des Wortsinns, der Bedeutungen und Hintergründe (Tiefengrammatik) fördern und die Autorität der Erwachsenen langsam durch die Autorität der Richtigkeit, Genauigkeit, Wahrheit ersetzen (Brose 1987, S. 117). Dies ist das Prinzip der aufsteigenden Leiter (Montessori) auf der Sprachebene.
c) Alltagssprache, Mutter- und Vatersprache sind die tiefgreifendsten Lehrmeister, die den Ton und die Energetik der Sprache original treffen. Alle anderen Sprachen und Sprechfähigkeiten sind abgeleitet, aufgesetzt und Kunstproduktionen. Unterrichtssprache setzt bei den in Ausdruck umgesetzten Erlebnissen der SchülerInnen möglichst nah an und führt durch Gespräch, Erklärung und erlebnisnahe Definition planmäßig an die Stufe des zweiten Spracherwerbs, der Schul-Hochsprache, heran (Priesemann 1971). Viel komplizierter wird der Vorgang beim Erst-, Zweit-, manchmal Dritt-Spracherwerb erster Stufe und entsprechender Schul-Hochsprache. Auch dies ist in der Grundschule noch leichter als in der Sekundarstufe.

Nur einige heutige Motivationsvoraussetzungen für den Spracherwerb in der heutigen Grundschule seien skizziert:

- ein Aussiedler-Schüler, mehrsprachig aufgewachsen (z.B. russich plus regionalsprachlich), mit Motivation: Deutsch wird meine Lebenssprache sein, ich bin Deutscher;
- ein türkisches Mädchen, in Deutschland geboren, spricht fließend von Deutschen nicht mehr unterscheidbar deutsch, mit Motivation: meine Eltern wollen im Alter in die Türkei zurück, ich nicht;
- ein türkisches Mädchen, sehr unter der strengen Obhut der Eltern, die Mutter spricht fast gar nicht deutsch, das Mädchen hat auch Schwierigkeiten damit, mit Motivation: ja nicht zu sehr an diese "Kultur" anpassen;
- ein Roma-Kind, dessen Eltern finden, daß die Schule lebensuntüchtig mache, mit Motivation: Deutsch zu lernen ist nicht so wichtig, vielleicht kommen wir in Kürze in ein anderes Land;

- ein japanisches Kind, Vater hat eine Gastprofessur an der Universität, das Kind lernt im Nu Deutsch, mit Motivation: eine wichtige Sprache mehr ist für meine Zukunft nützlich;
- ein Afrikaner, er selbst spricht vier afrikanische Sprachen bzw. unvereinbare Dialekte, die Eltern haben einen Asylantrag gestellt, der abgelehnt wurde, die ganze Familie ist über ihre Zukunft ungewiß, mit Motivation: diese Gesellschaft ist begrenzt, nämlich wirtschaftlich und nicht so sehr kulturell, erstrebenswert, aber sie will uns nach Afrika zurückschicken, ich bin unsicher, ob ich mit Deutsch etwas anfangen kann.

Hinzu kommen die diversen Schwierigkeiten der Sprachgenauigkeit deutscher Kinder, des Schrift-, Lese-, Rechtschreiberwerbs.
Hinzu kommt aber weiterhin noch die Dringlichkeit, die englische (amerikanische) Sprache zu erlernen - der Zweitsprachenerwerb ist also für viele Kinder ein Drittspracherwerb.

7.1.2 Inhaltsorientierte Kommunikation

Kommunikation wird im Laufe der Entwicklung des Kindes immer sprachlicher, realitätsorientierter, tatsachenbewußter (Hayakawa), begrifflich-kognitiver, abstrakter, von der Sprachgemeinschaft normierter, pragmatischer. Das Kind erreicht dadurch zunächst einen stabilen Realitätsbezug und ein hohes Interesse an der Klärung und am Austausch sagenhafter Inhalte, Geheimnisse, Entdeckungen, Erfindungen, geographischer und geschichtlicher Geschehnisse. Es erreicht am Ende der Grundschule auch schon eine ansehnliche Sprachkompetenz als Instrumentarium zu hypothetisch-abstraktem Denken.

1. Die Kommunikationsfähigkeit als Interaktionsfähigkeit in Gruppen und als Sprechfähigkeit wird immer stärker über Inhalte erworben, erst durch Handhabung von Gegenständen, dann aber stärker durch operative Vorgänge, "die durch Aktionen oder Gedanken das Reale transformieren, um den Mechanismus dieser Transformationen zu erfassen und so die Ereignisse und Objekte in Operationssysteme (oder Transformationsstrukturen) einzugliedern" (Piaget 1972, S. 80).
a) Zunächst hat sich durch diese Vorgänge parallel zur Denkentwicklung die Sprechfähigkeit weiter ausgebildet. Piaget fand, daß das Stadium der "echten Diskussion" erst ab mehr als sieben Jahren beginnt. Das Kind gibt jetzt seinem Sprechen ein System (vgl. Wygotski), dann eine Kategorisierung des sprachlichen Ausdrucks. Gleichzeitig bemühen sich die Kinder um Objektivität und Verständlichkeit unterein-

ander (Piaget 1972, S. 114, 157 ff.) und um Gerechtigkeit der Kommunikationschancen. Sie bemerken ihre unterschiedliche Sprechkompetenz, differenziert nach Themen.

b) Waren die Jungen gegenüber Mädchen vom Beginn der Grundschule an - schon aus gehirnphysiologischen Gründen - im Sprechen unterlegen (und damit in vielen schulischen Leistungen), so holen sie jetzt über die Inhalte auf (Moir & Jessel 1990). Mädchen haben, durch die Umwelt gefördert, im Durchschnitt eine größere und reichere Sprachproduktion, entfalten mehr Sprachphantasie, eine bessere Sprechflüssigkeit, Sprechschnelligkeit und Aufmerksamkeit für das Detail (Blakeslee 1982, S. 108 f.).

Bei Jungen ist die Hemisphärenspezialisierung im Durchschnitt erst im Alter von 12 Jahren, also zwei Jahre später als bei Mädchen, ausgeprägt, was auf mehr Zeit für eine größere Spezialisierung hinweist. Sie verteilen ihre Interessen nicht so ganzheitlich wie die Mädchen, sondern sie spezialisieren sie und damit auch ihre Sprachbereiche; es ist ja auch empirisch zu beobachten, daß sie schon zu subkulturellen Fachsprachen (Computersprachen, Musiksprachen, Cliquensprachen) tendieren.

c) Mit zunehmendem Kindesalter und beginnender Jugendzeit bekommt Sprache eine eindeutigere Logik. Die Komik "falscher" Begriffe verliert sich, kausale Zuordnungen gehen mit syntaktischer Klarheit einher, die Komplexität von Begriffen weicht eindeutiger Oberflächengrammatik.

Gehirnphysiologisch scheint mit etwa dem 11. Lebensjahr eine Ausreifung der Sprachzentren erreicht zu sein, die dann den Spracherwerb hauptsächlich nur noch über systematisches Lernen erlaubt. Es ist also angeraten, Sprachenlernen in den Grundschulen zu beginnen bzw. später in einer Kombination von Erleben im Ausland und schulischer Systematik die Sprachkompetenz möglichst original zu erwerben.

Deutlich wird aber auch, daß der Grad an Ausdifferenzierung von Sprechfähigkeit und von Sprachfähigkeit - Genauigkeit der Aussprache, Dialekt, Intonierung, Prosodie, Schnelligkeit; Genauigkeit, Quantität und Qualität der Sprachproduktion -, also die Qualität der sprachlichen Sozialisation und des intendierten Lernprozesses hier einen gewissen Abschluß findet und ein erstes Abschlußergebnis zeigt. Wie alle pädagogischen Prozesse sind auch diese weiterhin zu optimieren.

2. Mit dieser differenzierenden Abklärung der Kommunikationsmuster und der inhaltlich-sprachlichen Kommunikationsfähigkeit kommt ein pragmatisches Verhalten in die Beziehungsebene. Kommunikation ist nun sozial nützlich -, wie angedeutet in unterschiedlicher Weise bei Jungen und Mädchen. Diese Tiefengrammatik der Beziehungsebene sorgt auf der Ebene der Oberfläche entsprechend schon für Einschließungen und Ausschließungen. Differenzierte Gültigkeitsbereichsgrenzen

von Kommunikation, verschiedene Wahrheitsformen und Wahrheitsgrade werden für Begrenzungen herangezogen.

a) Die Gruppe wird wichtig; die angehenden Jugendlichen hören stärker aufeinander, beachten die Kommunikationsregeln der Gruppe, ihre Hierarchien, die Sprechbeiträge der einzelnen Kinder, das Imponiergehabe, strategische Kommunikation, "Gewinn-Dialoge" (Baacke 1973, S. 290, 293). Ein großer Teil der Gruppenkommunikation ist konflikthafte als auch bestätigende Kommunikation zur Schaffung und Aufrechterhaltung verläßlicher Gemeinsamkeiten und Geltungen, die dann routinisiert werden. Es bildet sich eine Differenzierung der Positionen mit dem Ergebnis einer akzeptierten Struktur der Gruppe. Damit geht eine spezifische Gesprächsgestaltung in der Gruppe einher, das Schweigen bestimmter Teilnehmer, die energetische Zentrierung auf bestimmte Sprecher bzw. Sprecherinnen und deren Umfeld.

b) Frappierend sind die Kommunikations-Unterschiede zwischen abgegrenzten Jungengruppen und Mädchengruppen, trotz gleichberechtigter Erziehungsbemühungen. Mädchen, so weisen viele weltweite Untersuchungen nach, interessiert an der Gruppe der Zusammenhalt, die eigene Beliebtheit, die Liebenswürdigkeit, Problemlosigkeit, der soziale Erfolg; Jungen interessiert eigener Erfolg, Leistung, die eigene Auffälligkeit, die Struktur der Dinge (Moir & Jessel 1990, S. 132 u.ö; Müller 1991, S. 270; s. auch Pool 1995; Rose 1995).

c) Ausschließungen von ausländischen Mitschülern haben oft zwei Gründe: in der Schule bei neu ankommenden die mangelnde Sprechfähigkeit und außerhalb der Schule ein Komplex von Ablehnung der Beziehung durch die deutschen oder ausländischen Eltern oder Freunde. Sprache ist also ein wichtiges Beziehungsmittel in der Schule und außerhalb; sie entscheidet über mögliche Freundschaften oder Ablehnungen mit all den weitreichenden Folgen.

3. Die kommunikative Differenzierung geschieht jetzt auch aufgrund von Inhalten. Sie erzeugen eine Aufteilung in Interessengruppen mit spezifischen Sozialformen, Rollen und Normen. Inhalte kreieren Beziehungen. Über Inhalte und inhaltliche Gruppeninteressen lernen Schülerinnen und Schüler ihre eigene implizite Kommunikationsökologie: Die modischen kommunizierten Inhalte und Beziehungstexturen unterscheiden sich geschlechtsspezifisch, sozialisations- und gruppenspezifisch und nach Schularten. Im Rahmen festgestellter eigener Grenzen suchen sie ihre kommunikative Kompetenz immer mehr zu differenzieren; zur Erweiterung ihres Spektrums sind sie dabei auf Pädagogen angewiesen, deren Hilfestellung sie im ausgehenden Kindesalter noch gerne annehmen.

a) Ein Wir-Gefühl ist in der Gruppe relativ oberflächlich auf Anerkennung und Nützlichkeit und entsprechend strategische Kommunikation hin orientiert. Symmetrische

Kommunikation wird erfahren, wenn oberflächlich eine Gruppen-Kohäsion vorliegt, wobei die Gruppe große Rollenunterschiede aufweisen kann, "objektiv" also keine Symmetrie herrscht. Mit diesen Anpassungsleistungen sichert die Gruppe sich kommunikativ-normativ ab.

b) Es kommt zu ersten Loyalitätskonflikten mit der Gruppe, mit der Klasse, mit Lehrerinnen und Lehrern, mit Eltern, und zu Umstrukturierungen. Diese erfordern neue kommunikative Kompetenzen für die heranwachsenden Jugendlichen; sie bauen nun ihre Gruppe nach ihren Inhalten auf, Umgangstaktiken werden gelernt, Ausschließungen geprobt. Erste Formen dramaturgischen Handelns kommen auf, soziale Interaktion, "in der die Beteiligten ein füreinander sichtbares Publikum bilden und sich gegenseitig etwas vorführen", mit teilweise "virtuosen Selbstinszenierungen", "Gegenspielern", "Publikum", "impression managements", "strategischen Interaktionen" (Habermas 1981, S. 135 ff.).

c) Eine inhaltlich und kommunikativ-sprachlich normierte peer group, inbesondere aber die so verfaßte Schule befördern das Lernen von heimlichen Lehrplänen. Sie sind also Folgen von institutioneller, oberflächlicher, machtorientierter Kommunikation, je nach Kriterien angstbesetzt oder gewinnsicher oder ein Ergebnis von Durchsetzung oder Frustration-Aggression. Pädagogisch sinnvoll ist es, in diesem Lebensalter in verstärktem Maße inhaltlich-normativ-positional vorzugehen: Wenn man z.B. die Positionen schwächerer Schüler anheben will, also zu differenzieren bei den Inhalten, die gute kommunikative Positionen versprechen, bei den Normen für solche Positionen (Fußballer oder sensibler Musiker), insbesondere den modischen Normen (dem letzten Schrei an Klamotten).

7.1.3 Beziehungsorientierte Kommunikation

Die stabile Kindheitsabschlußphase geht bei vielen Jugendlichen in eine labile pubertäre Phase über, und die bekannten körperlich-seelisch-sozialen-geistigen Phänomene begründen auch eine neue Art von Kommunikation. Äußerlich sind es der Stimmwechsel der Jungen (übrigens auch der Mädchen), die rüde Sprache, das Raufen, auch das Zurückziehen in einen individualisierten Raum; bei Mädchen die Mädchenfreundschaften, die (eingeschränkte) Eroberung von Freizeitwelten in Cliquen, teiltabuisierte wie auch freizügigere Kommunikation je nach Ort und Gruppe; innerlich ist es der diffuse Dialog mit sich selbst, die Sehnsüchte nach neuen Geselligkeitsformen, wiederum differenziert nach Jungen und Mädchen. Die Jugendberichte vermelden die jugendlichen Modetrends von Kommunikationsweisen; aber das Grundschema ist ähnlich: Ablösungsprozesse von der Kommunikationsweise der Eltern, Konflikte mit vielen bisherigen Kommunikationspartnern, der Aufbau von spezialisierten Beziehungen, denen viel Energie gewidmet wird, obwohl sie recht zerbrechlich sein können.

1. Erst zaghaft oder fassadenhaft stark, dann immer sicherer und fordernder kommt subjektive Kommunikation auf. Die Jugendlichen begeben sich auf den Weg zur Kommunikation mit den Erwachsenen auf der subjektiven Ebene und insofern zur symmetrischen Kommunikation, weil sie nun von Subjekt zu Subjekt miteinander sprechen. Sie drängen die Erwachsenen, ihre eigene subjektive Entwicklung und deren Ergebnis klar auf den Tisch zu legen, kritisch zu überprüfen und Fehler zu nennen.

a) Erst wenn neben Objektivem und Sozialem auch die Subjektivität entdeckt und gefühlt wird, kann symmetrische Kommunikation hergestellt werden: Das bewußte Ich kommt als Instanz ins Spiel, und damit die Selbstdarstellung, der Kampf um Hierarchien, aber auch die empathische Einsichtsmöglichkeit in die Position anderer.

b) War vorher symmetrische Kommunikation dann hergestellt, wenn die Autorität der Lehrerin oder des Lehrers die Egozentrik des Kindes in der Waage hielt, oder später, wenn das Gruppeninteresse die Symmetrie herstellte, so ist jetzt symmetrische Kommunikation subjektive Symmetrie - möglich auf der Inhaltsebene (verbal) und auf der Beziehungsebene (non-verbal). Beide Ebenen sind übrigens interferent: die Beziehungsebene ist die Grundlage der Inhaltsebene - und die Jugendlichen empfinden dies insbesondere -, weil die Inhalte in die Beziehungsebene eingebunden werden müssen; weil eben Inhalte *für mich* nur relevant sind, die ich internalisiert habe. So finden ständig zwei Kommunikationen statt: nach innen gerichtet die intrasubjektive Kommunikation (z.B.: ist das für mich wichtig?), der innere Dialog (Walter Rest), die Entscheidung des inneren Codes (Niklas Luhmann), die innere Sprache (Lew Semjonowitsch Wygotsky), und nach außen gerichtet die intersubjektive Kommunikation, die Ausdruckskommunikation: sowohl eine Kommunikation als gefühlvolle Internalisierung wie auch als das Drängen zum Ausdruck in laute Diskussion, Schreien, laute Musik, ekstatisches Tanzen, sich einig Fühlen und als symbolisches sich Absetzen von den Erwachsenen.

c) Konflikte brechen nun viel leichter auf; sie bekommen eine identitätsstiftende Bedeutung. Sie werden, wenn PädagogInnen am Werke sind, zum Nutzen beider Seiten, und das heißt jetzt mit dem Ziel der gleichberechtigten subjektiven Zufriedenheit, im Idealfall kommunikativ symmetrisch verhandelt. Dies kann zu einer Kommunikationshygiene führen: zu möglichst störungsfreien Konfliktaustragungen, zu einer Streitkultur. Kommunikative Dissonanz ist die Möglichkeit der Jugendlichen, sich von den Erwachsenen abzusetzen, variationsreich andere, eigene Wege zu erkunden und die Identität neu aufzubauen. Hier sind nicht nur psychologische, nicht nur soziologische, sondern auch existentiale und evolutionäre Kategorien zu nennen: psychologische, weil das Über-Ich teils durch Ich-Stärkung überwunden werden muß; soziologische, weil Jugendliche kämpferisch werden müssen; existentiale, weil Grundfragen ihrer Existenz und Zukunft auszuhandeln sind; evolutionäre, weil die Evolutionsgesetze des survival of the fittest weiter gelten und sich durchsetzen (wobei freilich nicht geklärt ist, wer "the fittest" ist).

Insofern ist die Jugendzeit der Beginn einer kommunikativen Streitkultur. Jugendliche lernen Konfliktstrategien (Bühl 1972), das Aushandeln (Thomas Schelling: die Macht, sich zu binden), dynamische und strategische Konflikterzeugung (Anatol Rapoport), sie lernen Opposition und Repulsion (Georg Simmel), sie lernen erneut das Nein-Sagen (z.B. bei Drogen), sie lernen Interessenkonflikte zu thematisieren und auszuhalten, Gefühle einzuschalten und zurückzuhalten, sie lernen den Konflikt-Schach - wahrlich eine immense Aufgabe einer systematischen Konfliktpädagogik, die, in der frühen Kindheit begonnen, in der Jugendzeit spezifisch agieren muß, um in das Erwachsenenalter hinein wirksam sein zu können. Der Kommunikationsbegriff verliert hier alle naiven Idealismen.

2. Die innere, vertiefte und äußere, differenzierte Kommunikation bereichern die Beziehungsebene erheblich. Sie schaffen den Prozeß der Individualisierung, der Absetzung von bisherigen Beziehungen und damit den Weg zur freien Selbstbestimmung, zur Neuentdeckung des eigenen Lebenspotentials und der Kreation der eigenen Persönlichkeit der Jugendlichen. Diese Wege differenzieren sich kommunikativ auch nach männlichen und weiblichen Jugendlichen.
a) Kommunikation und kommunikative Erziehung erhalten durch die Subjektivität der Jugendlichen eine neue Dimension von Kreativität. Kommunikation ist der Weg zur Freiheit; hier wird sie der Weg zur Befreiung subjektiver Kreativität. Dialogfähigkeit, Ausdrucksfähigkeit, Sprechfähigkeit, Ant-Wort-Verantwortung, kommunikative Konfliktaustragung und kommunikatives Spiel bekommen den Ansatz von Erwachsenheit, von Ernstcharakter, juristisch gesprochen von Pflicht und Recht. Kommunikative Erziehung stellt den Jugendlichen eine große Variationsbreite des Erprobens zur Verfügung: eine Vielfalt von Objekten zur sprachlichen Verarbeitung, eine Vielfalt sozialer Verhaltensweisen zur Auswahl kommunikativer Kompetenzen, eine Vielfalt subjektiver Kommunikationsfelder zur Erweiterung kreativen Handlungswissens.
b) Die Kommunikation von männlichen und weiblichen Jugendlichen entfernt sich immer weiter voneinander. Evolutionäre Kategorien kommen sehr offensichtlich ins Spiel (Bayer 1994), die kommunikativen Energien werden entsprechend evolutionä-

rem Vorteil eingesetzt. Wie die Evolution das Lernen erfand, so findet nun das Lernen sehr grundständig evolutionär statt: Kommunikation in der Jugendzeit zeigt dieses sehr deutlich hinsichtlich territorialer Kommunikation, d.h. Platzvorteilen; hinsichtlich Partner-Kommunikation, d.h. sexuellen Vorteilen; hinsichtlich Gruppen-Kommunikation, d.h. Machtvorteilen.

Individuell ist die Kommunikation oft sehr unsicher und aufgesetzt: eine Suche nach Anerkennung, Sicherheit, Status; Symbole von Idolen, aber auch der Beziehungssuche zum anderen Geschlecht bestimmen die Jugendlichen-Bude. Dies ist nach Kulturkreis, Schulbildung, Schichtzugehörigkeit recht unterschiedlich, aber heute tief eingefärbt durch Frauen- und Männerklischees der herrschenden Medien, Werbung, bis in die eigene Körperregie, den Tonfall, Dominanz und Submission, die Erotik hinein (Weiderer & Faltenbacher 1994; Mühlen & Achs & Schorb 1995).

In der männlichen Gruppe bzw. Clique werden große Worte gemacht, mit Imponiergehabe aufgetrumpft, Positionen und damit Selbsteinschätzungen erobert bzw. variiert. Die Themen der männlichen Jugendlichen unterscheiden sich stark von den weiblichen: Technik fasziniert, Strategie, Leistung, Sport, Erfolge, Attraktivität der Mädchen (Sinus 1983, S. 66).

Entsprechend sieht die dortige Kommunikation aus: eingeübt werden strategische Kommunikation (wie komme ich mit welchen Mitteln und welcher Schnelligkeit zu diesen Zielen?); konkurrierende Kommunikation (wie überwinde ich meine Gegner, wie komme ich an die Spitze der Gruppe?); imponierende Kommunikation (wie mache ich Eindruck?- auch bei Mädchen); aggressive Kommunikation (wie setze ich mich durch?); solidarische Kommunikation (wie überwinde ich mich zugunsten einer Verläßlichkeit?).

c) Weibliche Kommunikation differenziert sich in diesem Alter der Subjektivität nach folgenden Gesichtspunkten: Die individuelle Kommunikation der Mädchen verbündet sich recht stark mit einer oder mehreren Freundinnen, durchaus wechselnd, aber mit dem Ziel, vertrauensvoll miteinander reden zu können, Intimitäten, ja vor Erwachsenen Geheimgehaltenes austauschen zu können.

Entsprechend sind die Mädchengruppen auch anders als die Jungengruppen strukturiert. Die Mädchen rücken näher zusammen, haben andere Koketterien und Sticheleien, andere Wege, sich auszustechen (angesichts auftauchender Jungen), andere Ziele des Ansehens. Nun beginnen weibliche Kommunikationsweisen: soziale Leistungen, Empathie und Einfühlungsvermögen, Menschenkenntnis und Intuition, genaue Beobachtung und Einschätzung, weibliche Arten der Durchsetzung, Organisationsdiplomatie, Teamwork (Bischoff 1990).

Auch die Inhalte weiblicher Jugendlichen-Kommunikation unterscheiden sich von den männlichen: Hier geht es um Beziehungsprobleme, menschliche Probleme, andere Stars, um Jungen, Mode, eigene Attraktivität, und entsprechend um die Beschützerrolle, Erfolge, Härte und Durchsetzungsvermögen (machismo) der männlichen Jugendlichen. Entsprechend beginnen weibliche Jugendliche folgende Lernprozesse: Beziehungskommunikation (wie komme ich in Kontakt?); Team-Kommunikation (wie machen wir aus unserer Gruppe das Beste?); solidarische Kommunikation (wie können wir zusammenhalten?); imponierende Kommunikation (wie mögen mich die anderen am liebsten, insbesondere Jungen?); strategische Kommunikation (wie setze ich mich durch?).

3. Die Jugendlichen-Sprache hat kulturell-dynamische Wirkungen. Umso mehr, je stärker Jugendliches Trendsetter ist. Jugendliche subkulturelle Kommunikationen und Sprachen vergehen zwar und werden von anderen abgelöst, aber ihre Energien und Symbolisierungen sind so vermarktungsinteressant, so schnellebig kreativ und neuartig, so vital, aggressiv, spannend, so angsteinflößend und notwendig konstruktiv einzubinden und zu relativieren, daß sie heute von wirtschaftlichen, gesellschaftlichen, medialen, pädagogischen Instanzen fast gleichartig gierig und suchtartig-neurotisch aufgegriffen und "ernst" genommen werden.
a) Es ist chic, jugendliche Symbole, Moden, Musikdynamik und ihre Idole, Sprachen bzw. einzelne Wörter, Kommunikationsformen, Sprecharten, Enttabuisierungen zu kennen, mitzumachen und zu schätzen, um selbst jugendlich dazustehen. Eine Teenager-Kultur verspricht leichte infantilisierte politische Lenkbarkeit, wirtschaftliches schnell umsetzbares Energiepotential, kulturell-medienwirksame rasch wechselnde Neuigkeiten. Für diese Begünstigungen und Beachtungen sind die Jugendlichen ihrerseits dankbar, fühlen sich teils bestärkt, teils korrumpiert. Sie reagieren mit einer ganzen Skala kommunikativer Varietäten (Ferchhoff 1993) von Schulanpassung bis zu Unberechenbarkeit und neuen Ausbrüchen. Auch dann sind diese ausdrucksintensiven Kommunikationen, Tabuverletzungen und Grenzsituationen erzeugenden Diskriminierungen faszinierend, gehen in die Sexualsprache, Computersprache, Drogensprache, Sportsprache, Diskosprache, Familiensprache, Alltagssprache, Mediensprache, Cliquensprache, Schulsprache etc. ein.
b) "Von daher gibt es nicht *die* Jugendsprache" im Singular, da verschiedene jugendkulturelle Szenen und Lebensmilieus ihre jeweils eigenen Bedeutungen und Systeme von Verweisungszusammenhängen erzeugen, die wandelbar und interpretationsoffen sind und nur den Eingeweihten oder Szenegängern zugänglich sind. "Es gibt auch nicht die *Jugend*sprache", weil im Zuge der erörterten Aufweichung der Generationsunterschiede die "kulturellen Ausdrucksmittel" in alle Altersklassen und Generationen einwandern können. "Es gibt schließlich nicht die Jugend*sprache*,

sondern allenfalls jugendliches (kontext- und situationsbezogenes) *Sprechen*" (Ferchhoff 1993, S. 139).

Jugendsprache sucht, unter Evolutionskategorien betrachtet, den größtmöglichen evolutiven, d.h. territorialen, sexuellen und machtorientierten Vorteil für den Sprechenden. Das heißt, daß es für die Jugendlichen vorteilhafter sein kann, "bestimmte jugendsprachliche Modewörter und Floskeln zu verwenden [...] als zu differenziertem Sprachausdruck fähig zu sein" (Bayer 1994, S. 160 ff.). Eine pädagogisch wichtige Erkenntnis. Die Jugendsprache ist dabei durchaus schöpferisch, aber auch vereinheitlichend, verdummend, sexualisierend; sie schafft aber nicht nur eine Sprach-Kultur, sondern sie zerstört auch eine Sprachkultur: "Gegenwärtig ersetzt das Wort "Power" ganz verschiedene deutsche Wörter wie "Durchsetzungsvermögen", "Macht", "Geschwindigkeit", "Schwung", "Lautstärke", "Protest", "Attraktivität", "Tatkraft", "Stärke", "Energie", "Antrieb" oder "Lebenslust" [...]. Subkulturelle Ziele und kurzfristige Einzelinteressen geraten hier in Konflikt mit langfristigeren Interessen, mit allgemeineren kulturellen Werten und den Interessen der Gesamtgesellschaft" (Bayer 1994, S. 162). Neue Wörter entstehen, alte Wörter vergehen, ganze Sprachkulturen werden abgewürgt, z.T. schwachsinnige Sprachsegmentierungen erzeugen Mißverständnisse und Verständnislosigkeit - und dies alles nur, sagt Klaus Bayer, weil Jugendliche sich kurzfristige sexuelle Vorteile bei Freunden und Freundinnen mit diesem Sprechgebaren verschaffen, Wörter als Parasiten in die Kultur einführen, und weil Medien geile Sprach-"Pfauenschwänze" drapieren. Ein ernstes kulturelles Problem für die Schulpädagogik.

c) Auch wenn die Kulturwirksamkeit jugendlicher Kommunikation und Sprache damit übertrieben ist, zumindest weit über das Teenager-Alter hinausreicht: unterstützt durch hedonistisch-sexualisierte Medien führt Sprache als "Balzinstrument" zur "Vergassenhauerung der Sprache", wenn die Sprachkultur immer nur auf "infektiöse Schlagkraft", Gehirneingängigkeit, Schockwörter, Verführungswörter, Slogans, Verkaufswirksamkeit und nicht auf Differenzierung aufgebaut wird (Bayer 1994, S. 165). Bayer unterscheidet mit Ball zwischen symbiotischen (Alltags-), schwierigen (Fach-), parasitären (Verfalls-) und bösartigen (Schwerverständlichkeits-) Sprachkulturen.

Ein Mittelweg bzw. eine Sprachökologie scheint notwendig: Jugendlichen einen Variationsreichtum von Sprachen zu vermitteln, ihre Spielenergie in die Sprache mit einzubinden, auch eine Spiellust an differenzierter Sprache und Kommunikation zu wecken: durch Rollenspiele, Theaterspielen, Sketche, Sprachwettbewerbe.

7.1.4 Sinnorientierte Kommunikation

Allmählich erweitern sich die Möglichkeiten der Heranwachsenden in Richtung Ernstsituation des Erwachsenenlebens.

Ein Teil der zukünftigen Erwachsenen kann bei seiner Tagesarbeit nicht mit variationsreichen Kommunikationssituationen und Sprachen spielen; die Arbeitssituation fordert Eindeutigkeit, Sprachdisziplin, Fachsprache, auch Schweigen, Anpassung, Aufbau einer körperlich-seelisch-sozial-geistigen Umstrukturierung des Kommunikationsverhaltens der Arbeit entsprechend. Sie haben in unserer Arbeitswelt Glück, wenn sie in ihrer praktischen Arbeit ein Sinnschaffen im Sinne von Karl Marx entdekken, das sie individuell und kommunikativ (ohne Karriere-Illusionen) ausfüllt (Bohnsack 1989, S. 212).

Ein Teil sucht seine berufsbiographische Orientierung antizipativ als Sinnverarbeitung im Sinne von Niklas Luhmann. Er kann sich sprachlich rational formulierend Übersicht verschaffen, sieht Zusammenhänge von Berufspraxis und spezifischer Theorie sowie Möglichkeiten von Neustrukturierungen.

Ein dritter Teil von Kolleg-Schülerinnen und -Schülern hinterfragt metakommunikativ - ohne in Entscheidungszwänge geraten zu sein - die vor ihnen liegenden Kommunikationsfelder und beruflichen Entscheidungssituationen: die Werte der Institutionen und möglicher Lebenshaltungen, um für sich selbst und ideal-globalisierend für die Welt neue Ansätze suchen zu können. Dies nennt Jürgen Habermas Sinnverstehen. Es ist Kritik und Kritik der Kritik, es ist emanzipativ, vielleicht aber auch reaktionär; die Basis einer Streitkultur auf einer gegenüber der Jugendzeit höher reflektierten, stabilisierten, transformierten Ebene.

1. Das Kommunikationsfeld Arbeit transformiert kommunikatives Verhalten und Sprache, selbstverständlich mit entsprechenden psychischen Entwicklungsprozessen parallel laufend. Die Kommunikationssituation von Lehrlingen z.B. ist eher objektivistisch-retrospektiv an der Herkunftsfamilie und am Berufsalltag und an der dort gepflegten Durchsetzung und Sprache orientiert, mit Negation und Ent-Täuschung, so daß "die Jugendlichen sich biografisch nicht mehr verorten wollen, nicht einmal mehr auf dem Wege der Absetzung von Negativ-Gegenhorizonten ... es geht um die Negation der gesamten berufsbiografischen Sphäre" (Bohnsack 1989, S. 205, 223, 174), es geht also um negative Diskursverläufe wegen der zermürbenden Arbeitsroutine.

Die Kommunikationssituation der Fachoberschülerinnen und Fachoberschüler ist an Pragmatik und Nützlichkeit, an Technik- und Organisationssprache, an Sachlichkeit und objektiver Sinnhaftigkeit, an Fortschritt und Weiterkommen orientiert.

Der Verständigungsvorgang der Gymnasiasten wird nun immer mehr von komplexen Zusammenhängen und dem Versuch eines Sinnverstehens begleitet, von dem sie genau wissen, daß diese Diskurs-Rolle auf der Schule gefordert wird. Im engeren Sinne deuten und kritisieren sie Handlungen und Begriffe, im weiteren und weitesten Sinne versuchen sie sich in Rationalisierungen, Diskussionen, Wiederholung der Warum-Fragen auf hoher Ebene.

a) Objektivierung und Subjektivierung treffen sich auf dieser Ebene der Verobjektivierung subjektiver Handlungen und der Versubjektivierung objektiver Tatbestände ganz unterschiedlich - je nach Arbeitsumgebung.

Die einen wehren die kritisch bewertende Instanz des Ich und kritische Kommunikationen ab; wenn sie sie zulassen würden, nähmen sie an der Differenz von Ist-Wert und Karriere-Soll-Wert und ihren Ohnmachtsgefühlen Schaden; sie flüchten in Diskriminierungen, Ausfälligkeiten, Fäkalsprache, Indifferenz, Potenzphantasien, übernommene Negativismen (Bohnsack 1989, passim).

Die anderen begrüßen förmlich das ausgewogene Verhältnis von Objektivität und Subjektivität. Sie fühlen sich als die zukünftigen Macher, Gestalter.

Die dritten kommunizieren über das Kommunizieren, über den Sinn von Handlungen und Tatsachen; sie lernen und erfahren theoretisches Wissen, Diskussionswissen bis in theoretisch-reflexive Gedankenspielerei individualisierter Verantwortungslosigkeit hinein.

b) Die differenzierten Kommunikationsmuster sind auch geschlechtstypisch zu unterscheiden (Bohnsack 1989, S. 269 ff.). Die Diskurse weiblicher Zweiergruppen von Lehrlingen kreisen um die männlichen und weiblichen Grenzen als Punkt der Selbstverortung, orientiert meist an der Mutter gegen den Vater, sehr praktisch und handfest und innerhalb konventioneller Rollenbeziehungen in Familie und Verwandtschaft, während Gymnasiastinnen über die individuell-authentische Selbstentfaltung ihre Gespräche führen, die Sphären von Ehe, Mutterschaft und Familie sich mehrdimensional offenhaltend.

Die Diskurse männlicher Gymnasiasten gehen um den theoretisch-reflexiv durchgespielten Sinn von biografischen Antizipationen der Zukünfte, recht eindimensional zielorientiert auf sich selbst und die Karriere gerichtet, während die männlichen Lehrlinge eine solche Karriere gar nicht diskutieren, sich nicht individuell, sondern in die Rahmenszenerien sozialer Situationen eingebunden sehen und demotiviert darüber sprechen, daß "der schönste Teil des Lebens mit 25 Jahren beendet sein wird" (Bohnsack 1989, S. 228).

c) Zu keinem Zeitpunkt werden Lebensfragen so grundsätzlich in Diskussionen angegangen wie jetzt. Aber die Bandbreite einer Utopie möglicher Zukünfte hängt von der bisherigen familialen und schulischen Sozialisation und der ökonomischen

Situation ab. Es wird vieles in Frage gestellt, was zu hinterfragen ist, je nach Fragehorizont, Schulbildung und ökonomischer Realisationschance; aber allmählich und sehr unterschiedlich unter den jungen Heranwachsenden werden Entwürfe von Lebensläufen entwickelt, sich selbst eingeredet und mit den anderen diskutiert.

2. Für die einen ist dies die Phase der Befreiung der Beziehungsebene zu sich selbst, des Entwurfs des freien, kommunikativen Lebens, der Sinnerfüllung. Sie leben sinnlich-sinnhaft sich und ihre Gruppe, sie kommunizieren über "Sport, Fitneß, Gesundheit, Vitalität, Erotik, Kraft, Schönheit, Jugendlichkeit und Körperkapital" (Ferchhoff 1993, S. 98) oder über Mode, Kultur, Computer, Musik; sie entwickeln dabei eine spezielle zupackende, stechende, lässige, enttabuisierende, snobistische Sprache. Andere empfinden die Adoleszenzphase als Befreiung zum unternehmerischen Gestalten, vor das das Wissen und die Wirklichkeit gesetzt sind, die pragmatisch und fleißig angegangen werden müssen. Wiederum andere haben unrealistisch hohe Erwartungen bei Eintritt in die Lehre, die sehr schnell gedämpft werden und oft in Negativismus umschlagen. Sinnverarbeitung geschieht also recht unterschiedlich.
a) Sinnverarbeitung ist die ständige psychische Verarbeitung der Lebensenergie; Sinnverarbeitung geschieht also immer: das Individuum kommuniziert stets mit sich selbst aufgrund der Erfahrungen mit der Umwelt. Aber auf dieser Altersstufe haben die jungen Erwachsenen den ganzen Spielraum von Sinnenhaftigkeit bis zur metakommunikativen kritischen Sinnhaftigkeit; zudem geschieht ihre jugendliche Sinnverarbeitung mit ihrer spezifischen power und Vitalität, im Wettstreit der Positionen und Entscheidungen, wie nie früher und nicht später im Leben. Ihre kritische Kommunikation hat die Frische der Urteilskraft jugendlicher Erwachsener, die die Einschränkungen, Vorsichtsmaßnahmen, Rücksichtnahmen erst erfahren muß.
b) Sinnverarbeitung hat auch eine soziale, politische bis ökonomische Dimension. Bei jungen Erwachsenen stehen sehr unterschiedliche Sinnverarbeitungen im Mittelpunkt: die Eigennützigkeit, der subjektive Gewinn, der objektive Erfolg, die Notwendigkeit der Leistung aus fundamentalen Wertmaßstäben, das gesellschaftliche Engagement der Mitarbeit. Junge Erwachsene haben also unterschiedliche Glaubenssätze, die sie für wichtig erachten, und sie richten entsprechend ihre Energien ein; sie kommunizieren von diesen Standpunkten her, die sie für grundlegend definieren.
c) Sinnverarbeitung hat entsprechend auch eine philosophisch-lebensphilosophische Dimension. Es sind die individuell aufgrund von Erfahrungen erstellten Beziehungsgeflechte und Kommunikationen, ihre eigene Lebensphilosophie, die oft einschränkenden Charakter hat, weil den jungen Erwachsenen, z.B. in der Schule, ihre Grenzen vorschnell-realistisch konstruiert werden. Es ist schwer, diese Individuen päd-

agogisch von diesen bisherigen Grundsätzen und Beziehungen zu befreien (praktisch aus ihrer platonischen Höhle zu zerren) und in eine Aufbruchsstimmung zu neuen Kommunikationen zu bringen. Solche Befreiungsaktionen können oft sehr kreativ sein (Beispiele geben bekannte Künstlerinnen und Künstler).

3. Die höchste Form der Kommunikation ist das Sinnschaffen. Dies geschieht in jedem Akt; jeder Akt verändert die Welt; übrigens auch, gegen Marx, die Interpretation der Welt. Im weitesten Sinne gesprochen eignen sich die jungen Erwachsenen praktisch, pragmatisch und theoretisch Sinn an; im engeren Sinne ist mit Sinnschaffen gemeint, daß sie den Übergang vom passiven Lernen ins Tun, in die Kreativität wollen und ermöglicht haben wollen; und daß sie etwas Sinnvolles schaffen wollen: Nicht bei utopischen, theoretischen Entwürfen und Diskussionen stehen bleiben, sondern - wie Marx sagt - die Welt verändern. Gerade das Medienzeitalter bietet hier nie geahnte Möglichkeiten.
a) Die Kommunikation der Jugend im Arbeitsleben bricht sich genau an diesem Punkt. Die Jugend spannt alle Energien an, wenn die Sinne, die Sinnlichkeit, sinnvolles Tun gefordert werden. In der Industrie gibt es dafür mannigfache Beispiele. Wozu junge Erwachsene fähig sind, zeigt nicht nur die Aktion "Jugend forscht": In der Schule und darüber hinaus gibt es kommunikatives Schaffen von Sinn in Form von Theater, Musik, Texten, Gedichteschreiben, Komponieren, Malen, Gesprächen der Generationen, sich für die Umwelt und den Frieden einsetzen oder für Parteien, Kirchen, Jugendorganisationen.
b) Die jungen Erwachsenen sehen es auch als ihre Aufgabe an, die Welt der Zukunft zu schaffen, die Welt kennenzulernen, in alle Länder auszuschwärmen, in vielen Sprachen zu kommunizieren, viele Leute der Kontinente kennen und verstehen zu lernen, Vorurteile selbst zu überprüfen und ggf. zu zerreißen, die Weltordnung zu hinterfragen und in der Jugendkultur eine neue zu leben.
c) Ziel kommunikativer und metakommunikativer Sinnschöpfung ist die Abklärung von Standpunkten, das vielfältige Lernen vieler Meinungen, vielleicht in einer Streitkultur, die pädagogisch unterstützt werden sollte; jedenfalls aber zum Einnehmen eines eigenen Standpunktes mit Verantwortung und politischer kommunikativer Kompetenz (Bach & Wyden 1970; Bach & Goldberg 1991).

7.2 Die kommunikative Schule

Die Schule ist eine der größten Stiftungsorganisationen bleibender Freundschaften, oft schon von der Vorschule an. Hier verbringen Kinder und Jugendliche konstant die meiste Zeit miteinander, erproben die Sympathien, stehen in Konflikten einander bei.

Diese Freundschaften werden auch meist außerhalb der Schulzeit gepflegt. Schulzeit ist Freundschaftszeit.

Überhaupt ist die Kommunikation der Kinder und Jugendlichen immer in einem systemischen und hierarchischen Beziehungsgeflecht mit Subsystemen zu sehen: der Schule mit den Familien; Subsystemen innerhalb der Familie (Eltern, Vater, Mutter, Kind) mit der Lehrerin, des Kindes mit den Subsystemen der Klasse. Hier organisiert sich konkreter Kommunikationsaustausch. Schule ist ohne Familienhintergrund undenkbar, und Familie ist in der Schulzeit der Kinder und Jugendlichen ohne Schule undenkbar. Schule ist auch Familienschule. Eine kommunikative Schule betreibt entsprechend systematisch Elternarbeit. Sie erkennt das Ausmaß an Bedingung der Möglichkeit von Erziehung, Bildung, Lernen, das die Eltern geschaffen haben und stets mit beeinflussen. Dies bezieht sich auf die Entwicklung der Beziehungsebene der Kinder, ihre kommunikative Kompetenz und Intelligenz, ihre Sprachfähigkeit und Interaktionsfähigkeit. Die Schule entwickelt diese in Interdependenz mit den Familien verschiedenster Form weiter.

Je nach den verschiedenen Lebensaltern der SchülerInnen und ihren persönlichen Erfahrungen bietet die Schule unterschiedliche Formen von Kommunikation an. Wann ist eine Schule kommunikativ? Dies läßt sich in so allgemeiner Weise nicht sagen. Kommunikation kann weder nach der symmetrischen Kommunikation noch nach dem Sprechanteil von Lehrern, noch nach Frontalunterricht, Differenzierung, Kurssystemen etc. allgemein beurteilt werden: in allen diesen Fällen können SchülerInnen unterschiedlich reagieren, z.B. bei der symmetrischen Kommunikation und Differenzierung überfordert, beim Frontalunterricht kommunikativ "richtig" ausgelastet sein. Die These heißt hier: Auf unterschiedlichen Schulstufen muß unterschiedlich kommuniziert werden.

7.2.1 Komplementäre Kommunikation in der Schule

Martin Buber kennzeichnet die pädagogische Situation - vornehmlich auch des Lehrers - als einseitig dialogisches Verhältnis (Buber 1964). Gerade in der Grundschule würden wir also die notwendige Kommunikation - in grober Vereinfachung der Gedanken Bubers und mit der Sprache der Kommunikationstheorie - als quantitativ und qualitativ komplementär bezeichnen und nicht als symmetrisch. Die Grundschule soll selbstverständlich eine kommunikative Situation vorbereiten, also eine Vorbereitete kommunikative Umgebung schaffen, etwa in Erweiterung der Vorstellungen Maria Montessoris; Ziel kommunikativer Pädagogik ist das Lernen einer Ökologie der Kommunikation, die aus dem experimentellen Probieren vielfältiger Kommunikationssituationen hervorgeht, die auch Nischen und Niederlage-Methoden und niederlagelose Methoden à la Thomas Gordon zuläßt. Es gibt aber eine ganze Reihe von Gründen, warum in der Schule generell und in der Grundschule speziell komplementäre Kommunikation vorherrscht (Weingarten 1988, S. 167 ff.):

- Kinder sind auf Erwachsene angewiesen, Erwachsene nicht auf Kinder.
- Erwachsene und Kinder kommunizieren in der Regel asymmetrisch.
- Der Unterrichtsdiskurs, der Lehr-Lern-Diskurs, unterscheidet Wissende und Unwissende.
- Die Professionalisierung der Lehrenden verstärkt Asymmetrie.
- Die Machtfrage, Leistungsbeurteilung, Chancenvergabe verstärken Asymmetrie.

Dennoch ist die pädagogische Forderung der Entwicklung der Kommunikationsfähigkeit eng mit einer tendenziellen Aufhebung des asymmetrischen Verhältnisses verknüpft: den Kindern muß, immer einen Entwicklungsschritt vorausgehend, Kommunikationsfähigkeit und kommunikative Dynamik zugemutet werden.

1. Kommunikation in der Schule braucht lebendige kommunikative Räume. Räume sind auf der seelisch-geistigen Ebene kommunikative Territorien. Es sollte in der Grundschule Räume für Gemeinschaftsarbeiten, höhlenartige Räume zur inneren oder partnerschaftlichen Kommunikation, Freiräume zum gemeinsamen Austoben und spielerischen Kommunikation und Bewegungsräume im Sinne funktional organisierter Kommunikation gerade angesichts der Bewegungs- und Sinnesdefizite heutiger Kinder geben. Grundschulkinder lernen in verschiedenen Räumen verschiedene Kommunikationen, und sie erlernen durch die Räume und ihre Organisation Kommunikations- und Verhaltenssicherheit.

a) Der Klassenraum ist ein Raum für klassenöffentliche Kommunikationsprozesse; gelernt werden dort:

- der ganze kommunikative Kontext, die kommunikative Rolle der Persönlichkeit jedes Einzelnen und der Kommunikationserfolg in der Klasse, Kommunikationsregeln: das Einbringen in die Vorgängeraktivität, d.h. die Interpunktion mit Aussprechenlassen, Sprachdisziplin, die Erfolgssemantik bei Lehrerin und Schülern, Kommunikationsstörungen;
- non-verbale Körpersprache, Prosodie und Performanz, Rollenspiele und Spielen von Rollen;
- verbale Inszenierungen, Überzeugungsstrategien, Verständigungsprobleme als Formulierungsprobleme und Verstehensprobleme;
- Sprache, Arbeit an eigenem Ausdruck, an der eigenen Stimme, an sprachlichen Kontexten, hochsprachliches Erlernen der Sprache und einer Fremdsprache.

Höhlenartige Räume lassen intime Kommunikationsprozesse zu:

- sich auf sich selbst zurückziehen, Stille und Schweigen;
- Zulassen von emotionalem Ausdruck und Gefühlsverständigung.

Bewegungsräume, Spielräume, Toberäume, Sporthalle eröffnen körperlich-seelische Ausdruckskommunikation:

- Bewegungsräume sind Kommunikationsräume: ich darf Raum beanspruchen; auf andere ist Rücksicht zu nehmen; die Kommunikation erfordert die Befolgung sozialer Regeln;
- freie Kommunikation wird im Spielen gelernt: Kreativität, Schlauheit, Rücksichtslosigkeit, Gewinnen und Verlieren, Warten; auch beim Toben: sich frei ausdrücken, Grenzen zum anderen beachten;
- gebundene Kommunikation hat mehrere Regelfelder: in der Sporthalle sind mannigfache Inszenierungen möglich (Keller & Fritz 1994).

b) Die Kommunikation der Grundschülerinnen und Grundschüler hängt stark von routinisierter Kommunikation und Sprache ab, von kommunikativ erarbeiteten Regeln, Sprechregeln, Beziehungsregeln. Sie können nicht vorausgesetzt, sondern müssen erarbeitet werden. Auch hier gilt: alles dies sind kommunikative Grundlagen, die später differenziert, variiert und transformiert werden. Die Klasse ist ein dynamisches Soziotop. Es handelt sich um einen ständigen energetischen aktiv-kommunikativen Prozeß des Lernens, der Neuverteilung und Sicherung von Kommunikationschancen. Dieser Prozeß ist umso ungesicherter bzw. immer neu zu stabilisieren, als in der Schule Kommunikation nicht nur beibehalten, sondern immer weiter ausgebildet, kultiviert, aktiviert, prozessualisiert wird.

c) Neben gemeinschaftlich festgelegten routinisierten Kommunikationsweisen sind es die Spiel-Räume in der Grundschule, die zum Tastenden Experimentieren des Ausdrucks und zum Lernen freier Kommunikation einladen und der Lehrerin die Möglichkeit geben, die individuellen Kommunikations- und Sprachfähigkeiten der Kinder weiterzuentwickeln. Zu denken ist nicht nur an zu behebende Schwierigkeiten und Einschränkungen verschiedenster Art, sondern kommunikativ auch an die Entdeckung und Förderung von Fähigkeiten im Bereich der Inszenierungen, der Unterhaltung, der Diskussion und Argumentation, der Konfliktlösung, der Gruppenkommunikation, der Beziehungsstiftung, der Rhetorik und der freien Rede, der Überzeugungsrede, der Beeinflussungen; und an die Förderung von non-verbaler Intelligenz; und sprachlich an die Förderung von Sprechklarheit, Ausdruckssprache, sprachlicher Genauigkeit, Syntax, Semantik, kategorialer Intelligenz. Dies in Wettbewerb und Korrektur der Mediensprache und Alltagssprache.

2. Kommunikation und Sprache sind nicht nur an Räume, sondern auch an Zeiten gebunden. Zeit ist auf seelisch-geistiger Ebene Wirklichkeitskreation, Verdichtung des Augenblicks und der Gegenwart, Lebensdichte; entsprechend haben unterschiedliche Zeiten der Schule verschiedene geistig-seelische Lebensdichte. Der Kommunikationsraum Grundschule hat Zeitfaktoren und Zeiträume verschiedener Qualität, wo die Kinder subjektiv Zeit und mehr oder weniger intensiv Beziehungen zu sich selbst und anderen erleben und kreieren können. Kommunikation und Sprache brauchen Erlebniszeit und Erlebnisdichte. In der Grundschule lernen die Kinder aufgrund organisierter Zeit spezifisch schulisches Erleben und spezifisch schulische Kommunikations- und Ausdrucksdichte.

a) Grundschüler können in der Anfangsphase zeitliche Aufeinanderfolgen und Zeitintervalle noch nicht einschätzen. Das entspricht auch der Intensität der Kommunikation untereinander. Die Schule sollte also eine Mannigfaltigkeit unterschiedlicher Kommunikations(zeiten) = Kommunikationsintensitäten organisieren, eine Vielfalt des Zeitplans offener und gebundener Kommunikation ermöglichen (Pulaski 1975, S. 131 ff.). Die Kinder sollen frei erzählen, aufgeschriebene Geschichten vortragen, Phantasien und Emotionen entwickeln, Angriffe in der Klasse abwehren, sich durchzusetzen lernen, sich Sprechzeit erkämpfen, Interpunktionen aushalten, Sachverhalte erklären, Anfänge systematischer sprachlicher Genauigkeit, syntaktischer Vollständigkeit und den Unterschied von Sprechsprache und Schriftsprache ansatzweise kennenlernen können.

b) GrundschülerInnen brauchen also wegen ihres sich erst allmählich aufbauenden seelisch-geistigen Raum- und Zeitverständnisses vorgreifend feststehende und offene Räume und Zeiten mit organisiert unterschiedlichen Kommunikationsweisen: Kommunikation als Erstellen der Beziehungsebene mit räumlichen Regeln, zeitlichen Regeln, ohne Regeln, ohne und mit Sprache, Kommunikation als Diskussion (besser: Disputation) über Inhalte, so daß GrundschülerInnen nach und nach sich in alle möglichen, später geforderten Kommunikationsqualitäten einüben können.

c) Mit etwa acht und neun Jahren können SchülerInnen dann Zeiten aufeinander beziehen, auch (reversibel) rückbeziehen, Zeitintervalle einschätzen. Sie sind dann entsprechend frei in der Organisation von Kommunikationsdynamik: in der Interpunktion (Watzlawick), d.h. in der Reihenfolge des Sprechens und des Sprechenlassens, in der Einschätzung gleicher Sprechzeiten, in der Ausfüllung und Begrenzung von Kommunikation mit Regeln, Strategien, nach Ordnungsgesichtspunkten und sachangemessen differenziert.

3. Welche Kommunikation lehrt also die Grundschule? Es ist ihre Aufgabe, in der notwendig noch komplementären Kommunikationssituation Kommunikationsfähigkeiten und Kommunikationsweisen in einer vorbereiteten Umgebung einzuüben. Komplementär ist diese kommunikative Schule, weil das Bedürfnis des Kindes nach Schutzraum zur Entfaltung seiner Kräfte erst allmählich dem stärkeren Wind der Freiheit pädagogisch verantwortet ausgesetzt wird. Dies gilt gleichermaßen für die Freiheit und Verantwortung der ausgesagten Inhalte.

a) Die von Maria Montessori für die Vorbereitete Umgebung erarbeiteten Strukturprinzipien sind hierzu zu übertragen (Holtstiege 1987, S. 88 ff.):

1. Die Kommunikationsstruktur der Klasse und das Verhältnis zur Lehrerin sollte eine relativ einfache Struktur aufweisen, klar gegliedert und überschaubar sein.

2. Sie sollte nach den entwicklungspädagogischen Prinzipien "Kommunikationsfähigkeit der Kinder" und "kontinuierlicher Aufbau progressiver Kommunikations-(Sprach-) Fähigkeit" ein Anregungsangebot vielfältiger und systematisch sich steigernder Kommunikationsmöglichkeit bieten zur Herausforderung und Förderung des Lernfortschritts nach dem Instruktionsprinzip der aufsteigenden Leiter und nach dem didaktischen Prinzip der nächst höheren Stufe, die die Lehrerin eröffnet und auf die sie die Kommunikation und Sprache der Schüler führt.

3. Sie sollte die Atmosphäre der Freiheit verwirklichen: freie Meinungsäußerung, Argumentationsweise, Beziehungsherstellung, Sprechhandlungen, Sprachstile, Sprachspiele, Gespräche zulassen und fördern.

4. Vorgeordnete kommunikative Umgebung für Grundschüler heißt darüber hinaus: Nicht nur materiell wie bei den Montessori-Materialien, sondern auch kommunikativ wird systematisch eine große Vielfalt an verbalen, non-verbalen / non-vokalen, kommunikativen Anregungen bereitgestellt.

b) Die Grundschule läßt die Schüler nicht wild kommunizieren, sondern sie leitet das Beziehungsnehmen und die verbale Kommunikation pädagogisch an, *analytisch* durch verständliche Erklärungen der Gefühle bei Ablehnung und Annahme von Beziehungen, aber auch durch Sprechschulung, Begriffsklärung, Vortragsweise von Sprache (Prosodie) etc.; *systemisch* durch die zunehmende Organisation von Kommunikation, die Herstellung von Kommunikationsnischen, -spielräumen, -zeiträumen.

c) Nach dem Prinzip der Progression und der steigenden Sensibilitäten der Kinder, vor allem auch entsprechend den unterschiedlichen Kommunikationsweisen von Mädchen und Jungen (Beziehungsakzent und Inhaltsakzent) stellt die Grundschule immer mehr Forderungen an die Interaktion, Kommunikation und Sprache. Ziel ist die selbstbestimmte Kommunikation, zunächst im Rahmen der objektivistisch-normativen Kommunikationstheorie: die Fähigkeit, Sprache operativ und objektbezogen zum sachangemessenen Klarstellen der Dinge und zum Nutzen des eigenen Handelns einzubringen.

In die moderne Grundschule gehört auch das Erlernen der Weltsprache oder einer Weltsprache (in der Waldorfschule z.B. auch des Russischen); selbstredend erlernen die Kinder sie umso leichter, als die Grundschule die kindliche Aneignungsweise und die genetisch progressive Sprachmethode vom operational spielerischen Umgang zum Komplexbegriff zur begrifflichen Klarheit verfolgt.

7.2.2 Die kooperative Schule

Erst allmählich, nämlich etwa ab dem 8./9. Lebensjahr, kommt das Kind aus dem früheren Monologisieren über die primitive Diskussion (Behauptungen aneinanderzureihen und dabei ohne Beweis stehenzubleiben, Appell an die Autorität Älterer) und das primitive kommunikative Handeln (einfaches Aufeinandertreffen entgegengesetzter Wünsche und Meinungen) zur echten Diskussion und zum normorientierten Gruppenhandeln. In diesem Stadium geschieht die Auseinandersetzung mit sachlichen Begründungen. Kooperative Kommunikation bringt die Gruppe zusammen (Piaget 1972, S. 109 ff.). Auch in der Schule stehen die pragmatische Kommunikation und eine gruppenorientierte Didaktik im Vordergrund.

1. Die Kommunikationsräume vergrößern und differenzieren sich. Es wird nun - schon architektonisch - eine andere Schule: Der Höhlencharakter und die Materialienfülle weichen der Klarheit von Gruppenräumen.

a) Architektonisch sorgen die neuen Räume für offene Kommunikation (vgl. z.B. die Räume in der Laborschule Bielefeld).

b) Vorteilhaft ist es, für Jungen und Mädchen gemeinsame und auch getrennte Gemeinschaftsräume zu haben, weil sich ihr Kommunikationsverhalten nun differenziert und spezifiziert: Räume für Technik verschiedenster Art, Plätze zur Aggressionsverarbeitung, Diskussionsräume, Räume für gemütliches Schwatzen, "Mädchen"-Teestube.

c) Man könnte von einer Grammatik der Räume sprechen. Wie die Schule eingerichtet ist oder Kommunikationsfreiräume ermöglicht, so bildet sich auch die Kommunikation ihrer SchülerInnen aus: freier oder verschlossener, geübter oder unspezifischer, strategischer oder lockerer. Die Räume sprechen ihre Sprache und ermöglichen eine Sprache.

2. Sozialbeziehungen treten nun in den Vordergrund. Die Schule trägt nun dem Bedürfnis der Schüler nach normenregulierter Kommunikation Rechnung: Normen der Gruppe geben das Gefühl von symmetrischer Kommunikation.

a) Eine kooperative Schule entwickelt durch kooperativen Unterricht und als Gemeinschaftsschule, etwa im Sinne Peter Petersens, ein Wir-Gefühl. Die Woche beginnt gemeinschaftlich und endet gemeinschaftlich: Die Ergebnisse der Klassen bleiben nicht in ihrem engen Zusammenhängen, sondern werden kreativ für alle vorgestellt; Musik, Inszenierungen, Experimente, überhaupt spannende Situationen machen die Schule lustvoller, aufregender, jugendgemäß. Es ist auch der Beginn der Beteiligung von SchülerInnen an Belangen der Schule auf einer (schein-)symmetrischen Ebene, auf einer Ebene der Oberflächenmitsprache, einem begrenzten Mitspracherecht und begrenzter Verantwortung. Sie sollen hier erste Schritte auf dem Wege zur Mitverantwortung kennenlernen.

b) Ebenso zunächst einmal auf der Oberfläche - weil auf Anerkennung und Nützlichkeit hin und nicht auf tiefgehendes Gemeinschaftsgefühl hin orientiert - sind die sozialen und gruppendynamischen Kommunikationsstrukturen (geschlechtsspezifisch unterschiedlich); die Schule ist dabei behilflich, reflexiv-hypothetisch Kommunikation zu lernen, Kommunikation einsetzen zu lernen, strategische Kommunikation flexibel zu lernen. Baacke hat dazu pragmatische Kommunikationsaxiome aufgestellt (Baacke 1973, S. 98 ff.; Jourdan 1989, S. 115-116); gelernt werden muß z.B.:

- Kommunikative Kompetenz: situationsadäquat Kommunikation einzusetzen, ohne der Situation zu verfallen;
- Permanenz und Festlegung: der Kommunikation nicht ausweichen, sie findet statt; je länger sie stattfindet, umso fixierter ist die Kommunikation;
- Ökonomie / Ökologie: Risiko und Aufwand der Kommunikation sind abzuschätzen;
- Erwartbarkeit: Konflikt-Kommunikation ist abzuschätzen;
- Regeln und Rollen, Kontrolle: organisierte Kommunikation determiniert und muß stets überprüft werden;
- Störungen: müssen konstruktiv bearbeitet, sogar hervorgebracht werden.

c) Zu dieser sozial-kommunikativen Beziehungsebene gehört auch eine spezifische Sprache: eine Durchsetzungssprache bei Gruppeninteressen und eine spezifische Organisationssprache, die in allen Bereichen von Organisation wichtig ist; beides wird geschlechtsspezifisch unterschiedlich gelernt. Die Schule unterstützt diese Lernprozesse, indem sie diese Fähigkeiten der Schüler anfordert: organisieren läßt, diskutieren läßt, Hindernisse in den Weg legt, Teamgeist herausfordert.

3. Die Schul-Sprache differenziert nun Beziehungen und Inhalte immer mehr nach strukturellen Gesichtspunkten, sie spezialisiert; je nach Grad individualisiert sie: Im Klassenzimmer werden nun von LehrerInnen und SchülerInnen recht unterschiedliche Sprachen gesprochen, die durch den Gruppenbezug und den (inhaltlichen) Realitätsbezug noch zusammengehalten werden.

a) Lehrer versuchen durch "Erzeugungsprozesse und Korrekturprozesse" (Priesemann 1971) immer deutlicher die Umgangssprache der Kinder an eine Hochsprache, Schulsprache / Unterrichtssprache, Fachsprache anzupassen. Es geht um Verständniserzeugung durch objektivierte, fachspezifische Kommunikation. Die Logik der Kindersprache wechselt zur Logik der Erwachsenensprache; und zwar unterschieden nach fachspezifischen Zugängen: mehr theoretisch, mehr technisch, mehr praktisch; in den verschiedenen Schularten wird Praktisches durch technisches Sprechen höhergeführt; Technisches wird durch theoretisches Sprechen und Theoretisches durch praktisches Sprechen ins Gleichgewicht gebracht.

b) Tausch hat festgestellt, daß das Sprechverhalten von LehrerInnen in eindeutiger Weise Merkmale des Sprachstils von Schülern bedingt. Diese Feststellungen lassen sich auch auf die Aussprache, Stimme, Ausdrucksverhalten ausdehnen. Dies hat auch geschlechtsspezifische Auswirkungen. Aber ebenso färben die - geschlechtsspezifisch unterschiedlichen - Inhalte samt ihrer Fachsprache (z.B. Computersprache) auf die SchülerInnen unterschiedlich ab, und es bedarf eines speziellen Trainings der LehrerInnen, wenn bestimmte Schüler durch das Sprechverhalten der LehrerInnen nicht benachteiligt werden sollen (Spanhel 1973, S. 281).

Sprachliches Ziel des Unterrichts zu Beginn der weiterführenden Schule ist die Fachunterrichtssprache, die vor allem durch die sprachliche Dominanz des Lehrers gekennzeichnet ist. Der menschliche Substanzverlust an Spontaneität, Subjektivität, Eigenwilligkeit der Sprache soll durch die Entfremdung in eine Objektivierung, in die Genauigkeit, in die Reichhaltigkeit von Kenntnissen durch Sprache aufgewogen werden.

c) Die Sprachvielfalt und -differenzierung wird durch die Fremdsprache noch größer. Das Englische als erste Weltsprache ist den Kindern heute durch Reisen, Musik, Computer teils bekannt, motivationell vermittelt, sogar als anderes Symbolsystem durch die sinnlichen Begleitungen mit spezifischer Logik (z.B. Computer-Logik) gegenwärtig, wird als natürlich empfunden, durchdringt die Muttersprache. Zweisprachigkeit, Dreisprachigkeit parallel reichern die Vorstellungswelt der Schüler dann an, wenn die Schule die kulturellen, sprachlich-begrifflichen Hintergründe interessant macht.

7.2.3 Symmetrische Kommunikation in der Schule?

Nun könnte sie anfangen, die symmetrische Kommunikation; denn die Voraussetzung dafür beginnt jetzt: daß die Jugendlichen ihre Subjektivität entdecken und als relativ gleichberechtigte Subjekte kommunizieren. Aber die Schule als Lehr- und Lernanstalt beharrt auf ihrem Informationsvorsprung, und die Jugendlichen sehen in ihr nur noch die halbe Wirklichkeit. Damit beginnt zugleich die Abspaltung der Subjektivität aus der Schule; Subjektivität hat dort entweder keinen Platz oder nur nachrangige Bedeutung. Leistung tritt in Konkurrenz zu Kommunikation.

1. Ist in der Schule überhaupt symmetrische Kommunikation möglich? Unter den SchülerInnen vielleicht, aber zwischen LehrerInnen und SchülerInnen? Auch unter SchülerInnen nur bedingt, weil sie unter den Bedingungen der Institution Schule (als Leistungsanstalt) und nicht als Jugendliche kommunizieren - außerhalb der Schule möglicherweise ganz anders; zwischen Lehrern und Schülern aus den gleichen Gründen nicht, weil definitionsgemäß in der Schule über der kommunikativen Beziehungsebene die Inhaltsebene steht, auf der Lehrer ihre Sprechanteile verlangen.

a) Jugendliche dieses Alters sind noch zu sehr in der Entwicklung, als daß die Schule eine symmetrische Beziehungsebene überzeugend ernsthaft anstreben könnte. Gleichwohl sollte pädagogisch nach dem Prinzip der vorweg angestrebten Stufenleiter immer der Weg zu dem nächstmöglichen Ziel gegangen werden. LehrerInnen haben durch ihre Beratungsfunktion - gerade angesichts der aufkommenden Beziehungsprobleme der Jugendlichen - die Aufgabe, sich taktvoll mitmenschlich-kommunikativ (gesprächstherapeutisch) einzubringen (Gordon 1977).

b) Eine auf symmetrische Kommunikation hin orientierte Schule kennt entsprechend dem Jugendalter Konflikt und Versöhnung, ist also auch eine Schule des Konfliktes und der Konfliktschulung. Konflikte müssen gelernt werden, sie brauchen eine Kultur, eine Streitkultur. Schule benennt die Konflikte, versucht sie zu analysieren, zu rationalisieren, aufzuarbeiten. Rosenbusch (1986) nennt dazu mehrere Kriterien:

- adressatenbezogen kann diese symmetrische Kommunikation Schüler nur entsprechend dem jeweiligen Entwicklungsstand und ihrer Eigenart erreichen;
- die Aufarbeitung ist situationsspezifisch;
- auch institutionsspezifisch: gruppenspezifisch, auf Belange der Schule bezogen, z.B. bei Konflikten in spezifischen Sprachmustern;
- sie ist inhalts- und sachspezifisch abhängig.

c) Die Schule des Konflikts ist eine Schule friedlicher Kommunikation; sie lehrt das Friedenschließen (Hans von Hentig). Friedenschließen ist die sprachliche und beziehungsmäßige Herstellung von symmetrischer Kommunikation (Heitkämper 1976, S. 127-135). Folgende kommunikative Fähigkeiten sind einzuüben: 1. Selbstkontrolle; 2. strategische Kommunikation, Interessenerkennung; 3. Aushandeln, kommunikativer Umgang mit Macht und Ohnmacht; 4. allgemeine Sprachfähigkeit in vielfältigen Situationen; 5. konkret eingeübte gewaltarme Streittechniken.

2. Die Schule der Jugendlichen kann keine Einheitsschule mehr sein, sondern eine möglichst variable, elastische, integrierte "Gesamtschule", die sich wiederum als Teilschule akzeptiert: "das Leben", das lebensvolle, erlebnisreiche, das "eigentliche" Leben spielt sich außerhalb der Schule in Nischen ab (Wochenenden vor dem Video und Fernsehen, beim Tanzen, in der Clique mit Musik), und dies subkulturell, unerreichbar für die Schule. Das symmetrische Gleichgewicht kann von der Schule also nicht mehr hergestellt werden.

a) Gleichwohl kann gerade aus diesem Grunde die Schule ein stabiler Halt auf der Suche nach symmetrischer Kommunikation sein. Hier werden klare Anforderungen gestellt, Verantwortung verlangt, übersichtliche Kommunikationsweisen eingehalten, feste Ziele definiert; ein Rückzug ist nur in Teilen möglich. Was an symmetrischer Kommunikation fehlt, wird eingefordert: diszipliniere dich, mach mit, schließe dich der Gemeinschaft an, erfülle Anforderungen.

b) Gerade im Jugendalter ist die geschlechtsspezifische Differenzierung und Variierung der Schule, die koedukative Kommunikation, besonders wichtig.

Eine nur männliche Schule schult männliche Kommunikationsweisen. Diese Schule verlangt Leistungssteigerung im objektivierbaren Sinne, Leistungen als Ergebnisse, Produkte als durch Notengebung Nachweisbares. Dagegen fordert die weibliche Kommunikation in ihrer Ausdrucksorientierung andere Inhalte, Prozesse und Bewertungen, die gesellschaftlich gleichwertig sind, wie dezentrale Kommunikation, Verzicht auf Machtkommunikation, Teamgeist, Anerkennung und Selbstbestätigung aus der Sache heraus. Die Symmetrie einer koedukativen Kommunikation ist eine Illusion. Mädchen und Jungen haben (nach der Gehirnforschung) unterschiedliche Sprachfähigkeit, hormonell unterschiedlich ausgeprägte Gefühle, unterschiedliche soziale Erfahrungen; bei alledem aber ein sich immer stärker herausarbeitendes Bedürfnis nach gegenseitiger polarer Kommunikation.

Die Koedukations-Debatte setzt heute an unterschiedlichen Inhalten an; Mädchen sollen in teilweise getrennten Gruppen Computer üben und andere Leistungen erbringen; Jungen-Inhalte werden weniger kritisch diskutiert. Die Schule kann eine Symmetrie der Beziehungen der Mädchen und Jungen zu den "gleichen" Inhalten kaum herstellen; sie sollte aber das Lernen von gegenseitigen Qualitäten fördern.

c) Symmetrische Kommunikation läßt sich in der Schule auch nicht durch eine Einheitssprache erreichen; prononciert formuliert könnte man behaupten, was im übrigen auf alle Menschen zutrifft: Mädchen und Jungen sprechen nur in der Oberflächengrammatik die gleiche Sprache. Sie haben ein verschiedenes Vokabular, verschiedene Sprachstile, verschiedene Sprachtaktiken, verschiedene Sprachgefühle, verschiedene Prosodien (Vortragsweisen von Sprechakten), verschiedene Sprechflüssigkeiten, verschiedene Quantitäten und Qualitäten an Wortschatz.

3. Die Unterrichtssprache versucht in diesem Lebensalter die Annäherung an symmetrische Kommunikation; es wäre für die Jugendlichen eine sofort offensichtliche Anbiederung, würden Lehrerinnen und Lehrer aus ihrer Rolle der asymmetrischen Kommunikation fallen (s. auch Jourdan 1989, S. 97). Rosenbusch spricht in diesem Zusammenhang von der Kommunikationshygiene: Da Jugendlichen-Kommunikation und Jugendlichensprache sich immer mehr von der Schule abspalten, hat die Unterrichtssprache hier nur geteilten Einfluß; aber sie veranlaßt die Jugendlichen dennoch zur nötigen Sorgfalt, zur kommunikativen Disziplin. Nonverbale und verbale Auskruckserziehung, theaterpädagogisch systematisch unterstützt, vermittelt eine Variationsbreite freien und gebundenen Ausdrucks und situativer Sprachkompetenz: je freier die Variationsbreite, umso notwendiger die systematische Spracharbeit.

a) Neben dem schulisch für vorrangig gehaltenen Transport von Inhalten bekommt die Unterrichtssprache nun auch die persönliche Klärungsfunktion: entweder über Inhalte, die den Schülern subjektiv brennend am Herzen liegen oder über Beziehun-

gen. In "echten" Diskussionen (Piaget) werden Angriffe anderer geäußert und Positionen geklärt - sie werden nun zu eigenen, subjektiven Positionen.
b) Die Jugendlichen beginnen, eine eigene Sprache in den Unterricht einzubringen. Sie sind von deren Eigenwert überzeugt, weil sie ihre Subjektivität darin viel besser ausdrücken und wiederfinden können. Inzwischen existiert also eine ganze Reihe von "Fachsprachen" im Klassenzimmer: die inhaltlich-fachspezifische; die ausländische verschiedenster Art; die Schulsprache-Hochsprache; die Jugendlichen-Sprachen verschiedenster Art.
c) Pädagoginnen und Pädagogen haben hier ihre schwierigste kommunikative Funktion. Sie spüren existentiell die Akzeptanz oder Ablehnung ihrer Person. Sie sind in ihrer eigenen Persönlichkeitsentwicklung gefragt (Tausch & Tausch 1979); sie werfen sie mit ihren Grundsätzen, ausgestattet und abgesichert mit institutioneller Funktion, und in schwierigen Kommunikationssituationen in die Waagschale, ohne sich der Energetik der Jugendlichenantwort sicher zu sein. "Die Angst des Lehrers vor den Schülern", das "burn-out" sind bekannte Schlagworte; Tausch und Tausch und die Humanistische Pädagogik wollen sie mit Encoutergruppen, mit dem kommunikativen Lernen von Achtung, Wärme, Echtheit transformieren.

7.2.4 Metakommunikation in der Schule

Was Schule schon in der Grundschule vorbereitete, beginnt jetzt seine Früchte zu tragen: daß die SchülerInnen über Kommunikation zu kommunizieren lernen; daß sie in der Lage sind, über objektive Inhalte, soziale Strukturen, subjektive Empfindungen hinaus objektivierend auf höherer Ebene einen Verständigungsprozeß des Bewertens zu führen. Dadurch schaffen sie Sinn erst für sie und andere (Habermas 1981, S. 165). Oben wurde dargestellt, daß der Verständigungsprozeß des Bewertens und Sinn-Schaffens in den Schulen des jungen Erwachsenen recht unterschiedlich ist. Die Berufs- und Fachschulen sind anders als die Colleges an der Sinnfrage interessiert; dennoch: sinnvolles Arbeiten aktiviert die jungen Erwachsenen viel intrinsischer als sinnloses; entsprechend braucht jede Praxis ihre Metakommunikation.

1. Die Inhaltsebene dominiert in den Schulen die Beziehungsebene. Suchtartig suchen die einzelnen Fächer nach Stoffülle, nach Komplexitäten, nach dem Prinzip "multa, non multum". Vergessen scheint das sinnvolle pädagogische exemplarische Prinzip, die Strukturierung, die Fokussierung der Energien, die Aufbereitung der Stoffülle zum Orientierungswissen, und das Lernen der Strukturierung und Elementarisierung. Strukturierung ist der metakommunikative Prozeß auf der Inhaltsebene.

Eine freie und befreiende Schule im politisch-demokratischen und psychologischen Sinne übt auch auf der Beziehungsebene systematisch Metakommunikation ein und fördert sie durch Kommunikationsstrukturen wie Mitbestimmung (politisch), die Schulversammlung (organisatorisch), die Möglichkeit der Kritik (kommunikativ), die Förderung von spezifischen Gruppierungen mit eigenen Interessen (Parteien) und die Eigenentscheidung über Kurse (Inhalte).

a) Schulinhalte werden in allen praktischen, technisch-naturwissenschaftlichen, humanwissenschaftlichen Bereichen interessant, wenn die Schüler ihre Nützlichkeit für sich selbst erfahren, die Inhalte sinnlich-neugierig aufnehmen, etwas Lebenswichtiges, Orientierendes, Brauchbares daraus ziehen können. Die Schule wird also als sinnvoll erfahren, wenn sie in diesen Verarbeitungsprozeß metakommunikativ eingebunden sind.

Durch Mitbestimmung und Mitverantwortung verliert die Schule ihren einseitigen Schul-Charakter; sie wird im Sinne von John Dewey auf der Ebene der Kommunikation eine embryonic community oder im Sinne Hartmut von Hentigs eine polis.

b) Die subjektiven Strukturen der Kommunikation erhalten eine Bedeutung wie nie zuvor: Im Kolleg und außerhalb bauen die jungen Heranwachsenden, praktisch in ihrer Sturm- und Drangzeit, intensiv an subjektiven Beziehungen. Sie können unmittelbar die Folgen von kommunikativem Verhalten, von Sprache, von Kritik, von kommunikativem Scheitern erleben. An eigenen Erfahrungen lernen sie am meisten, oft schmerzliche kommunikative Umwandlungsprozesse. Dann kommt es darauf an, pädagogisch begleitet vorher Konflikterfahrungen gemacht, Dialogverhalten eingeübt zu haben, die eigenen Stereotype kritisch infrage zu stellen, seine Verhaltenserwartungen genau zu kontrollieren (Scheidt 1982). Eine Lehrerpersönlichkeit sollte diese Prozesse begleiten: "Zur Verständigung bedarf es oft keiner großen Worte, keiner rhetorischen Kunstfertigkeit und keiner grandiosen Geste. Manchmal genügt es, nichts zu tun und nichts zu ändern und ein bißchen mehr zu wissen" (Dieterich 1982, S. 41).

c) Die Kolleg-Schule ermöglicht es der Kreativität und Originalität ihrer SchülerInnen, in Arbeitsgemeinschaften eigene Kommunikationen und Inhalte aufzubauen und zu verfolgen. Da ist z.B. die Musik-Band, die Klassik-Gruppe, die Lyrik-Gruppe, die Maler-Gruppe, die Graphik-Gruppe, die Drucker-Gruppe, die Theater-Gruppe, die Meditations-Gruppe, die Philosophie-Disputations-Gruppe, die Friedens- und Umwelt-Gruppe, die Sport-Gruppe.

2. Im Kolleg erfahren die SchülerInnen ein Privileg gegenüber der Jugend in der Arbeitswelt und auf den Fachschulen: Sie dürfen über "Gott und die Welt" und den Sinn des Lebens frei philosophieren, werden nur begrenzt zur Verantwortung gezogen. Sie erfahren gleichzeitig mit den großen kommunikativen und informativen Möglichkeiten die Grenzen der Durchsetzung, und sie leiden daran: nämlich an den Ungerechtigkeiten der Welt, an unsinnigen Kriegen, an der Umweltkatastrophe, an den Reden der Staatsmänner, an der Geschichte, Politik und Wirtschaft.
a) Die Kolleg-Schule läßt ihre SchülerInnen experimentieren, spekulieren, kritisieren, idealisieren, utopisieren, viele Strukturen auf- und abbauen.
b) Diese Träume sind wichtiges kreatives Potential. Sie werden sporadisch in konkreten Projekten durch eine Erfahrung überprüft. Dabei können die SchülerInnen nüchtern lernen, wieviel Substanz bei der Umsetzung durch kommunikative Probleme verloren geht. Hartmut von Hentig, der dieses kommunikative Konzept der Laborschule Bielefeld vertritt, spricht von der "schmuddeligen Wirklichkeit" (v. Hentig 1976), an der viel Idealismus scheitert.
c) Eine gute Kolleg-Schule geht noch darüber hinaus, indem sie den Befreiungsakt ihrer Schüler von der Schule selbst befördert: sie kritisiert ihre Schüler, die in unkreativer Anpassung verharren; sie belohnt die Schüler, die eigene Kommunikationen in Richtung Journalismus, Hobbies, Entertainment, Kunst, Musik, Technik, Poetik, Erziehung aufbauen.

Sie hilft dabei zu einem variationsreichen Kommunikations-Repertoire durch ein systematisches Kommunikations-Training:

- non-verbal: durch Selbstdarstellungs-Training, Körpersprachen-Training, gruppendynamisches Training;
- verbal: durch Stimm-Training, Sprech-Training, Training im sprachorganisatorischen Aufbau von Referaten, Mind Mapping, in Argumentationstechniken, Diskussionstechniken, Sprachschatzerweiterungstraining, Sprechen in verschiedenen Funktionen und Fachsprachen, gewaltarme Sprechtechniken, Streittechniken in Konflikten.

Rhetorik ist notwendig. Die Theaterpädagogik bietet dazu ungeahnte Möglichkeiten der Einübung (Otto 1993). Als neue, ständig weiterentwickelte Methode entwickelt das Neurolinguistische Programmieren Strategien und einübbare Kategorien für "exzellente Kommunikation" (Ulsamer 1991) sowohl für Lehrer als auch für Schüler (Weerth 1995).

3. Die Schulsprache wird nun je nach Schulart eine technisch-praktische, eine technisch-wissenschaftliche, eine theoretisch-wissenschaftliche Sprache. Die Sprache der SchülerInnen erhält einen neuen quantitativen und qualitativen Wortschatz und ein Denk-Instrumentarium hinzu. Die Welt wird jetzt instrumental durchschaut.
a) Quantitativ kommt zum Kommunikations-Vokabular eine Vielfalt von Begriffen, die die Beziehungen zu neuen Inhalten aufbauen. Die Schule strukturiert damit nicht nur Objektives; sie veranlaßt die Schülerinnen und Schüler, dieses strukturierte Objektive in sich aufzunehmen und in sich zu strukturieren, d.h. diese Schüler kommunizieren durch ihre strukturierten Kenntnisse von Inhalten ganz anders mit sich, mit den Objekten, mit den Mitmenschen.

Hinzu kommen kommunikative Kenntnisse der Pädagogik, Psychologie, Soziologie, Biologie etc., die nicht einfach nur im Gehirn gespeichert werden, sondern Einfluß auf kommunikatives Verhalten und Begründen haben. Die kommunikative Naivität ist weg; die Schule sorgt für eine strukturierende neue Wahrnehmung.
b) Qualitativ geht damit eine erhöhte Genauigkeit, Objektivierungs- und Subjektivierungsfähigkeit, Sachangemessenheit, Begründungsmöglichkeit, Strukturierungsfähigkeit einher; in Bezug auf die Kommunikationsfunktion, sich als Subjekt einbringen zu können, eine bessere Möglichkeit, seinen und ihren Standpunkt zu vertreten; und in Bezug auf die Metakommunikation, die Sinnhaftigkeit zu hinterfragen. Dieses Hinterfragen betrifft auch die wissenschaftliche Schulsprache, wie sie übertrieben in Schulbüchern gepflegt wird (Frederic Vester).

Die Gehirnforschung fordert einen Sprachunterricht,

- "der den intuitiven Charakter eines großen Teils unserer sprachlichen und kognitiven Leistungen in Rechnung stellt und breiten Raum für die erforderlichen Übungen gibt,
- der den Schülern darüber hinaus regelmäßig vorbildliche Texte als Muster anbietet, damit sie Kriterien für die unbewußten Selektionsprozesse ihrer kreativen Rangierbahnhöfe entwickeln können,
- der sich zwar hütet, Gefühle anzuheizen, der aber die emotionale Dimension des Lernens berücksichtigt, indem er den Schülern neben der gelegentlich

notwendigen Kritik auch Möglichkeiten gefühlsbetonter Zuwendung zu sprachlichen und literarischen Gegenständen eröffnet" (Bayer 1994, S. 150).

c) Welche Kommunikationsqualitäten hat also die Schule gefördert? Fassen wir die Kommunikationsstufen und die Bemühungen der Schulstufen um gelungene Kommunikation zusammen, so erhalten wir eine Hierarchie, deren Stufenleiter wir immer wieder auf- und abgehen: mal metakommunikativ sinnverarbeitend, mal oberflächlich die Diskussion nur zu Zwecken der Gruppe stützend, und mal autoritätsabhängig mit komplementärer Kommunikation zufrieden. Das Kind und der / die Jugendliche durchlebt diese "Stufen" nacheinander; beim Erwachsenen sind sie als entwickelte "Stufen" komplett zur Verfügung und können variierend und souverän genutzt werden.

8. Dynamisches Lernen und Lehren in der Schule

Lernen durch Lehren ist unbestreitbar die Haupt-Funktion ("Kopf-Funktion") der Schule. Systematisches Lehren und Lernen ist die Begründung für die Entstehung von Schulen überhaupt (aus ökonomischem, verwaltungsorganisatorischem, politischem, sozialem, auch erzieherischem Interesse heraus).

Unbestreitbar steht dabei das Lehren vor dem Lernen, in der ganzen Vergangenheit bis in unsere Gegenwart in vielen Ländern der Erde: Zu lernen ist das, was gelehrt wird. Schule verstand sich nur für wohlhabende Kinder als scholä, Muße, ansonsten als Herrschaftsinstrument der Wissensdosierung, und dies, obwohl in der gesamten Geschichte aller Völker hervorragende Pädagogen und pädagogisch brauchbare Theorien und Erfahrungen über Optimierungen von Inhalten, Didaktik und Methodik vorhanden waren.

Die demokratische freie Schule nimmt das dialektische Verhältnis von Lehren und Lernen ernst, wie es in Europa zumindest seit Comenius angemahnt wurde; sie fordert den taktvollen Lehrer-Schüler und den Schüler-Lehrer (Paulo Freire), den Lehrer als "Bindestrich" im Dienste des Kindes (Maria Montessori), als "facilitator" (Carl Rogers); sie verbessert die Qualität des Lehrens durch Didaktiken (lebendige Lehrmethoden) und durch die Einbeziehung von Begründungszusammenhängen des Lernens (lebendige Lernmethoden): Lehrmethoden und Lernmethoden müssen kompatibel gemacht werden. Alle Didaktik, Curriculumtheorie, Lerntheorie, wohlgemeinte Schülerorientierung gehen gleichwohl von Zielen der Schule aus, die von Erwachsenen / der Gesellschaft / den Erfahrungen der Geschichte erwünscht sind: Schule bleibt Schule.

Eine dynamische Schultheorie widerspricht: Auch die Schule tritt in ein neues Zeitalter. Sie wird im Sinne des hier Dargestellten das Potential der Kinder und Jugendlichen umfassend ansprechen, kreativ mehr Lust auf Schule und Neugier auf Inhalte erzeugen: durch sinnhaft-lebenswichtige Lehr-Lernprozesse (zu exemplarischen "Inhalten"), die sinnlich-erlebnismäßig durch dynamische Lehr-Lernmethoden (durch eine "Beziehungsdidaktik") erarbeitet werden.

Lehren und Lernen sind zwar individuelle Prozesse. Die Informationsprozesse sind dennoch auch überindividuell, insofern sie aus der Gesamtheit des Wissens gespeist werden und wiederum in die Gesamtheit des Wissens eingegeben werden. Sie konstruieren die weltgemeinschaftliche Wirklichkeit.

Doch zuvor eine bioenergetische Begründung zum Lehren und Lernen, welche Vielzahl von Energien im Kopf vorhanden sind und schulpädagogisch angesprochen werden müssen, wie sie sich aufbauen und vernetzen, wie sie mit den bisher behandelten Energien in Verbindung stehen, um Lehren und Lernen bioenergetisch tiefer verstehen zu können. Es ist eigenartig und spannend, wie viele Symbolisierungen wiederum die Tektonik des Leibes, hier die Tektonik des Kopfes, für beachtenswerte Gesetzmäßigkeiten beim Lehr-Lern-Prozeß liefert, die erst durch die bioenergetische Betrachtungsweise ganzheitlich begründet werden können.

Der Kopf, dessen bioenergetische Funktion hier nochmals anders als im Kommunikations-Kapitel interpretiert wird, ist die Zentrale des Bewußtseins; er wird vom ganzen Körper getragen, ist also von ihm abhängig, dirigiert ihn aber auch von oben. Er wiegt für den Körper sehr schwer.

Äußerlich sind das Gesicht, mit Nase, Augen und Ohren auf gleicher Höhe; innerlich liegt der Dirigent des Menschen, genauer und richtiger gesagt, das die Dirigierungsfunktion ausführende Organ des menschlichen Geistes: das Gehirn mit seinen Gehirnteilen: dem Hirnstamm (mit Gehirnnerven, die die Nase, Augen, Ohren u.a. bedienen), Kleinhirn (für Muskelkoordination u.a.), Mittelhirn, Zwischenhirn (mit Thalamus: Lustgefühlen, Trieben, Affekten; Hypothalamus; mit vielen Regulationsvorgängen), und der Großhirnrinde (dem Integrationsorgan, zunächst aber dem Dirigenten aller Sinnes-, Sprach-, Gedächtnis-, Verständnisfunktionen). Interessant ist, daß sich hier die Logik der Tektonik des Leibes insgesamt widerspiegelt: da sind die ältesten Stamm-Gehirnteile, die die Stabilität (Hirnstamm) und Bewegung (Kleinhirn) grundlegen; da sind darauf aufbauend Gehirnteile, die archaische (z.B. Territorium, Aggression; Reptiliengehirn) Informationen selektieren und differenzieren; da sind der Variationsreichtum und die Subjektivierung des limbischen Systems (Thalamus, Hypothalamus, Hypophyse), die sexuelle Vitalität und Gefühle die ganze Gefühlsleiter hinauf repräsentieren und produzieren, in der Mitte des Gehirns zentral für alle Gehirnteile gelegen und in sie eingreifend; da ist die Polarität der Großhirn-Hemisphären, der Kopf des Gehirns, die die spezifisch menschliche Transformation und Dynamik erzeugen: die spezifisch menschliche Sensu-Psycho-Sozio-Motorik, die Sensorik der einzelnen Sinne, die Handlungsorientierung, die Kommunikation, Sprachproduktion, Sprachäußerung, die rationalen Denkprozesse, die ganzheitlich-intuitiven-kreativen Denkprozesse, Lernprozesse, Strukturierungsprozesse (in den verschiedenen Gehirnlappen).

Diese Zusammenhänge werden hier unter dem Gesichtspunkt aufgeführt, nochmals vor Augen zu halten, wie sehr höchst differenzierte energetische Fähigkeiten des Menschen auf der Basis der Funktionen des Kopfes in den Lehr-Lern-Prozeß hineinspielen. Nehmen wir nur das beeindruckende Panorama der Begriffe: Bewußtsein, Unterbewußtsein, Unbewußtes, Denken, Gedanken, Connaissance, Erkenntnis, Wahrnehmung, Kognition, Information, Realisation, Intelligenz, Vorstellung,

Verstand, Wissen, Vernunft, Urteilskraft, Konzentration, Aufmerksamkeit, Fokussierung, Meditation, Intuition, Imagination, Phantasie, Hypnose, Traum, Geist, Esprit, Mind, Genie, Telepathie, Enthusiasmus, Ekstase, Kreativität, Innensinne, Mentalität, Gedächtnis, Gewissen.

Die genannten (bei vielen Völkern wiederum unterschiedlich gefaßten) Bezeichnungen stehen für hochkomplexe Prozesse der Informationsaufnahme und Informationsverarbeitung auf der Basis vorhandener

- elektromagnetischer und hormoneller Dispositionen,
- Motive, Motivationen, Affekte, Erwartungen, Gefühle,
- kommunikativer Erfahrungen,
- Vorstellungen, Phantasien und Imaginationen.

Diese Basis führt zu einer ständigen systematischen Einordnung bzw. Umordnung vorhandener Systeme von Erkenntnissen und Vorstellungen und zu einem kreativen Umgang mit diesen Informationen, d.h. zu einer Umgestaltung zu neuen Vorstellungen, Phantasien, Intuitionen (bleibender Verhaltensänderung) - wobei das hier benutzte Vokabular vieldimensional zu verstehen ist, um der Verschiedenheit des wissenschaftlich, poetisch, erfahrungsmäßig notwendig Sagbaren zu genügen.

Bleibt zunächst festzuhalten, daß der Lehr-Lern-Prozeß und damit die schulische Aufgabe erheblich über das hinausgeht, was eine Lerntheorie, viele bisherige Didaktiken, viele Theorien der Schule, ja auch Erziehungs- und Bildungstheorien thematisiert haben - letztere freilich gehen in die Richtung, die hier vom energetischen Potential des Menschen her für eine humane Schule als notwendig erachtet wird.

8.1 Die Dynamik des kindlichen und jugendlichen Geistes

Die hier gestellte Aufgabe, so notwendig sie ist, erscheint kaum leistbar: Keine Philosophie, Poetik, Anthropologie, Gehirntheorie, Psychologie, Bildungstheorie hat eine heute als gültig anzusehende Theorie der gesamten geistigen Potenz des Menschen vorgelegt, etwa eine Gesamttheorie über die oben genannten Begriffe. Dennoch sind hier Andeutungen und Anmerkungen, wenigstens aphoristische Hinweise auf schulisch beachtenswerte geistige Potenzen der Kinder und Jugendlichen notwendig. Alles, was die Faszination des Menschen und des menschlichen Geistes ausmacht, ist ja als Potential in unseren Schulen, das dynamisch in aufeinander aufbauenden Lebensphasen auf Entwicklung und Transformation drängt. Je umfassender wir diese Energien betrachten, umso größer empfinden wir unsere pädagogische Verantwortung für sie.

8.1.1 Spielend arbeitend das Lernen lernen

Die kognitive Entwicklungspsychologie, allen voran Jean Piaget, hat einen kleinen Ausschnitt der geistigen Entwicklung des Kindes recht detailliert erforscht, nämlich die Intelligenzentwicklung des Kindes in ihren Dimensionen der Operationen, der Raum- und Zeitbegriffe, der Zahlen- und Geometriebegriffe, der Bewegungs- und Geschwindigkeitserkenntnis, des moralischen Urteils. Der kognitive Entwicklungsstand des Grundschulkindes ist so nach damaligen Erkenntnissen modellhaft relativ gut bekannt; es ist aber die Hypothese aufzustellen, daß die globale Umstrukturierung der Verhältnisse - auch der Kinder und Jugendlichen - Potentiale, Energien, Entwicklungsmöglichkeiten eröffnen, die Piaget nicht kannte. Denn die Potentiale des Menschen sind in ständiger Evolution bzw. noch nicht einmal bekannt.

Piaget nimmt die Begriffe des Animismus (in verschiedenen Stadien seiner Entwicklung), des Artifizialismus und des Realismus für die Beschreibung der Intelligenzentwicklung der präoperationalen Phase des Kindes bis in die Zeit des Grundschulkindes hinein. Andere Entwicklungspsychologien gehen in die gleiche Richtung, wenn sie von einem Übergang phantastischen und magischen Denkens ins realistische (Kroh 1964, S. 58) oder vom Magischen ins Mythische sprechen (Wilber 1984).

Wenn wir das brainstorming der vielen oben am Kapitelanfang aufgezählten Begriffe und die dahinter liegenden Komplexitäten des Bewußtseins- und Denkprozesses ernst nehmen, ist uns klar, daß die hier vereinfacht zusammengefaßten Lernprozesse philosophisch, anthropologisch, poetisch rätselhaft unaufgeschlüsselt bleiben, und daß wir nur hoffen können, die Kinder und Jugendlichen in ihrer Bewußtseins-Energetik weit über kognitive Prozesse hinaus in den Schulen fördern zu können.

1. Auf jeder Ebene hat der Mensch eine spezifische Realitätsverarbeitung, praktische Vernunft und Urteilskraft. Jede Ebene ist für die Ganzheit des Menschen wichtig, und so ist jede Ebene - erscheint sie auch noch so vorläufig und später überholt - intensiv zu pflegen und zu durchleben.

Bei Schuleintritt, so Piaget und andere, herrscht noch ein magischer Realismus vor: die symbolische Repräsentation sei real und die assoziativ verbundene Logik gebe die Wirklichkeit wieder (Pulaski 1975, S. 41 ff.). Die Gehirnforschung unterstützt diese Erkenntnis, weil sie herausgefunden hat, daß die Großhirn-Hemisphären in diesem Alter noch nicht ihre Spezialisierung gefunden bzw. ihre Dominanz aufgeteilt haben, also noch phantastisch-kreativ-intuitiv-ganzheitliches Denken mit rational-strategischem-analytischen vermischt ist (und im übrigen immer sein wird).

a) Kognitive Inhalte sind jetzt imaginativ-phantasiereiche Inhalte, mit realitätsnahen Elementen verbunden, die das Kind "egozentrisch" aus seiner Vorstellung aufbaut und interpretiert. Hilfreich sind ihm das Fernsehen und die durch andere technische Geräte hervorgebrachten Wahrnehmungsinhalte, weil sie einerseits die Illusion der Realitätsnähe hervorbringen, andererseits ihre Imaginationskraft anregen. LehrerInnen und Eltern sollten in diesem Stadium intensiv die Imaginationskraft, Phantasie und Intuition fördern, möglichst viele Sinne und Inhalte ansprechen. Denn was imaginativ einmal erspürt und erschaffen wurde, ist dem Kind und Erwachsenen als innere Realität präsent und geht ihm am Aufbau seiner Gedankenwelt nie mehr verloren. Sie sind die Basis des späteren Esprit, des Enthusiasmus, der Phantasie, der Kreativität, des Genies des späteren Erwachsenen (Kline 1995).
b) Im Anfangsunterricht herrscht - je nach Entwicklungsstand der einzelnen Kinder - zunächst die an Symbole gebundene Realitätsverarbeitung vor: Symbole sind die Wirklichkeit, die mit persönlichen Gefühlen durchlebt wird, oft verbunden mit Symbolspielen. Kinder arbeiten spielend symbolisch mit der Wirklichkeit. Sie versetzen Realitäten in paradoxe Zusammenhänge, drehen Zeiten und Räume um, entwickeln ihre kreative Logik, gewissermaßen eine Traum-Logik, eine Unter-Bewußtseinslogik, immer im Bewußtsein der "realen" Wirklichkeit; dies macht die kindliche schöpferische Kraft aus. LehrerInnen einigen sich mit SchülerInnen auf möglichst bedeutsame Symbole, die in ihrer Logik nachempfunden werden, und sie führen durch immer mehr Beispiele verschiedener symbolischer Realität allmählich zur logischen Repräsentation hin. Die synergetische Ordnungsebene der Logik bedarf dabei immer der Komplexebene der mentalen Wirklichkeitskreation; das bedeutet, daß die Lehrerinnen beim Training der ihnen als Erwachsenen natürlich erscheinenden übergeordneten Denklogik (mithilfe von Denkspielen, Denkstrategien, Kategorisierungen und Strukturierungen) die Phantasie-Logik der Kinder unbedingt erhalten, ja sogar fördern (durch Phantasiereisen, phantastische Filme und Spiele, Märchen, Sagen). Auch sprachlogisch ist nachgewiesen worden, daß bildhaftes symbolisches Denken das ganze Leben begleitet, eine facettenreiche Aussagekraft erzeugt und behält, aus der energetischen Tiefendimension der Wort-Wirklichkeit schöpft, in Vielem der logischen Repräsentation überlegen ist, im Energiehaushalt der Psyche eine große Bedeutung hat "als Energietransformator" (C.G.Jung) (Dorsch 1992, S. 668).

c) Die Verstandestätigkeit, ihre praktische Vernunft und Urteilskraft beruhen auf assoziativer Logik; sie wird aus vielen Kanälen und Erfahrungen verknüpft: aus Bewegungs- und vielfältigen Sinneserfahrungen, Schematisierungen, die zu Glaubenssätzen über die Realität führen, aber in ständiger Umwandlung und Veränderung begriffen sind; deshalb sucht das Kind auch nach Begründungen, und es ist in der Schule endlich sicher, daß es haltbare Begründungen für die Dinge lernt. Diese

Festigkeit und Haltbarkeit von Gründen, aber auch die durch vielfältige Wirklichkeiten (Schulinhalte) und das Bezeugen der Lehrerin immer stabiler werdende Logik führen dann zur Möglichkeit des Gleichgewichts und der reversiblen Logik. Wir haben also zumindest vier ineinandergreifende kindlich-mentale Lernprozesse und Ebenen zu beachten:

- ❐ die Komplex-Ebene des chaotischen Beziehungsmusters von Wirklichkeiten (des Durcheinanders von Zeitlichkeit und Räumlichkeit)
- ❐ die Ordnungs-Ebene 1 der Assoziationen durch sinnliche Erfahrungen
- ❐ die Ordnungs-Ebene 2 der Begriffskonstruktionen in raum-zeitlicher Abhängigkeit zum egozentrischen Kind
- ❐ die Abstraktions-Ebene der Begriffe in zeitlicher und räumlicher Unabhängigkeit und Elementarisierung, die auf der einen Seite eine neue "Festigkeit" bringt, auf der anderen Seite die Festigkeit des "Zuhandenen", die "Handfestigkeit" praktischen Handelns und Urteils, verläßt.

2. In der Grundschule durchläuft das Kind also den Bewußtseinsprozeß, sich von seinem subjektiven Denken "täuschen" zu lassen, bis es durch die Macht der in die Schule hereingeholten Realität "ent-täuscht" und auch neu "getäuscht" wird (insofern die dort vorgestellte Wirklichkeit eine lebens-abstrakte Wirklichkeit ist) und es nun durch eigenen logischen Nachvollzug eine andere Realität aufbaut.
a) Diese "magische, köstliche, verdrehte Welt der Kindheit" ist gewiß mehr als eine Täuschung (Pulaski 1975, S. 47). Ohne diesen Hintergrund wäre die logizistische Realität der Verstandeskultur eine Verarmung (des Einzelmenschen und der Menschheit), ja sie stellt, wie uns C.G.Jung u.a. mit ihrer Traumdeutung klarmachten, ein wichtiges energetisches Potential des Menschen dar. Gewiß läßt sich das Kind von der perzeptionellen Erscheinung der Dinge zu falschen Schlußfolgerungen hinreißen; sie erscheinen magisch; aber sie haben auch die Kraft des Magischen: sich die Wirklichkeit für sich selbst verfügbar und intensiv erlebbar zu machen. Gute Lehrerinnen versuchen, etwas von dieser Kraft des Wirklichkeitserlebens zu erspüren, etwa in Bildern, in erzählten Träumen, in spontanen Äußerungen, um die kreative Potenz der Kinder zu erhalten und zu steigern (z.B. durch Kunst, Musik, Religion, Sprache, narrative Pädagogik).
b) Denn hier ist sie noch lebendig, die Intuition, die intuitive Stufe des Menschen. Sie ist Basis des intuitiven Sinnes, der Phantasie. Intuition wird im ganzen Menschenleben, bei jeder, auch jeder wichtigen, auch jeder logischen Entscheidung gebraucht. Schließlich ist der Intuitionssinn für den Menschen die mentale Ergänzung des Instinkts. Deswegen ist es von herausragender Bedeutung, in diesem Stadium und auch weiterhin in der Schule den intuitiven Sinn, überhaupt die Innensinne, systema-

tisch auszubilden, zunächst auf der sachlichen, dann auf der Gefühlsebene und der sprachlichen Ebene des inneren Dialogs, um dann richtige und falsche Intuitionen voneinander unterscheiden zu können. Eine systematische Intuitionsschulung hilft zu Menschenkenntnis, mathematischem Denken, Entscheidungsfindungen aller Art; sie sollte im Grundschulalter begonnen werden, weil die Kinder dieses Alters noch nicht von Verstandeslogik vereinseitigt sind.

c) Neugierig, kreativ, motiviert, energievoll macht nicht die Auflösung, sondern die Vermutung, die immer mehr differenzierte Intuition, das Geheimnis des Unbekannten. Nicht Faktenwissen, Rationalität, analytische Genauigkeit sind zunächst spannend, sondern das aktive Suchen, Versuch und Irrtum. Märchen haben etwas von diesem Assoziativem, magisch klar Sinnhaftem. Sagen und Abenteuerbücher führen die Kinder in ihre eigene Logik einer Traumwelt, des (kollektiven) bewußten Unbewußten, das erfahren und ausgestaltet werden muß, um dann als Basis der Bewußtheit dienen zu können. Kinder schwelgen darin, und Erwachsene sollten dies nicht lächerlich machen, sondern eine allmähliche Transformation der Vorstellungen anstreben - auch im Bewußtsein, daß jede Wirklichkeit nicht die Wirklichkeit, sondern eine Konstruktion darstellt. Eine zu frühzeitige Korrektur würde das Kind von seiner dynamischen Aktivität abschneiden: sich immer wieder neu der Realität zu versichern, sich selbst in einem kollektiven Dialog in der Klasse zu korrigieren, Symbole immer neu zu deuten, spielerisch mit der Wirklichkeit und ihren Symbolisierungen umzugehen und sie dadurch erheblich anzureichern.

3. PädagogInnen sind gerade in unsicheren Übergangsphasen gefordert. Die kognitive Arbeitsweise des Kindes in der Zeit der behutsamen Festigung begrifflicher Konstanz und realistischer Logik bedarf der sensibel-komplexen Förderung, damit Phantasie, Kreativität, Intuition erhalten bleiben und sich am Begriff transformieren.

a) Die kognitive Wirklichkeitseroberung ist immer ein Wechselspiel von Innen und Außen, des Erforschens neuer Wirklichkeiten außerhalb und der Hereinnahme in mich. Grundschullehrerinnen enthalten sich dem Diktat ihrer Erwachsenenlogik und lassen das Kind angesichts dieser neuen Realitäten ein Stück weit sich seine eigene Logik zurechtlegen. Die oben skizzierten vier Lernebenen kommen hier zum Tragen: Die Methode der Freien Arbeit und des kommunikativ erarbeitenden Frontalunterrichts z.B. bietet Assoziationen, Ähnlichkeiten, Wahrnehmungsvergleiche, viele symbolische Repräsentationen; es kommt die anstrengende Arbeit der Assimilation und Akkommodation; daraus entwickelt sich die eigene Logik, und erst am Schluß steht die Korrektur der Lehrerin mit ihrer als richtig gewerteten Lösung. Es schließt sich die Phase der Elementarisierung und Abstrahierung an. Dadurch kommt forschendes Lernen zustande: Das Kind hat die Wirklichkeit dann "erworben, um sie zu

besitzen". Die kognitive Wirklichkeitserschließung ist sinnenhaft und sinnhaft aufgebaut, das Lernen bleibt spannend und neugierig machend.
b) Maria Montessori zeigt sich mit ihrem damals revolutionär zu nennenden, auch heute kaum überbotenen mathematischen Material, daß die Vorleistung eines mathematisch axiomatisch sinnvoll aufgebauten Materials über den Weg (die Methode) einer sinnlich-anschaulichen progressiv abstrakteren Logik des Kindes zu mathematischem Verstehen und Denken führt. Sie beweist dies auch mit Kindern niederen Intelligenzgrades und Lernschwierigkeiten.

Die moderne impulsorientierte Pädagogik verweist mit dem Mathematiker und Historiker Herbert Meschkowski darauf, daß schlechte Leistungen in Mathematik meist eine pädagogisch schlechte Leistung darstellen, insbesondere bei der "ersten Begegnung"; denn:

- Der methodische Ansatz, das Entrée, muß positive Impulse haben.
- Die Verpackung der Methode muß positiv sein.
- Die Verkündung der Methode (durch den Lehrer) muß positiv sein.
- Nach Möglichkeit: Der Stoff selbst und seine methodische Entwicklung sollten positiv sein (vgl. Hüholdt 1995, S. 59 ff.).

c) Am Schluß dieser Phase steht ein Reichtum an Wirklichkeitserkennen zweier Wirklichkeiten: einer in der Schule systematisch erheblich angereicherten Erfahrungswelt, die die Kinder immer mehr differenzieren, und einer Begriffswelt, deren Differenziertheit immer mehr dieser Erfahrungswelt zugeordnet werden muß. Lehrerinnen kategorisieren also immer stärker, klären, analysieren, trennen die Wirklichkeiten, bewerten die neu erworbene als schulisch realitätsgerechtere, lassen die magische in Phantasiereisen immer wieder aufleben und durchtragen; und sie vereinigen die Wirklichkeiten, indem sie den Aufbau von Primärerfahrungen über die hierarchischen Ordnungsebenen bis "nach oben" üben wie auch den Abbau von Begriffen bis zu den Primärerfahrungen hinunter. Dies bringt den Kindern einen Vorstellungsreichtum und strukturelles, "gefülltes", energiereiches Denken.

8.1.2 Vom materialen und formalen zum kategorialen Lernen

Die Interessen und die in der Schule zu lernenden Inhalte und dementsprechend die Stoffülle nehmen nun zu - Fachkollegen, Kulturmanager, Verwaltung, Wirtschaft, Politik haben Angst, daß Jugendliche zu wenig lernen und daß sie das Tradierte vernachlässigen: "Nicht nur viel Stoff muß her, er soll auch nicht zu einfach sein" (Krapf 1992, S. 42), deswegen muß er möglichst hochgradig formalisiert werden. Die Auswahl der "Stoffe" (materiale Didaktik) geht in der Regel vom Lehrer aus und in die Schüler hinein; Zwischenformen sind Arbeitsformen wie der freie Ausdruck, die freie Arbeit, innere Differenzierung, die zunehmend das schülerorientierte Interesse ansprechen - das über die Schule hinaus auch die Freizeit der heranwachsenden Jugendlichen einbeziehen kann; denn die Schere zwischen Lehrerwissen und -interesse und Schülerwissen und -interesse geht immer weiter auseinander; trotzdem wird zumindest die Zielrichtung des Lernens, die Stärkung "geistiger Muskeln" (formale Didaktik), nach wie vor in diesem Alter noch von der Schule bestimmt. Entsprechend durchformt sich die Logik der Schüler. Viel Material stürmt auf die heranwachsenden Jugendlichen ein, gerade in unserem Medienzeitalter; auch phantasievolles und kreatives Material; umso spezifischer wird die Aufgabe der Lehrer, nämlich zugleich einfallsbegünstigend und objektivierend, umfassender, kategorial strukturierter und differenzierter Orientierungswissen zu unterrichten; denn in der Schulkindheit handelt es sich meist um lineare Einfälle und Informationen, die dann verifiziert bzw. falsifiziert werden müssen. Es geht also um

- ❒ elementares, kategoriales, orientierendes, differenzierendes Wissen, das durch die Versicherung der LehrerInnen (daß dies so richtig sei) die Wissensbasis für späteres Lernen bildet (s. auch Siffge-Krenke 1974, S. 15 ff.); und es geht um
- ❒ das Lernen des Lernens, das Lernen mit Arbeitsfreude und froher Disziplin.

1. Nie wieder ist Wissen so "objektiv" elementar, neugierig spannend erlebt wie jetzt. Die Realitätsverarbeitung, Lernmotivation, Leistungsmotivation, das kraftvolle Lebensgefühl der jungen Jugendlichen sind sachorientiert; sie wollen alles didaktisch erlebnisnah, aber richtig und genau wissen und kategorisierend-elementar ihre Vorstellungswelt formen, korrigieren, differenzieren, erweitern.

a) Kognitive Interessengebiete werden in unserer Informationsgesellschaft mithilfe der Bewußtseinsindustrie durch die Medien erheblich ausgeweitet, Wissensanhäufung ist Wissensdifferenzierung; die Wissens*quantität* bringt per se eine neue quantitative Qualität des Wissens; und die strukturierte Wissens*qualität* bringt ganz neue Sichtweisen, Umorientierungen, paradigmatische Veränderungen, die Lehrer selbst erst einmal bei sich ordnen müssen. Sie können gar nicht mehr einschätzen, welche Sichtweisen Kinder und Jugendliche angesichts der Medien als öffentlichkeitsgierigen Balzplätzen extremer Lebensentwürfe haben. Sie sind schon früh auch geschlechtsspezifisch unterschiedlich. Jedenfalls gehen Wissen und Phantasie weit über schulisch Dargebotenes hinaus. Umso deutlicher ist die Aufgabe der Kategorisierung, der geistigen Ordnung, der Einarbeitung in Zusammenhänge, der Stellungnahme für die Schüler.

b) Der kindliche Jugendliche ist einfachen wissenschaftlichen Argumenten zugänglich und läßt die Korrektur der Phantasie und Wahrnehmung durch das Denken zu

(Dezentrierung von der Perzeptualkonstanz, Jean Piaget) (Pulaski 1975, S. 126 ff.). Vieles kann er und sie in der Schule nachprüfen. Vieles bleibt aber insofern mythisch, als der heranwachsende Jugendliche auf das Erzählen, Schildern, Behaupten von anderen - meist von Erwachsenen - im Fernsehen, angewiesen bleibt und seine Kritikfähigkeit noch nicht so weit entwickelt ist, daß er einen eigenen Standpunkt vertreten und logisch durchhalten könnte. Diese mythische Verarbeitungsweise von Realität zeigt sich in der Wertschätzung von Heldensagen, versunkenen Städten, Abenteuergeschichten, Science fiction, spannender geographischer, geschichtlicher, astronomischer, kultureller, ethnischer Forschung.
c) Kennzeichen des Lernens, logischen Abwägens, Kategorisierens und Verstehens, aber auch des intuitiven Denkens ist jetzt das hypothetisch-deduktive, logische Schlußfolgern mit der Fähigkeit zu Identität, Negation, Reziprozität und korrelativen Transformationen, also mit der Fähigkeit zu Operationen zweiter Ordnung, der Kombination mehrerer Faktoren vor- und rückwärts (Pulaski 1975, S. 59).

2. Die Intelligenzentwicklung, also die Fähigkeit, mit Lebenssituationen adäquat fertig zu werden, erfährt durch die systematische Schulung einen deutlichen Schub in Richtung realistischer Logik, einen relativen Verlust in Richtung Phantasie, Intuition, Enthusiasmus. Die mythische Phase der Kindheit ist damit zunächst in der Weise abgeschlossen, daß sie mental, rational-ordnend, beherrscht wird. Dies trifft z.B. für den magischen, aber auch mythischen Bereich des Fernsehens und anderer "erzählender" Medien zu; der kindliche Jugendliche führt sich nun, gestärkt durch Ordnungsgesichtspunkte, bereichernde Informationen zu. Auf der Grundlage einer zunächst gefestigten Identität erwirbt er auch eine Wissens-Identität.
a) Wahrnehmungen, Vorurteile, Einschätzungen im Alltagsleben werden in der Schule durchgesprochen, herausgefordert, kontrastiert und mithilfe des Denkens kategorisiert, in Anfängen systematisiert und damit auch korrigiert. Dies wirkt sich auf den Informationswert außerhalb der Schule aus. Und gleichzeitig findet eine starke Erweiterung, Differenzierung, Schärfung der Wahrnehmungen statt; viele unbekannte Aspekte werden herausgehoben, zunächst eindimensional kenntlich gemacht und dann in ein neu erstelltes Ganzes eingeordnet.
b) Intuitives Denken taucht unter das realistische Denken, wie der innere unter den äußeren Dialog, das Unbewußte unter das Bewußtsein. Die Jugendlichen verlangen nach der Klarheit der Begriffe, nach Ordnungswissen in Lebenszusammenhängen; gleichzeitig zeigen sie noch relativ naiv einen Schatz intuitiver Logik, den Reichtum ungewöhnlicher Assoziationen, Komplexitäten, Ideenalternativen, in die sie Ordnung bringen wollen; hinzu kommen Begründungen aus rationalistisch-wissenschaftlicher Stanzung.

c) Obwohl die Schule sie stark prägt, obwohl die Schule ihnen wichtige Erklärungsansätze bietet, holen die jungen Jugendlichen, sehr unterschiedlich nach Schularten und Interessen, ihre Wissensgebiete aus vielen weiteren Medien. Der schulische Enthusiasmus des neugierig-kraftvoll angefangenen Kindes ist erschlafft, der Enthusiasmus ist weg, damit muß auch der Kraftüberschuß, die Lust an schulischem Lernen, neuartig aktiviert werden. Vieles außerhalb der Schule ist interessanter.

3. Die kognitiven Interessensschwerpunkte der kindlichen Jugendlichen differenzieren sich jetzt und bestimmen ihre mentale Arbeitshaltung, ihr Verhältnis zum geistigen Arbeiten. In diesen Schwerpunkten schuften sie eifrig, sind intrinsisch motiviert und am Gegenstand interessiert, forschen sie umsichtig und sind kleine Experten. Sie suchen ihr Wahrnehmen und Denken immer mehr in Rationalität einzuordnen. Durch diese Arbeit wird der Verstand in seine Rechte eingesetzt, er wird ökonomischer, berechnender, realistischer.

a) Das Kind will jetzt etwas leisten, sich anstrengen, Wissen erwerben, klar sehen. Die kognitive Arbeitsweise fordert entsprechend in diesem Alter eine starke Gedächtnisschulung (auf die Rudolf Steiner vehement hinwies), das gekonnte Eintrainieren von Wiederholungsleistungen (großes Einmaleins, Verse, Gedichte, Geschichte, Lieder, worauf Montessori immer wieder hinwies).

b) Die Realitätsorientierung der jungen Jugendlichen begünstigt die Anwendung von Lerneffizienzmethoden:

❒ Lerntechniken und Mnemotechniken: Lernstrategien, Assoziationstechnik, Kettenmethode, Geschichtentechnik, Lokalisationsmethode, Reim- und Merkverstechnik, Rhythmisierung, ABC-Technik mit gedanklichen Bild-Assoziationen und phonetischem System (Bayer 1974), Bizarrerientechnik, Keyword-Technik, hierarchische Methode, Analysetechniken, Budzynski-Methode, suggestopädische (Lozanov-)Methode (alle nachzulesen bei Hüholdt 1995, S. 284 ff.);

❒ Übungstechniken: lineare (Einmaleinsreihen), vieldimensionale (Sinnesassoziationen), kreisförmige (vernetzte), spiralförmige (induktives Mindmap), strukturorientierte, ganzheitliche, elementhafte (Such-) Übungsarten (Köck 1991, S. 282 ff.);

❒ Konzentrationstechniken: mentale Aufmerksamkeitsübungen der Bewegung (körperliche Arbeitsdisziplin), der Sinne (systematische Sinnesschulungen); Emotionale Aufmerksamkeitsschulung, Denkkonzentration, gesammelte Wachheit, ungeteilte Präsenz (Denkspiele, Vernetzungsspiele, Problemlösungsaufgaben, Detektivspiele, Kreuzworträtsel, Buchstaben- und Wörterspiele).

c) In einer Phase der Festigung (nach Versuch und Irrtum und in Vorbereitung einer weiteren tiefen Krise) ist jetzt nicht Kritik-Wütigkeit gefragt, auch nicht Infragestellung durch Kreativ-Wütigkeit. Es kommt vielmehr darauf an, die enorme Anreicherung des Wissens durch Lernen in der Schule nach Ordnungsgesichtspunkten zu klären, elementar zu verankern, Lernschwierigkeiten mit modernen Methoden möglichst zu beseitigen, auch Randgruppen zu helfen und eine Basis aufzubauen, die dann später zwar in Frage gestellt, aber methodisch-systematisch auf Kategorien wieder errichtet werden kann.

8.1.3 Strukturierendes Bewußtsein

Die heranwachsenden Jugendlichen wollen jetzt die Inhalte nicht nur an sich, sondern auch für sich wissen. Sie wollen nicht nur die sachliche Wahrheit wissen, sondern auch die persönliche. Und sie wollen die Dynamik der Wahrheit: (sachlich) heiße Diskussionen, Variationsreichtum von Wahrheit, das Drama der Wahrheit; (persönlich) innere Wahrhaftigkeit, Gewissensfragen.

Für Eltern bedeutet dies: extreme Diskussionen, extreme Ansichten, Widerständigkeit, Sich-stellen-Müssen, Herausforderung an Verstand, Vernunft, Phantasie, Urteilskraft, Erkenntnisse sowie Ich-Stärke, Toleranz und Feingefühl. Und für die Schule heißt das auch: aufregende Inhalte, subjektive Stellungnahme, eine dynamische Didaktik, eine Dramaturgie des Unterrichts (Hausmann 1959).

Die Jugendlichen ziehen heute eine Vielzahl und Variationsbreite von Möglichkeiten der kognitiven Orientierung zu Rate. Häufig kommt es dann zur kognitiven Dissonanz (Festinger 1957); es ist schwer, das Gleichgewicht zwischen sachlicher Realität, den vielen Wahrheiten der verschiedenen Medien und persönlich gefühlter Wahrheit herzustellen; Zweifel an der Wahrhaftigkeit der Erwachsenen und an dem Unterschied zwischen Wissen und Wirklichkeit (auch der Lehrer) lassen das Gefühl von Verachtung, manchmal Ekel (nausée Sartres) aufkommen; die Folge ist fundamentale Kritik an den Erwachsenen und an ihrer Verantwortungslosigkeit gegenüber der Weltgestaltung. Die Jugendlichen suchen nach Lösungen, strukturieren sie eigenwillig, schaffen sich ihre mentale Welt.

1. Zu dem Zeitpunkt, an dem objektives, sachorientiertes Denken eingesetzt hat, kommt die Subjektivität des Jugendlichen dazwischen. Die hypothetische Phase der Denkentwicklung ist der Übergang zu einer kritischen Distanz zwischen Dingen und Subjekt: das Subjekt hypothetisiert die Wirklichkeit; und nun, in der Jugendzeit, subjektiviert das Subjekt die Wirklichkeit; es stellt das eigene subjektive Denken über das Wissen, über Theorien, über anerkannte Subjekte; und damit vollzieht es die Subjektivierung des Sachlichen, manchmal in extremer Weise.

a) Das Interesse wendet sich vitalen Inhalten zu. Sie wollen limbisch lernen: "limbische Quellen bemerken, limbische Strukturen erkennen, Resonanz suchen" (Krapf 1992, S. 206), dasjenige wissen und experimentell erforschen, was sie "schon immer" als Frage hatten.

Sie sind von Exzellenz-Leistungen fasziniert: Höchstleistungen in Forschung und Wissenschaft, Höchstleistungen einzelner Personen ("Einstein"), die die Welt voranbrachten, auch zerstörten; an Hintergründen dieser Leistungen.

Sie wählen sich ihre Fachschwerpunkte und kognitiven Interessen aus, wollen schon wissenschaftliche Begründungen, anspruchsvolle Sachbücher; alles soll detailliert und genau gewußt werden; sie arbeiten sich an kognitiven Problemen ab.

b) Über und hinter die Realität schiebt sich eine subjektive Wirklichkeit, entstanden durch Kontrasterfahrungen im inneren Dialog mit dem sich selbständiger herausarbeitenden Ich. Schulische Inhalte erfüllen immer weniger diese Wirklichkeitsverarbeitung; sie beantworten Fragen, die die Jugendlichen oft gar nicht gestellt haben (Hartmut von Hentig), und sie stellen die Fragen nicht, die die Jugendlichen klar und brennend beantwortet haben möchten; außer der Glücksfall tritt ein, daß eine Schülerin oder ein Schüler eines der klar abgezirkelten Fächer zum Lieblingsfach, ja zur Lebensfrage macht. Die Tatsache, daß abgehackte Fächer im Tagesmenu nach pädagogisch ganz irrelevanten Gesichtspunkten der Schulorganisation gemixt werden (jeder Erwachsene würde sich vehement dagegen wehren!), trägt erheblich zur Irrelevanz schulischen Lernens bei. Erfahrungen mit einer neuen Lernkultur, mit Schülerinitiativen, Theorie-Praxis-Labor, Lernwerkstätten, Projekten, Freier Arbeit, Interdisziplinarität, Job-Rotation von regelmäßigen Lehraufgaben der Schülerinnen und Schüler, classes promenades, Öffnung der Schule nach außen, Medien-Lernen, Internet-Lernen dynamisieren das Lernen, machen Lernen lebensvoll und lustvoll: "Leben heißt lernen - Lernen heißt leben" (Krapf 1992, S. 254 ff., 260).

c) Es bildet sich dadurch keineswegs sofort die von den Inhalten angesprochene theoretische Vernunft, sondern eher eine unsicher-hypothetische, die zeitweise ganz aus den Fugen gerät. Woher sollen die Jugendlichen auch die kognitive Koordination so vieler verschiedener Inhalte bekommen? Sie können das Wissen nicht einordnen, die Schule reißt es auseinander, gerade wenn sie wissenschaftlich-detailliert vorgeht, und die Jugendlichen versuchen vage Systematisierungen von Zusammenhängen.

2. Es ist ein beliebtes Spiel in der ganzen Welt seit dem Altertum, die Denk- und Lernfähigkeiten der jeweiligen Jugend zu beklagen, und heraus kommt, daß jede Gesellschaft die Jugend hat, die sie verdient, und daß jede Schule die Jugend hat, die sie verdient. Der alte Abwehrmechanismus gegen die Dynamik der Jugend

("novis rebus studere") wird nun umgewertet und kapitalisiert. Die Jugendlichen ahnen nun, daß sie selbst eine Kultur, einen Stil, ein Wissen entwickeln, und daß sie Erkenntnisse haben, die sie quasi gleichberechtigt den Erwachsenen zum Denkanstoß mitteilen müssen (Allerbeck & Hoag 1985, S. 412 ff.). Jugendliches Wissen, jugendliche Erkenntnisse, jugendlicher Enthusiasmus und jugendliche Kreativität sind eine Bereicherung, eine Infragestellung, ein Neuanfang für die Erwachsenen.

a) Nach einer relativen Latenzphase meldet sich eine neue Ausbildung und Ausgestaltung der inneren Wahrnehmung, der Intuition, der inneren Sinne, des inneren Dialogs, des subjektiven inneren Gefühls, der Anfänge des Ich-Sinns (Rudolf Steiner), des empathischen Sinns. Die jugendliche Wahrnehmung kultiviert gerade dieses innere Denken und die daraus gewonnenen Wertmaßstäbe, zunächst recht starr und einlinig, dann immer offener, stilistisch ausdrucksstark.

Tagebücher werden geschrieben, Gedanken entworfen, Träume erzählt, Heimlichkeiten ausgetauscht, Religiosität innerlich empfunden (Keilbach 1973), gewagte "actions" - auch Gewalt - ausgeführt und daran gelernt, gewissermaßen um sich von sich zu entfernen und sich dadurch zu finden. Das Unbewußte lebt sich aus. Auch da finden vitale kognitive Lernprozesse statt, Vorstellungen werden entwickelt, Phantasien ausgelebt, Gewissensfragen diskutiert; man weiß, was man mit diesen Aktionen wissen wollte und ohne diese Aktionen nie gewußt hätte.

b) An diesen Lernprozessen wird deutlich, daß sich vitales Wissen nur bedingt pädagogisieren läßt. Die die Jugendlichen interessierenden Wissensinhalte bieten ihnen außerschulische intensive Erlebniswelten; hier fasziniert Lernen; hier hypnotisiert Lernen, weil es Lernen in der Clique ist. Lernen wird hier als Lebenlernen empfunden.

Lerninhalte sind, je nach Jugendkultur, Flickwerk-Wissen über politisch-ökonomisch-ökologische Verhältnisse, Religionen und Mix-Religionen, Musik-Kultur, Kunst, Lebenssinnfragen, Juristisches, vor allem auch Technik.

Jugendbezogene Konzepte der Schularbeit lassen diese unsicher gehütete Autonomie des Halbwissens im klaren Wissen um das eigene Halbwissen ein Stück weit bestehen; sie warten auf Selbstklärungsprozesse der Jugendlichen; sie begleiten in der Schule jugendoffen die didaktisch systematisierte und engagierte schulische Wissensaufklärung, im Bewußtsein, daß dieses Strukturieren Auswirkungen auf das Lebenswissen der Jugendlichen hat.

c) Denken, Lernen, Wissenserwerb, Einsichten der Jugendlichen wechseln oft plötzlich von Enthusiasmus in tief empfundene Traurigkeit, von harscher Kritik und Engagement in Langeweile. Die Jugendlichen erarbeiten sich ihren subjektiven Zugang zu Inhalten - Kunst, Musik, Literatur, Technik, Informatik, Astronomie, Geschichte, Theaterspielen bieten sich hier an -, sie übernehmen sich in der Ökonomie ihrer Lernprozesse, wollen sofort das Ganze, das nur in asketisch-lustvollem Fleiß zu erwerben ist ("99 % Fleiß + 1 % Genie"), lassen diese Inhalte und wollen andere; sie lernen das Verschleißen des Enthusiasmus am Lernprozeß.

Auch hier kann schulisches Lernen ein Regulativ sein: Wenn es an bedeutungsvollen subjektiven Zugängen zu Inhalten und an der Ermutigung zur eigenen Subjektivität ansetzt, lehrt schulisches Lernen diszipliniertes Lernen, Parzellierung, Systematisierung, Orientierung. Lustvolles Lernen wird so mit konstruktivem Lernen gemischt, daß das Ergebnis als sinnvolle Orientierung erscheint und von den Jugendlichen als lebenswichtig angenommen wird.

3. Der Lernprozeß des Jugendalters geht über die Ansprache des Subjekts, über eine subjektive Didaktik der Eltern, JugendgruppenleiterInnen, LehrerInnen: eine Didaktik subjektiv engagierter Diskussion, der Verortung des Sinns von Lernen in einem subjektiven Begründungsgefüge, der Schwerpunktsetzung und reichen Auswahl (Variation) sachlichen Wissenserwerbs.

Jugendliche schätzen, daß diese subjektive Didaktik immer schon eine Stufenleiter weiter ist: daß sie nicht emotional, subjektivistisch, sondern von übergeordneter Ebene aus mit sachlicher Urteilskraft geführt wird, wozu viele Eltern selten in der Lage sind (Bühler 1962, S. 265).

a) Die kognitive Arbeitsmotivation selektiert mehr denn je nach subjektiven Kriterien (auch der Nützlichkeit: was bringt dieses Lernen mir?) oder nach einem wachen Wirklichkeitssinn. Für die Jugend mehrerer Generationen wurde hierfür von Adorno der Begriff "Konkretismus" geprägt (Allerbeck & Hoag 1985, S. 414 mit Hinweisen auf Charlotte Bühler und Helmut Schelsky). Diese Haltung, nur die Lernprozesse zu akzeptieren, die mir in meinem persönlichen und privaten Dasein Halt und Sinn geben, bildet sich erst allmählich als jugendlicher Realismus heraus, nämlich aus der scharfen Kritik und dem eklatanten Gegensatz von innerlichen Wertungen, Denkweisen, Erkenntnissen zu äußerlichen Verhältnissen, Durchsetzungsmöglichkeiten.

b) Verletzende Kritik, engagierte extreme Stellungnahmen, der geistige Ausflug ins Entfernteste und Phantastische gehören zur Jugend. In allen empirischen Jugendforschungen wird aber auch immer auf die brave Anpassung eines Großteils der Jugendlichen an die Lernerfordernisse der Schule und letztlich fast aller an die Lernerfordernisse "der Gesellschaft" berichtet.

Zunächst aber zeigen die Jugendlichen den Erwachsenen ihre eigene subjektive Didaktik. Wenn die Erwachsenen aufmerksam sind, bekommen sie ihre eigenen Ideale vor Augen, alternative Denkmöglichkeiten, Zielsetzungen, die utopische mentale Konstruktion und die reale Arbeit am Heraufkommen einer neuen Welt, notwendige Zerstörungen von Vorurteilen und Feindbildern, Glaubenssätzen, Re-

präsentationssystemen, Wertungen; und sie bekommen die Kompromißlosigkeit von Wissen, von Verstand und Vernunft, den Enthusiasmus vitalen Denkens, den Verschleiß ihrer Idealität gezeigt.
c) Die Jugend will leben und sie will zu leben lernen. Sie will Lebenswissen wissen. Sie will ihre noetischen Muskeln erproben: Eigenes Wissen gegen das Wissen Erwachsener setzen; ausprobieren, wieviel Wissen sie in verschiedensten Gebieten erwerben kann; ausprobieren, ob sie ohne Wissenserwerb durchkommt; sich Spezialwissen erobern; Abfragwissen mit Streß und Angst ist ihr zuwider, ebenso die Kopplung von Wissen und Kontrolle. Die Jugend erwirbt sich außer diesem äußerlichen Wissen inneres Wissen, ihr je subjektives inneres Wissen über sich selbst (Ich-Wissen) und die anderen (Du-Wissen und Wir-Wissen), also nicht in objektivierter Form. Sie will Lernprozesse mit mutigem Wagen, mit Konflikten, mit Kritik machen.

8.1.4 Methodisches Lernen

Über einen Mangel an Informationen, auch an Spezialinformationen, und an Reichtum medial vermittelten Lebenswissens können die jugendlichen Erwachsenen sich wahrlich nicht beklagen; aber gerade diese Überfülle reißt sie hin und her. Wenn sie aus dem Wust von Wissen erwachsene Urteilskraft ziehen wollen, sind einsichtige Eltern, lebenserfahrene Erwachsene, auch die schulisch methodische Erarbeitung von Wissen und Wissensstrategien, Entscheidungsfindungen und subjektiven Hilfen unabdingbar notwendig. Erst wenn genügend viel Material formalisiert aufgenommen und kategorisiert gesichtet worden ist, stellt sich Orientierungswissen ein (Hermann Giesecke). Die Schulen formalisieren und kategorisieren durchaus, aber kategoriale Bildung kann nur erworben werden, wenn - in der Sprache Herbarts schon - die Stufe der Klarheit und die der Assoziation dem vorhandenen Gedankenkreise eingeordnet worden ist (Stufe des Systems) und dadurch eine höhere Einheit, Überschau und Anwendung (Stufe der Methode) ermöglicht wird, nämlich diese höhere Einheit in weiteren gewonnenen Erfahrungen und einzelnen Fakten methodisch abgesichert wird. "Methode" heißt Weg, "im Indischen *Yoga,* im Chinesischen *Tao.* Schule hat die Aufgabe, jeden auf seinen Weg zu bringen, auf seine Wirklichkeitserschließung. "Weg" und "Methode" ist also viel mehr als eine bloße Technik des Herangehens an Inhalte, und Inhalte sind viel mehr als Belangloses: Inhalte sind Beziehungen, die die Lernenden knüpfen, die dadurch ihr Leben mitbestimmen; und Methoden sind die Wege, mit denen die Lernenden ihre Lebensbeziehungen aufbauen" (Heitkämper 1995, S. 2). Orientierungslernen ist also systemisches Lernen, d.h. die Zusammensetzung eines Gefüges, und dies verbunden mit dem Erwerb von

Methoden, dieses System herstellen, in sich integrieren, kritisch reflektieren und evtl. immer wieder verändern zu können.

Im Arbeitsleben erlernen junge Erwachsene praktische Methoden, die sie in ihren Lebenszusammenhang integrieren; sie werden davon geprägt. Sie lernen die Bedeutung und Hebelkraft von methodischem Wissen: "Gewußt wie".

Im technisch-naturwissenschaftlichen Bereich der Fachoberschulen ist methodisches Wissen Anwendungswissen für Systeme, im sozialwissenschaftlichen Bereich psychologisch-pädagogisches Aufschließungswissen.

In den Kolleg-Schulen eröffnet es den Zugang zu wissenschaftlichem Denken.

1. Methodisches Wissen bekommt durch Wissenswust immer größere Bedeutung. Die jungen Erwachsenen lernen außerschulisch und schulisch einen Berg akkumulierter Tatsachen, zu dessen Bewältigung sie eigens Methodenwissen lernen müssen. Und die Informationsmedien verwirren, überfrachten, ideologisieren sie, wenn sie keine Kriterien haben, der Informationsflut zu begegnen.

Sinnvollerweise werden in den Schulen viele Inhalte in den oberen Klassen wieder neu durchgenommen und aus einer ganz neuen Sicht der eigenständigen Aneignung verarbeitet. Wissenschaftliche Theorien sorgen für Übersichtswissen und Details zugleich. Wenn es zudem noch interdisziplinär erarbeitet würde, würden die jugendlichen Erwachsenen noch die Kreativität und Fähigkeit der Kombination und des divergenten Denkens (Guilford) hinzugewinnen. Die Schulen beharren noch auf vielem "Gewußt-was" ohne viel "Gewußt-wie" - dabei wäre beides ziemlich gleich wichtig zu nehmen und miteinander dialektisch zu verknüpfen.

a) Non multa sed multum. Exemplarische Inhalte kategorisieren eine Vielfalt zusammenhängender Netzwerke. Zusammenhänge bilden ein kategoriales Fundament (wobei das Fundamentale offen für Veränderungen bleiben sollte), angereichert von praktischen Erfahrungen, kritischen Diskussionen, theoretischen Modellen. Wie angedeutet, reicht hier die Aufgabe der Schule weit in den Alltagsbereich der jungen Erwachsenen hinein, um von den Informationsfluten nicht weggerissen zu werden.

b) Bei alledem ist der Ausspruch Hugo Gaudigs gerade angesichts heutiger höchst interessanter, aufregender Wissenslawinen aktuell: das Ziel sei, daß der Schüler Methode habe. Methode ist nicht nur eine Form der energetisch intensiven Selbstdisziplinierung, der Übersicht, des mutigen Herangehens an die Sache, der klaren Unterscheidung, der kritischen Systematisierung, der Praxisintelligenz; sie ist jedem Denken und Planen inhärent, insbesondere wissenschaftlichem Denken; vor allem ist sie ein Filter zur Beurteilung von Fakten und Zusammenhängen; darüber hinaus eine Vorgehensweise, sich diese eigenständig zu erschließen.

Junge Erwachsene suchen sich ihre Lernmethoden und Praxismethoden in allen nur möglichen Lebenszusammenhängen. Auf "das Leben" vorbereitet zu sein, heißt, eine Vielzahl effektiver Methoden zu kennen.
c) Daraus erwächst dann eine Sicherheit des Verstandes und Gefühls, eine "ars inveniendi", daraus dann eine Urteilskraft, deren Komponenten Philipp Lersch mit "noetischem Habitus" umschreibt als "Abstraktionsfähigkeit" (Begriff), "Urteilsfähigkeit" (Urteil), "Fähigkeit zu folgerichtigem Denken (Schluß)" (Lersch 1970, S. 445).

2. Aus all dem Objektiven und Subjektiven soll also Urteilskraft als Vermögen gebildet werden, sich selbst Orientierungen methodisch zu erarbeiten. Kant sagt dazu: "Es zeigt sich, daß zwar der Verstand einer Belehrung und Ausrüstung durch Regeln fähig, Urteilskraft aber ein besonderes Talent sei, welches gar nicht belehrt, sondern geübt sein will" (Kritik der Urteilskraft). Ziel des Erziehungs- und Bildungsgeschäftes ist mithin, mannigfache Entscheidungssituationen, Wertungen, Praktiken so zwingend vorzugeben, daß die allgemeine und spezielle Urteilskraft herausgefordert werden.
a) Durch das Prinzip des Lernens am Erfolg und der Fehlerfreundlichkeit erziehen sich der und die junge Erwachsene eine gesunde Selbstwertschätzung und Selbstkritik an. Er und sie dämmen stimmungsmäßige Vorurteile und Geltungsstreben in dem Wissen und der Erfahrung ein, daß einzelne herausgehobene Befunde nicht als Allgemeines genommen werden dürfen. Hier gibt es methodische Vorfragen (etwa die grundsätzliche Sicht von mehreren Seiten oder vom anderen aus), die zum Habitus ebenso gehören sollten wie die grundsätzliche Unabhängigkeit und Selbständigkeit der Urteilsbildung (Anstrengungsbereitschaft, Mut: sapere aude, Verpflichtung an die Aufklärung).
b) Damit im Zusammenhang steht die Weite des noetischen Habitus, seine Beweglichkeit und Geistigkeit, die sich einem humanen Sinnzusammenhang (Ge-Wissen) verpflichtet weiß. Wissen wird nicht als Faktenwissen eingetrichtert, sondern auch als Urteilswissen. Hier böte sich die sokratische Didaktik an. Die Oberfläche des Lernens gestaltet die Tiefengrammatik des jungen Erwachsenen aus. In innerem Dialog und innerer Intuition bildet sich eine Sicherheit des Unterscheidungswissens und der Grundsätze. Dabei ist es bedeutsam und prägend, ob dieses (instinktähnliche) Tiefenwissen an Praxis, an Technik, an Sozialzusammenhängen, an Theorien oder systemisch an mehreren dieser Faktoren gewonnen wurde. Eltern, Jugendverantwortliche, Lehrerinnen und Lehrer versuchen, dafür zu sorgen, daß dieser reflexive Identitätsprozeß nicht durch Turbulenzen, psychische Defekte, Drogen, Zerwürfnisse, Fanatismen gestört wird.

c) Urteilsfähigkeit will methodisch geübt sein. Dabei ist auch für die jungen Erwachsenen die Verhältnismäßigkeit zu prüfen, d.h. die Frage, welche Inhalte zur Ausbildung des Urteilsvermögens adäquat sind (Kerschensteiners Bildungsaxiom).

Methodische Fähigkeiten müssen methodisch eingeübt werden. Und: Urteilsfähigkeit braucht die Einübung einer ganzen Anzahl von Methoden; nicht immer, aber oft mehrere gleichzeitig oder alle zusammen: praktische Methoden schulen Voraussicht, Realitätssinn, Intuition von Mechanismen; bioenergetische Methoden schulen das Erspüren des Körpergefühls, das Grundlage aller Wahrnehmung und Wissensverortung ist; psychoenergetische Methoden schulen das intuitive Erfassen von körperlichen bis hochgeistigen Gefühlen und Wahrheitsgehalten (Max Scheler); und mentalenergetische Methoden schulen Verstandeskräfte und vernünftige Abwägung.

3. Ob nun am Arbeitsplatz oder in den recht unterschiedlichen Schulen: die heutige Leistungsgesellschaft fordert überall eine kognitive Arbeitsweise, also das Ziel der selbständigen Systematisierung, Kategorisierung, Methodisierung und zugleich der intuitiven Abschätzung, des kreativen brainstorming, der kritischen Differenzierung, Variierung und Transformation sachlicher Gehalte.

a) Selbständiges Lernen wird durch die Freigabe von Lösungsmöglichkeiten und durch die Forschung an Bearbeitungsmaterial gelernt.

Systematisieren wird durch das Einüben strategischer übergeordneter Gesichtspunkte gelernt, unter denen jede Sache eingeteilt werden kann. Hier sollten deduktive und induktive Gliederungssystematiken eingeübt werden.

Kategorisieren wird durch das Einüben einer Sicht verschiedener Ebenen gelernt. Dazu muß viel Wissen und Orientierungswissen vorhanden sein.

Methodisieren wird durch das Einüben verschiedener subjektiver, objektivierter (geisteswissenschaftlicher, empirischer) Vorgehensweisen gelernt, an einen Gegenstand heranzugehen. Dies ist Handlungswissen.

b) Intuitionsschulung ist von größter Wichtigkeit für das Lösen von Problemen jeglicher Art (von menschlichen Problemen, von mathematischen Problemen, von naturwissenschaftlichen Problemen). Intuition wird durch das Einüben der Abschätzung einer Vielfalt von Möglichkeiten vor der Lösung der Aufgaben gelernt, durch das Innehalten und Befragen des inneren Gefühls (des inneren Sinns) und durch den Vergleich mit den herausbekommenen Ergebnissen und deren Begründungen. Intuitionsschulung - nun auf der dritten Ebene nach Grundschulzeit und Jugendzeit - schult das innere Gefühl, indem sie Gefühle zuzulassen und ernst zu nehmen lehrt; indem sie die jungen Erwachsenen (insbesondere auch die jungen Männer) mit der

Logik des inneren Gefühls, der inneren Stimme, mit dem inneren Wissen bekannt macht; indem sie Erfahrungen deutet, mit Intuitions-Methoden bekannt macht.

c) Urteilskraft wird durch das Einüben kritischer und empathisch-hermeneutischer Distanzierung zu jedem Gegenstand und zu jeder Person gelernt, durch die Heraus-

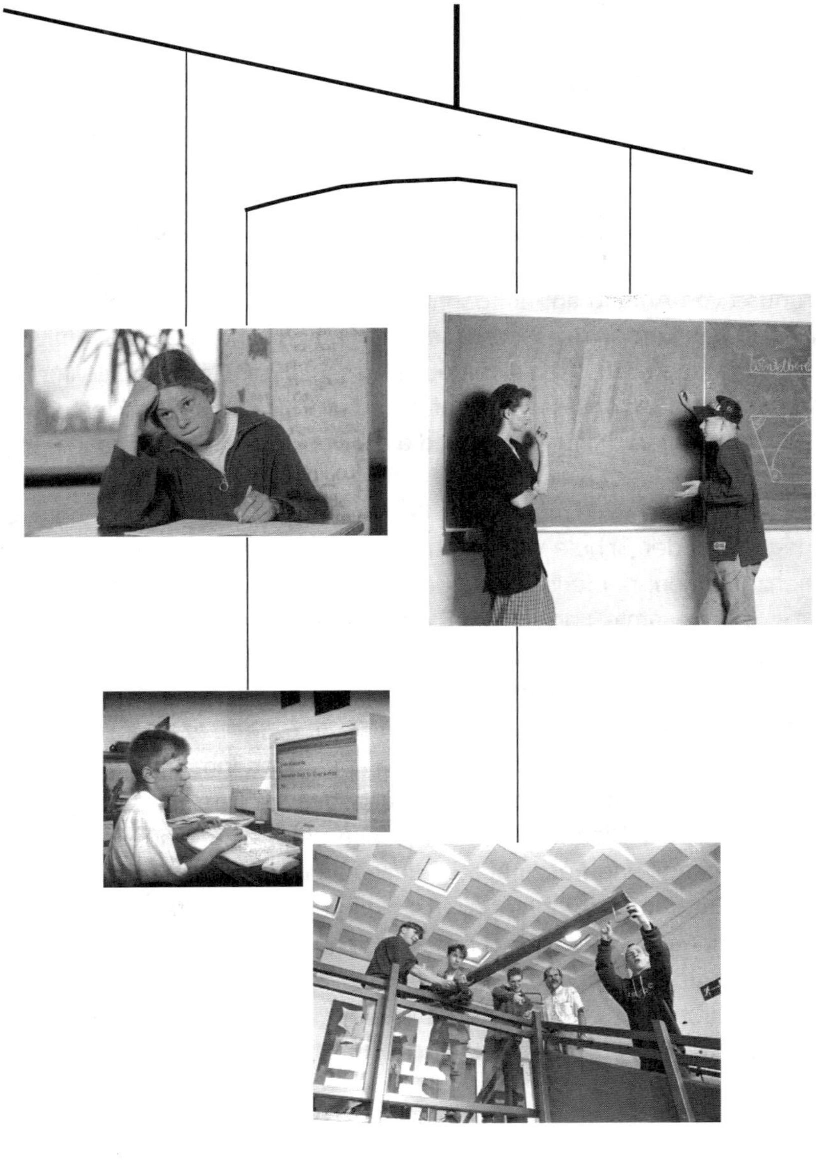

forderung eigenständigen Denkens und Urteilens, durch die Zumutung der Zerstörung liebgewonnener Denkweisen und durch den Aufbau freien Denkens mithilfe des inneren Sinns der sachlichen Adäquatheit (Kerschensteiner). Das Ergebnis ist nicht mehr nur Lebenswissen für sich, sondern subjektives, durch objektivierende Methoden immer wieder neu zu filterndes Lebenswissen.

8.2 Kognitives Lernen in der Schule

Überblicken wir die Entwicklung des kognitiven Lernprozesses, so wird deutlich, welche Qualitäten des Denkens im Laufe der Schule ausgebildet werden müssen. Wie immer wieder betont, ist in pädagogischen Prozessen die gesamte Qualität an auszubildenden Potentialen in jedem Stadium des Lernens vorhanden, also auch schon in nuce von Anfang an, um dann je unterschiedlich geübt bzw. angezielt zu werden: Auch das Lernen der Erwachsenen, methodisches Lernen, Intuitionsschulung, Orientierungswissen, Urteilskraft etc. müssen in der Grundschule immer schon begonnen worden sein; Ansatzpunkt dafür sind die z.B. phantastischen oder objektivistischen Realitätsverarbeitungen dort, die die Basis für die spezifische Fähigkeiten des Erwachsenen bilden.

Entsprechend vielgestaltig müssen die Lernorganisation, Lernatmosphäre, Didaktik und Pädagogik in der Schule sein. Mehrere Schulen und Schulstufen sind implizit zusammenzudenken; bei jeder Oberflächengrammatik ist immer auch die Tiefengrammatik, das gesamte Lernpotential einzubeziehen, das die Oberfläche speist, durch die Oberfläche ausgebildet wird und von ihr eine Rückmeldung über die Verwirklichung ihrer Kreativität erhält.

Aus allem bisher Gesagten geht die Grundlegung der Beziehungsebene für die Inhaltsebene hervor. Es gibt überhaupt keine abstrakten Inhalte: Inhalte sind immer Beziehungen. Ich fasse nur das als Inhalt auf, wozu ich eine Beziehung hergestellt, d.h. konstruiert habe. Dies kann ein Interesse sein, eine Sinnesbeziehung oder sinnliche Beziehung, eine Faszination oder eine intellektuelle Beziehung. Und aus dem gleichen Grunde sind Inhalte nicht abstrakt: Sie enthalten immer die sensumotorisch-emotional-komplexsprachliche Beziehungsgeschichte in nuce. Informationsvermittlung und Informationsverarbeitung in der Schule ist also immer eine Beziehungsverarbeitung - ein selbstorganisierender Integrationsakt *in* meine *Form*. Diese Identifizierung ist auf unterschiedlichen Schulebenen quantitativ und qualitativ verschieden.

8.2.1 Die Spiel-Arbeits-Schule

Im Anfangsunterricht läuft die Informationsaufnahme und -verarbeitung über ein spezifisches Arbeits- und Spielbedürfnis. Freinet sagt dazu: "Es gibt beim Kind kein natürliches Spielbedürfnis; es gibt nur ein Arbeitsbedürfnis, d.h. die organische Notwendigkeit, die Lebenskraft für eine sowohl individuelle als auch soziale Aktivität zu nutzen" (Freinet 1980, S. 87).

"Bestimmte Aktivitäten sind charakteristisch für den kleinen Menschen, so wie die Mäusejagd charakteristisch für die junge Katze ist. Solche Aktivitäten befriedigen unsere stärksten natürlichen Bedürfnisse: Erkenntnis, innere Einheit mit der Natur; Anpassung an die physischen und psychischen Möglichkeiten; Gefühl der eigenen Stärke, der Kreativität und der Überlegenheit; unmittelbar spürbarer technischer Erfolg; deutliche soziale Nützlichkeit; eine große Spannbreite von Empfindungen - Mühe, Erschöpfung und Schmerzen inbegriffen. Es geht nicht um einfache Freude, um oberflächliches Vergnügen, sondern um einen funktionellen Prozeß: die Befriedigung dieser Bedürfnisse ist ein unglaublich heilsamer Genuß, produziert ein Wohlsein, ein Gefühl von Erfülltsein im gleichen Ausmaße wie die normale Befriedigung unserer anderen funktionellen Bedürfnisse auch. Und diese Befriedigung genügt sich selbst. In diesem Sinne sind solche Aktivitäten auch Spiel, dessen allgemeine Kennzeichen sie besitzen, das sie aber gleichzeitig entthronen und ersetzen" (Freinet 1980, S. 88).

1. Die Spielarbeitsschule hat nur oberflächlich gesehen zunächst Merkmale der Reduzierung des Lernens für den späteren "Ernst des Lebens". Für die Kinder ist das Lernen aber ernst. Sie lernen für ihre Interessen. Entsprechend zentriert Ovide Decroly seine Schule um die Interessen der Kinder (centres d'intérêt): die anthropologischen Grundbedürfnisse nach 1. Ernährung, 2. Schutz, 3. Verteidigung, 4. Arbeit und Ruhe bilden die stärksten Lernantriebe der Kinder und Jugendlichen (Médici 1966, S. 86).

a) Was also zunächst wie Spiel aussieht, ist Arbeit, Lernarbeit, ja Lebensarbeit: es ist der spielerisch arbeitende Übergang vom freien Spiel und von komplexer vorbegrifflicher Begriffsfindung des Kindergartens mit seinen intuitiven Vorstellungen zu logischen Denkschritten. Das Lernen, mit der Umgebung und mit sich selbst fertig zu werden, das Lernen der Sorgfalt, Sauberkeit, Selbstdisziplin, Feinmotorik; das Lernen, zeitlichen und räumlichen Anforderungen zu genügen, geht nicht nur parallel zu kognitivem Lernen, sondern ist die Basis von Wahrnehmung, Intelligenz, Selbstbewußtsein, Phantasie-Entfaltung, auf die kognitives Lernen angewiesen ist. Die Schule erleichtert diesen Prozeß durch Freiräume des Freien Spiels, der Freien

Arbeit, des Freien Ausdrucks in Abwechselung mit spielerischem, gebundenen Lernen; durch die Wegfall von Noten; durch die die Kinder interessierenden Inhalte.
b) Die Spielarbeitsschule ist also nicht eine spaßige Schule, keine Spielereischule. Sie nimmt die Weise des Wissenserwerbs und Begriffserwerbs der Kinder ernst, wie sie immer mehr auch gehirnphysiologisch nachgewiesen wird: daß sie erst intelligente Erfahrungen mit den Nahsinnen machen, diese integrativ systematisch aufbauen, dann die Fernsinne integrieren. Sie bietet entsprechend Imitationsmöglichkeiten und Identifikationsmöglichkeiten, z.B. das "V" wie einen Vogel zu malen, Buchstaben körperlich schwingend und nachgehend zu empfinden und sich einen Handstock, ein Ei etc. vorzustellen oder tastend einen Buchstaben (mit geschlossenen Augen, also mental) nachzuempfinden (Montessori) - oder eine (magische) Phantasiegeschichte zu erträumen: eine Reise in ein fernes Land; oder die Kinder intuitiv erfassen zu lassen, was Leid, Glück, Konflikte bedeuten.
c) Diese Schule lehrt die Freude am Ernst der Lernarbeit. "Sie haben ein unbewußtes Ziel: das Leben so vollständig wie möglich abzusichern, es zu verteidigen und weiterzugeben. Schließlich bieten sie ein außerordentlich großes Spektrum an Empfindungsmöglichkeiten. Kennzeichnend für sie ist keineswegs die Freude, sondern Anstrengung und Arbeit, begleitet von Erschöpfung, Befürchtungen, Angst, Überraschungen, Entdeckungen und wertvoller Erfahrung. Von ihrem Ursprung her sind sie meistens gemeinsames Handeln; sie bringen vor allem die angeborene Intensität des Bedürfnisses nach Stärke ... zum Ausdruck" (Freinet 1980, S. 93). Alle diese Tätigkeiten und Ziele sind die komplexe Unterfütterung jeglichen Begriffs, jeglicher Vorstellung, jeglicher Wahrnehmung und Kognition; alle Tätigkeiten der Kinder begleitet Lernen, das schulische Unterstützung oder Gegenwirkung verlangt (Schleiermacher).

2. Spielerisches Lernen - gemeint ist hier nicht das Spielen - interessiert also diese Grundschüler nur dann, wenn eine Anstrengung, eine Leistung, ein Kräftemessen, etwas "Schulisches" - der erwähnte Decroly würde sagen: Lebensbedeutsames - damit verbunden ist.
a) Genau dies kommt im Ausdruck "Freie Arbeit" zur Geltung. Ob in Montessoris "Polarisation der Aufmerksamkeit" oder in Freinets "experimentellem Tasten" - immer ist freies Lernen ein ernsthafter Austauschprozeß zwischen Subjekt und Objekt; ein konzentriertes Staunen, was da zutage tritt; ein phantasiereiches Experimentieren mit einer vorgestellten, intuitiven Logik, die entweder bestärkt oder enttäuscht wird. Und dies ist Arbeit, weil es eine Disziplinierung des körperlich-seelisch-Geistigen ist; ein Bei-der-Sache-Bleiben bis zum Schluß der Erkenntnis. Und es ist

schulisches Lernen und Arbeiten, weil es organisiert, vorbereitet-durchstrukturiert, systematisiert und zielorientiert ist.

b) Die GrundschülerInnen verlangen auch nach gebundener Lernanforderung: die Autoritätsperson soll ihnen eine Sache ihres Interesses vorstellen; sie wollen etwas intuitiv erfassen, kombinieren, phantasieren und am Ende doch genau wissen. Die Tatsache, daß schon nach einem halben Jahr Schule diese Motivation sinkt, zeigt die Schwierigkeit der didaktischen Darbietung, die beginnende Entmythologisierung ihrer Vorstellungen und die Mühe, die kognitive Leistung erfordert.

Es bietet sich die Neukonzeption einer "leichten Didaktik" an, die in allen Schulstufen - spezifisch transformiert - anwendbar ist. Diese Didaktik ist eine schwere Kunst. Sie könnte folgende Didaktiken umfassen:

- ❒ eine bionische Didaktik: gemäß den physiologischen Lernbedingungen;
- ❒ eine spielerische Didaktik: mit vielfältigen freien und gebundenen Spielformen;
- ❒ eine narrative Didaktik: in Gleichnissen, Erzählungen lernen;
- ❒ eine phantastische Didaktik: mit Phantasie, Fiktionen, Utopien;
- ❒ eine dramaturgische Didaktik: à la Gottfried Hausmann, aktualisierbar;
- ❒ eine künstlerisch gestaltende Didaktik: Bild-Didaktik, Inszenierungen;
- ❒ eine mäeutische Didaktik: mit heuristischen, sokratischen, eristischen, hermeneutischen, genetisch-entwickelnden Elementen, vgl. ebenfalls Hausmann;
- ❒ eine meditative Didaktik: als Wahrnehmungsschärfung aller Sinne durch die Polarität zur Stille, zur Ruhe, zum Schweigen, zur langsamen, intensiven Konzentration.

c) Lebensbedeutsames Wissen setzt an den evolutionär-anthropologisch-sozialen Bedürfnissen der Kinder an, woran sie unmittelbares und tiefstes Interesse bekunden. In diesen Bereichen suchen sie nach Handlungswissen, nach Wissen über Anforderungen, nach Kenntnissen von Sachverhalten, Begründungszusammenhängen, Vorstellungen. Sie suchen auch nach Belehrungen.

Auf dieser Basis können Kindern durch fortschreitendes Lernen und Wissen durchaus weitergehend Sachverhalte vermittelt werden, von denen die Erwachsenen behaupten, daß sie notwendig sind.

3. Dies heißt didaktisch für jeden Lernprozeß - und hier beginnt auch jede Didaktik auf jeder Stufe -, daß körperlich möglichst eine gute hormonelle Lage herzustellen ist (Vester), indem an bekanntes Wissen anzuknüpfen ist, weil Unbekanntes Streß bedeutet; es ist eine pädagogisch geeignete Atmosphäre (Bollnow) aus gleichen Gründen herzustellen; körperlich-seelisch ist sinnhaft und sinnlich zu arbeiten: durch Begreifen, Anfassen, Bewegen, Anschauung und Wahrnehmung; seelisch emotionell

ist eine Beziehung herzustellen durch das Wecken von Interesse, aber auch Abscheu, Faszination etc.; kommunikativ läuft die Beziehung über das Handeln mit Dingen und Sprechen über Sachverhalte, und erst dann ist mit der kognitiven Befriedigung von Wissensdurst die intellektuelle Seite des Engagements für eine Sache zu erfüllen.

a) Anfangsschüler benötigen eine spezifische Didaktik des Anfangsunterrichts. Die moderne Gehirnforschung stellt heraus, daß die basale kognitive Leistung die Wahrnehmung ist, daß also vor allem schulisch-kognitiven Lernen die Überprüfung der Wahrnehmungsfähigkeit steht (z.B. ein Test nach Kesper & Luckfiel zur Überprüfung der drei Grundwahrnehmungsbereiche und der damit verbundenen Leistungen), daß dann eine Förderung der Grundwahrnehmungsbereiche (etwa durch Konzentrationsübungen), eine Wahrnehmungsschulung (z.B. nach Krista Mertens), der Aufbau eines Wahrnehmungsprogramms und schließlich ein sensorisch-integratives Unterrichtskonzept verwirklicht werden müssen (z.B. nach Brand & Breitenbach & Maisel), um überhaupt mit Begriffen und Vorstellungen zu kommen (Kesper & Luckfiel 1994; Mertens 1991; Brand u.a. 1988).

b) Wahrnehmung ist Kognition und Kognition ist Wahrnehmung. Wahrnehmungsschulung beginnt handelnd, weil Wahrnehmung auf Bewegung beruht. Die Grundschulkinder bekommen eine Erziehung durch Bewegung (als Grundprinzip der Entwicklung) nach Krista Mertens drei Monate lang zwei Stunden pro Woche: Wahrnehmung der eigenen Körperfunktionen, 1. Materialwahrnehmung, 2. Körperschemawahrnehmung, 3. Akustische Wahrnehmung, 4. Zeitwahrnehmung, 5. Raumwahrnehmung, Wahrnehmung von Symbolen und Zeichen, 6. Farbwahrnehmung, 7. Wahrnehmung der koordinierten Bewegung, 8. Sozialwahrnehmung, 9. Wahrnehmung der veränderten Situation. Die Hierarchie geht also von der Körperwahrnehmung zur Wahrnehmung von Raum und Zeit, zu Erfahrungen mit Materialien und Geräten, zu Erfahrungen mit einem Partner und in einer Gruppe bis zum Variieren und kreativen Umgestalten.

c) Der Unterricht bis ins 3./4. Schuljahr hinein fördert spielend das Lernen mit Freude an Arbeitsformen, die den handelnden Umgang mit Lernstoff begünstigen. Er setzt Lernspiele, Denkspiele, Konzentrationsspiele, Aufmerksamkeitsspiele, Gedächtnisspiele, mathematische Materialien à la Montessori, Lernmittel zur Förderung von Sprache und Sprechen ein: "Aufnehmen und Verstehen von Sprache (perzeptive Leistung); Behalten, Erkennen und Verarbeiten von Sprache (kognitiv-mnestische und integrative Prozesse); Sprache planen und Sprechen (expressive Leistung) sowie Lernmittel und Lernspiele zur Förderung schriftsprachlicher Leistungen, gleichfalls für Mathematikunterricht" (Gieseke 1993, S. 21; Buchner 1991).

Der Unterricht in Englisch wäre optimal mit englischen Korrespondenzklassen und gegenseitigen Besuchen. Auch Elemente der oben skizzierten "leichten Didaktik" - das Erzählen von Geschichten, Puppenspiele, Gemeinschafts-Spiele, Phantasien in Englisch - machen den Gebrauch dieser Weltsprache lebensnah.

Im Sachunterricht dominieren vielfältig aufbereitete Arbeitsmaterialien und lebendige Demonstrationsobjekte, um ebenso lebensvolle Erkenntnisse zu gewinnen.

8.2.2 Die aufgelockerte Arbeitsschule

Der Wissenserwerb nimmt in der Schule immer mehr den Charakter ernsthaften Arbeitens an, das Spaß macht, weil es ein Spielen und Jonglieren mit Gedanken, Informationen, Hypothesen und Kreativität ist (ähnlich wie Theaterspielen ja auch Schwerarbeit ist). Gewissermaßen halten sich Systematik und Systemik die Waage, also folgerichtiges Aufbauen von Gedankengängen (der linken Gehirnhälfte zugesprochen) und phantasiereiches-kreatives Einbauen in Lebenszusammenhänge (sog. rechtshirniges Lernen).

Der Material-Neugier, dem Viel-wissen-Wollen, dem Schnell-Lernen, dem relativ mühelosen Sprachenlernen und gleichzeitig der Erlebnisqualität des Lernens kommt die seit 1978 recht gut erforschte moderne suggestopädische Lernmethode entgegen, von einigen auch zum Superlearning aufgebauscht (Wagner 1995; Schuster & Gritton 1986). Sie kann in allem Schullernen, also in praktisch allen Fächern, angeboten werden. Auch Schnell-Lernmethoden, Schnell-Lesemethoden, moderne Gedächtnistrainigsmethoden, Lerneffizienzmethoden bieten sich an: Nur: Was schnell erworben wurde, bedarf der umso gründlicheren Langsamkeit.

1. Die Schule organisiert die Arbeit zweigleisig: systematisch und systemisch. Mit vielen experimentellen Erfahrungen durch Wochenpläne bestimmen die Kinder "frei", was wann gelernt wird. Durch den systematischen Aufbau von Zielen: Richtlinien, Grobzielen, Feinzielen entsprechend den Richtlinien und Lehrplänen, bestimmen die Lehrer die systematische Aufeinanderfolge von Lerngegenständen, den Aufbau von spezifischen Begriffen, die möglichst primäre Wirklichkeitserfassung und die erste Umsetzung in logische Kategorien.

a) Schule wird Schule: trotz aller pädagogischen und didaktischen Abmilderungen verlangt sie das Lernen von Inhalten, das Erbringen von Leistungen. Freie Unterrichtsformen und frontale Unterrichtsformen wechseln sich ab, und dies in einer Weise, die der Sachorientierung und sozialen Orientierung der Schüler und Schülerinnen entgegenkommt.

Schülerorientierter, d.h. schülerfreundlich und kommunikativ gestalteter Frontalunterricht, abwechselnd mit Formen selbständiger Erarbeitung, ist nach wie vor eine notwendige und geeignete Unterrichtsform, systematisch und differenzierend Inhalte zu vermitteln. Keine Schulung kann ohne ihn auskommen, weil alles Glauben, Vermuten, Erzählen, Kombinieren im Prozeß des dialogisch geführten Frontalunterrichts hervorgeholt und auf die Ebene des Wissens, logischer Abgrenzung, systematischer Einordnung gebracht werden kann (Aschersleben 1985).

b) Dieses Belehrtwerden und sich Belehrenlassen bzw. auf das Belehren neugierig sein und dieses Zeigen, Vermuten, Kombinieren korrespondiert mit einer Forderung der Leistung seitens der Kinder an sich selbst und seitens der Schule. Motivierte Kinder in der beginnenden Jugendzeit freuen sich, eine Leistung erbringen zu können und durch die Schule anerkannt zu sein. Entsprechend entscheidend und motivierend ist die Leistungsbeurteilung, das Aushandeln der Einschätzung mit dem

Schüler, die Behebung der Leistungsschwierigkeiten, die Diagnose und Intervention bei Lernschwierigkeiten (Köck 1991).

c) Subjektive und sachliche Differenzierung wirken lernerleichternd, kommen den unterschiedlichen Lerntypen und Leistungsniveaus entgegen, heben einen Teil des

Autoritativen der Lernleistung auf, geben Lehrerinnen und Lehrern die Möglichkeit individueller Zuwendung und Förderung. Die Differenzierung bietet also Freiräume durch Individualisierung des Unterrichts nach Themen, Methoden, Medien, Sozialformen (Preuß & Geppert 1980); sie ist insbesondere bei integrativem Unterricht Behinderter, der Sprache nur eingeschränkt mächtiger Ausländer- bzw. Aussiedlierkinder, Lern- und Verhaltensschwieriger, praktisch also als Rezept bei Problemen nützlich.

2. Leistungsanforderungen müssen und wollen gestellt werden. Um sie zu erfüllen, brauchen die Schüler und Schülerinnen Freiräume mit Anforderungs- und Aufforderungscharakter. Freiräume müssen insofern recht unterschiedlich "frei" sein, als jedes Kind sich verschieden aufgefordert fühlt. Es soll kein Zwang herrschen, aber die freie Herausforderung. Fühlt das Kind sich vom Inneren her nicht aufgefordert, muß viel didaktisches Geschick von außen aufgewandt werden, um den Lernprozeß als bindende Aufgabe zu verinnerlichen.
a) Montessori nennt Freie Arbeit Große Arbeit. Freies Lernen ist Lernen von Bedeutsamem mit entspannter Konzentration des ganzen Kindes und Jugendlichen.
Lehrende haben die Aufgabe, eine Problemsituation, eine Bedürfnissituation, einen Spannungszustand aufzubauen, "der durch Lernen abgebaut werden kann". Fünf Forderungen sind an lernprozeßanregende Aufgaben zu stellen:

- ❐ Das Prinzip des objektiven Sachverhalts: Die Aufgabe soll aus der Erfahrungswelt der Jugendlichen kommen, woraus das Verlangen entsteht, eine Lösung des Problems für mich selbst im eigenen Interesse zu finden.
- ❐ Das Prinzip der subjektiven Bedeutsamkeit: Es muß sich um ein für die Jugendlichen bedeutsames Problem handeln. Dieses Problem kann nur gelöst werden, wenn ich etwas dazulerne (z.B. Rechnen, eine wichtige Information).
- ❐ Das Prinzip des (sokratisch-provozierten) Ungleichgewichts: Die Jugendlichen müssen spüren, daß sie die notwendigen Kenntnisse dafür noch nicht haben, daß es aber wichtig ist, sie zu erwerben.
- ❐ Das Prinzip der Optimalen Passung: Die Aufgabe ist wichtig und schwierig, aber sie ist zu lösen.
- ❐ Das Prinzip des Exemplarischen; es trifft sich mit der Bedeutsamkeit des Problems: an dem Problem läßt sich exemplarisch objektiv Lebensbedeutsames zeigen (s. auch Tulodziecki 1994, S. 77 ff.).

b) Statt Probleme einfach zur Lösung vorzugeben, verwendet die schülerorientierte Didaktik viel Mühe auf die Gestaltung der Problemsituation, die Erzeugung einer Problemunsicherheit, die lebensweltliche Bedeutsamkeit, die sinnliche und sinnesmäßige Wahrnehmung und das Nachfühlen des Problems, die Genauigkeit des

Durchdenkens, das Auf-den-Punkt-Bringen. Dies ist in heutiger Zeit schulische Didaktikarbeit, weil die neben der Schule zahlreicher und durchsetzungsstärker gewordenen Lerninstitutionen durchaus sinnlich verwöhnen, kaum aber Lernen systematisch verankern. Die Schule hat dadurch nicht mehr vordringlich das Fülle-Problem, daß die Schülerinnen und Schüler mengenmäßig nicht genug geboten bekommen - obwohl Wissensausfälle in ganzen Sachgebieten zu verzeichnen sind (Beispiel: Geschichte), weil die Medien nicht alles Wissenswerte abdecken und die Jugendlichen hedonistisch auf den Knopf drücken. Die Jugendlichen wissen nicht genug systematisches, strukturiertes, orientierendes Wissen. Diese "trockenen Abstraktionen" müssen zunächst zum Bedürfnis der Jugendlichen gemacht werden. Bei näherem Hinschauen sind aber die medialen Lernausfälle doch beträchtlich, so daß die Schule unersetzbar ist und in ihrer Notwendigkeit unbestritten bleibt.

c) Die Arbeitsschule arbeitet mit dem Prinzip der primären Lernerfahrungen. In Verbindung mit spielerischen Elementen sammelt und qualifiziert sie die vitalen Bedürfnisse der heranwachsenden Jugendlichen in Bereichen, die Peter Petersen in den vier Urformen zusammenfaßt: Arbeit, Gespräch, Spiel, Feier.

Über Arbeitenlernen, Sprechenlernen, Spielenlernen (als Rollenspiel, als Theaterspiel, Pantomime, Puppenspiel) ist oben viel gesagt worden. Neben Arbeiten, Sprechen und Spielen muß auch das Feiern gelernt werden. In der Gemeinschaftsschule Petersens feiern die Schüler Schulfeste aller Art, Wochenanfang und Wochenende, Geburtstage - eben aus vielen Anlässen, die dazu anregen, festliche Stimmung, Freude und Solidarität aufkommen zu lassen, die von allen vorbereitet und feierlich in Szene gesetzt werden müssen (Meyer 1995).

3. Eine dynamische Didaktik hat auf der Ebene der im beginnenden Jugendalter notwendigen Sachlichkeit zumindest drei Komponenten: sie ist lernbiologisch fundiert, sie ist realitätsorientiert, sie ist hypothetisch-offen. Es muß ihr gelingen, höchst komplizierte, wissenschaftlich systematisierte Sachverhalte so leicht und dem kindlichen Vorstellungsvermögen angepaßt auszusagen, daß sie dennoch kategorial genau stimmen und darüber hinaus zu weiteren Fragestellungen führen.

a) In der bekannten Lernbiologie Frederic Vesters liegt das dynamische Element im notwendigen Lernspaß für eine lernpositive Hormonlage, in den angesprochenen Bedürfnissen nach vitalen Problemlösungen, in dem mehrkanaligen Spiel mit Assoziationsmöglichkeiten. Jede spielerische Didaktik arbeitet mit genauen, aber veränderbaren Regeln, z.B. gehirnphysiologischen und spezifisch den einzelnen Sinnen zugehörigen Regeln, mit einer eigentümlichen sinnlichen Vernünftigkeit, mit der spielerischen Exaktheit intuitiven Erfassens, die in vielem der rationalen Logik und Erkenntnis überlegen ist.

b) Das schwierige didaktische Problem ist die exakte Vereinfachung, die Disziplin der Sinnmitte des zu lehrenden Sachverhaltes, das genaue Herausheben wichtiger Einzelaspekte und das Zusammenfügen zu einem Gesamtzusammenhang, zu einer analytisch genauen und systemisch strukturellen Kenntnis von Sachverhalten und ihren Beziehungen. Die Systematik des Lernfortschritts ist eine "Echternacher Springprozession" des Lernens: das ständige Einen-Schritt-Zurückgehen, Nochmals-auf-das-vorhandene-Niveau-Heben, Einen-weiteren-Schritt-der-optimalen-Passung-Vorausgehen und so Einen-Schritt-Weiterkommen. Zusammen mit der Genauigkeit intuitiven Erfassens und Erlebens bringt diese Systematik eine Sicherheit des Wissens über die begrenzt aufgenommene Lebenswirklichkeit.

c) Der Schüler übernimmt viele Fakten, aber er lernt auch, in reversibler Oszillation zwischen Objekt und Erkenntnis mit ihnen zu spielen; vor allem lernt er "Muster" mehrerer Wirklichkeitsbereiche kennen: die objektivierte Wirklichkeit der Realität, die subjektive Wirklichkeit anderer Menschen, die träumerische Wirklichkeit der Phantasiewelt, die transzendentale Wirklichkeit des Religiösen, Zeremoniellen, Ergreifenden.

Dynamisches Lehren und Lernen hält die heranwachsenden Jugendlichen auf der relativen Stabilität von Ungleichgewicht und Gleichgewicht; heute könnte man umgangssprachlich auch von dem Pendeln zwischen linkem und rechtem Gehirn sprechen. Es führt die Jugendlichen zu hypothetisch-befriedigenden Erkenntnissen, die im weiteren Verlauf der Schule dann wieder überholt und aus anderer Sicht neu gelernt werden müssen.

8.2.3 Die Arbeitsschule

Die meisten Jugendlichen empfinden immer mehr die Notwendigkeit und Verpflichtung zu Lernen und Leistung, zu Arbeit in dieser Arbeitsgesellschaft. Die Arbeitsschule wird nun eine Laborschule als Erfahrungsraum, sie hat Schullaboratorien, Werkstätten, Küchen, Gärten eingerichtet, die nun projektartig im Sinne experimentellen Forschens und strukturierenden Denkens von den Jugendlichen genutzt werden. Die Jugendlichen haben nun dort an sich selbst den Anspruch der inneren Disziplin des Denkens, Lernens, Arbeitens, woran sie ihr Interesse geknüpft haben, und sie gehen mit außerordentlichem Fleiß und mit Kreativität an diese Inhalte heran. Was nicht ihr Interesse findet, verweigern sie ebenso grundsätzlich, bis sie die Lebensbedeutsamkeit nachempfinden können oder diese Inhalte ihnen im Laufe der Auseinandersetzung als sinnvoll erscheinen.

1. Die Fächer dynamisieren den Unterricht. Ihre wachsende Bedeutung und Aufteilung verdanken sie der sich bei steigender Neugier stets faszinierender darbietenden Fülle an Erkenntnissen. Auch spezialistisches Wissen wird immer spannender, wenn es in einen Sinnzusammenhang eingebettet ist. Das Lernen isolierter Einzelfakten ist dagegen öde.

Eine Dynamik entfalten die Fächer auch durch die Variationsbreite der Kenntnisse der Fachlehrer. Sie wissen genau Bescheid, sie sind von ihrem Fach begeistert. Dieser Enthusiasmus, sofern er vorhanden ist, überträgt sich auf eine dafür empfängliche Jugend. Und vonseiten der Schüler wird eine subjektive Dynamik in Gang gesetzt: sie können sich Schwerpunkte setzen, Lieblingsfächer auswählen, Lieblingslehrer haben. Diese innere Differenzierung und Subjektivierung der Schule trifft auf eine Phase großer physischer und psychischer Arbeit der Jugendlichen bei sich, innerhalb und außerhalb der Schule; die Schule nimmt darauf zurückhaltend in Leistungsanforderungen und Notengebung Rücksicht.

a) Die Akzente der Fächer untereinander werden neu gesetzt. Trotz aller Rede von Kulturnation haben Fächer wie Musik, Religion, Kunst, Textilgestaltung, Hauswirtschaft einen geringen, ja verachteten Stellenwert in der Schule; unter den Geisteswissenschaften hat die Mathematik wegen ihrer technischen Relevanz höchsten Rang, gefolgt von Deutsch und Englisch. Die weiteren Sprachen Europas werden ebenfalls vernachlässigt. Mit einem Wort: hier zeigt sich die kapitalistische Interessenschule am deutlichsten. Auch in der Hofierung der Naturwissenschaften, der Informatik, der Technik. Hier findet eine Bewertung humaner und technischer Orientierung statt: die humane Orientierung tritt hinter die technische zurück. Diese Wertmaßstäbe von Intelligenz haben gesellschaftliche Gründe und Auswirkungen, aber auch oft geschlechtsspezifische Konsequenzen auf die gesamte Lebenszeit hin.

Trotzdem: Die Vielfalt der Fächer, der Fächeranforderungen, der sich allmählich akkumulierenden höchst interessanten Spezialisierungen, Problemorientierungen, genauen Einsichten, systematischen Zusammenhänge fordert eine Dynamisierung des Lernens heraus. Die differenzierte Arbeitsleistungsschule stellt einen spannenden Variationsreichtum an Inhalten und didaktischen sowie methodischen Aufarbeitungen zur Verfügung.

b) Fachlehrerinnen und Fachlehrer sind von ihren Fächern überzeugt. Sie investieren Mühe, Ernsthaftigkeit, Enttäuschungstoleranz in ihre Lehre und das Lernen bedeutsamer Inhalte mit Jugendlichen, die z.T. dieser Mühe überdrüssig, nur schwer zu überzeugen und an speziellem Wissen uninteressiert sind und "ganz andere Sorgen haben". Was so zäh und schwierig daherkommt, kann mithilfe einer neuen Lernkultur, einem energiereichen Beziehungs-Lernklima, neuen pädagogischen

Denkfiguren (Krapf 1992), didaktischen Entrümpelungen unerwartete fruchtbare Momente hervorbringen, wenn sie den Nerv der Jugendlichen treffen.
c) Schüler lernen Lernen (Schräder-Naef 1977). Die Zeit, in der Schülerinnen und Schüler sich die Fachinhalte von Lehrerinnen und Lehrern nur vorkauen ließen, ist mit der Differenzierung und Spezialisierung von Kursen und Arbeitsgemeinschaften und kommunikativer Didaktik vorbei. Selbständiges Erarbeiten, Erzeugung von Fragehaltungen, Erwerb von Arbeitstechniken, Verantwortung für mitgestaltete Unterrichtsstunden und Projekte bringen eine lebhafte Spannung in den Unterrichtsprozeß. Sie subjektivieren Schule. Stichworte sind "entdeckendes Lernen" (Jerome Bruner), "genetisches Lernen" (Martin Wagenschein), "nicht-direktives Lernen" (Carl Rogers).

2. Subjektives Lernen ist in der Jugendzeit in einem Dilemma oder in einer Dialektik. Auf der einen Seite wollen sich Schülerinnen und Schüler in ihrem Interesse, in ihrer Motivation, in ihrer Lust am Lernen bestätigt sehen und nur diese Inhalte als lebenswichtig gelten lassen; dies bezieht sich vor allem auf subjektive und außerschulische Lerninhalte, die zeitweise das ganze Denken und Fühlen gefangen nehmen. Auf der anderen Seite sehen sie von weitem je nach eigener Sophistik, nach Schulart und Zukunftsperspektive den Nutzen schulischen "Zwangscharakters", besonders den Nutzen kognitiver Inhalte und Lehrmethoden dort, wo Zwänge mit zumindest zeitweise interessanten Inhalten abwechseln.
a) Gerne definieren die Jugendlichen schulische Freiräume. Oft werden Projekte u.a. verlangt. Sie sind subjektiv von hohem Wert, auch wenn sie quantitativ nicht ins Gewicht fallen. Sie bringen Erfahrungen, auch einige Kenntnisse; Schule wird wenigstens zeitweise zum Erfahrungsraum (Hartmut von Hentig); systematisches Wissen kann dann vertieft nachgearbeitet werden. Lust, Spannung, Aufregung, Konflikt, eigener Nutzen, größtmögliche Erleichterung, emotionale Begründung, Ermutigung machen die Wissensaneignung von subjektivistischen, oft schwer steuerbaren Einflüssen abhängig.
b) Freiräume werden jetzt subjektiv aber auch sehr unterschiedlich gesehen: die einzelnen SchülerInnen empfinden ihre Lust am Lernen je nach Erlebniswelt, nach Interesse, nach Überzeugungskraft der Lehrenden, nach Lerntyp, nach Akzentsetzungen in den Schulfächern; einige schätzen Arbeitsgemeinschaften in Astronomie, Graphik, Drucken, andere in Biologie, in Chemie, Physik oder Hauswirtschaften und Textilgestaltung, im Philosophieren und Diskutieren. Die Schule sorgt möglichst umfassend für eine entsprechend anregende Lernumgebung, Lernatmosphäre, Räume mit notwendigen Materialien und "Ateliers" (Freinet), solide pädagogisch und

didaktisch-methodisch ausgebildete und spezieller weitergebildete Lehrende - nach dem Motto: Jeder Schule, jedem Lehrenden und jedem Schüler das eigene Profil.
c) Gelingt dieser Prozeß der selbst durcharbeitenden Erkenntnisgewinnung, Wissensaneignung, Arbeitsmethodik, so hat die Schule mit dem Variationsreichtum der verschiedenen kognitiven Zugangsweisen, Lerntypen, Begabungen und Potentiale gerade bei Jugendlichen eine lebendige Dynamik erzeugt, die weit in die Selbstfindung, Arbeits- und außerschulische Lebensweise, Wert- und Zukunftsorientierung hinauswirkt.

3. Die Didaktik der Sekundarstufe I unterscheidet folgende Didaktiken:
- zur Sachorientierung: die differentielle Didaktik;
- zur Sozialorientierung: die kommunikative Didaktik;
- zur Subjektorientierung: die dramaturgische Didaktik.

a) Die differentielle Didaktik reflektiert das Lehren und Lernen relativ differenzierter wissenschaftlicher Konstruktionen von Wirklichkeit. Das bedeutet, daß sie neben der pädagogischen Dimension den Akzent auf die fachspezifische Dimension setzt, z.B. auf
- die Sach-Analyse bis in kleine Konstruktionseinheiten,
- die dazugehörige Synthese auf den unterschiedlichsten Ebenen,
- die Theorie der Lehre und Darstellung fachspezifischer Inhalte und Konstruktionen,
- die fachspezifische Methodenlehre.

b) Die differentielle Didaktik basiert auf einer kommunikativen Didaktik (wie die Inhaltsebene auf der Beziehungsebene). Auf der Sekundarstufe I ist die kommunikative Didaktik eine andere als etwa auf der Primarstufe. Diese kommunikative Didaktik reflektiert z.B.
- die entwicklungspsychologischen Voraussetzungen des Jugendalters,
- die dazugehörige Qualität kommunikativen Lernens,
- die Theorie kommunikativen Lehrens und Lernens fachspezifischer Inhalte,
- die kommunikative Methodik, Methodenwissen, Arbeitstechniken.

Lerninhalte werden von den SchülerInnen nun immer mehr mit den LehrerInnen kritisch und kommunikativ verhandelt. Das bedeutet z.B., daß die Akzeptanz von Sachverhalten von kommunikativer Überzeugungsarbeit abhängt.
c) Die kommunikative Didaktik basiert auf einer dramaturgischen Didaktik (Hausmann 1959) (wie die Beziehungsebene auf der Subjektebene). Sie ist von Inszenierungen abhängig, die die Subjekte überzeugen, die ihren Bedürfnissen, Zielorientierungen, lebenswichtigen Lerninhalten entsprechen. Die dramaturgische Didaktik hat

also eine Beziehungs- und eine Inhaltsebene: Das Lehren und Lernen wird angenommen, wenn es lustvoll, bedeutungsvoll, spannend, dynamisch, modisch-jugendgerecht dargeboten wird; und wenn die Inhalte als bedeutungsvoll, nützlich, praxisnah, zukunftsträchtig, vorteilhaft angesehen werden.
Diese dramaturgische Didaktik reflektiert z.B.

- die dramaturgischen Voraussetzungen im Jugendalter,
- die Lerneffekte dramaturgischer Darstellung gegenwartsspezifisch,
- die Theorie dramaturgischen Lehrens und Lernens fachspezifischer Inhalte,
- die dramaturgische Methodik.

Dramaturgisches Lehren und Lernen und Theaterpädagogik kommen dem Jugendalter entgegen. Es hat eine lange, außerordentlich fruchtbare Didaktik-Geschichte: z.B. die didaktische Dramaturgie des Sokrates bei jungen Athenern, immer wieder durch die Jahrhunderte aufgenommen, die strenge Didaktik der Scholastik, das sinnliche energetische und agonale Lehren Hamanns und Herders (Hausmann 1959, S. 164), die Dramaturgie des fruchtbaren Moments Copeis.

Die Dramaturgie paßt sich der Jugendkultur an, ist aber, nach pädagogischem Prinzip, immer eine Stufenleiter voraus: stellt anspruchsvoll dar, variiert auf interessanteste Weise (Roscher 1976), transformiert Inhalte in Bilder, Szenen, Musik, Tanz; fordert von der Jugend höheren Einsatz, geht an die Grenze ihrer Herausforderung und Leistungsfähigkeit.

8.2.4 Die Schule der Urteilskraft

Wissen, Erkenntnisse, Vorstellungen sind nun angesammelt. Die Wege der Jugendlichen trennen sich immer mehr. Neue, spezifischere Wissensarten werden studiert; es setzt wieder ein Grundstudium ein, sei es ein Studium der Praxis, Technik, Ökonomie, Psychologie-Sozialpädagogik oder welches Berufsstudium auch immer, sei es das Weiterstudium in Gymnasium und Gymnasialzweig einer Gesamtschule. In jedem Fall dient der Neubeginn von Wissensaneignung und Lernen zur Reflexion über das abgeschlossene Wissen in Richtung auf zukünftiges Wissen und zur Gewinnung von Urteilskraft.

Die Praktiker in der Arbeitswelt werden vor konkrete Anforderungen gestellt, in der sie auf einmal früher gelerntes Wissen oder Lernstrategien, nun unter neuem Aspekt, gebrauchen können: eine Transformation dieses Wissens findet statt, der kritische Gebrauchswert plus praktische Lebenserfahrung ermöglichen die Urteilskraft. Oder, als Beispiel genommen, die zukünftige Sozialpädagogin ordnet ihr neu gewonnenes, unmittelbar in der Praxis notwendiges entwicklungspsychologisches

Wissen mit ihrem Interesse im Fach Deutsch zusammen, Schicksale von Menschen nachzuvollziehen, mit ihren Erfahrungen von strategischer Kommunikation in Gruppen etc., um vergleichend, kritisierend, selbständig formulierend ein Bild notwendiger Erziehung zu bekommen.

Die gymnasiale Schule wird immer mehr zu einer Kollegstufe, in der die Möglichkeit der kognitiven freien Entwicklung des jugendlichen Erwachsenen gegeben ist. Die Schule kann hier die selbständige arbeitsintensive kognitive Aneignung und kritische Diskussion in Richtung wissenschaftlichen und philosophischen Denkens ermöglichen: die umfassende eigenständige Informationsaufnahme aus vielen Quellen; die Auswahl, das methodische Nachdenken und Konstruieren von Hypothesen und deren Widerlegung; das dialektische Argumentieren, die Beweisführung, das Auswerten und Evaluieren, das Schlußfolgern und das Ziehen weiterführender Konsequenzen. Gedacht ist in der Kollegstufe an ein vor-wissenschaftliches Arbeiten in einigen wissenschaftlichen Disziplinen unter schulischer Anleitung. Es ist die Herausbildung der Urteilskraft, wozu eben Verstand und Vernunft und Lebenspraxis angestrengt werden müssen, wie sie sowohl im Berufsleben als auch auf der Universität heute zu fordern sind.

Daß die schulische Praxis dies nicht so wie beschrieben leistet, hat seine Gründe in der angstvollen Außensteuerung der Schule über Notenbruchteile und damit verbundene Lebenschancen, in der Außensteuerung der Jugendlichen und dem Nicht-zu-sich-selbst-Kommen, und in der schulischen Praxisferne der Inhalte.

1. Die Gewinnung von Urteilskraft, das Erwachsenwerden ist das Ziel schulischen Lernens.

In dieser Alterstufe setzen die verschiedenen Schulen voraus, daß die jungen Erwachsenen mit ihren Wissensinhalten dieses Ziel erreichen, daß sie sich für diese Inhalte entschieden haben - sonst wären sie nicht in diesen Schulen. Diese Annahme ist ein großer Irrtum der eigenen Nabelschau. Die strukturellen Verhältnisse lassen den Jugendlichen keine andere Wahl als diese Schulen mit ihren Inhalten und ihrer objektivistischen Didaktik ohne selbstkritisches Hinterfragen und ständiges Überprüfen der Sinnhaftigkeit. Sie werden gezwungen, auf Notendurchschnitt statt auf Urteilskraft und Erwachsenwerden zu schauen; es kommt alles darauf an, Lehrer und Lehrerinnen zu erhalten, die bessere Noten als andere geben; ist eine primäre Motivation für ein gewähltes Fach vorhanden, umso besser, aber das kognitive Schulsystem mit kapitalistischem Durchsetzungscharakter schaut auf äußeres Erbringen von Leistungen. In der wirtschaftlichen Lebenswirklichkeit dagegen werden längst darüberhinaus Persönlichkeit und Auftreten, Allgemeinbildung, Sprachen, Sprachkompetenz, strategische Intelligenz, Witz, Humor, Esprit, Kreativität, Kommunikationsfähigkeit und dergleichen verlangt, die in Schulen abgeschliffen worden sind.

a) Zunächst ist an praktisches, technisches, soziales, theoretisches Wissen, wie es in Schulen vermittelt wird, die Frage der Schulung der Urteilskraft und des Erwachsenwerdens zu stellen. Die Schulen vertreten die These, erst müsse viel Wissen angehäuft werden, bevor überhaupt geurteilt werden dürfe. Aber wie in allen pädagogischen Prozessen muß die Schulung der Urteilskraft und das Ziel des Erwachsenwerdens in nuce beim Wissenserwerb, beim Lernen, bei Erkenntnissen mitbearbeitet werden. Es genügt nicht, intensiv Fakten und Strukturen zu pauken. Wissen kann erst dann "Macht" und Urteilsfähigkeit werden, wenn es in Verbindung zur Dynamik des Lebens erworben und geschult worden ist. Denn dann erfährt der junge Erwachsene auch Gegenmächte, Kritik bei vorschnellem Urteil.

b) Die Hauptfrage wird immer dringender: Was können die jungen Erwachsenen mit den vielen Schulungen in ihrem Beruf anfangen? Allgemeinwissen, Grundlegende Bildung, ist die Basis von Urteilskraft; Spezialwissen, Expertenwissen, muß dazu im Gleichgewicht stehen und das Allgemeinwissen stabilisieren, differenzieren, variieren, transformieren, optimieren und dynamisieren. Die Transformation, Optimierung und Dynamisierung von Erkenntnissen sind Begriffe der Urteilskraft; sie heben Wissen auf eine neue Stufe der Kritik, der Reflexion, der philosophischen und lebenspraktischen Bearbeitung. Dynamisches Lehren und Lernen in den Schulen jeglicher Schulstufe ist also Schulung der Urteilskraft, die von Anfang an in der Grundlegenden Bildung angelegt ist und beim jungen Erwachsenen eben eine Erwachsenenstufe erreicht.

c) Wissenschaftliches Wissen ist nur wertvoll, wenn es seinen Beitrag zur Lebensbewältigung leistet bzw. leisten wird. Forschendes Lernen ist in der Schule zwar noch keine Forschung, aber ein erstes Kennenlernen und Einüben wissenschaftlicher Genauigkeit, Kritik, Reflexionsweise, philosophisch-wissenschaftstheoretischer und lebenspraktischer Bearbeitung und insofern unter den genannten Kriterien ein Beitrag zur Schulung der Urteilskraft mit dem Ziel des Erwachsenwerdens.

2. Schnellebigkeit braucht das Lob der Langsamkeit. Oberflächenwissen, UZG- und KZG (Ultra-Kurzzeitgedächtnis)-Wissen, Tachogenes (Geschwindigkeits-)Wissen (Odo Marquardt) braucht die dialektische Rückkopplung und Durcharbeitung mit dem Tiefenwissen, mit dem philosophischen Wissen, inneren Wissen, Menschheitswissen, Lebenswissen. Wenn dies geschieht, bildet sich eine Persönlichkeit. Bei jungen Erwachsenen ist der Fremderziehungsprozeß bis auf einen stets bleibenden Rest relativ abgeschlossen, so daß die Schonraum-Schulen sich zu Lebens-Schulen öffnen müssen. Auch dies ist nach pädagogischem Prinzip in nuce immer vorhanden

gewesen; die Anforderungen geschehen, wie gesagt, nach dem pädagogischen Prinzip der höheren Stufenleiter, die der Pädagoge prospektiv als ganze kennt.
a) In die Schulen werden entsprechende konstruktive, die Persönlichkeit und Individualität der SchülerInnen ansprechende Wissens-Elemente hineingenommen: lebenswichtiges Wissen unter relativen Ernstbedingungen: z.B. Inhalte aus dem ökonomischen, politischen, psychologisch-therapeutischen, medizinischen, gesundheitlichen, ernährungsphysiologischen, philosophischen, pädagogischen, juristischen, gesellschaftshintergrundsystemischen Bereich, schuldidaktisch und lebensmethodisch übersetzt. Schulische Erkenntnis steht dann nicht mehr auf dem Kopf, sondern auf den Füßen.
b) Zu denken ist aber weiterhin an die Lehre und das Lernen neuer und interessanter Methoden der Lebensbewältigung, etwa des Zeitmanagements, Methoden der Arbeitsfreude und Psychokybernetik, der Lernfreude durch Lerneffizienzmethoden, etwa z.B. an Brainstorming, Mind Mapping, Photo-Reading, mentalpädagogische Methoden vielfältiger Art, die die Schule positiv transformieren können.
c) Weiter ist zu denken an subjektive Methoden der Menschenkenntnis, Methoden des Durchschauens von Kommunikation und Metakommunikation, Methoden des Ausdrucks (Rhetorik, Psychodrama), Methoden der Intuitionsschulung: Schule wird dadurch zur attraktiven Schule, im Ansatz zur Lebensschule.

3. Die Didaktik der Schulung der Urteilskraft an lebenswichtigen Inhalten und Methoden organisiert den Lehr-Lern-Prozeß teilweise um. Wissensvermittlung bleibt wichtig, weil Allgemeinbildung und Spezialbildung Grundlagen der Urteilskraft sind. Lebenspraktische Erkenntnis erfordert Lern- und Methodenwerkstätten, die Bezogenheit von Alltagswelt, Arbeitswelt und Schulwelt, also in einer pädagogischen Spirale: die Öffnung der Schule - die schulabgeschlossene Verarbeitung - die erneute lebensweltliche Erprobung.

Am Schluß bleibt eine Aporie - die Aporie jeder Pädagogik übrigens: Wie lebensbedeutsam kann schulisches Wissen sein? Wird der Lehrer nicht nur zum Schwätzer (Jürgen Henningsen 1981; von Hentig 1981), zum virtuosen Begründer, Vorgaukler, der selbst nicht lebenspraktisch ist und nicht zu leben versteht?
a) Pädagogik und Schule scheitern zumindest in dem Sinne, daß sie über die Zukunft der Schülerinnen und Schüler nichts wissen. Oida ouk oida. Sie betreiben einen riesigen Ernergieaufwand, um ihn abzuarbeiten. Nur durch dieses Verschleißen wird eine Persönliche Plastik und eine Soziale Plastik daraus (Joseph Beuys). In dem Maße, in dem sich die Lehrerinnen und Lehrer in ihrer Pädagogik und Didaktik verschleißen, bauen sie die jungen Menschen auf - aber nur dann, wenn diese von ihnen lernen, sich selbst für andere sinnvoll zu verschleißen. Sie müssen sie

loslassen, sie können diesen Prozeß durch noch so viel Lebens-Didaktik nicht determinieren, sie müssen ihn der Freiheit der jungen Erwachsenen und der Lebensbewältigung mit dem Wagnis des Scheiterns überlassen. Ihre "Lebens-Didaktik" kennt das Leben dieser jungen Erwachsenen nicht.

b) Es geht nicht anders. Schleiermachers Diktum vom problematischen Zukunftsmoment im Moment der erzieherischen Gegenwart läßt die Schulen Lerninhalte, Lebensinhalte, Methodenwissen den jungen Menschen verantwortungsvoll vorlegen und verarbeiten - ohne diese Verantwortung übernehmen zu können -, also nur verantwortungs-gutwillig; die Selbstorganisation, der innere Code (Luhmann), der kritische Widerwille, die Widerspenstigkeit, der persönliche Kern einerseits und ein Stück pädagogische Aufmunterung zur sprachlichen Artikulation, zum Eigenwillen, zur Realitätssicht, zur Begründung des Wissens, zur wissenschaftlichen Begründung, zum forschenden Lernen (z.B. in Karl Kluges "Schüler-Uni") andererseits formen daraus eine Schulung der Urteilskraft.

c) Und damit hat die Schule ihre Schuldigkeit getan, sie "kann gehen". Die Lehrerinnen und Lehrer entlassen somit Jahr für Jahr loslassend junge Erwachsene, mit denen sie viel Dynamik erlebt, viel Lebenswissen erworben, an deren sie sich abgequält haben, die im umfassenden dargestellten Sinne ganzheitlich gelernt haben, Körper-Seele-Geist, Gefühle-Ausdruck-Verstand in ihrem Leben zu gebrauchen. Eine gute Schule und gute Lehrerinnen und Lehrer wissen, daß es nicht um sie selbst geht, sondern um die ersten Schritte zu einer Urteilskraft und Tatkraft erwachsener Menschen, die bis an ihr Lebensende weiterlernen.

9. Integrative Anthropologie und Schulpädagogik

Welchen Erkenntnisfortschritt zieht die Schulpädagogik aus dem energetischen Paradigma?

Eine energetische Schulpädagogik geht von dem elementarsten Lebensbegriff aus: Energie ist Leben. Leben ist Dynamik, dynamische Stabilisierung, Veränderung, Erfahrungsgewinn, Lernen. Lernen ist ein energetischer Strukturierungs-Prozeß. Lernen ist ein Lebensprozeß und natürlich ein lebenslanger Prozeß, die ständige Neu-Konstruktion von Wirklichkeit.

Der spezifisch schulische Lernprozeß bekommt seinen Sinn und seine Legitimation durch den Lebensprozeß. Schulisches Lernen ist Lernen für das Leben und durch das Leben (pour la vie par la vie, Ovide Decroly) und durch lebendiges Lernen. Schule ist zum einen Teil die systematisch reflektierte Anpassung an die Lebenswirklichkeit bzw. an die Interessen einer konstruierten Lebenswirklichkeit; zum anderen Teil konstruiert Schule die Lebenswirklichkeit der SchülerInnen, sie durchschult alles Erleben, alle Energien, alle Lebenspotentiale der SchülerInnen.

Eine energetische Schulpädagogik reflektiert stärker als andere schulpädagogische Paradigmen diesen Lebensprozeß als Lernprozeß und den spezifisch schulischen Lernprozeß als Lebensprozeß. Sie interpretiert den schulischen Lernprozeß nach evolutionär-energetischen Strukturierungs-Prinzipien und gewinnt von daher Maßstäbe für Erziehen und Unterrichten in der Schule. Vor allem geht sie von der integrativen Systemik des Lebenspotentials und der Selbstorganisation des Lebenspotentials aus, das zwar quantitativ und qualitativ recht einseitig ausgebildet werden kann, aber grundsätzlich alles mit allem verbindet. Insofern basiert die Energetische Pädagogik auf einer ganzheitlichen Anthropologie.

9.1 Integrative Anthropologie und Pädagogik

Die Lebensenergie des Menschen ist eine Energie des Universums, der Natur, der Evolution (Teilhard de Chardin 1959; Jantsch 1979), und ihre psychophysischen Gesetze formen den Menschen subatomar, atomar, molekular und systemzellular bis in höchste Freiheitsgrade und Bewußtseinsebenen. Die Pädagogik steht im Dienste dieser schöpferischen Energien; sie leistet durch Anpassung an die Umwelt und die Konstruktion neuen Bewußtseins eines jeden neuen "Erdenbürgers" und durch die Vernetzung mit neuen Umwelten ihren "kosmischen" Beitrag zur Evolution; ihre Ausbildung, ihre Aufforderung zur Strukturierung und integrativen Beherrschung der vitalen psychophysischen Antriebsenergien des Menschen ist die ihr übertragene

Aufgabe zur funktional-systemischen Synthese der Persönlichkeit, der Sozialität, des Bewußtseinsuniversums.

Eine energetische Anthropologie erforscht, welche menschlichen Energien vorhanden sind. Bioenergien, Psychoenergien, Mentalenergien sind analytisch trennbar, systemisch interdependent. Der Körper des Menschen ist das "Raumschiff", das alle seine Energien beherbergt, zur Entwicklung und zum Ausdruck bringt. Die Energien bedürfen des dynamischen Ausdrucks und der Strukturierung, der Entwicklung, der Schulung, der Ausformung, der Differenzierung, der Transformation, der Koordination, der Organisation.

Bioenergetische Methoden und eine Phänomenologie der Körper-Tektonik, der Vitalenergien, des KörperBewußtseins entdecken zentrale Energien. Als Energien sind sie alle lebensnotwendig. Erst die Aktivierung und integrative Systematisierung dieser Energien schafft Lebenstüchtigkeit. Aber kein Mensch kann alle gleichmäßig und bis zur höchsten schöpferischen Intelligenz ausbilden. In der Institution Schule sind ja alle vorhanden, spielen bei allen Tätigkeiten mit, sind alle wichtig, sind bei allen Kindern und Jugendlichen unterschiedlich, können aber nicht alle gleichermaßen geschult werden. In der Schule werden die Lebenspotentiale eingeengt und spezialisiert gemäß schulischen Lernzielen ausgebildet und möglichst auf Höchstleistungen gebracht. Diesen sind alle anderen Lernziele untergeordnet; sie müssen andernorts mehr und anders Förderung erfahren.

9.1.1 Der ganze Mensch lernt

Alle Energien des Menschen hängen mit allen zusammen. So sagt schon die Meridianlehre der Chinesen; aber auch eine kurze Betrachtung der Funktionen des Gehirns als zentralen Organs, schon auch des Blutkreislaufs, der hierarchischen und gleichzeitig systemischen Abhängigkeiten der verschiedenen Regulationsebenen des Körpers (Pischinger 1983), auch der Einflüsse seelischer Gestimmtheiten auf alle Lernprozesse können diese Feststellung bestätigen.

Alle Regelsysteme des Menschen (und der gesamten Natur) lernen. Lernen ist die fluktuierende Konstruktion eines energetischen integrierenden Systems mit multifaktoriellen Möglichkeiten. Lernen-Sozialisation-Erziehung-Bildung ist ein energetischer Prozeß, weil hier ein Transformationsprozeß stattfindet, ein Neuordnungsprozeß mit dem Ergebnis einer neuen Stabilisierung, einer neuen Ordnung, einer neuen fluktuierenden, aktiven Ordnung im Verhältnis von Gegenwart zu Vergangenheit-Zukunft. Lernen ist ohne energetisches Paradigma undenkbar.

Lernen ist ein Beziehungsschaffen und Beziehungsordnen. Die Energetik des Lernens basiert auf mannigfachen Beziehungsfaktoren, die den ganzen Menschen konstituieren:

- auf Raum-Zeit-Faktoren (Was veranlaßt das Lernen gerade hier? Warum gerade jetzt, im Verhältnis zu früher und zu später?);
- auf allgemeinen Energie-Faktoren, meßbar in Frequenzen (der Grundenergie des Menschen, die sich dem Lernprozeß öffnet, molekularer Ordnung und zellularer Gesundheit);
- auf physiologischen Faktoren (gehirnphysiologisch-lernbiologisch gut "feuernden" Synapsen, Neuronenfunktionen etc.; Gedächtnisfunktionen; Nervenfunktionen; Metabolik; Gesundheitszustand dieser Faktoren des ganzen Menschen);
- auf motorischen Faktoren und Rhythmen (Biorhythmen; Sensumotorik, Psychomotorik, Soziomotorik);
- auf Sinnesfaktoren (Wahrnehmungsaktion mit Sinnes-Clustern, Wahrnehmungsbegleitung des Lernprozesses, Wahrnehmungsresiduen in Vorstellungsmustern);
- auf Gefühls-Faktoren (Beziehungsaktivierung zu "Inhalten", Emotivation, Gefühlsaktivierung für die Kontinuität des Lernens und die Durchdringung des "Inhalts": auf vitalen Gefühlen, Emotionen, Empathie-Gefühlen, geistigem Interesse);
- auf sozialen Faktoren (Nützlichkeit, Handlungswert, kommunikativem Gebrauchswert);
- auf der Energetik von Symbolen (Sprache, Nonverbalität);
- auf seelisch-geistigen Faktoren (vitalem, emotionalem, geistigem Interesse);
- auf integrierenden Bewußtseins-Faktoren (vitaler Neugier, Überlebensinteresse, ganzmenschlicher Begeisterung).

Alle diese Faktoren sind subtil oder vorherrschend in jedem Lernprozeß enthalten. Sie sind hierarchisch und systemisch, sie bauen den Lernprozeß auf und funktionieren zugleich. Sie machen den Lernprozeß zu einem energetischen Lernprozeß, färben ihn, qualifizieren und fokussieren ihn verschiedenartig. Sie bestimmen auch die Tiefendimension mit, wo der Lerninhalt verankert wird. Sie führen dann zu einem Produkt, zu einer relativ permanenten Verhaltensorganisation bis zur Überholung dieses Produkts.

Betrachten wir nochmals in Übersicht die in diesem Buch herausgestellten Energien im integrativen Zusammenhang und zugleich unter dem Gesichtspunkt des Lernens.

1. Der ganze Mensch lernt: Er lernt grundsätzlich territorial und institutionell. Sein Körper ist territorial, dreidimensional, und er macht dementsprechende Lernerfahrungen; sein Körper*Bewußtsein* ist mehrdimensional, systemisch, baut aber alles mentale Lernen und Wissen auf der Dreidimensionalität auf. Ein Blick in energetische molekulare, zellulare Systeme zeigt die Autopoiese als systemisches Lernen (Maturana, Varela).

Das territoriale und institutionelle Lernen ist äußerlich hierarchisch, innerlich systemisch. Die Ökologie des Lernens bedient sich der strategischen Vorteile der Hierarchie. Ob nun im physiologischen, sensu-motorischen, emotionalen und mentalen Bereich: Basis des Lernens ist die systemische Einarbeitung in Lebensprozesse; Strategie des Lernens ist der systematische Aufbau von innen nach außen und von außen nach innen. Von innen nach außen: der élan vital der physiologischen Reifung, erst der Hauptfunktionen, dann der ganzheitlichen Stabilisierung, dann der Feingliederungen, des systematischen Nach-außen-Gehens im Körper und darüber hinaus. Von außen nach innen: der systematische Aufbau des (inneren) Informationssystems mithilfe von Kodierungsfiltern, letzten Endes als Meldung der Außenerfahrungen zum Überlebenlernen.

Strategie ist, systemische Prozesse - nach dem Synergetik-Modell von Haken - dreidimensional zu vereinfachen: basale komplexe Tiefen-Lernprozesse mit vielen Freiheitsgraden durch systematische einfache Oberflächen-Lernprozesse mit wenigen Ordnungsparametern beherrschen zu lassen (Bratzler 1984, S. 69-70), wobei diese schnelle Überlebenschancen sichern sollen, jene aber langfristig wirken. Menschliches Lernen geschieht also durch synergetischen "Zwang" weniger systematischer Ordnungsparameter (in Erziehung, Sozialisation, Schule) auf die aufnehmenden Untersysteme; nur *die* Ordnungsparameter bleiben bestehen, die in ständiger Konkurrenz oder Kooperation zu einer neuen Überlebens-Ordnung führen.

a) Lernen geschieht mit dem KörperBewußtsein. Das Verhältnis zu sich selbst, die gesamte Bewegung des Menschen im Verhältnis zu sich selbst, also die Haltung, das Verhältnis zur Umgebung (im Sinne der Verhaltensforschung, der Raumverhältnis-Forschung), ist territorial-geschichtlich; pädagogisch gewendet: die Bewegungserziehung, Haltungserziehung, die Verhaltenserziehung sind territorial, auf das konkrete Territorium und die Umwelt mittlerer Reichweite mit ihren geschichtlichen Gesetzen bezogen. Diese Erziehung zu Ritualen, zu Rollen, zur Einhaltung von Hierarchien, zu Lernumgebungen institutionalisieren das Territorium durch einfache Regeln.

b) Auch die ganze psychisch-soziale Beziehungsebene des Menschen ist territorial-geschichtlich und institutionell. Zu erinnern ist an Jean Piaget, der das gesamte kognitive Lernen des Menschen als Aufbau auf der Sensumotorik beschreibt. Die

Sensu-Psycho-Sozio-Motorik mit ihrer Assimilation und Akkommodation ist der Lern-Prozeß des Erwerbs des Körperschemas, des Raumverhältnisses und dadurch des Zeitverhältnisses; also insgesamt des Beziehungsverhältnisses zu sich selbst und zur Außenwelt durch den Einsatz und die Verfeinerung der Sinne, der Gefühle, der kommunikativen Kompetenz.

Die Aktivität der Sensu-Psycho-Sozio-Motorik ist territorial, weil sie mithilfe von Bewegung einen geschichtlich umgrenzten Lebensraum erobert, konstituiert und stets weiter ausgestaltet. Bewegung, Sehen, Hören, Riechen, Wittern sind territorial wichtig, und sie durchziehen alle "höheren" Ebenen des Menschen: über die Bewegung, die Rhythmik und Musik der Gefühle, das Hören auf den anderen, das Sehen des anderen usw. bis zum Hören des Wortes (Karl Rahner), zur geistigen Einsicht, zur Beweglichkeit des Denkens, zum intuitiven Wittern und Durchschauen der Zusammenhänge; spiralförmig aufsteigend und absteigend.

Dies ist ein Lernprozeß, der basal an Territorium, Umwelt, Geschichte gebunden ist, er kann von daher auch pädagogisch beeinflußt werden: Der Lebensraum kann erlebnismäßig lebendig, sinnlich-sinnesmäßig, gefühlsmäßig, sozial und kommunikativ als Lernumgebung gestaltet werden; die Ökologie und Systematik dieser Vorbereiteten Umgebung (Maria Montessori) haben entscheidenden Einfluß auf das Lernen.

Die Sensu-Psycho-Sozio-Motorik ist insofern auch institutionell, als sie die erworbenen Verhaltensweisen schematisiert, abspeichert, ein Schema nach dem anderen auf den unterschiedlichen psychischen Ebenen zum Verhaltenssystem ausbildet.

c) Selbst die geistige Ebene des Menschen ist territorial und institutionell. Die Haltung und die Haltungserziehung sind - schon in der Sprache - auch eine geistige Angelegenheit. Haltung ist körperlich, KörperBewußtsein, emotional, Handlung, kommunikativ, eine Bewußtseinsqualität. Gleiches gilt für den Erwerb und das Einhalten von Ritualen. Es gibt keine Spracherziehung, keinen kommunikativen und keinen geistigen Zusammenhang ohne Rituale, ohne Institutionalisierungen, ohne soziale und strukturelle Konventionen, ohne Beachtung eines Territoriums und geschichtlichen Zusammenhangs. Dies ist auch das Kennzeichen von Begriffen. Denken ist an Raum, an Territorium gebunden, weil Vor-Stellungen systematisch dreidimensional und systemisch multidimensional von der Motorik und vom Handeln, von der Sensorik und Sozialisation aufgebaut werden und implicite stets vorhanden sind, und weil bei all diesen sensorisch-motorischen Versuchen das Bewußtsein dabei ist.

2. Der ganze Mensch lernt: Der ganze Mensch ist Beziehung und Gefühl, er lernt also auch immer mit Beziehung und Gefühl; alle Lernprozesse sind auf Beziehung

und Gefühl aufgebaut. Alle Prozesse in Körper, Seele, Geist sind Beziehungsprozesse, rhythmische Prozesse, systemische Prozesse, Konstruktionsprozesse. Lernprozesse sind Relationsprozesse; es werden physiologische, vitale, gefühlsmäßige, soziale, mentale Beziehungen zu Sachverhalten hergestellt; Sachverhalte sind Beziehungen, und wenn sie nicht Beziehungen wären, könnten dazu auch keine Beziehungen hergestellt werden. Beziehungen können nur zu Beziehungen hergestellt werden. Dies geschieht pädagogisch durch gefühlsmäßige Ansprache, Aktivierung und Bewertung. Beziehungen können nur hergestellt werden, wenn sie limbisch sind. Dies ist lernbiologisch nachweisbar. Das Fühlen stellt die Beziehung zu einem Sachverhalt her, generiert die Beziehung; die positive gefühlsmäßige Beziehung (wie Neugier, Interesse) geht mit einem geöffneten Informationssystem an den Sachverhalt heran, mit vielen Assoziationen, und schließt den Sachverhalt auf, stellt Gleichschwingungsprozesse her; wenn der Sachverhalt aufgeschlossen ist, kann er bewertet, d.h. mit dem vorhandenen Gefühlssystem verglichen werden.

Beziehungen gefühlsmäßig zu bewerten und bewerten zu lernen, ist evolutionär von größter Bedeutung. Dazu gehören Lernen von Wahrnehmung und Sensibilität, Aggression und Sinnlichkeit, Affektbeherrschung und Bedürfnisbefriedigung bis hin zur Moralerziehung.

Aus genau diesem evolutionären Grunde ist der ganze Mensch mit Sinnen ausgestattet, erfaßt das Gefühlssystem den ganzen Menschen (z.B. bei Angst, Gefahr, Sehnsucht, Sexualität); um Beziehungen gefühlsmäßig bewerten zu lernen, hat der Mensch sie nicht einfach (instinktmäßig), sondern er lernt sie in der Sozialität durch vielfältige Erfahrungen mit vielen unterschiedlichen Menschen; um diese Vielfalt zu ordnen, sind Sinne, Gefühle, soziale Verhaltensweisen auf die Ausbildung unter wenigen übergeordneten Parametern angewiesen. Wir nennen sie Sinn-Konstitutionen. Auf allen Beziehungsebenen, Gefühlsebenen, hat der Mensch qualitativ unterschiedliche Bedürfnisse, die durch unterschiedliche Sinn-Konstitutionen beherrscht werden, die wiederum situativ und individuell verschieden sind: z.B. auf der territorialen Ebene durch Sicherheit, auf der vitalen Ebene durch Kultivierung und Askese, auf der emotionalen Ebene durch Mitgefühl und Helfen, auf der kommunikativen Ebene durch Egozentrik. Diese Sinnkonstitutionen prägen das Erscheinungsbild dieses Individuums; die Tiefengrammatik kann vieldimensionaler sein, und in einzelnen Situationen kann es sich völlig anders verhalten, weil die Vitalität des Lebenspotentials durchbricht. Jedem Sinn, jedem Begriff liegen sinnliche-gefühlsmäßige-soziale Erfahrungen zugrunde, jeder Begriff ist die organisatorische Zusammenfassung vitaler Erfahrungen.

a) Der ganze Mensch ist Beziehung und Gefühl; er braucht die territoriale und institutionelle Ebene zum Aufbau von Beziehungen und Gefühlen: überlebensnotwendig geht der Mensch nach außen und vergleicht mit innen; innen ist er systemisch-vieldimensionales Fühlen, also ein vernetztes System fühlenden, Gleichgewicht austarierenden Zusammenhangs; geht er nach außen, so braucht er dreidimensionale Raumkategorien zur strategischen Durchführung von Erfahrungen, von In-Beziehung-Setzungen; er konstituiert eine Beziehung, setzt sich in Beziehung, macht Erfahrungen, setzt die Sinne mitsamt Fühlen, Muten, Intuition ein, faßt die Sinneserfahrungen zu einem Komplex von Gefühl und Wissen zusammen (mit hintergründigen gehirnphysiologischen Prozessen, hormonellen Einwirkungen, Drüsenausschüttungen etc.), um sich einen Komplex-Begriff zu machen, der im entsprechenden Entwicklungsalter dann ein rationaler Begriff werden kann.

Durch die Beziehungssetzung konstituiert der Mensch seine territoriale Ebene, seine Sicherheit, Gefühlssicherheit, Konflikterwartungen. Alle diese Faktoren durchdringen den Menschen bis hin zu geistiger Konfliktfreudigkeit, kommunikativer Sicherheit, begrifflicher Sicherheit.

Beziehungssetzung ist ein vitaler Lernprozeß, der durch territoriale Sicherheit und "Eu-Streß" und eine relativ sichere Gefühls-Umgebung positiv beeinflußt werden kann. Der Mensch lernt, mit seinen Beziehungssetzungen umzugehen, sie zu wagen, seinem Gefühl zu trauen, nach außen zu treten, sich zu engagieren und zu verteidigen - auf allen seinen Ebenen.

b) Die verschiedenen Beziehungsebenen sind Gefühlsebenen, weil das Gefühl die Beziehungsebene nach evolutionär-energetischen Kategorien (Sicherheit, Konsistenz, Struktur etc.) abtastet; die Gefühlsebenen konstituieren das Lebendige, die Energie und Intensität der Beziehungen und der Lernprozesse des Menschen. Konstitutive Elemente sind darin Sinnlichkeit und Sinne, Emotion, Empathie und Innen-Sinn, tastendes Handeln und Handlungsabschätzung, kommunikative Gefühle, alles begleitet von physiologischen, metabolischen Beziehungskonstitutionen. Kein Lernprozeß ohne sinnliche und Sinnesbeteilung, ohne emotionale Beteiligung, ohne das Hineinfühlen und den Dialog mit dem Innen-Sinn (will ich das, ist das für mich wichtig?), ohne die Pragmatik des Handelns (kann ich damit etwas anfangen?), kein Lernprozeß ohne Kommunikation (gefühlsmäßig durchgearbeitete Beziehungsebene als Basis der Inhaltsebene). In dieser Weise ist der ganze Mensch in einer Gestimmtheit, er hat einen bestimmten Ton; andere fühlen seine Gefühle, sein Selbstwertgefühl; er arbeitet an seinen Gefühlen, er macht seine Gefühle, gewissermaßen als Poet, als sich bildender Künstler, als Musiker seiner Gestimmtheit, als Tänzer seiner inneren Rhythmen, als Therapeut und Heiler von Gefühls-Ungleichgewichten, als fühlend Lernender.

Die soziale Dimension des Lernens, die Sozialisation, zeigt ganz offensichtlich ihren territorialen-institutionellen Charakter und ihre Beziehungsqualität. Denn

Sozialisation ist territoriales Beziehungs-Lernen, Beziehungs-Lernen auf einem sozialen Territorium. Sozialisation ist territoriales Gefühls-Lernen, weil der Mensch ein Gefühl dafür bekommt, sich in den sozialen Beziehungen zu verhalten.

Die Handlungsdimension des Lernens durchdringt ebenso den ganzen Menschen; er lernt aufbauend in jeder Handlung motorisches tastendes Fühlen, Sinnes-Handeln, die soziale Komponente des Handelns (sonst wird er es zu fühlen bekommen!) bis zum bewußten Handeln mit Verantwortungsgefühl. Handeln ist ein Nach-außen-Gehen-und-sich-fühlend-Vorwagen. Handeln ist Beziehungsherstellen nach außen, Realitätsherstellung.

c) Die Relationsphilosophie (in Frankreich Renouvier und Hamelin, in Deutschland z.B. Martin Buber) stellt heraus, daß alle Begriffe des Menschen Beziehungen sind, daß der Mensch Beziehung ist: ebenso könnten wir herausstellen, daß die Begriffe von Gefühlen und gefühlsmäßigen Beziehungssetzungen durchwoben sind.

Das ergibt sich schon aus der Entstehung von Begriffen (nach Piaget und Wygotski): da schwingt immer die Ur-Erfahrung mit. Die gesamte Inhaltsebene ist eine Beziehungsebene: Inhalte sind Beziehungen, die einen Gegenstand zusammenhalten, und gelernte Inhalte sind Inhalte, mit denen ich mich in Beziehung setze. Jede Information ist eine Beziehung vom bisherigen Informationssystem zu dem neuen Informationssystem innerhalb globalerer vielfältiger Informationssysteme. Und: was Martin Buber herausstellt, was schon bei Kierkegaards “Inter et inter” (Rest 1948, S. 11 ff.) klar wird: Jede Beziehung, jede Information ist die energetische Spannung des *Zwischen*; Relationen können nicht substantiell, sondern nur als energetisches Zwischen gedacht werden. Interessant ist, daß neben der Philosophie und Pädagogik die moderne Bewußtseinsforschung (z.B. Ornstein) und die Gehirnforschung auch mit dieser Relationsphilosophie arbeiten (z.B. Gazzaniga), ebenso die Atomtheorie, die Informatik, die Kybernetik.

3. Der ganze Mensch lernt: er ist Bewußtsein und lernt mit Seele und Geist, wenn auch in sehr unterschiedlichem Grade auf verschiedenen Ebenen. "Psyche" ist das griechische Wort für Lebenskraft, sie konstituiert den Menschen in allen Ebenen. Das Gehirn als Bewußtseinsinstanz ist Mittelpunkt aller Organisationen (Holler 1996), Zellen haben Lebenskraft und somit Psyche, Bewußtsein durchdringt den Körper. Jeder Lernprozeß arbeitet sich in das Gewebe bisherigen Lernens und Bewußtseins ein.

a) Der ganze Mensch ist Bewußtsein. Auf der unbewußten und reflexhaften Ebene ist die Konditionierung schon der Amöbe, also der Einzeller, bekannt, die dann doch so etwas wie "Eigenbewußtsein" hat. Die Zellen haben Selbstorganisation und Gedächtnis, also eine Art von "Eigenbewußtsein", ein Bewußtsein von der Gesamtheit des Körpers und der eigenen Funktion darin, z. B. in welcher Form sie sich bei Beschädigung heilen können. In nuce ist darin der Organismus enthalten.

Bioenergetische Methoden, z.B. das Rolfing, bringen das lokale KörperBewußtsein zutage, die Speicherung spezifischer, lokal anorganisierter Erfahrungen. Ganz eindeutig sind die Auswirkungen seelisch-geistiger Prozesse wie Streß, Angst, Freude auf Haltung und Bewegung, auf physiologische und metabolische Prozesse; die Rückwirkungen der Blockierung der Synapsen und dadurch des Lernens infolge seelisch-geistiger Probleme ist unstrittig.

b) Seelisch-geistige-spirituelle Dimensionen wirken tief in die Gefühlsebene ein, und die ganze Bandbreite des Gefühls färbt das Bewußtsein: Sinnlichkeit ist konstitutiv für Denken und Erkennen; das Bewußtsein ist in Sinnlichkeit als vitaler Sinn enthalten, im Mitgefühl, Trauer, Liebesgefühl, Menschheitsgefühl als emotional-sozialer Sinn, im Enthusiasmus, in der Ekstase, in der Verzweiflung als existentieller Sinn. Bewußtsein ohne Gefühl gibt es nicht, Gefühle sind konstitutive Dimensionen von Bewußtsein; Gefühlserziehung ist Basis der Bewußtseinsbildung. Denn Kinder und Jugendliche lernen, sich gefühlsmäßig hineinzudenken und von innen her den Sachverhalt zu verstehen.

c) Der ganze Mensch ist Bewußtsein, zusammen mit dem Unbewußten als Reservoir des Bewußtseins und zusammen mit dem abgetauchten Bewußtsein. Bewußtseinsbildung mit ihren (im Kapitel 8 angedeuteten) vielfältigen Dimensionen geschieht territorial als Lernen des Verhaltens im Gebiet des Körpers und auf einem Territorium, auf dem sich der Körper mit nonverbaler und verbaler Kommunikation, Wissen um Hierarchien und Regeln bewegt; Bewußtseinsbildung ist sensumotorisch die Ausbildung sinnlicher Intelligenz durch intelligentes Tasten, die Verankerung von Sinnesvielfalt in Vorstellungsgehalten; Bewußtseinsbildung ist die Hereinnahme von variationsreichen Gefühlsintensitäten in Erkenntnisse, Begriffe, Verstehen; Bewußtseinsbildung geschieht durch den Widerstand der Praxis und die Erfahrungen durch Handlungen; Bewußtseinsbildung ist ständiger kommunikativer Austausch, in jedem Moment die Rückkopplung mit eigenen Erfahrungen und Erfahrungen anderer Menschen. Bewußtseinsbildung ist Sprache, das Sprechen mit sich selbst und mit anderen Sprechenden (und Schweigenden). Die Bewußtseinsenergie durchdringt den ganzen Menschen, alle Ebenen des Menschen enthalten Bewußtsein und im Bewußtsein sind alle Ebenen des Menschen aufweisbar.

9.1.2 Das Lernen differenziert sich durch Optimale Passung

Halten wir als Ergebnis fest:

Erstens: Der ganze Mensch lernt, er arbeitet energetische Informationen in seine Systeme ein; da geschieht systemisches Lernen. Die Informationen selbst sind konkretisiert, gebündelt, geordnet, fokussiert; erst in diesem Zustand ermöglichen sie einen Lernprozeß; sie verlieren bei der Einordnung in die vorhandenen Informationen einen Teil dieser Ordnung, werden Matrizen, die nach dem Prinzip der Holographie abgerufen werden können (oder sich verlieren). Lernprozesse, definiert als Prozesse relativ permanenter Veränderung, können nach dem synergetischen Prinzip also nur als Informationen hierarchisch höherer Ordnungsgrade in Kollaboration und Adaptation mit vorhandenen Informationssystemen stattfinden. Die fokussierten, kategorialen Informationen haben die Kraft, die Informationssysteme umzugestalten; je nach Energie hält die Umgestaltung langfristig an.

Zweitens: Lernprozesse werden von einer Systemik von verschiedenartigen Lebensenergien gespeist: Vitalenergien, Gefühlen, Handeln, Bewußtsein. Die Qualität dieser Energien hat als Anregungsvariable für die Aufnahme in Informationssysteme großen Einfluß; evolutionär wichtige oder als lebensbedeutsam gewertete Energien erhöhen diese Chance. Lernprozesse sollten also vitales Interesse beinhalten, vitalen Bedürfnissen (Maslow) entgegenkommen, als sinnlich-sinnvoll gewertet werden können.

Drittens: Im Laufe der kindlich-jugendlichen Entwicklung verändern sich sowohl die Qualität des basalen Lernsystems als auch die Durchmischung vorrangiger Bedürfnisse als auch die Qualität der kategorialen Informationen gewaltig.

Die Systemik der vertikal-aufbauend dargestellten Lebensenergien des Menschen gibt uns Informationen zu allen drei Punkten: 1. Sie liefert uns anhand der bioenergetischen Sichtweise des KörperBewußtseins und der Körper-Tektonik, also anhand einer evolutionären Überlebenskategorie, eine Kenntnis der Systemik der Lebensenergien, der evolutionär überlebensnotwendig auszubildenden Energien. 2. Sie liefert uns eine Kenntnis auch der Hierarchie der evolutionär basalen und aufbauenden Energien und ihrer Durchmischung. 3. Eine Entwicklung dieser Energien in den kindlich-jugendlichen Entwicklungsphasen wurde hier skizziert; sie gibt nach dem Prinzip der Lebenswichtigkeit Hinweise, worauf sich eine pädagogisch-didaktisch-methodische Förderung stützen sollte, um den Lernprozeß zu optimieren.

Lernprozesse, deren Hierarchien, Taxonomien, bekannt sind, lassen sich strukturieren. Maria Montessoris oben schon zitierte Strukturierungsprinzipien einer Optimalen Lern-Umgebung (Holtstiege 1987, S. 88 ff.) können als synergetische Ordnungsprinzipien formuliert und auf die energetischen Beziehungen beim Lernprozeß angewandt werden:

Optimierendes Lernen hat danach folgende Prinzipien:

1. Es basiert auf einer Systemik von Lebensenergien, die als lebensnotwendig angesehen werden. Das Lernprinzip ist die Stabilisierung, das stochastische Gleichgewicht des Ungleichgewichts. Das pädagogische Prinzip ist die Ansprache eines vitalen Bedürfnisses. Das didaktische Prinzip ist die Selbstorganisation. Das methodische Prinzip ist die Einfachheit der Struktur, das richtige Maß an Herausforderung.
2. Die Systemik der Lebensenergien ist zu differenzieren; nicht alle Lebensenergien können optimiert werden, nicht alle Lebensenergien sind gleichermaßen überlebensnotwendig. Das Lernprinzip ist die Qualifizierung durch Differenzierung. Das pädagogische Prinzip ist die Ansprache der Motivation, der Neugier, des Neuigkeitsgehaltes, des Anreizes der Aufgaben (Heckhausen 1968) mit dem Ziel der Selektion. Das didaktische Prinzip ist die "Polarisation der Aufmerksamkeit", der situativen Kontinuität und Beständigkeit. Das methodische Prinzip ist die Erarbeitung eines möglichst vielfältigen, strukturierten Anregungsangebots, "das richtige Maß an Raum und Dingen und Menschen".
3. Die Ausbildung der Lebensenergien ist einen Schritt über den Entwicklungsstand hinaus anzureizen. Das Lernprinzip ist die Optimale Passung. Das pädagogische Prinzip ist die Anregung der "progressiven Interessen" entsprechend dem Entwicklungsfortschritt. Das didaktische Prinzip ist die Konstruktion der aufsteigenden und absteigenden Leiter ("Echternacher Springprozession") und das Spiralprinzip (das Herunterschrauben, um heraufzuschrauben). Das methodische Prinzip ist ein spannendes Informationsangebot freien und gebundenen tastenden Experimentierens bis an die Grenzen der Möglichkeiten des sachstrukturellen Entwicklungsstandes.

1. Lernen bedarf des Ungleichgewichts, das prozessual und kontingent ins Gleichgewicht gebracht wird. Die Evolutionstheorie, die Entwicklungspsychologien sehen den Aufbau der Lebensenergien des Menschen als ein Gebäude mit Fundament und weiteren Stockwerken, das kooperativ-systemisch-kollektiv von außen gestützt wird, bis Phasenübergänge Umbauten und weitere Ausbauten nötig machen; und entsprechend muß die Entwicklungspädagogik diese Lernprozesse absichern, stabilisieren, um darauf aufbauen zu können.

a) Lernen ist Ungleichgewicht, das Verlassen liebgewordener Haltungen, Vorstellungen, Redundanzen. Lernen muß limbisch sein; es braucht also den Zucker der Erfolgsaussicht, des Zugewinns, des Erreichens einer neuen stabilen Ebene. Stabilisiert werden müssen zunächst die vitalen Bedürfnisse: physiologische, territoriale, emotionale, empathische, kommunikative, bevor das didaktische Prinzip der Selbstorganisation, sich auf ein Ungleichgewicht durch Informationsaufnahme des Neuen einzulassen, angesprochen werden kann. Stabilisieren bedeutet, eine sichere Umgebung zur Entwicklung dieser Energien bereitzustellen, diese Energien sich ausleben zu lassen und zur Geltung zu bringen; aber auch untereinander ein Gleichgewicht auszubilden: eine beständige Haltung, beständige Emotionen, Verläßlichkeit in der Kommunikation zu lernen. Der Organismus benötigt zur Kybernetik seines bestehenden Informationssystems eine Eigenenergie mit Tendenz zu negativer Rückkopplung, die zunächst weitere Informationen abwehrt, aber auf die Außenkooperation und den evolutionären Existenzkampf angewiesen ist und sich schließlich mit neuen Informationen auseinandersetzen muß.

b) Das Gleichgewicht ist umso beständiger, je mehr es die Kraft der Selbstorganisation hat, Ungleichgewichte auszutarieren. Pädagogen sehen das "Survival of the fittest" als Aufgabe an, Widerstände dem Kind und Jugendlichen entgegen zu setzen, die sie gerade eben noch überwinden können, ohne ins ständige Ungleichgewicht eines "Ersatzlebens" (Freinet) zu verfallen. Lehrer dürfen die Wege nicht zu glatt ebnen, sonst werden Kinder und Jugendliche lebensuntüchtig. Sie stärken durch solcherart Widerstände die Energetik ihrer Selbstorganisation, ihr Yang und Yin, den Ausgleich von Außen und Innen, die positive Aggression nach außen und innen.

c) Damit sich Kinder und Jugendliche auf diese Ungleichgewichte einlassen, muß ihnen der Lernprozeß, die Neuigkeit, der Widerstand, methodisch so einfach und überschaubar vor Augen liegen, daß sie ihn angehen. Der Mut zur Bewältigung der Herausforderung ist individuell sehr unterschiedlich, kann aber pädagogisch ermutigend trainiert werden.

2. Aus dem Mut zu Ungleichgewichten entsteht die Spannung des Lebenlernens, der Lebenstüchtigkeit, der Neugier auf das Leben, des Auslebens der einzelnen Energien, der Differenzierung der Lebenspotentiale. Je anregungsreicher aus möglichst allen diesen Dimensionen, umso lebensvoller, bunter, differenzierter wird das Lernen. Jede Erfahrung ist wertvoll. Jeder Lernprozeß und jede Bewußtseinsbildung, auch in der Schule, kann von jeder Dimension her angereichert und differenziert werden.

a) Alle Lebensenergien sind zwar überlebenswichtig, aber nicht alle können und müssen überlebensnotwendig gleichermaßen ausgebildet werden. Alle Potentiale sind auch nicht gleichermaßen entwickelt; in der Konkurrenz untereinander und in der Kooperation miteinander stellen sich die geeigneten Lernprozesse heraus. Der Übersicht halber typisiert die Pädagogik, um eine Hierarchie bevorzugter Potentiale zu bekommen und differenziert fördern zu können. Frederic Vester gewinnt in einem

Test seine "Lerntypen" aus einer bunten Mischung möglicher Verhaltensweisen (Vester 1993). Mit der hier vorgestellten Differenzierung der Lernpotentiale könnten die Lerntypen genauer unterschieden werden: da ist der kommunikative Typ, der handlungsorientierte Typ, der gefühlsmäßige, lebensorientierte, regelorientierte, kognitive Typ. Das Neurolinguistische Programmieren unterscheidet den kinästhetischen, den akustischen, den optischen Typ und fordert die Lehrer auf, möglichst auf allen diesen Kanälen zu decodieren und zu senden (Weerth 1995).

Von solchen Vorzugspotentialen her schließt der Lernende die Wirklichkeit auf. Umgekehrt ist es anthropologisch und pädagogisch verantwortlich, jedem Schüler die Kontingenz, d.h. ihm differierende Möglichkeiten des Andersseins, auch den Mut zum Widerstand gegen Präfigurationen offenzuhalten.

b) Die individuelle und schulische Selektion interessanter Lernprozesse ist pädagogisch nur verantwortungsvoll, wenn sie dem offengelassenen Potential des Lernenden entgegenkommt. Er muß dies erproben. Dazu gehört didaktisch die freie Wahl des Lerngegenstandes und des Lernziels, die freie Zeit der Konzentration der Aufmerksamkeit, eine Konsequenz und Beständigkeit. Erreicht wird dies nur bei einer Rückkopplung mit vitalem Interesse, mit dem inneren Gefühl der Stimmigkeit, mit der Möglichkeit des Austausches von Ich und Objekt, dem Ehrgeiz der Überwindung des fast Unüberwindlichen.

c) Entsprechend vielgestaltig ist das Anregungsangebot, um zum Lernen zu reizen. Methodisch werden Komponenten aus allen Lebensenergien angesprochen: die Komponente des Lustvollen, des Ästhetischen, des Kommunikativen, des Werts, des Sinns, des Pragmatischen, der Lebensbedeutsamkeit; methodisch muß ja der Anreiz geschaffen werden, Interesse zu knüpfen. Die Lerninhalte können ebenso vielfältig und durchmischt strukturiert werden, je nachdem, auf welcher Sinn-Ebene sich die Lernenden individuell angesprochen fühlen. Auch hier wieder dient die Methode dem vitalen Interesse als Aufschlüsselung der Lernbeziehung.

3. Das Konstruktionsprinzip der "aufsteigenden Leiter" bzw. der Spirale gilt für alle Lernprozesse, Entwicklungsprozesse. Nach Abraham Maslow sollen erst die Grundbedürfnisse, und zwar aufsteigend, befriedigt werden (physiologische Bedürfnisse, das Bedürfnis nach Sicherheit, Bedürfnis nach Geborgenheit und Liebe, Wertschätzung und Selbstverwirklichung); das Anspruchsniveau auf allen diesen Ebenen soll stetig höher werden; die Inhalte des Lernens sind ebenfalls strukturell zu steigern. Im Entwicklungslernprozeß gibt es Phasenübergänge und Neuordnungen, woraufhin "gleiche" Inhalte auf einer höheren Spiral-Ebene wiederholt und neu, aber wieder anders variiert, gelernt werden. Es gibt auch Rückschritte, um die Dynamik zu tanken, zwei Schritte voranzukommen.

a) Voraussetzung für das Lernen ist territoriale und institutionelle Sicherheit, das Sich-Wohlfühlen, die gegenseitige Zuwendung und Kommunikation, das Selbstbewußtsein des Könnens, praktisch die Redundanz des Bekannten, daß es fast schon langweilig wird. Da kommt das Prinzip der aufsteigenden Leiter gerade recht. Es besagt, daß pädagogisch von den Kindern und Jugendlichen die jeweils weitere Stufe des Lernens zu fordern ist. Die entwicklungs-psychopädagogische Systematisierung aller hier vorgestellten Lebensenergien erlaubt die Aussage, welches die nächsthöhere Stufe der Entwicklung ist, die den Kindern auf einer niedrigeren Phase zugemutet werden sollte. Dadurch wird das Prinzip der Optimalen Passung praktikabel.
b) Innerhalb dieser Dimensionen soll insgesamt das Anspruchsniveau stetig gesteigert werden. Ein Beispiel: Das Wohlfühlen in einer zweiten Grundschulklasse hat qualitativ ein anderes Anspruchsniveau als in einer siebten Hauptschulklasse, und in dieses Anspruchsniveau fließen ein höherer Anspruch an Kommunikation, Denken, Differenzierung der Sympathie usw. (Prinzip der Spirale). Pädagogisch-didaktisch ist also eine jeweils anderen höheren Anforderungen genügende Vorbereitete Umgebung anzubieten. Sie sollte systemisch angeboten werden, damit die Schüler sich in Selbstorganisation an sie heranwagen; sie können sie dann strategisch-kategorial mithilfe von Lehrern bearbeiten, synergetisch "erobern" und entsprechende Einordnungen in ihre Informationssysteme vornehmen.

Hier ist ein weiteres Prinzip der Optimalen Passung zu nennen: das Prinzip der minimalen Hilfe. So wenig Hilfe wie möglich, so viel wie nötig. Es eröffnet den Freiraum der eigenen selbstbestimmten Anstrengung. Es geht wiederum einher mit dem pädagogischen Grundsatz, für die jungen Menschen nur dann voll und ganz da zu sein, wenn sie sich meine Hilfe abholen, und dieses Abholen zu erleichtern und zu befördern.

Die Beziehungsebene wie die Inhaltsebene des Lernens unterliegen zwar dem Prinzip der aufsteigenden Leiter (Montessoris), und entsprechend sind Forderungen zu stellen. Dennoch ist erzieherisch auch das Zurückfallen (die Regression) auf längst überwundene Ebenen zu akzeptieren bzw. die Fähigkeit des Menschen, von diesem Rückfall aufstehen zu können und viel "erwachsener" aufstehen zu können: die Qualität eines Menschen zeigt sich nicht nur im Aufwärtsstreben, sondern viel eher noch in dem Aufstehen bei Rückschlägen. Sind die einzelnen Ebenen und Potentiale gut durchgearbeitet, so wird dieser Mensch (auch als Erwachsener noch) die Fähigkeit zum Aufstehen haben. Liegt also eine Regression vor, ein Unverständnis des voraussetzbaren Lernprozesses, so geht der Lehrer einen, vielleicht mehrere Schritte zurück oder zur Seite, fängt den Schüler damit auf und baut langsam anreizende Forderungen darauf auf.

c) Methodisch ist darauf zu achten, daß Lernprozesse eine systemische Tiefendimension haben, die mit der hierarchischen Oberflächenkenntnis nicht voll erfaßt wird. Sie unterliegen einerseits dem Prinzip der ungewollten Nebenwirkungen (Spranger); andererseits können Unwahrscheinliches, Unbekanntes, Nebensächliches die interessantesten Informationen entwickeln. Jedenfalls hält ein Wechselspiel von streng gebundenen und offenen Methoden die Möglichkeit tastenden Experimentierens ins Unbekannte offen.

9.1.3 Das Lernen qualifiziert sich durch Fokussierung

Zentrieren ist eine der wichtigsten Voraussetzungen für das Lernen. Konzentration (oder Polarisation) der Aufmerksamkeit basiert auf einem Wohlfühl-Gleichgewicht in Spannung, differenziert fast alle umgebenden Faktoren aus, zentriert einen zu erarbeitenden Zusammenhang, intensiviert diesen zu einem Kontinuum, verschmilzt es zu einer Kontiguität, versenkt sich in die Austauschprozesse von Assimilation und Akkommodation, kommuniziert beide zu einem Informationselement, baut dieses in das vorhandene Informationssystem ein, ändert die bisherigen Daten entsprechend, formuliert alte überarbeitete und neue zu einem Beziehungsgeflecht und zu einer übergeordneten Struktur (Schema), verfestigt dieses gehirnphysiologisch-elektrisch-matrizenhaft-metabolisch-sensorisch-symbolisch-gefühlsvital-erfahrungsmäßig-verhaltensmäßig-begrifflich möglicherweise bis in die Handlungsebene. Je fokussierter der Lernprozeß ist, umso genauer ist er; je konzentrativ intensiver und ausgedehnt extensiver in die vorhandenen Informationssysteme hinein der Lernprozeß ist, umso größer ist die Chance seiner Qualifizierung.

Fokussierung qualifiziert Lernen durch folgende Prinzipien:

1. Es basiert auf der sozio-psychologischen-ökonomischen synergetischen Lebensnotwendigkeit, aus den differenzierten Lebenspotentialen eine Auswahl höher zu qualifizieren. Das Lernprinzip ist die Differenzierung, die Selektion. Das pädagogische Prinzip ist die Schwerpunktsetzung variationsreicher Möglichkeiten. Das didaktische Prinzip ist Zentralisierung mit Systemisierung. Das methodische Prinzip ist die Individualisierung.
2. Alle Energien des Lebenspotentials müssen durch Lernen optimiert werden. Das Lernprinzip ist die Höherqualifizierung. Das pädagogischen Prinzip ist die Motivierung und Leistungsanforderung. Das didaktische Prinzip ist die Spezialisierung mit Strukturierung. Das methodische Prinzip ist die variationsreiche, spezifische Medialisierung.
3. Differenzierte Höherqualifizierung bedarf der Verankerung in der Tiefendimension des Lernens. Das Lernprinzip ist die Dialektik von Höhe und Tiefe: die Fundierung

der Höhe in der Tiefe. Das pädagogische Prinzip ist die Vorahmung des progressiven Eigeninteresses. Das didaktische Prinzip ist der multifaktorielle Variationsreichtum. Das methodische Prinzip ist die Freiheit des Lernens und der kommunikative Austausch.

1. Die Ökologie des Lernens verlangt nach Fokussierung und Spezialisierung. Schon die inhaltliche Fülle des Lernens auf allen Ebenen des Lernpotentials erfordert die Selektion von Kernpunkten, die Heraushebung eines oder mehrerer Bezugspunkte und deren intensivere Durchdringung, die Aussonderung und Hierarchisierung des Unwichtigen. Unter diesem Gesichtspunkt ist ein gewisser Grad an Fokussierung überlebensnotwendig, um Potenzen erfolgreich ausbilden zu können und dadurch ökonomisch-sozial einen Platz einzunehmen.
a) Nicht alle Potentiale des Menschen sind in jedem Moment und für jede Aufgabe zentral, auch wenn sie für den Lernprozeß insgesamt immer wichtige Elemente und Bedingungen der Möglichkeit beisteuern. Beispiel: Auch für Mathematik ist das Wohlfühlen wichtig, aber nicht zentral. Und das Fehlen der humanen emotionalen Basis dequalifiziert auch den höchstqualifizierten Mathematiker als Menschen.

Eine pädagogische Kunst des Lehrens und Lernens besteht in der Hinführung zu individuellen Schwerpunkten aufgrund einer Variationsbreite an Möglichkeiten, Lernzielen, Anregungswirkungen entsprechend dem sachstrukturellen Entwicklungsstand der Lernenden. Der Jugendliche wird, pädagogisch unterstützt, gesteigerten Wechselbeziehungen zu Inhalten und Umwelt ausgesetzt und er setzt sich selbst Aktivitätszyklen aus mit dem Ziel des Entdeckens und Eroberns. Die Aktivitätszyklen spezialisieren und vertiefen sich: das Potential wird entdeckt, eingegrenzt, ausgebildet, vielfältig erprobt; Kompetenzen werden erworben und von außen angefragt. Lehrende, Eltern, haben selbst ihre Begrenzungen, und um der Jugend auf den zentralen Ebenen ihrer Potentiale gerecht zu werden, müssen sie selbst ihre Grenzen überschreiten, auf einer Meta-Ebene über sich selbst und der Jugend stehen.
b) Das didaktische Prinzip ist hier nicht mehr, "alle alles" zu lehren, sondern "Kurs und Kern". Diese sind das äußere und innere Organisationsprinzip der Zentralisierung. Ein weiteres Prinzip ist darin eingeschlossen: neben "wie außen so innen" auch "wie geschlossen so offen". Will z.B. die Schule eine Konzentration um die Kognition, um Inhalte, dann ist dies pädagogisch nur zulässig unter der Beachtung der Beziehungsebene: Die Inhalte und die Höherqualifizierung müssen unter dem Gesichtspunkt geprüft werden, inwieweit sie der pädagogischen Forderung der Humanisierung der Kinder und Jugendlichen entsprechen; Humanisierung heißt: den hier aufgewiesenen Potentialen unter ganzheitlicher Sicht entsprechen, also den

Menschen in seiner Lebensbewältigung, seinem Fühlen, seiner Achtung vor den Mitmenschen, seiner Kommunikation weiterbringen.
c) Schwerpunktsetzung geschieht durch Individualisierung. Sie sollte maßgeschneidert diesem Individuum passen, authentisch sein. Sie unterliegt dem gleichen Prinzip "wie geschlossen so offen": Das Individuum muß selbst seinen Weg gehen, seinen "*met-hodos*" finden, sein Kernpotential ausgestalten, die geeigneten Baumeister, Medien, Zugangsstraßen gezeigt bekommen bzw. finden. Und trotzdem findet es diese nicht nur in sich, sondern in der Umgebung, in der Offenheit für andere, für Anregungen, für Kompetenzen anderer.

2. Schwerpunktsetzung bringt die menschlichen Potentiale und Qualifikationen ans Licht, vervollkommnet also den Menschen und bringt erst durch Lernen die bewunderungswerte Höhe seiner Leistungen hervor. Zwar kann nicht jeder jedes gleich gut, aber für jeden wird die Optimierung seiner Potentiale zu seiner Zufriedenheit gesucht und sein Selbstfinden gefördert. Dies ist freilich in jeder Lebenszeit und in jedem Gesellschaftsssystem auch unter den größten Anstrengungen nur eine notwendige konkrete Utopie: Der Mensch ist nie er ganz und sich seiner Möglichkeiten ganz bewußt (Kontingenz-Prinzip).
a) Differenzierung, dann Schwerpunktsetzungen in der Auswahl der Aktivitätszyklen genügen nicht: das Potential muß Leistungsanforderungen ausgesetzt werden, es will von innen heraus zu Leistungen motiviert und gefordert werden. Es will seine Möglichkeiten und seine Grenzen finden. Diese können durch Lernen und Wettbewerb erheblich erweitert werden.

Die Schule ermöglicht durchaus Schwerpunktsetzungen, aber nicht in der nötigen Breite der Qualifikationen der Schülerinnen und Schüler. Viele Potentiale, auch in der Öffentlichkeit und in der Geschichte hochwertige Potentiale, kommen überhaupt nicht zur Geltung: zu denken ist an den Kunstbereich, aber auch an Hochbegabungen verschiedenster Art, die schon in frühester Jugend zu fördern wären und worauf sich die Gesellschaft und Generationen danach noch etwas einbilden. Unter diesem Gesichtspunkt macht sich die Schule in ihrer Auslese auch oft schuldig (vgl. z.B. die Lektüre von G. Prause: Genies in der Schule) - auf einer großen Bandbreite zwischen struktureller und personaler Schule -, und entsprechende Lehrerinnen und Lehrer geraten in die Geschichtsschreibung.
b) Leistungsanforderungen kommen in dialektischem Wechselprozeß von außen und von innen. Die Suchbewegung nach dem Potential und der Rangordnung der Potentiale, das Aufbauen, das Gestalten, die Filigranarbeit, das Hinzufügen und Hineinarbeiten, Amalgamieren, Umarbeiten, Variieren, Zerstören und Neuaufbauen, das täglich neu Anfangen, das Ergebnis dem Konflikt, dem Scheitern, dem Erfolg-

Aussetzen, das Festigen im sozialen Zusammenhang und in der eigenen Identität bis zur nächsten Brüchigkeit entspricht jedem evolutionären Lernprozeß. Was nicht von innen kommt, muß von außen kommen, und was nicht von außen kommt, muß von innen kommen. Pädagogisch nach dem Prinzip der Optimalen Passung verantwortlicher Leistungsdruck führt zum lebendigen Energiefluß, zur nötigen Spannungsenergie, Energiedichte, ja Rotationsenergie, zur inneren und äußeren Strukturierung, Spezialisierung und soliden Durcharbeitung.

c) Zum Zusammenspiel von Leistungswille und Leistungsdruck gehören heuristische Methoden und variationsreiche Medien. Sie befreien und qualifizieren zugleich. Sie befreien, weil Such- bzw. besser: Finde-Methoden die Selbstorganisation in Gang setzen, insofern auch zur Selbstbestätigung, zur eigenen Zielfindung geeignet sind; dazu werden variationsreiche Objekte benötigt, Medien und Inszenierungen, die für die Spezialisierung und die Ausbildung des Potentials geeignet sind. Sie qualifizieren, weil Finde-Methoden die Kreativität des Finde-Prozesses anreichern und damit die Strukturierung und Bewältigung des Gegenstandes selbst: Methoden strukturieren das Lernobjekt und Lernsubjekt; und die geeigneten Medien bringen eine Vielzahl von Aspekten ins Spiel, die die Strukturierung variieren und mit jedem neuen Medium verändern.

3. Höherqualifizierung ist Schwerarbeit. Trotzdem kann sie lustvoll sein, wenn sie den inneren Punkt des Selbst findet, das "ich will, was ich wirklich will, wenn ich will". Dann muß sie kompromißlos getan werden, dann holt sie sich ihre Lernbrocken, ihre Widerstände, ihren Enthusiasmus, ihren Wettbewerb, ihre Niederlagen, die Originalität ihres Neubeginns, ihr Timbre, ihren Esprit, ihre Intuition, ihren Erfindergeist.

Selten kommen Jugendliche an diese ihre Tiefendimension heran, die im handwerklichen, kommunikativen, institutionellen (verwaltungs-, organisatorischen), sportlichen oder kognitiven Bereich liegen kann; sei es, das Potential zeigt sich nicht früh genug, sei es, die Schule bietet zu wenige, zu wenig spezialisierte, überhaupt keine Qualifikation dafür an, sei es, Familie, Jugendarbeit verschütten, dequalifizieren es, sei es, die Gesellschaft kennt ein solches Potential überhaupt noch nicht oder bewertet es als minderwertig. Es muß sich dann selbständig durchsetzen oder sinkt wie vieles kreative Potential in die Bedeutungslosigkeit herab.

a) Aufdecken des Potentials, Fokussierung, Ausbildung genügen nicht, wenn es sich nicht in der individuellen, sozio-ökonomischen Gemengelage, im Wettbewerb der Möglichkeiten, durchsetzen kann. Dies ist wiederum ein evolutionäres Prinzip. Das Lernergebnis wird dem Wettbewerbsdruck, dem Kollaborationsdruck, Neid, Widerständen, Kofunktionsdruck, ausgesetzt, gewissermaßen abgekühlt und gehärtet und daraufhin geprüft, ob es valide standhält. Idiotisches Selbstlernen, der Aufbau eines

zu hohen Qualifikations-Turms ohne systemische Außenabsicherung birgt große Gefahren. Differenzierte Höherqualifizierungen brauchen bei Zunahme an Höhe auch die Zunahme an Seitenstützen und die Zunahme an Tiefengrund. Die anderen müssen mitlernen, der Lernende und Wissende muß die anderen informieren, um von ihnen selbst gestützt zu werden. Und das spezialisiert ausgebildete Potential muß sich je höher desto tiefer seines "progressiven Eigeninteresses" versichern. Heraus kommt ein "je höher desto tiefer desto breiter in der Tiefe desto qualifizierter an der Oberfläche".
b) Anthropologisch steht also dem gezielt strategischen Lernen auf eine Hochqualifikation hin die Angewiesenheit auf die Anreicherung der Umgebung gegenüber. Und umgekehrt sind die pädagogisch gut vorbereitete Lernumgebung und didaktische Strategie auf die Energiequalität und -dichte des progressiven Eigeninteresses angewiesen, das alles Angebotene für sich transformiert. Die Didaktik bietet einen multifaktoriellen Variationsreichtum an, der die verschiedensten vitalen Ebenen, Inhalte, Entwicklungsstufen, Medien, Methoden einsetzt; und sie bringt das privilegierte "elitäre" Eigeninteresse der Lernenden und Lehrenden systematisch in den rauhen Wind der Konfrontation mit Wettbewerbern, die es zum Zusammenfunktionieren mit der Kommunikationsgemeinschaft zwingen, wodurch diese wiederum einen Schritt in höhere Ordnungsstrukturen machen kann.

Eine Ausnahme sind die monopolistische Hochbegabung bis Höchstbegabung; diese gehen über den Wettbewerb hinaus, wenn sie erkannt und pädagogisch gut behütet-herausgefordert gefördert worden sind; Lehrerinnen und Lehrer kommen hier an ihre eigenen Grenzen.
c) "Höherqualifizierung" ist nur ein Steigerungsbegriff von einem gedachten, manifesten, interpretierten Plateau aus. Dieser Relationsbegriff sagt nichts über den Grad der Steigerung, den Grad und die Qualität der zu investierenden Energie in einem bestimmten Zeitraum, den Grad des erwarteten, erwartbaren oder enttäuschten Erfolges. All dies läßt sich methodisch nur nach dem Prinzip der Freiheit des Lernens und des kommunikativen Austausches organisieren. Das Lernen qualifiziert sich durch Fokussierung und Systematisierung, läßt sich aber nur in Grenzen determinieren. Grenzen sind die Kreativität, die individuelle und soziale Bewertung des Lernpotentials, die individuelle Ökologie und Poietik des Lernens, der soziale Widerstand, die pädagogische Kunst.

9.1.4 Das Lernen transformiert sich durch Lebensbedeutsamkeit

Lernen ist Lebenlernen, und Leben ist Lernen, und jeder Lernprozeß wird in den Lebensprozeß eingearbeitet. Jede Höherqualifizierung von Lebenspotentialen qualifiziert auch die Relationen der Lebensgemeinschaft, arbeitet sie in ihr System ein, "normalisiert" sie und verlangt nach weiterer Qualifizierung.

Wie jedes Potential, so muß auch das Potential "Leben" vom Menschen durch Lernen optimiert werden. Lebenlernen ist der zusammenfassende Begriff für alle Lernanstrengungen, das Ziel jeder evolutionären Pädagogik (Rest 1971). Lebenlernen ist Überlebenlernen, differenziert-variationsreiches Lebenlernen und dynamisches Lebenlernen durch Lebensbedeutsamkeiten.

Lebenlernen ist der Sinn des Lernens:

1. Lebenlernen ist in jedem Moment Überlebenlernen. Das Lernprinzip ist existentielles Lernen. Das pädagogische Prinzip ist die Stärkung des Lebenspotentials. Das didaktische Prinzip ist die Herausforderung der Lebenskraft. Das methodische Prinzip ist die Einübung vielfältiger Wechselbeziehungen von Lebensbedeutsamkeiten.
2. Lebenlernen ist das Lernen der Ökologie des Lebens. Das Lernprinzip ist das Lernen differenzierten, variationsreichen Lebens. Das pädagogische Prinzip ist die Hinführung zu einem sinnhaften Leben. Das didaktische Prinzip ist die Durcharbeitung von Lebensmustern. Das methodische Prinzip ist das Wechselbad mannigfacher Ereignisse.
3. Lebenlernen ist evolutionär leben. Dies ist der neue Bildungsbegriff: Bildung ist evolutionär-kontingent leben lernen. Das Lernprinzip ist die Dynamisierung des Lebens. Das pädagogische Prinzip ist die positive Ausformulierung des Lebensinteresses. Das didaktische Prinzip ist die Erprobung bis an die Grenzen. Das methodische Prinzip ist der Wettbewerb und die Kooperation.

1. Lernen ist anthropologisch eine Überlebensnotwendigkeit. An der Notwendigkeit der eigenen Ernährung, an den fragilen sozio-ökonomischen Systemen, an Sicherheitssystemen, an Epidemien, an der steten Grundversorgung können wir ablesen, in welch hohem Maße wir in jedem Moment von der Höhe des qualifizierten Lernniveaus abhängen. Leben muß physiologisch-sozial-ökonomisch stets neu in Wechselwirkung mit höchst intelligenten Organisationen aufgebaut werden.

a) Kinder und Jugendliche spüren genau, wo ihr Lernen die Lebensnotwendigkeit tangiert. Dort fühlen sie sich existentiell herausgefordert, dort investieren sie ihre ganze Kraft, dort werden sie unwahrscheinlich intelligent. Pädagogisches Prinzip ist, auf welchem Lernniveau auch immer, ob beim Kind oder beim jungen existentiell herausgeforderten Erwachsenen, diesen Punkt herauszufinden, ihn zu ermöglichen, ihn in der Anfangssituation zu schützen, zu fördern, mit Maßnahmen, Ratschlägen, Vorbild zu unterstützen, dieses existentielle Lernen aus dem Gefühl der Lebensnotwendigkeit zu verallgemeinern in das "normale" Leben hinein, um dieses sinnvoll und jeden Augenblick wichtig zu machen.

b) Der Lebenswille kann ständig aufgebaut oder reduziert und gebrochen werden; er bedarf der ständigen Energetisierung, der psychischen Präsenz, der Sicherung, der Stabilisierung, von daher des Anreizes und der didaktisch-strategischen Herausforderung, dadurch der Stärkung, der Grenzerfahrung, der Zusicherung der Kommunikationsgemeinschaft. Weil das Leben als kontingenter Prozeß, als Möglichkeitsprozeß, oder als stochastischer Prozeß, also als nichtdeterministischer Prozeß mit Zufallsvarianten bezeichnet werden kann, versucht der Pädagoge durch die Herausforderung der Lebenskraft, die Wahrscheinlichkeit der Möglichkeiten des Kindes und Jugendlichen zu erhöhen, in dem Bewußtsein, daß auch die systematische Schulung eines Lebensgerüstes durch den freien Willen je augenblicklich eine Transformation erfahren kann.

c) Lebenlernen = Überlebenlernen mit pädagogisch-didaktisch-methodischer Hilfe ist die Entwicklung und Transformation von Intelligenzen. Die erste Intelligenz besteht in der Dialektik von Schutz, Herausforderung und Stärkung, die zweite in der Vielfältigkeit, Hierarchisierung und Strukturierung von Lebenserfahrung und Menschenkenntnis, die dritte in der gleichgewichtig-ungleichgewichtigen Verwirklichung der Möglichkeiten kreativ-dynamischer Lebensführung.

2. Das Lernen des Curriculum vitae ist aufregend, schwierig, tragisch, erotisch. Da nützt keine noch so hohe Qualifizierung, da schadet keine noch so bodenlose Dummheit - in allen Fällen ist über dieses Lernen oder Lernversagen hinaus die Ökologie des Lebens zu lernen. Dies ist der eigene ganz subjektiv sinnhafte Lernprozeß.

a) Die Intelligenz des Lebens ist nicht mit Verstandesintelligenz identisch. Verstandesintelligenz erhöht zwar die Chance der größeren Einsicht in Lebenszusammenhänge, eines differenzierten und variationsreichen Lebens, einer sozio-ökonomisch erfreulichen Berufsposition, aber nicht automatisch die Chance der Lebensmeisterung und eines sinnvollen Lebens. Ein intelligentes Leben kann pädagogisch gefördert werden. Es ist je individuell unterschiedlich, kann nicht "bürgerlich" vordefiniert werden, aber Pädagogen können zunächst einmal die Voraussetzungen für sinnvolle Lernprozesse schaffen: in allen Lebensphasen vitale Energien ansprechen, Leben sinnlich und deswegen sinnvoll erfahrbar machen, stets die Selbstorganisation der Jugendlichen aktivieren, sie ihre Lebensziele formulieren lassen.

b) Dies alles hat Grenzen. Leben ist Mit-Grenzen-Leben, erst durch die Grenzen wird Leben zentriert. Pädagogen arbeiten mit Jugendlichen didaktisch-systematisch Lebensmuster durch, die anderer und die eigenen. Die Verantwortung am eigenen

Leben, die Chancen und Grenzen, die Umformulierung der Frustration der Grenzen in poetische Lebenskraft (Besinnung auf zentrale Fähigkeiten, Kompetenzen, Umsetzungsmöglichkeiten), die relative Offenheit auf die Zukunft hin, die Möglichkeit der Lebensplanung, die Vorwegnahme von Enttäuschungen und Illusionen, eine Liste notwendiger Ressourcen und Lernprozesse werden sichtbar.

c) Nicht nur die Lebensereignisse, sondern in hohem Maße deren Interpretation und Umsetzung entscheiden über Lebensfähigkeit und Lebensintelligenz. Pädagogen sind hier zentral angesprochen. Denn hier beweist sich die bisherige Formulierung der Identität der Menschen, an der Pädagogen durch Unterstützung, Motivation, Widerstände großen Anteil haben. Ein Schritt ist, Jugendliche einem Wechselbad mannigfacher Ereignisse auszusetzen, Leben antizipierend zu simulieren, Schicksale auf sie wirken zu lassen; ein zweiter Schritt ist, ihnen bei der konstruktiven Interpretation zu helfen, Sinnfragen existentiell zu beantworten, sich selbst für ihre eigene Lebensinterpretation zu interessieren, den Realismus und die konkrete Utopie ihrer Zukunft durchzuarbeiten.

3. Leben kann nicht auswendig gelernt werden, Leben kann nur durch Leben gelernt werden, Leben muß durch Lernprozesse begleitet gelebt werden. Die Evolution stellt dieses Leben zur Verfügung, um an ihm zu lernen. Deswegen wird evolutionär gelebt. Das Lernprinzip des Lebens ist die Differenzierung, Variierung, Dynamisierung des Lebens. Alle Lernprozesse dienen also dazu, eine Facette der Dynamik des Lebens zu verwirklichen, dem Wettbewerb und der Selektion auszusetzen und als eine der vielen neuen Qualitäten in das Lebenspanorama und das Welttheater einzufügen.

a) Eltern, Lehrer, Peer group, Freunde, Berufsplatz wissen "natürlich" kaum um diese evolutionäre Komponente, auch wenn sie Leistungsforderungen stellen, Widerstände in den Weg legen, testen, benoten, selektieren, zum Lernen zwingen, die Aktivität anfeuern, aggressiv sind, Sympathien und Antipathien aufbauen, in einem Wort: die Gestaltung eines Lebens beeinflussen. Pädagogisches Prinzip der Gestaltung eines dynamischen Lebens ist die Mithilfe bei der Ausformulierung des Lebensinteresses, des Lebensmutes, der Sicherung einer grundständigen Lebenskraft durch alle widerfahrenden Ereignisse hindurch. Wie in aller Pädagogik eine nur partiell zu erfüllende, deswegen aber nichts an ihrer Wichtigkeit einbüßende Aufgabe.

b) Mögliche didaktische Strategien zur Stärkung des Lebensinteresses und zum Lebenlernen sind die Erprobung des Jugendlichen bis vor seine Grenzen, die Heilung seiner Wunden, die Ermunterung zum Wiederaufstehen, die Streicheleinheiten seiner Selbstachtung, die Einsicht in seine Grenzen, der Vergleich mit anderen Lebensschicksalen, die Eröffnung von Lebenschancen.

c) Jugendliche haben normalerweise ihre eigenen Methoden eines dynamischen Lebens. Sie brechen aus, stellen sich quer zur Gesellschaft, feiern ekstatisch ihre eigene Subkultur. Jugend ist Dynamik. Was sollen da noch die Pädagogik, zudem vielleicht noch trockene Pädagogen, ein dynamisches Leben lehren? Es geht, wie gesagt, um die begleitenden Lernprozesse, die bei Abschluß jugendlichen Lebens die weitere Transformation tragen können. Jugendliches Leben leben ist nicht genug, parallel laufen Ausbildungen vielfältiger anderer Potentiale katalytisch in Konfrontation und Kooperation. Pädagogen sorgen dafür, daß das System all dieser Dynamiken sich zu einer das Leben ein gutes Stück weit tragenden Dynamik entwickeln kann.

9.2 Abschlußskizze energetischer Schulpädagogik

Die Schulpädagogik hat die Tendenz, die Lernprozesse der Kinder und Jugendlichen zu strukturieren, wissenschaftlich zu systematisieren, zu strategisieren, verwaltungsmäßig zu vereinfachen; sie sieht es als ihre Aufgabe an, die Energien der Jugend zu zähmen, zu kanalisieren, zu sublimieren. Eine realitätsnahe Lebensschule müsse die Dynamik der Jugend bremsen. Jede Gesellschaft, jede Schule hat Angst vor ihrer Jugend.

Jede Jugend freut sich über ihre Energien. Sie will sie beweisen, fördern, ausbilden.

Jede Gesellschaft, jede Schule freut sich über ihre Jugend. Sie bewundert und beneidet sie um ihre Energien und fördert die Ausbildung ihrer Körperlichkeit, ihrer Lebensfreude, ihrer Gefühlsintensität, ihrer Poetik.

Die Lebendigkeit der Kinder und Jugendlichen transformiert die Schule zu einer dynamischen Schule in einer dynamischen Gesellschaft. Und die Schulpädagogik zu einer integrativen energetischen Schulpädagogik. Die Vitalenergien der Jugendlichen sind mehr als nur Unterbau für kognitives Lernen; sie arbeiten das kognitive Lernen durch; kognitives Lernen wird sinnlich, sinnhaft, Verstand und Gefühl korrespondieren, Lebensbedeutsamkeit in der Gegenwart bestimmt die Intensität schulischen Lernens: Vergangenheit und Zukunft werden lebendig in der Gegenwart verdichtet.

9.2.1 Der Ausgangspunkt: Schule durchschult den ganzen Menschen

Wir können ohne Schule nicht mehr leben. Schule ist lebensnotwendig und gesellschaftsnotwendig geworden. Aus der Sicht erfahrungsorientierter Völker macht uns die Schule unmündig für das Leben, das früher auch das Leben unserer Völker war; sie macht tüchtig für heutiges hiesiges (Ersatz-)Leben. "Zivilisiertes" Leben braucht immer neue Schulungen, um die Höhe des Lebensgebäudes zu halten und um evolutionär weiterzukommen. Ersatzleben wird Leben, die Gesellschaft zur Schulungsgesellschaft, Informationsgesellschaft. Die Natur, die Verbindung des Menschen zur Natur und zu seiner Natur, die Qualität seiner Energien verändern sich in diesem dynamischen Bewußtwerdungsprozeß ständig. Jede schulische Durcharbeitung von Inhalten verändert das Bewußtsein des Kindes und Jugendlichen unter Einbezug der gesamten Beziehungsebene, verändert das Bewußtwerden in der Klasse, das Verhältnis zu diesem Inhalt, zur Natur, zur Gesellschaft. Schule durchschult den ganzen Menschen (seine Vitalität, seine Kommunikation, sein Wissen) und die Menschheit und die Geschichte.

Die Energetik der Schule basiert, wie allseits bekannt:

- auf der spezifischen Energie von Kindern und Jugendlichen in einer bestimmten Lebenszeit und in einem Lebensraum;
- auf den geschichtlichen und geographischen Faktoren schulischer Organisation;
- auf einem Netzwerk an Regeln, Wünschen, Verboten, Sanktionen, Anforderungen;
- auf einer Beziehung von Erwachsenen zu Kindern und von Erwachsenen zu Jugendlichen und umgekehrt;
- auf einer regulierten, einseitig dialogischen Beziehung von professionellen, strategisch ausgebildeten, mit Funktionsmacht ausgestatteten, Leistungen fordernden, selektierenden Erwachsenen zu abhängigen Kindern und zu Jugendlichen;
- auf ihrer Funktion als Schulart (Sonderschule, Grundschule, Realschule, Gesamtschule, Fachschule etc.) mit Kompetenzen;
- auf ihrer Eigenart als Verwaltungseinrichtung, als staatliche oder private Schule, als Pflichtschule oder Wahlpflichtschule.

Alle diese Faktoren entscheiden mit über die Qualität und Dynamik des Verhältnisses zu den einzelnen Energien der Kinder und Jugendlichen. Die spezifische Schulenergie (im Unterschied zu anderen Institutionen) ist die Schnittstelle von

Tradition und Zukunft, von Freiheit und Bindung, Lerndruck und Lernangebot, Chance und Deklassierung, Individualisierung und Kollektivierung. In diesen Ambivalenzen werden Kinder und Jugendliche einem Wechselbad an Willkürlichkeiten und Notwendigkeiten ausgesetzt, das ihre Identität verändert, das sie z.T. selbst wollen.

1. Schule institutionalisiert den Menschen schulisch. Das bedeutet, daß diese Durchschulung durchaus nicht der gesellschaftlichen Notwendigkeit entsprechen muß; nur insofern die Schule ein Abbild gesellschaftlicher Institutionen, Ritualisierungen, Verwaltungen, Organisationen, Kommunikationen ist, bereitet Schule also auf die "Lebenswirklichkeit" vor: Schule bereitet schulisch auf die schulische Lebenswirklichkeit vor, und diese hat Ähnlichkeiten und Verschiedenheiten zu außerschulischen Lebenswirklichkeiten.

a) Die Feldenergie der Schule färbt die Verhaltensweisen der Schüler; die organisatorische, pädagogische, didaktische, methodische Eigenart der Schulgesetze formt die Anpassungsaktivitäten der Lernwilligen und Lernunwilligen nicht nur auf der Oberfläche, sondern, stets überprüft, auch in der Tiefe. Der ganze élan vital einschließlich Kommunikationsverhalten, heimlichem Widerstand gegen Regeln, Wahl des Sprachniveaus, Schülerverhalten beim Erfüllen von Anforderungen systematisiert sich schulisch. Diese Konditionierung, das Auftreten auf dem Territorium einer Institution, die daraus gewonnene Identität werden "im Leben" durchgehalten, wenn sie nicht grundständig korrigiert werden.

b) Ein Erziehungssystem kann nur die in ihm geltenden energetischen Zusammenhänge vermitteln, also die Schule nur schulische. Nun ist die Schule aber anderen sozialen Institutionen nachgebildet, korrespondiert mit außerschulischen, ist situativ und beziehungsmäßig mehrdimensional; insofern lernen Schülerinnen und Schüler auch die Grundlagen, sich in anderen Systemen zurechtzufinden. Umgekehrt geschehen in außerschulischen Systemen immer mehr Schulungen mit Anforderungen an Lernen, Flexibilität, Veränderung dieser Systeme, so daß der große Abstand von Schule und Leben kleiner wird.

c) Die Lebenswirklichkeit wird eine Informationswirklichkeit. Dies verändert die autarke Funktion der Schule, sie ist nicht mehr alleiniger schulisch-didaktischer Informationsvermittler. Die Gefahr besteht, daß kindlich-jugendliches Schülerverhalten (mit allem Abhängigkeitsgefühl, manchmal Ohnmachtsgefühl, Minderwertigkeitsgefühl) beim Lernen in Erwachseneninstitutionen beibehalten wird. Die Chance ist, daß die Informationsgesellschaft schulisches Lernen erwachsen-freiheitlicher verändert und damit auch die schulische Institutionalisierung von Schüler-Lehrer und Lehrer-Schüler.

2. Schule verankert im Kind und Jugendlichen Schulbeziehungen und Schulgefühle: Schulangst oder den Heimlichen Lehrplan oder Ettikettierungen, Blockaden oder die Starrolle, die Außenseiterrolle, den Angeber oder den Fleißigen, Getriebenen.
a) In Phasen der Suchbewegungen, des tastenden Experimentierens, der spontanen Neuorientierung werden in der Schule Beziehungen aufgebaut und gewechselt, bewertet und verworfen. Die Schule ist in heutiger Kindheit und Jugend ein regelrechter Beziehungsgenerator. Oft ist ein schulrelevantes Kriterium dafür im Spiel: der gleiche Schulweg, die gleiche Schulleistung, die gleiche Schicht, die gleiche Clique. Schul-Verhaltensweisen werden zum Kriterium für Beziehungen bis in subtile Rollenmuster hinein. Auch hier gilt, daß sie das Erwachsenenalter hindurchtragen können, daß Erwachsene schulisch-infantil bleiben können, bis ihre Erfahrungen sie verändern.
b) Die Schule betreibt auch eine Auswahl, eine Bewertung und eine Erziehung der Gefühle, der vitalen und emotionalen Äußerungen, der Sympathiegefühle. Pathologisch ist, daß manche Erwachsene sich immer als Schüler fühlen; die über ein Jahrzehnt dauernde Regulierung der Gefühle in der Schule hinterläßt aber bei allen ihre Spuren in den Erwachsenengefühlen. Nur-schulisch Trainierte / Lehrerinnen und Lehrer (eigene Schulzeit, Lehrerausbildung, Lehrerzeit) sind besonders gefährdet.
c) Kommunikationsverhalten und Konkurrenzgefühle vieler Erwachsener zeigen auch schulische Ursachen. Hier haben sie gelernt, zu argumentieren, sich gegenseitig zu kritisieren, sich zu gerieren, Lob für ein Wort oder einen Satz einzuheimsen, nach dem Munde zu reden. Alle positiven und negativen Erfahrungen unter schulischen Bedingungen bleiben unerwachsen, wenn an ihnen der Stallgeruch der Schule hängenbleibt und die Durchschulung nicht überwunden wird.

3. Der und die Geschulte kann, auf die Spitze getrieben, durch wissenschaftliche Ausbildung in der Schule nur noch rational, nur noch in Kategorien, nur noch logisch, nur noch mit Wissenshintergrund denken, kritisieren, diskutieren. Alle Vorteile der Schule sind dialektisch auch ihre Nachteile. Das Nachtrauern nach "Natürlichkeit", "Kindlichkeit", "Jugendlichkeit", "Ganzheitlichkeit" bringt sofort die skeptische Rationalität auf den Plan, Romantik sei ideologische Realitätsklitterei, naive Reduktion von Komplexität.
a) Schule habe die Aufgabe der Aufklärung, und Aufklärung sei Rationalisierung. Schule habe Wissen zu vermitteln, zumindest Hypothesen und logisches Denken. Schule habe die Aufgabe, Wissenschaft didaktisch herunterzuzählen, Wissenschaft sei der Motor unserer Zivilisation, unseres Wohlstands und unseres Überlebens. Und Wissenschaft sei rational.

b) Auch eine weniger radikale Auffassung spricht der Schule Ordnungskategorien auf allen Ebenen der kindlichen-jugendlichen Energien zu. Sportunterricht hat seinen Aufbau, seine Absicherungen; die Lernziele im Religionsunterricht werden systematisch angestrebt; Kommunikation wird klar geregelt. Platz und Zeit für unstrukturiertes Lernen und Ausbrechen aus schulischer Begrenzung ist eine Ausnahme: beim Improvisieren in der Musik, beim Malen in Kunst, bei Meditation in Religion; und auch da sollte Form angestrebt werden. Schule ordnet. Aber Schule ordnet schulisch, und das dabei herauskommende integrierte Ergebnis des Erwachsenen hat die Aufgabe, das Abschiedsritual gründlich und sorgfältig zu vollziehen.

c) Schule schult wissentlich nur einen Teil des Bewußtseins, unwissentlich ordnet sie das ganze Bewußtseinssystem der Kinder und Jugendlichen, und zwar auf eine recht eingeengte Bewußtseinsoberfläche hin. Die moderne Schule entdeckt in anderen Bewußtseins-(Unter)-Systemen und Bewußtseinsschichten ein kreatives Potential, das der Schule bisher weitgehend verborgen war, im Erwachsenenalter aber doch eine bedeutsame Rolle spielt. Zu denken ist an Inspiration, Intuition, entspannte Konzentration, "das rechte Gehirn", "den siebten Sinn". Moderne Methoden schulen dieses Potential. Sie nutzen also die Tiefendimension des Bewußtseins für Lernen, Wissen, Vorstellung. Hier eröffnet sich ein Weg zur Entschulung des Menschen und der Schule, der den Nutzen des Ordnungssystems Schulung mit dem Nutzen des kreativen Potentials integriert, weit über die Schule hinaus.

9.2.2 Schule egalisiert und differenziert

Eigenständig parallel zu der steigenden Komplexität und Flexibilität der Gesellschaft verändert sich die Schule. Wie jedes gesellschaftliche System seine Ordnungsprinzipien hat, so hat die Schule ihre spezifische, pädagogisch "autonome" Aufgabe, die Anpassung an den sozialen Prozeß unter möglichst großer Förderung individueller Kreativität und unter möglichst wenig Verschleiß zu begleiten. Das gesellschaftliche flexible Anpassungsinteresse hat eine evolutionär vorrangige Funktion; diese korrespondiert mit dem besonderen pädagogischen Interesse der individuellen Förderung, denn diese liefert die differentia specifica des evolutionären Wettstreits und der Auslese. Schule versucht immer, die Ungleichgewichte in ein relativ stabiles Gleichgewicht zu bringen, und dieses Gleichgewicht wieder zu differenzieren: Kinder und Jugendliche sind auf die Höhe der Zeit zu bringen, alle können die Kulturtechniken, Computer, Mathematik, sie sind auf einen Standard hin egalisiert, evolutionstheoretisch gesprochen können sie kofunktional-kooperativ die Höhe des Systems halten; und gleichzeitig haben sie in den ökologischen Nischen ihre ausgebildeten Qualitäten, die das System im Wettkampf weiterbringen (oder nicht).

1. Die Schule hat einen Balanceakt von gleicher und ungleicher Förderung durchzuführen. Gleichheit in der Verschiedenheit ist ein relativ stabiles Gleichgewichtssystem. Zu viele pädagogisch geförderte Verschiedenheiten bringen kein System und keine Gesellschaft zustande. Schule achtet also auf Anpassung vor Differenzierung, Systemisierung vor Selbstorganisation, Stabilisierung vor Individualisierung.

Aber: Das System Schule und Gesellschaft braucht die Selbstorganisation der Kinder und Jugendlichen, die individuell den Anpassungsprozeß an die Kultur vollzieht und dadurch die Kultur weiterführt. Und: Die Selbstorganisation der Kinder und Jugendlichen ist auf das System Schule und Gesellschaft angewiesen; das System Schule spricht die Selbstorganisation so an, daß sie sich zumeist im eigenen Interesse anpaßt. Gleichzeitig fördert es die individuellen Selbstorganisationen, aus denen es besteht, so daß diese in einen Wettstreit treten, der das System Gesellschaft qualifiziert (und möglichst nicht zerstört).

So ist Schule gedacht - wenn da nicht die ungewollten Nebenwirkungen, das schulische Versagen, die Inkompatibilität von äußeren Anforderungen und inneren Notwendigkeiten wären. Sie zeigen die notwendige Ergänzung einer systemtheoretischen Sichtweise durch eine energetische "vom Kinde und Jugendlichen aus".

a) Schule hat die Aufgabe, und Kinder und Jugendliche sind dafür dankbar, ihre vielen "Strebungen" auszusondern und zu bündeln. Individuell und in einer Gruppe. Denn die Energie hat die Tendenz zur Entropie; sie verliert sich, wenn sie nicht zusammengefaßt und dadurch qualifiziert wird. Es ist ein bedeutsamer Akt der Schule, die Schüler zu einer Leistung (aus der Vielzahl möglicher Handlungen) zu bringen und alle Schüler der Grundschule etwa die Kulturtechniken zu lehren. Diese "Egalisierung" hat Vorrang vor der Diffusion, daß alle differenziert alles mögliche machen.

b) Die Leistung der Schule, alle zwar nicht "alles", aber viel Wesentliches zu lehren, bringt für die Schule und die Gesellschaft den Effekt des Fortbestandes. Und die Lernleistungen der meisten Schüler werden belohnt, indem ihnen die schulorientierte Gesellschaft ihren Fortbestand relativ sichert. So ist das evolutionäre Prinzip des wechselseitigen Nutzens erfüllt.

Dieser Nutzen geht über den Nutzen des einzelnen, in doppeltem Sinne: er geschieht durch die Ausbildung der Energien des Einzelnen, und er geht über den Einzelnen hinaus. Schule vermittelt relativ gleiche Curricula, auf den Einzelnen hin bezogen differenziert; der Einzelne setzt seine Energien dazu ein, er sieht darin einen Nutzen, ist motiviert; er ist ständig mit den anderen Schülern im Austausch und in gegenseitiger Korrektur; er steht in ständiger Rückkopplung mit den Lehrern, die eine Herausforderung nach der anderen an ihn stellen, und so erfüllt er durch die Ausbildung seiner Selbstorganisation die Anforderungen des Systems.

Wie primitiv und energetisch unzureichend dieses Modell ist, zeigen die Grauzonen-Schüler, die Grenzfälle und die über die Grenzen Hinausfallenden, die systematisch schulisch erzeugt werden, damit Schule ihre Stabilität und Übersichtlichkeit behält. Inzwischen sind uns ihre individuell-kreativen und gesellschaftlichen Kosten, z.B. bei Jugendkrawallen, klar vor Augen.

c) Dieser Prozeß der differenzierten Stabilisierung oder der stabilisierten Differenzierung läuft dann weiter im Wechselverhältnis und Spiralprozeß Schule - Gesellschaft: Die Schule ist auf die Gesellschaft angewiesen, die Gesellschaft auf die Schule; die schulische Ausbildung nützt dem gesellschaftlichen Fortbestand und Weiterkommen, und der gesellschaftliche Fortbestand stellt Anforderungen wiederum an die Schule.

2. Das Gleichgewicht ist also ein fiktiver Zustand, unter dessen Oberfläche lebendige Ungleichgewichte ausgebildet werden: Eigenheiten, Originalität, Spontaneitäten, Subkulturelles, Emotionen, Kommunikationen, Handlungsweisen, Lebensweisen, Widerstand. Alles wird durch ein synergetisch übergeordnetes Ordnungssystem, den Wissenserwerb in der Schule, zusammengehalten und integriert. Alles wird auch dadurch in ihren Spitzen abgeschliffen, abgelernt, umgeändert, auf Sonderschulen verschiedener Art verwiesen, sanktioniert. Differenzierung in der Schule ist also Anpassen an das Potential des Schülers, Zulassen von Assimilation und Akkommodation, Eingrenzen des Potentials, Hierarchisieren des Potentials, Qualifizieren eines ausgewählten Potentials, Weglassen anderer Potentiale.

a) Die differenzierte Schule gibt den Kindern und Jugendlichen einen Kanon an Inhalten, Aufgaben, Ausbildungen vor. Sie läßt sie in Wechselwirkung von gebundener und freier Arbeit individuell erwerben. Die Freiheit ist dabei immer die Bindung an den eigenen Sinn. Dieser kann vielfältige Facetten haben: spielerisches Interesse, Nützlichkeit, Neugier, Kreativität, Übermut. Dieser wird dem eigenen Sinn der Gemeinschaft und des Lehrers und den übergeordneten Wertsystemen ausgesetzt, dadurch abgeschliffen, geändert, weiterentwickelt. Differenzierung ist also der Lernprozeß des individuellen und gemeinschaftlichen Ausbildens des eigenen Potentials, der Farbe und Buntheit meiner Identität.

b) In der Schule werden zwar bunte Vögel ausgebildet und geduldet, nur zu bunt dürfen sie es nicht treiben, denn sonst wird die Schule selbst zu bunt und bekommt Sanktionen ihr übergeordneter Systeme. Schüler parzellieren also ihre Energien: Einen Teil qualifiziert die Schule schulisch durch Differenzierung; einen Teil qualifizieren sie frei und geordnet außerschulisch; einen Teil ihres vitalen Interesses entwickeln sie frei und ungeordnet-"wild". Alle drei Teile sind idealiter systemisch verknüpft, um die Identität zu wahren; sie sorgen für ihre Psychokybernetik.

c) Die Austarierung der Ungleichgewichte ist aber höchst ungewiß. Die individuelle differenzierte Qualifizierung der Potentiale der Schüler liegt zwischen den zwei Wahlsprüchen: "so viel Kreativität wie möglich, so viel Ordnung wie nötig" und: "so viel Ordnung wie möglich, so viel Kreativität wie nötig". Die evolutionäre Entscheidung schwankt im Wettbewerb der Systeme, der ökologischen Nischen, zwischen der Weiterführung, Transformation des alten Systems und Ausgestaltung einer neuen Systemqualität - und der Zurückweisung, Deklassierung, ja Zerstörung dieser Qualität des Schülers. "Originale", Genies, "Gandhis" werden in der Schule erkannt, gefördert, groß herausgebracht, oder sie bleiben unerkannt, der Schatz ungehoben, sie versinken in Selbstzerstörung - es sei denn, sie halten über die Schule hinaus durch.

3. Der Wahlspruch der Schule heißt demnach: Entdecken, Systematisieren, Systemisieren. Die Vitalität des Potentials entdecken, zulassen, die Vitalität ordnen, die geordnete Vitalität qualifizieren, immer wieder mit der Basis rückkoppeln und aus ihr die Energie zur Ausbildung des Potentials schöpfen; parallel weitere Ordnungssysteme qualifizieren.

Zum Beispiel: Entdeckt eine Lehrerin einen zukünftigen "Entertainer", eine "Organisatorin", eine "Diplomatin", einen Maler, so reichert sie die Anreize zur Ausbildung dieses Potentials in einer vorbereiteten Umgebung systematisch an; sie richtet weitere Erfahrungen darauf hin aus; sie motiviert zu schulischen und außerschulischen Betätigungsfeldern und Ausbildungen. Darüber hinaus läßt sie dieses Kind oder diese Jugendliche ganz andere Erfahrungen machen, fordert spezifisch Schulisches ein, gibt Widerstände zum Überwinden, setzt die Kofunktion der Mitschüler ein, nimmt auch ein mögliches Scheitern in Kauf, versucht aber dann pädagogisch zu motivieren.

a) In der Schule bietet das Differenzieren die Stabilität und die Basis für die maßgeschneiderte Optimale Passung. Der Schüler sieht sich in den Anforderungen individuell bestätigt und angemessen herausgefordert. Die Optimale Passung ist je nach Systemik des Potentials des einzelnen Schülers sehr unterschiedlich: in Mathematik anders als in Sport. Differenzieren und Qualifizieren sind also in der Klasse unterschiedlich und individuell-inhaltlich und individuell-situativ unterschiedlich. Die Optimale Passung kann auch ein Absteigen, ein Seiteneinsteigen sein. Der sachstrukturelle Entwicklungsstand ist immer in Bewegung.

b) "Höherführung" ist immer auch eine "Rückführung", eine Elementarisierung, eine Wegnahme von Buntheit und Energetik. Qualifizierung ist eine Wegnahme von Quantifizierung und eine enggeführte Ausrichtung. Höherführung ist eine Zunahme an geordneter, verdichteter Energetik, Qualifizierung ist eine Zunahme an struktureller Genauigkeit.

Je energie-angereicherter ein Lernprozeß ist, umso stärkere Formkräfte braucht er, umso energiereicher, lebendiger sind die Formalisierungen (Begriffe, Vorstellungen, Kenntnisse), umso weittragender und tiefgehender ist der Lernprozeß. Eine Qualifizierung arbeitet die Basis neu durch, formuliert sie neu, schneidet von diesem lebensvollen Prozeß energieraubende Seitenäste weg, kultiviert und verdichtet den Lernprozeß auf der erreichbaren Spitzenebene, sichert dieses Niveau im Wettbewerb der Umgebung ab.

c) Eines der wichtigen evolutionär-positiven Prinzipien ist die sogenannte negative Rückkopplung. Die Höherführung und genauere Qualifizierung von Lernprozessen bleibt nur dann lebendig, wenn sie mit einem vitalen Interesse rückgekoppelt wird. Da hat Schule ihre Probleme. Viele dortige Lernprozesse sind hypertroph, aufgesetzt, Turmbauten zu Babel. Sie gehen nicht tief. Sie werden freudig wieder vergessen, sie sind vitale Belastungen, vordergründiges Scheinwissen. Sie sind evolutionär nichtsnutzig.

Andere heimliche Lernpläne bringen das Salz in die Schulsuppe. Nebensächliches rettet die ganze Mühe der Schule, integriert alle Belastungen, Ängste, Knochenarbeit mühelos zu einer Neuinszenierung, zu einer neuen Qualität schulischen Lernens. Auch in der Schule gilt: was weiterführt, ist unbekannt. Lehrer strengen sich an und - müssen sich über das Ergebnis überraschen lassen.

9.2.3 Schule bietet die Basis für Höherqualifizierungen

Die Wissensexplosion und die ökonomischen Einflüsse auf die Schule fordern die möglichst baldige und strategische Qualifikation von Begabungen mit dem Argument des Ländervergleichs, aber auch der kaum nachholbaren Förderung von Hochbegabungen. Der Schonraum Schule, die Zeitbasis von Versuch und Irrtum wird möglichst knapp bemessen; Kennzeichen: kaum Zeit, wenig Raum, viel Stoffülle, wenig Ressourcen, ein maßgeschneidertes Rahmen-Gebäude exemplarischen Grundwissens mit begrenzter Raumanzahl und möglichst hoch, aber stabil betoniert. Es sollen Basisorientierungen erworben werden, und zwar auf einer so hohen Ebene und so qualifiziert, daß Anschlußwissen, spezialisiertes Fachwissen, aufgebaut werden kann.

Schule stabilisiert die qualitative Differenzierung in einem weiteren Schritt durch Basisspezialisierung:

1. Selektion wird zur Variation. Das durch innere Differenzierung herausgefundene Interesse wird die Basis für neue Schwerpunkte.
2. Die Schule wird für den einzelnen Schüler in Kursen neu strukturiert, optimiert ausgestaltet, individuell maßgeschneidert.
3. Die erreichte spezialisierte Höhe wird abgesichert. Sie wird zur Plattform ausgebaut, das Andocken von Spezialausbildungen wird vorbereitet.

1. Jede Qualifikation wirkt sich auf den ganzen Menschen aus. Schule betreibt zwar eine Zergliederung, eine Fokussierung in bezug auf alle möglichen Energien dieses Menschen; sie benützt und braucht aber deren gesamte Kraft, um diesen Menschen qualifiziert zu machen. Beispiele: Ein Organisator braucht eben Sensibilität, Ausstrahlung, Vitalität, Esprit neben Kommunikationsfähigkeit. Zunächst muß aber die Organisatorin, die Künstlerin, die Technikerin durch den Prozeß der Differenzierung aus der Vielfalt ihres Potentials als solche erkannt werden. Schule beugt einer zu einseitigen Entscheidung durch ihre Kernanforderungen, ihre Grundqualifikationen und die Legitimation ihrer Abschlüsse vor. Sie bietet auf dem Weg zu einem neuen individuellen Qualifikationsniveau die Zunahme von Freiheit und Entfaltung an.
a) Differenzierte Qualifikationen haben das Interesse der Schüler geweckt und ausgebildet. Wie bei Zweigen eines Baumes verfolgt der Lehrer die Hauptäste und Zeitpunkte möglicher Abzweigungen, oder, beim Beispiel Gebäude, die Tragfähigkeit der Treppe zum Übergang in eine neue Etage, aber auch den Betonfußboden, die möglichen auszustattenden Räume. Jeder Schüler nimmt Anregungen anders auf, variiert sie auf seine Weise, gestaltet seinen Lernprozeß aus. Die Schule schafft die geeignete vorbereitete Umgebung für alle oder der Schüler geht über sie hinaus oder er holt sich seine Lebenshilfen andernorts.
b) Schüler wollen ihre ganze Kraft spüren und einsetzen. Dann wissen sie, daß sie eine wichtige Aufgabe erfüllen und selbst wichtig sind. Sie wollen nicht nur differenziert vieles lernen, sondern ihre Aufgabe übernehmen, ihre Variation der Lebensgestaltung einbringen, ihr Leben in dieser Aufgabe leben. Sie wollen auch nicht nur mit dem Kopf leben, zumindest nicht alle.

Die Schule hilft bei der Entdeckung und Bündelung ihrer ganzen Kraft. Sie fordert sie heraus, fordert Vitalität, Gefühl, Kommunikation bei kognitiven Inhalten, macht sich durch Widerstände zum Prügelknaben, fördert und kritisiert aus einer Position pädagogischer Überzeugung heraus.
c) "Schule", das ist die Treppe mit Geländer: das aufmerksame Netz von Beobachtungen, Wertungen, Absicherungen, Anforderungen, Anschub und Ziehen, Medien und Methoden, mithilfe derer der Schüler hochsteigt, seine Beine und Arme, seinen Körper mitsamt Kopf benutzt, kräftigt, trainiert.

2. Nicht alle Schüler kommen auf ihrer Plattform an. Es fehlt an schulischer Anpassung, Lebenskraft, Durchhaltevermögen, geeigneter Förderung, oder die Schule bietet ihnen keinen Platz für ihre Bedürfnisse, ihre Orignalität, die sie möglicherweise nach der Schule ganz groß entfalten werden. Schule produziert schulische Schulversager, die keine Lebensversager sein müssen; aber sie erschwert ihnen das Leben.

Jedenfalls weist sie Schülern vorläufige Plattformen an, die sie im Geflecht von Schülerinteressen, schulischen Möglichkeiten und Sichtweisen und ökonomischer Vorausschau definiert.

a) Die Schule strukturiert schulisch die Schwerpunkte und den übergeordneten Schwerpunkt des Schülers. Sie eröffnet damit neue Anreize, Interessen, Aussichten, wenn der Schüler schulisch orientiert ist. Anders kann sie es kaum bewerkstelligen. Ist der Schüler aber ein Schulverlierer, so steigern sich mit der Neustrukturierung von Anforderungen seine Verluste.

b) Selbst der in die Neustrukturierung passende Schüler kommt an die Grenzen der Schule. Er wäre schlecht beraten, den Maßanzug des Curriculums nicht kritisch zu untersuchen, ihn nicht krachen zu lassen, ihn nicht zu verschleißen, sich nicht ein unbequemere Kleidung, eine Jugendmode zu suchen. Schulisches Lernen impliziert Brüchigkeit der Legitimation; Schülersein erfordert, über die Schule hinaus zu suchen, schulisches Lernen nach dem Prinzip des Versuchs und Irrtums zu betreiben.

c) Schwerpunktsetzungen in der Schule sollen mehrere Kriterien erfüllen: sie sollen auf die individuellen Möglichkeiten des Schülers zugeschnitten sein, sie sollen weitere Wahlen offen lassen, sie sollen Basis-Qualifikationen und eine Höherqualifikation ermöglichen. In dieser Situation parzelliert die Schule Schwerpunkte, bietet ihnen offene Räume an, stellt konkrete einzuhaltende Forderungen für spezifische Qualifikationen bei der Wahl einer Richtung, und vor allem: übt sie ein in Methoden der Selbsterarbeitung, der Interessenfindung, der Strukturierung von Sachgebieten und in Methoden der Arbeitsfreude.

3. An welchem Ende der Schüler auch angekommen sein mag, wie hoch er geklettert ist, das Ergebnis muß zweifach abgesichert werden: einerseits in seiner Tiefendimension, andererseits auf seiner Oberflächenbreite. Eine spezialisierte Höhe an Basisausbildung in der Schule - im körperlichen, sozialen, kommunikativen, kognitiven, praktischen Bereich - bedarf der Festigung in der Tiefe und der Anreicherung in der Breite. In dieser Hinsicht unterscheidet sich die Schulspezialisierung von außerschulischen: die schulische Höherqualifikation ist keine Berufsausbildung, keine künstlerische Ausbildung, keine Sportausbildung; sie ist *Grundlegende Bil-*

dung, Basisausbildung. Parallel zur Schule können Violin-Künstlerinnen, Tennis-Sportler, Computer-Firmenchefs hochspezialistisch-einseitig ohne Breiten- und Tiefenausbildung heranwachsen. Die pädagogisch orientierte Schule achtet im Sinne der differenzierten Höherführung einer allgemeinen Lernbasis auf die Verankerung in der Tiefe der Persönlichkeit und auf das Bestehen vor dem breiten Wettbewerb in der Kommunikationsgemeinschaft. Hochbegabungen und Begabungen in nichtschulischen Fachgebieten können dabei unterfördert werden; für solche Fälle ist eine Vernetzung der Schule mit außerschulischen Lernorganisationen sinnvoll; aber die Schule ist davon überzeugt, daß auch diesen Schülern eine tiefgreifende Verankerung in der Persönlichkeit nützt.

a) Die Höhe bedarf der Tiefe, das Yang des Yin. Je spezialistischer die Schule ausbildet, umso individualistischer wird die Basis der Interessierten. Sie kommt dadurch in Konflikt mit ihrer Aufgabe der Allgemeinbildung. Es kann durchaus sinnvoll sein, ein hochrangiges Kolloquium mit nur einem Schüler zu führen, dann aber bitte mit allen Schülern gleichberechtigt einzeln auf ihrer ("hohen" oder "niedrigen") Plattform.

Eine Schule auf der Basis einer integrativen Anthropologie zieht es vor, in den Grenzen ihrer Möglichkeiten die Potentiale der Schüler insgesamt zur Geltung zu bringen, als für individualistische Hochbegabungen diese zu opfern. Sie behauptet auch, daß die Vitalität insgesamt für Hochbegabungen wichtig ist; diese Behauptung stimmt aber nur partiell; die Schule ist nicht für Hoch- bzw. Höchstbegabungen eingerichtet. Dies ist problematisch.

b) Schule parallelisiert jede Privilegierung einer Höherqualifikation mit der Breite von Orientierungswissen, zumindest in der Form von Elementarisierung und Kategorisierung, d.h. mit übergeordnetem Ordnungswissen. Die exemplarische Methode ist dafür hervorragend geeignet, weil sie in der "Meditation am Detail" (Montessori), auch am spezialistischen Detail, allgemeine Gesetzmäßigkeiten aufweist. Diese Gesetzmäßigkeiten würden dem Schüler nicht eröffnet werden ohne dieses Detail. In dieser Weise bietet schulisch aufgearbeitetes Detailwissen eine Breite und Tiefe der Realitätsdurchdringung.

c) Mit diesem exemplarischen Prinzip können dann sinnvoll weitere Spezialausbildungen an verschiedenstes Detailwissen angeschlossen werden. Es handelt sich nämlich nicht um Angelerntes, sondern um tief und breit gegründetes Wissen - ganz im Sinne der schulischen Aufgabe.

9.2.4 Dynamische Schule

Hartmut von Hentig beklagt in seinem Buch "Die Schule neu denken" (1994) den jungen geschulten Menschen als "kenntnisreich, aber erfahrungsarm, erwartungsvoll, aber orientierungslos, ungebunden, aber auch unselbständig, und einen erschreckend hohen Anteil unter ihnen ohne jede Beziehung zum Gemeinwesen, entfremdet und feindlich bis zur Barbarei" (Klappentext). Diese Klage mag in einigen Jahren anders lauten. Umso dringender ist eine dynamische Schule, die die stets neuen Energien einer lebendigen Jugend integrativ anspricht, qualifiziert und transformiert.

Eine dynamische Schule

1. hat wache Augen für die Gegenwart,
2. verschleißt sich in der Gegenwart,
3. verdichtet alle Kraft in der Gegenwart.

1. Jede Schulpädagogik und Schulwirklichkeit arbeitet mit der Gegenwart. Es ist zwar unabdingbar, die grundlegenden Potentiale der Kinder und Jugendlichen zu kennen, entsprechend notwendige Lernprozesse durch deren Entwicklung hindurch zu entwerfen und eine entsprechend notwendige Schule zu begründen; aber die Qualität der Zeit, der Lebenszeit heutiger und zukünftiger Kinder und Jugendlicher, auch je einzeln und in Gemeinschaft ist stets neue praktische Aufgabe der Schule. Kommt ein Gameboy (früher undenkbar), ein neues Medium, ein durchgreifendes politisches Ereignis - sehr schnell wird die Wirklichkeit anders als in der Vergangenheit gedacht und aus der Zukunft vorwegnehmbar.

a) Die Schule hängt nicht der Illusion an, die Realität der Gegenwart genau zu kennen; weder die historisch-geographische noch die situative der vielfältigen Beziehungen von Schülern und Lehrern. Die Pädagogik in der Schule arbeitet mit einer Mischung als Realität definierter und vorgestellter Gegenwart, mit einer Gegenwart als Entwurf, mit einer Gegenwart als kontingenter Möglichkeit. Da hilft nur, in der Schule genau hinzuschauen, die Gegenwart gewissermaßen anzuhalten, die Augen auf zu machen, konkret und wach zu konstatieren, welches Leben jetzt sich abspielt, das eigene Leben genauso klar als Feldenergie zu definieren, die Logik des Zusammenspiels der Schule als komplexen Supersystems zu entlarven, dieses aber in die konkreten Beziehungen herunterzudefinieren.

b) Der zweite Schritt einer praktischen Pädagogik in der Schule ist, alle energetischen Prozesse als Überlebensprozesse zu interpretieren. Lehrer und Schüler handeln so, weil sie meinen, nur so überleben zu können. Schuldzuweisungen helfen nicht.

c) Der dritte Schritt einer Pädagogik der Gegenwart ist, den Augenblick zu dynamisieren. Alles Handeln findet im Augenblick statt, der Augenblick ist kontingent offen, er bestimmt das Weiterleben, die Transformation der Beziehung, das Überleben. Die Kraft des Augenblicks fordert die Energie des konkreten Beziehungsfeldes heraus.

2. Auch die beste Schule steht hinter den möglichen Erwartungen zurück, auch wenn sie eine ungeheure Energie-Investition betreibt und einen ungeheuren Energieverschleiß (auf allen Seiten) hat. Eine evolutionäre Pädagogik kann nur darauf verweisen, daß die Gesellschaft und die Schule auch bei noch so intelligenter Investition keine andere Wahl hat, als mit dieser Entropie zu rechnen. Pädagogik, Ausbildung muß sich verschleißen, und nur durch das Verschleißen lohnt sie sich.
a) Der Lebensprozeß ist ein Energieprozeß, und insbesondere die Schemabildung, die Begriffsbildung, die Strukturierung eines Informationssystems verlangen einen großen Energieumsatz an Erfahrungen. Das Lebenlernen braucht einen intensiven Erfahrungsprozeß, das Kennenlernen mannigfacher, unterschiedlicher Energien, Erfahrungen mit der eigenen Energie-Investition.
b) Die Pädagogik und die Schule sind dafür da, diese Investitionen intelligent zu gestalten; Fehlinvestitionen können und dürfen sie nicht ganz verhindern. Die dynamische Schule praktiziert den intelligentesten Energie-Einsatz nach dem Prinzip der Natur: durch negative Rückkopplung (Vester), nämlich indem sie die Vitalenergien, das Lebensinteresse der Jugendlichen und dadurch die Selbstorganisation ihrer "progressiven Interessen" (Montessori) anspricht. Dort, wo sie nicht dynamisch sein kann, sondern regulativ sein muß, bei den außengeleiteten Ordnungsprinzipien, ist sie energie-intensiv-verschwenderisch und erheblich weniger effektiv.
c) In die gleiche Richtung geht das Energiesparprinzip, daß die Schule in sich selbst, die Lehrer in sich selbst, in die Lernumgebung investieren statt intentional in die Schüler. Eine vitale Lehrerin mit Lebensfreude und Wissensdurst, mit Interesse am Leben der Schüler, mit durchgearbeiteter Lebenserfahrung ist allemal überzeugender und lernanregender als eine als Zicke empfundene und abgelehnte. Eine mannigfach aufregende, spannend strukturierte, selbst zu erobernde und zu kontrollierende Lernumgebung mit Widerständen, Enttäuschungen, leidenschaftlichen Auseinandersetzungen, Lebensproblemen fordert zur Abarbeitung auf, wie sie die Funktionsschule nie leisten kann.

3. Die beste Schule ist nicht unbedingt die neueste Schule. Zu allen Zeiten gab es dynamische Lehrer. Und Sokrates war nicht der erste. Die evolutionäre Schule wird nicht erst heute entdeckt; nur ist die Qualität der Dynamik geschichtlich und geographisch situativ. Wir haben heute unser Lebensinteresse und bilden dafür die Jugend

aus, die wiederum ihr eigenes unterschiedenes dazwischenmischt. So kommt die Zukunft mit ins Spiel. Auf die reale Zukunft hin kann Schule nicht ausbilden. Wenn sie sich intensiv um die Ausbildung der Gegenwart bemüht, fördert sie die Lernfähigkeit, die Neugier, das Interesse, in der jeweiligen Gegenwart auf der Höhe der Zeit zu sein, intensiv zu leben - und der Lernprozeß der Jugend wird sich fortsetzen, immer in der jeweiligen Gegenwart.

a) Ob die Energien der Jugend "richtig" in der Schule ausgebildet wurden, zeigt sich immer in der jeweiligen Gegenwart, wenn sie sich bewähren müssen, dem Wettbewerb ausgesetzt werden. Sie können dann nicht damit argumentieren, sie seien auf einer guten oder schlechten Schule gewesen, sondern sie sind in jedem Augenblick auf ihre eigene Selbstorganisation gestellt. Diese sollten sie freilich dort gelernt haben.

b) Spielraum und Ernstfall greifen in einer dynamischen Schule stets ineinander. Im Grunde geht es immer um den Ernstfall, die Existenz, die Erweiterung des Spielraums bis an die Grenzen, die exzentrische Positionalität (Plessner), d.h. von innen möglichst dynamisch-vielfältig nach außen zu gehen, um das Innen mit dynamischen Erfahrungen zu befriedigen und wiederum mit einer kraftvollen Identität das Außen zu erweitern.

c) Dieser energetische Prozeß währt ein Leben lang. Immer im Jetzt.

10. Lebendige Lehrer - lebendige Schule

Schule ist als Evolutionsfaktor aus der heutigen Welt nicht wegzudenken. Sie ist mit der ganzen Welt geographisch in der Oberflächendimension und historisch in der Tiefendimension verknüpft: Schule läßt die ganze Welt und die Kulturgeschichte der ganzen Welt - kind-jugendgemäß durchgearbeitet - herein. Die Lehrer tun dies durch Medien (Filme, Fernsehen), durch Kontakt (Korrespondenz, E-mail, Internet, Patenschaften) mit anderen Europäern, Afrikanern, Amerikanern, Indern, Japanern etc. Durch die Verarbeitung heutigen Wissens und heutiger Kontaktmöglichkeiten verändern sich die Haltungen zueinander und nehmen die Faszination der Kulturen und ihre Integration zu - hoffentlich im Sinne der Friedenserziehung, die Vorurteile und Feindbilder abbaut. Insofern ist die Schule eines der kritisch wachsamen Bindeglieder der heutigen Welteinheit, und es ist nur zu begrüßen, daß sich die Eine-Welt-Pädagogik entwickelt.

10.1 Lehrerinnen und Lehrer

Die Schule, das sind die Lehrer. Schule ist mehr als die Lehrer, aber ohne Lehrer ist die Schule nichts. Und ohne Schüler ist die Schule nichts. Lebendige, dynamische Lehrer machen eine dynamische Schule und fördern und steigern die Potentiale der Schüler.

Lehrerinnen und Lehrer sind für die Entwicklung ihrer eigenen Lebenskraft auch im Hinblick auf die Schülerinnen und Schüler verantwortlich. Überfordern wir sie nicht, sondern lassen wir die notwendige Reduktion auf das Menschenmögliche zu, auf die Ausbildung ihrer eigenen Identität, denn im Grunde müßten sie allen Kindern und Jugendlichen alles sein (Pestalozzi); die Mindestforderung ist, ihre eigenen Kinder-, Jugend- und Erwachsenenpotentiale vital zu halten.

10.1.1 Lehren und Erziehen ist eine zentral evolutionäre Aufgabe

Evolution ist Lernen. Lehren erleichtert einen Teil dieser Selbstorganisation, kann sie aber nicht ersetzen, und Selbstorganisation ist auf den notwendigen Einfluß von außen angewiesen. Platons Höhlengleichnis erzählt, wie mühsam dies ist, wie aggressiv und feindselig die Belehrten reagieren können: sie fertigen das Lehrer-Schema an, mit allen Anwürfen, Selbstzweifeln, Verachtungen, utopischen Überforderungen (Ballauff 1985).

Der Mensch braucht Belehrung. Nicht alles Lernen kann selbstorganisiert werden. Nirgendwo anders als in der Schule durch den Lehrer und die Lehrerin wird diese Aufgabe so gründlich, grundständig-systematisch, so persönlich erfüllt.

1. Der gute Lehrer ist selbst neugierig.
a) Jeder Sachverhalt ist immer wieder neu, hat neue Aspekte, die Lehrerfrage ist nie hohl. Er ist gespannt, was aus dem Lehr-Lern-Prozeß herauskommt.
b) Diese Spannung und Neugierde überträgt sich auf die Schüler.
c) Der Lehrer gibt sich selbst mit in die Fragestellung, hält sich selbst jung und vital an Körper, Seele, Geist, ist fasziniert von der Evolution der Welt, der Gedankensysteme, der neuen Medienmöglichkeiten.

2. Zum Lehren gehört das Sortieren, Systematisieren, Kategorisieren.
a) Aller didaktische Elan gilt dem Aufschließen von Sachverhalten von immer neuen Aspekten aus.
b) Jeder Schüler, jede Klasse, jedes Alter ist anders, braucht andere Erklärungsmuster, neue Weltsichten und Orientierungen.
c) Dies hält jung, bringt für den Lehrer immer neue Einsichten, gestaltet sein Selbstbewußtsein als Lehrer: denn nirgendwo wird diese zentrale Aufgabe so wichtig genommen.

3. Der Lehrer ist nicht schematisch festgelegt, macht nach dem dritten Lehrjahr nicht alles im Schlaf. Alles entwickelt sich, heute dynamischer denn je.
a) Die Sachverhalte werden vollständig transformiert. Neue Sichten, neue Lebensprozesse verlangen neue Stellungnahmen oder die Korrektur durch das Alte, das sich auf diese Weise verändert.
b) Sie verlangen neue Leistungsanforderungen, neue Didaktiken, neue Kommunikationsformen, die Weiterentwicklung, eine Höherentwicklung des Selbstverständnisses von Lehrer und Schüler.
c) Die weitere Lebensgeschichte der Schüler, der Lehrer, der Wirkung in der Gesellschaft werden über die Tragweite des Gelehrten entscheiden. Diese unterliegt evolutionären Gesetzen des Wettbewerbs, der ökologischen Nische, der negativen Rückkopplung. Der Lehrer hat die Wirkung seines Ergebnisses nicht in der Hand; es kann scheitern oder konstruktiv genutzt werden; er kann verschmäht oder gelobt werden. Was er selbst bestimmen kann, ist seine Überzeugungskraft durch eigene Überzeugung, seine Vitalität, die Aktivierung seiner Dynamik, seine philosophische, pädagogische Haltung.

10.1.2 Die neuen Aufgaben des Lehrers

Das Lehrer-Schema bedarf dringend der Erweiterung. In dem Maße, in dem die Stützfunktionen der pädagogischen "Zulieferer" abknicken, übernimmt der Lehrer neben der Verantwortung für die Inhalts- auch die für die Beziehungsebene. Der Lernprozeß braucht dies. Es bleibt ihm keine andere Wahl. Also ist der Lehrer auch Erzieher, Sozialarbeiter, Therapeut (Kerst 1995).

Vom Lehren der Inhalte gibt er ab: auf Medien in einer vorbereiteten Umgebung, auf selbstorganisierende Methoden. Er bleibt trotzdem Lehrer. Er unterrichtet in der Anfangssituation, auch später nach dem Selbstorganisationsprozeß; er stellt klar, er sichert ab, er hinterfragt. Es ist eine Täuschung, zu meinen, er werde dadurch überflüssig oder man könne Lehrer einsparen.

1. Der Lehrer übernimmt wieder seine alte Aufgabe des Erziehens, aber in einer neuen Form von Professionalität. Erziehen wird Eltern zu schwer; der Lehrer als Experte muß in die Bresche springen, ein Stück weit Erziehungsberatung mit übernehmen. Erziehen ist die Basis von Unterrichten. Unterricht ist Erziehung und Selbsterziehung.

a) Unterricht erzieht zu Arbeitsfreude, Sinnesarbeit, Energieeinsatz, Rationalität, Systematik, Empathie, Kultur, Tradition. Diese alten Kategorien erfordern heute eine neue Qualität von erziehendem Unterricht: in bisher kaum gekanntem Maße müssen Konzentrationsfähigkeit, Disziplin, Rituale und Regeln, Emotionsbewältigung *vor* allem Unterricht gelernt werden.

b) Erziehung ist immer Selbsterziehung unter Fremdeinwirkung. Lehrer lernen, das Selbst der Schüler in seiner Dynamik und Vitalität auf den verschiedenen aufgezeigten Ebenen recht differenziert anzusprechen, um die gewünschte und notwendige Innenwirkung für das Lernen erzeugen zu lassen.

c) Selbsterziehung ist auch für die Lehrer selbst gefragt. Sie sind nicht mehr fraglos anerkannt; Schüler urteilen kritisch über ihre Persönlichkeit. Lehrer, die diese nicht weiterentwickeln, haben einen schweren Stand.

2. Lehrer sind heute Sozialarbeiter. Unter den diversen Jugendstilen sind auch sog. abweichende, außergewöhnliche, die außergewöhnliche Methoden benötigen.

a) Bereiche inhaltlicher Sozialarbeit im Unterricht sind allgemein: Sozialisationsdefizite abbauen (Unlust an schulischem Lernen), Enkulturation (Sprachdefizite abbauen, Interesse an der Kultur wecken, kulturelle Verhaltensweisen einüben). Spezielle Sozialarbeit kommt auf Lehrer zu bei Drogenprävention (Lustverhalten, Neinsagen, Grenzenprobieren), Integration von Fernsehkonsum, Computersucht.

b) Schule und Jugendarbeit arbeiten immer mehr zusammen. Die Schule öffnet sich, geht nach außen auf die Probleme der Jugendlichen zu, geht ihnen konkret-hartnäkkig bis zur Lösung nach, läßt die Probleme nach innen mehr herein (Beispiele: Jugendarbeitslosigkeit, jugendliche Sexualität, Familienkonstellationen, Familienwerte); Jugendliche fühlen sich verstanden, verstärken ihre Basis zum Lernen.
c) Zur Qualifizierung als Sozialarbeiter braucht der Lehrer Spezialausbildungen zu den Berufsfeldern: Integration Behinderter, interkulturelle Erziehung, Methoden des Konfliktmanagements, Drogenprävention, lebendige Lehr- und Lernmethoden.

3. Systematischer Therapeut zu sein, sollte der Lehrer nicht für sich in Anspruch nehmen, wohl aber, unsystematischer präventiver prophylaktischer pädagogischer Therapeut. Denn dies kann ein Schulpsychologe nicht leisten. Die Zuwendung zu einzelnen Kindern und Jugendlichen hat heute schon manchmal präventiv-therapeutische Züge; zumindest sollte der Lehrer Kenntnisse und Fähigkeiten darin haben, um im richtigen Moment richtig zu reagieren und die Schüler nicht in allen Fällen an Experten abgeben zu müssen, die überlastet sind, nach einseitigen psychologischen (eben nicht pädagogischen) Modellen vorgehen oder viel zu spät zur Verfügung stehen. Der Lehrerberuf professionalisiert sich dadurch ein weiteres Stück mehr. Wie gesagt: der Lehrer will kein Therapeut sein, er handelt aber notwendigerweise oft in diese Richtung.
a) Der Unterricht bietet unzählige Gelegenheiten, therapienahe Inhalte zu besprechen: Wertvorstellungen, Handlungsweisen, Emotionsbewältigung, vitale Fragen, Sinnfragen.
b) Schüler sind zwar nicht im therapeutischen Gespräch, können aber ihre Probleme aussprechen; der Lehrer "rogert" z.B. gesprächstherapeutisch; er geht nach Gordon vor; der Schüler spricht sich in Existenzfragen aus, bringt seine Minderwertigkeits- und Ohnmachtsgefühle vor, nutzt die Gruppe als Encounter.
c) Pädagogische Diagnostik gehört zur normalen Ausbildung des Lehrers; die meisten Lehramtskandidaten haben aber eine Schmalspur-Psychologiekenntnis. Die Pädagogische Psychologie übersetzt die Therapien in pädagogische Therapien. Eine Ausbildung der Lehrer in pädagogisch-therapeutischen Methoden erspart der Gesellschaft viele therapiebedürftige Erwachsene, weil Lehrer so hautnah und zeitintensiv mit Schülern zu tun haben wie kaum Therapeuten, weil ihre Differenzierungsmethoden ihnen erlauben, sich fallweise auch mit einzelnen Schülern zu beschäftigen; sie können zusätzlich noch therapeutischen Rat hinzuziehen. Die Ängstlichkeit, eine Grenze zum Therapeuten zu überschreiten und auch juristisch die Verantwortung übernehmen zu müssen, sollte einer konstruktiven Zusammenarbeit weichen.

10.1.3 Jedem Lehrer sein Profil

Das Lehrer-Schema variiert zusehends. Der Lehrer hat keine Probleme mehr, seine Professionalität unter Beweis zu stellen; dazu dienen die Universitätsausbildung, der anerkannte, gesellschaftlich wichtige Problembereich Schule, die Differenzierung pädagogischen Expertentums. Gefragt ist der professionell ausgewiesene, persönlich profilierte Lehrer.

1. Irgendwo gab es mal die These: die Besten sollen Lehrer sein. Augustinus plädierte dafür. Lehrer sind nicht die Profilschinder, sondern die Abgeklären, die Magister-Meister, die Besonnenen mit Übersicht und Lebenserfahrung. Der Lehrer ist nicht nur Wissens-Experte, er ist nicht nur Profi, er ist Pädagoge, im pädagogischen Bereich Heiler (ähnlich dem Unterschied zwischen Mediziner und Arzt).

a) Jedem Lehrer sein Unterricht, seine Unterrichtsdramaturgie, seine Unterrichtsmethode. Kommen wir über die Abziehbildchen hinaus, wie ein Lehrer Unterricht zu erteilen habe. Das muß er intensiv professionell gelernt haben, aber wie jeder Meister und Künstler und Professor soll er es transformieren.

b) Äußere Bereiche, sich professionell als Lehrer zu profilieren, bietet die Vielgestaltigkeit des Unterrichts heute zuhauf. Hartmut von Hentig berichtet von einem englischen Rektor einer bekannt ausgezeichneten Schule, der für die Anstellung der Lehrer die Bedingung setzte: jeder Lehrer müsse sich in seinem Profil vom anderen Lehrer unterscheiden, er müsse neben professionellem Unterricht irgendeine weitere ausgezeichnete Eigenschaft mitbringen, die die anderen im Kollegium nicht haben.

c) Pädagogische Professionalität durch Erziehungswissenschaft kann als selten bezeichnet werden. Die Erziehungswissenschaft läßt die Pädagogen in Stich. Pädagoge wird der Lehrer durch die Tiefendimension seiner Unterrichtsarbeit. Lehrer sind nicht Unterrichter, Inhaltsdarbieter; Lehrer arbeiten den Unterrichtsprozeß und die Inhalte so durch, daß nicht nur sie, sondern vor allem der Schüler Lebensgewinn daraus zieht.

2. Jedem Schüler sein Lehrer. Jeder Schüler hat ein "Anrecht" auf den Lehrer, der ihn richtig zu nehmen weiß, mit dem die Wellenlänge, die Elektromagnetik, die Homöopathie, die Chemie der Gefühle stimmt, der ihn in seinem Potential fördert und korrigiert.

a) Jedem Schüler sein Lerntyp im Unterricht. Lehrer sind für alle Lerntypen da. Im Vordergrund steht nicht, daß Unterricht stattfindet, daß Inhalte wissenschaftlich richtig dargestellt werden, sondern daß so dargestellte Inhalte von Schülern effektiv und tiefgehend aufgenommen werden.

b) Jedem Schüler sein Profil. Schüler sind nicht nur werdende Persönlichkeiten, sondern sie *sind* Kind-Jugend-Persönlichkeiten, die Erwachsenen-Persönlichkeiten werden. Sie haben ihr Profil, das zunächst Respekt verlangt, weil es ihre Intimität berührt.

c) Das Leiden des Lehrers am Schüler steht in Wechselbeziehung zum Leiden des Schülers am Lehrer. Beide leiden, freuen sich, lernen voneinander, kämpfen miteinander, siegen und verlieren, spielen das Spiel der Menschen. Der Lehrer ist der Regisseur; er braucht Qualitäten des Spielleiters, Supervisors über das Psychodrama, die Inszenierungen. Er ist der Heiler der Leiden, er kann nicht beim Spiel, beim Regisseur stehenbleiben; er muß pädagogische Heilerqualitäten haben.

3. Wie bekommt der Lehrer "Heilerqualitäten", wie wird er zum pädagogischen Arzt? Der Lehrerberuf ist ein Persönlichkeitsberuf. Lehrer sind keine Computer. Persönliches Profil, Vitalität, Farbigkeit, Ausstrahlung zählen, docken Jugendliche an. Wie der Arzt nicht heilt, sondern die Natur mit seiner Hilfe sich heilen läßt, so erleichtert der Pädagoge den Selbst-Lernprozeß; er setzt alle Kraft darein, den Schüler in seinen Potentialen zu kräftigen und nimmt sich gleichzeitig mit der Frage zurück: wie kann ich ihm den Lernprozeß erleichtern?

a) Montessori spricht vom Lehrer als Bindestrich zu Inhalten, als Diener am Kind.

b) Freire spricht vom Lehrer als Lehrer-Schüler und vom Schüler als Schüler-Lehrer. Er spricht von der Demut des Lehrers. Der Lehrer hilft dem Schüler zu sich selbst. Dabei wendet er das homöopathische Prinzip der Selbstheilung an: er versetzt sich und die Inhalte mit ihm auf eine Wellenlänge, und er ist sich gewiß, daß dieser gewaltlose Vorgang den gewaltigsten Lernprozeß bewirkt.

c) Rogers spricht vom Lehrer als Erleichterer; die Mentastik von Trager fragt sich ständig: was kann leichter sein? Wie kann ich Prozesse erleichtern (Trager 1991)? Der Lehrer macht dem Schüler und sich selbst das Leben nicht zu leicht, aber er erleichtert es sich und ihm, um Kraft zur Bemeisterung zu bekommen. Der Lehrer erleichtert die Energie der Selbstorganisation. Er tritt für die Jugendlichen ein, schützt sie, ist ihr Anwalt, wenn sie ihr Leben intensiv durcharbeiten, wozu er ihnen verhilft.

Das persönliche Profil des Lehrers ist selbst gut durchgearbeitet und aufgrund menschlicher Erfahrung von menschlicher Sanftheit geprägt. Der Lehrer ist kraftvoll, vital, entschieden, wertklar, aufgeklärt, lebensnah und pädagogisch besonnen, nicht vorschnell urteilend, nahe an der kindlichen und jugendlichen Energie.

10.1.4 Lehrerausbildung als Persönlichkeitsbildung

Die Schulungen gehen weiter, auch für Lehrer. Lebenslanges Lernen wird zum lebenslangen Schulen. Erwachsenen-Schulung zum Lehrer sind nicht mehr nur die Universität, nicht mehr nur die Lehrerfortbildung, sondern zunehmend lehren auch außeruniversitäre Institute Lehr-Lern-Methoden für Lehrer, über die Didaktik hinaus mit integriert westlich-östlichen Weisheitslehren der Persönlichkeitsbildung und Lebenskultivierung; einige Lehrer besuchen nach 20-30 Jahren auch wieder eine ganze neue Universität; vielleicht fühlen sie sich mit 50 auch nicht mehr jugendadäquat und schulen vom Lehrerberuf um, lassen sich ausbilden und gehen als Practitioner und Teacher in Volkshochschulen, Management-Schulen, schulen sich also zu anderen Lehrern.

1. Der Professionalisierungsprozeß des Lehrers wird ebenso wie der anderer Berufe unabschließbar. Der Lehrer braucht nicht auf Fortbildung zu warten: sein Unterricht ist zunächst seine Fortbildung, jeden Tag neu.
a) Unterrichts-Schulung mit wachen Sinnen dynamisiert jedes Lehrer-Schema des überlegen Wissenden in den lernenden Nichtwissenden.
b) Fortbildung ist die Selbstverpflichtung des Lehrers weniger zum inhaltlich adäquaten Unterricht (diese Information holt er sich täglich), eher zum Kennenlernen ganz neuer Konzepte und Methoden:

- ❒ erziehungsorientierter Methoden (Konzentrationstechniken, Bioenergetik, Gestaltpädagogik);
- ❒ unterrichtsorientierter Methoden (Lehrertraining, Medientechniken, Lerneffizienztechniken, Argumentationstechniken, Mentaltechniken);

- persönlichkeitsorientierter Methoden (Kommunikationstechniken, Rhetorik, Gruppendynamik, Psychodrama).

c) Die persönliche Professionalisierung ist die Transformation des Didaktikers in den Lehr-Meister, des Strategikers und Sophisten in den Pädagogen-Philo-Sophen, in die Spiritualität des Weisheits-Suchers aufgrund von angeschafftem Wissen (Wissenschaft).

2. Der Schüler professionalisiert den Lehrer. Da ist die Forderung, jugendadäquat zu sein, ständig "novis rebus studere".
a) Der Schüler gibt dem Lehrer Unterricht, Wissen. Er weiß seinen Teil; weil er oft nicht schulrelevant ist, wird er vom Lehrer ausgesondert; dennoch fließt dieses Wissen in den Unterricht und die Lebensverarbeitung des Lehrers ein. Der Lehrer tut gut daran, das Potential des Schülers nachzufragen.
b) Der Schüler schult den Lehrer. Sein Geheimnis, seine Unaufgeschlossenheit, seine Eigenart, seine Entwicklungsaufgabe, seine Provokation ist die Schule des Lehrers. Sie hört nicht auf.
c) Der Schüler fordert die Persönlichkeit des Lehrers heraus. Er fordert den Lehrer als ganzen Menschen, seine Echtheit, Wahrhaftigkeit, Selbstkongruenz; seine Konfliktfähigkeit, Aggression; seine Männlichkeit und Weiblichkeit; seine Lebenserfahrung, Lebensfreude, Vitalität; seinen "Großen Charakter" (Buber), seine integrierte Persönlichkeit.

3. Der Lehrer ist gewissermaßen auch dann "im Dienst", wenn er an seiner persönlich-sozialen Lebensgestaltung arbeitet. Seine persönliche Weiterentwicklung, seine politische Überzeugung, seine Religiosität, seine Sexualität, seine Gefühlsarbeit, seine Familiengestaltung, seine Einsamkeit und Freiheit - alles bemerken Schüler an ihm, alles hat modellhafte Wirkung, alles ist unabschließbar entwicklungsbedürftig, wenn der Lehrer lebendig bleiben will.
a) Die Lernprozesse des Lehrers und der Schüler geschehen zwar hier und jetzt, sind aber immer schon über die Gegenwart und über die Lernumgebung hinaus; sie beeinflussen ständig die systemisch-wechselseitigen Lernprozesse weit über die Schule hinaus, sie müssen sich in der Oberflächen- und Tiefendimension vor der Gemeinschaft bewähren. Der Lehrer ist, lokal handelnd, für tiefgehende und weitreichende Lernprozesse mitverantwortlich, und die Lehrerschaft als ganze ist eine Einflußgröße auf den Welt-Lernprozeß und dessen Transformation. Denn, wie gesagt, nirgendwo geschieht Lernen so basal-strategisch-strukturell-formend wie durch den Lehrer.

b) Auch wenn der Lehrer Privatmann und Privatfrau ist: sein persönliches Leben und die Weiterentwicklung seiner Potentiale, seiner Überzeugungen, seiner pädagogischen Qualitäten sind seine pädagogische Aufgabe, parallel zur Aufgabe der Weiterentwicklung der Jugend. Zentral wichtig ist seine biographische Selbstreflexion, um die Jugend nicht nach eigener Erziehungserfahrung und mit eigenen Konflikten zu belasten.
c) Besinnende Vernunft statt berechnender Vernunft (Peter Kern) läßt den Lehrer klug, kompromißbereit, gebildet, ökosophisch werden. Dann trägt er zur Lebensfreude, zur aufgeklärten Wiederverzauberung der Welt, zur Humanisierung bei.

10.2 Sozialevolutionäre Schule

"Die Vollendung des Individuums kann sich nur in der vollkommenen Partizipation am Ganzen des Fortschritts des Geschlechtes vollziehen" (Rest 1971, S. 16). Erziehung und Schule haben die Aufgabe, daß der Mensch sich mit seiner ganzen Person in die Weiterentwicklung der Weltsituation einbringt. Er tut dies durch Wissen, durch Kommunikation, durch Individuation, durch Verantwortung am Weltprozeß.

10.2.1 Die Wissensschule

Die Bewußtseinsentwicklung generiert nach Teilhard de Chardin die Tiefendimension der Evolutionsgeschichte. Hier ist der Ansatzpunkt von Schule und Evolution: Die Schule ist mit allem Wissen der Welt verknüpft, sie wandelt dieses Wissen didaktisch um, sie gibt Orientierungswissen für das Leben der zukünftigen Erwachsenen, Wissen gibt ihnen Macht zur Veränderung.

1. Die Informationsmacht Schule erstreckt sich auf die ganze Weltbevölkerung, mehr oder weniger effektiv. Nur durch die neuen Medien hat sie eine Konkurrenz bekommen.
a) In der sensibelsten Zeit der Angewiesenheit auf das Glauben an dargebotene Informationen, erst allmählich korrigierbar durch einen Erfahrungsschatz, formiert die Schule das Kind, den Jugendlichen nach Gesichtspunkten der Wissenschaft, der Tradition, des eigenen Gutdünkens und der Plausibilität, von denen sie Wissen behauptet und begründet, das die Wahrheit aber nur eingeschränkt wiedergeben kann.

b) Aufklärung, Forschung, Wissenskonsens sind schwankende Brücken der Wahrheit, auf die sich die Schule verläßt.
c) Ebenso schwankend, aber notwendig im Sinne der Wahrheitssuche, ist eine Ethik der Didaktik: Die didaktischen Übersetzungen der Schule müssen stimmen, den Forderungen der Aufklärung, der Vernunft entsprechen und nicht den Ideologien, Fundamentalismen, Demagogien.

2. Im Wissen / Gewissen / in der Gewißheit mit dem Nichtwissen ist die Schule der Wahrheit verpflichtet, und die Jugendlichen haben darauf ein Recht, ja sie verlangen danach.
a) Schule proklamiert festgelegtes Wissen, objektiviertes Wissen, das die Weltkultur zielgerichtet weiterbringt. Es korrigiert Vorwissen, subjektives Wissen, intuitives Wissen, Wissen von ganzen Menschheitskulturen durch die Jahrtausende.
b) Es ist noch nicht erwiesen, ob das schulische Wissen in toto richtiges Wissen ist. Jedenfalls ist unsere Wissenskultur für die bisher wohl größten Schäden der Menschheitsgeschichte mitverantwortlich.
c) Eine Ethik des Wissens sieht dieses Dilemma. Schule lehrt auch diese Schäden und weist auf das Wissen der Menschheitsgeschichte hin.

3. Wissen ist nicht *der* Entscheidungsfaktor der sozio-kulturellen Evolution, insbesondere nicht schulisches Wissen mit seiner Kausal-Orientierung und rationalen Wissenschaftlichkeit.
a) Die Dynamik des Wissens und Bewußtseins ist eine evolutionäre Dynamik. Die Evolution klärt durch das Bewußtsein nicht nur ihre Prozesse, sondern sie bringt neue Bewußtseinsprozesse in Gang, einen ganzen Fächer neuer Wissensakkumulationen und Systeme. Die Wissensexplosion ist also evolutionär förderlich.
b) Wissen und Evolution sind trotzdem nicht kongruent. Die Evolution (wie auch jedes Individuum, soziobiologisch: die Gene) erprobt das Wissen, die Wissenskomplexe, die sie weiterbringen, durchaus auch mit der Möglichkeit des Scheiterns, der Zerstörung.
c) Schulisches Wissen ist folglich durchaus nicht zwingend mit dem evolutiv notwendigen und sich durchsetzenden Wissen kongruent. Dieses Wissen ist nicht im voraus bekannt. Auch noch so intensiv erarbeitete Wissenskulturen entscheiden nicht darüber.

10.2.2 Die Gemeinschaftsschule

Die Evolution ist verschwenderisch unvorhersehbar. Schule arbeitet mit an diesem verschwenderischen Evolutionsprozeß. Wenn die Tiefendimension: inneres und äußeres Wissen, ebenso wichtig wie unentscheidend sind, ist wenigstens zu hoffen, daß der durch die Schule begünstigte kommunikative Wettbewerb evolutiv sinnvoll ist.

1. Wettbewerb, Selektion, Leistung sind schulische Kategorien im kommunikativen Vergleich.
a) Die Schulen sind inhaltlich und oft auch praktisch mit vielen Kommunikationen verknüpft: mit der sozialen Kommunikation der gesellschaftlichen Schichten, mit subkulturellen Kommunikationen (der Sprachen, Rituale etc.), mit multikulturellen Kommunikationen.
b) Überall versteht sich Schule pädagogisch als Vermittlerin. Es geht praktisch aber auch immer um Selektion, um Verbreitung, um Untergang (von Sprachen und Kulturen, die nicht gepflegt werden).
c) Eine kommunikative Didaktik ist gänzlich überfordert, nach allen Seiten Kommunikation zu vermitteln, auszugleichen, zum Überleben aller Kulturen beizutragen. Auch sie selektiert.

2. Interkulturelle Kommunikation ist also der äußerlich symmetrisch erscheinende Kompromiß einer evolutiven Weiterführung der Kulturen.
a) Die Schule vermittelt hier inhaltlich-informierend friedenspädagogisch.
b) Schule besteht auf dem kommunikativen Maßstab der Menschenrechte.
c) Trotz aller Dialoge müssen die Kulturen verschmelzen; die Schule muß wegen ihrer wichtigen Vermittlerposition zu einer neuen Kultur beitragen.

3. Kommunikation ist eine individuelle Arbeit. Längst pflegen wir Einzelnen die Weltkommunikation durch Reisen, Bekanntschaften, Sprachen; in Schulen durch Patenschaften, Briefkontakte, Schülerfreundschaften.
a) Der Weltkommunikation und der Weltintegration des planetarischen Bewußtseins gilt ein großer Teil schulischer Aktivität, und sie werden in Zukunft erheblich wachsen.
b) Gerade Schulen haben hier unter pädagogischen Gesetzen eine strategische Bedeutung, gleichgültig, ob diese kommunikativen Netze der Schulen evolutiv mitentscheidend sind oder nicht.

c) Zumindest werden Weltkommunikationsstrukturen im Inneren der Menschen und äußerlich geschaffen, die für den Kollaborationsdruck, den Wettbewerb, die Selektion der Evolution gebraucht werden. Und dieses Gebrauchtwerden ist Sinn genug.

10.2.3 Jeder Schule ihr Profil

Eine der Strategien der Evolution ist die Individualisierung, die Durchsetzung und Belohnung des Individuums im Wettbewerb. So werden Erfindungen führend, so werden Staaten regiert, so Konzerne gemanagt, so gewinnen einzelne Schulen oder Schulkonzepte pädagogische Anerkennung.

1. Die Forderung, jeder Schule ihr eigenes Profil zu geben, kommt aus der Alternativschulbewegung, der Trophäe der Pädagogik.
a) Die individuelle Schule tut alles, sich auszustatten, um sich behaupten und legitimieren zu können. Sie will besser sein als die anderen vielen. Und so wird sie es schaffen.
b) Der nationale Wettbewerb der Schultypen und Schulkonzeptionen unterliegt den gleichen Gesetzen. Hier kommen noch ökonomische Vergleiche und Kofunktionszwang dazu.
c) Das kontinentale Profil der Schulen ist durchaus unterschiedlich; diese Variationsbreite ist evolutiv geboten, weil durchaus nicht deutlich ist, daß einzig die strategisch-einlinig-technologische Schule wünschenswert ist.

2. Die Vitalität einer Schule kann sich auf Verschiedenstes gründen: auf die Eliteschule, das Alter der Schule, hochgeehrte Absolventen, möglichst viel Streß; evolutiv bedeutsam sind nicht die Begründungen, sondern die Leistungen innerhalb des Wettbewerbs.
a) Das eigene Profil der Schule führt zum eigenen Profil der Lehrer und Schüler und umgekehrt interdependent.
b) Diese Profilierung wagt Schnitte: beispielsweise Einschnitte in pädagogische Werte, Bücklinge vor ökonomischen Interessen, Selektion einer Elite der Elite.
c) Diese Profilierung kann aber auch eine im Sinne der ganzen hier vorgelegten Konzeption sein: die möglichst variationsreiche Förderung der zentrierten Potentiale der Kinder und Jugendlichen.

3. Schule ist eine Öko-Nische. Hier wächst individuell und im kommunikativen Wettstreit innerhalb eines relativen Schonraums die Jugend heran, die auf die eine oder andere Weise die Evolution der menschlichen Kultur weiterführen wird.

a) Eine Öko-Nische wie die Schule bietet eine Minimalumwelt für Lebenstüchtigkeit. Darin können individuelle Unterteilungen eingerichtet sein, von denen nicht von vornherein bekannt ist, ob sie überlebenswichtig weiterführen.
b) Schule selektiert prognostisch unsicher. Diese Zufälligkeit ist pädagogisch problematisch; aber unter ganz anderen Gesetzmäßigkeiten bietet sie auch die Chance, durch Förderung oder Akzeptanz und Nicht-Akzeptanz individueller Potentiale genau die Qualität hervorzubringen, die evolutionär weiterführt.
c) Welche Leistungen weiterführen, ist systemisch unklar. Auch bei größten Schulleistungen. Eine variationsreiche Profilierung (synergetisch übergeordnete Ordnungsstruktur) in Einheit mit Zwängen von kollaborierenden Unterstrukturen ("Leistungen"), die die höhere Struktur "Gesellschaft" systemisch und systematisch weiterführen, bringt am wahrscheinlichsten evolutionären Erfolg.

10.2.4 Die Verantwortung der Schule im Weltprozeß

Schulpädagogisches Handeln hat seine Legitimationsbasis in einer Reihe übergeordneter Systeme ideologischer, verwaltungstechnischer, ökonomischer Art, die miteinander zusammenhängen und letztlich evolutionären Gesetzen dienen.

1. Jedes System wirkt auf jedes ein, jedes hat seine Funktion im Wettbewerb des Lebens. Schule ist nicht ein Nebenschauplatz, eine nebensächliche Heranführung an den Weltprozeß, der dann ernsthaft andernorts betrieben wird; auch Kindheit und Jugend und Alter haben evolutionäre Bedeutung.
a) Täglich führen uns die Medien den globalen Lernprozeß vor Augen, die Weltinnenpolitik, die Einmischung in die Verletzung von Menschenrechten, die Weltbetroffenheit durch Kriege, die individuelle-nationale-kontinentale Verantwortung für den Weltprozeß. Schule arbeitet diesen mit Kindern und Jugendlichen täglich - auf der ganzen Welt - in irgendeiner Form auf.
b) Schule arbeitet diesen begründet, also im Zusammenhang mit Geschichte auf. Eine Aufarbeitung der Geschichte ist das Nachdenken über geschichtliche Verantwortung.
c) Verantwortung ist kein Vergangenheitsbegriff. Die Arbeit der Schule ist die gegenwärtige Lebendigkeit für die Zukunft.

2. Die lebendige, dynamische Schule ist die konkrete intensive Arbeit und konkretes Leben fordernde Schule in einer freiheitlichen Schon-Atmosphäre. Sie motiviert und fordert den intensiven Prozeß und das optimal mögliche Produkt, geht an die Grenze der Leistungsfähigkeit, verbunden mit spielerischer Lebensfreude.

a) Dieses existentielle, kreativ-spielerische Engagement erweitert die Möglichkeiten dieses individuellen Lebens des Schülers und Lehrers, aber auch des Lebens überhaupt.
b) Das Leben verwirklicht sich in individuellen Eigenarten, spezifischen Qualitäten, Einmaligkeiten. Sie sind von der Schule als mögliche ökologische Nischen positiv zu bewerten.
c) Die Schule faßt diese Individualitäten und Eigenheiten zusammen, beläßt und korrigiert sie. Sie hat integrative Funktion, weil sie alle Menschen erfaßt und an der ständigen Transformation der Menschen, der Gesellschaften, des Kosmos mitarbeitet. Die "kosmische Erziehung" (Montessori) als hochkomplexer, individueller bis kontinentaler, ja "kosmischer" Zusammenhang hat evolutive Bedeutung.

3. Die Schule ist Teil der evolutionären Dynamik geworden. Weil sie gezeigt hat, daß sie die Evolution weiterbringen kann. Aus dem Weltprozeß ist sie nicht mehr wegzudenken.
a) Die Schule ist der originäre Ort systematischer Vermittlung des Grundwissens, der Formung des Bewußtseins, der Entwicklung der Potentiale der Menschen bis zur Höhe der Evolution. Sie ist die Basis der Informationsvermittlung.
b) In Verbindung mit der Arbeitswelt, des industriellen Komplexes, der Universitäten, der Informationsmedien, die sie vorbereitet und systematisch begleitet, wirkt sie an der Tiefendimension ("radialen Dimension" nach Teilhard de Chardin), am Bewußtseinsprozeß der Evolution, mit.
c) Der Ausgang ihrer Bemühungen ist trotzdem offen. Umso vielfältiger und dynamischer muß die Schule diese Bemühungen fortsetzen. Die Evolution schafft sich kreativ immer neu Bewußtseinsenergien und Verwirklichungen. Die Schule arbeitet daran mit, aber sie ist immer wieder überrascht, welche Energien sich durchsetzen.

Literatur

Abels, Heinz: Jugend vor der Moderne. Soziologische und psychologische Theorien des 20. Jahrhunderts. Leske + Budrich, Opladen 1993.

Abrams, Jeremiah (Hg.): Die Befreiung des Inneren Kindes. Die Wiederentdeckung unserer ursprünglichen kreativen Persönlichkeit und ihre zentrale Bedeutung für unser Erwachsenenleben. Scherz, Bern 1993.

Adler, Alfred: Menschenkenntnis. Fischer, Frankfurt 1966 (1947).

Aebli, Hans: Psychologische Didaktik. Klett, Stuttgart 1963.

Aeppli, Willi: Sinnesorganismus - Sinnesverlust - Sinnespflege. Die Sinneslehre Rudolf Steiners in ihrer Bedeutung für die Erziehung. Schriften der Pädagogischen Forschungsstelle beim Bund der Freien Waldorfschulen, Freies Geistesleben, Stuttgart o.J.

Alberts, Wolfgang & Bosch, Doris & Schier, Norbert: Schule formen durch Rituale. Wege zur Entwicklung von Orientierungen und Geborgenheit. Konzepte und Arbeitshilfen. Wingen, Essen 1991.

Allerbeck, Klaus & Hoak, Wendy: Wertewandel - oder gewandelte Verhältnisse? In: Deutsches Jugendinstitut (Hg.): Immer diese Jugend. Ein zeitgeschichtliches Mosaik 1945 bis heute. Kösel, München 1985.

Aschersleben, Karl: Moderner Frontalunterricht. Neubegründung einer umstrittenen Unterrichtsmethode. Lang, Frankfurt 1985.

Baacke, Dieter: Kommunikation und Kompetenz. Grundlegung einer Didaktik der Kommunikation und ihrer Medien. Juventa, München 1973.

Baacke, Dieter: Die 6 - 12jährigen. Einführung in die Probleme des Kindesalters. Beltz, Weinheim 1984.

Baacke, Dieter: Jugend und Jugendkulturen. Juventa, München 1993 (1987).

Bach, George R. & Wyden, Peter: Streiten verbindet. Diederichs, Düsseldorf 1969.

Bach, George R. & Goldberg, Herb: Keine Angst vor Aggression. Fischer, Frankfurt 1991.

Ballauff, Theodor: Lehrer sein einst und jetzt. Auf der Suche nach dem verlorenen Lehrer. Neue deutsche Schule, Essen 1985.

Bateson, Gregory: Ökologie des Geistes. Anthropologische, psychologische, biologische und epistemologische Perspektiven. Suhrkamp, Frankfurt 1983 (1972).

Bateson, Gregory: Geist und Natur. Eine notwendige Einheit. Suhrkamp, Frankfurt 1983 (1979).

Bayer, Klaus: Evolution - Kultur - Sprache. Brockmeyer, Bochum 1994.

Beasley, Bev; Rückriem, Norbert: Lehrer können die Schule verändern. Lang, Frankfurt 1984.

Beck, Ulrich: Risikogesellschaft. Auf dem Weg in eine andere Moderne. Suhrkamp, Frankfurt 1986.

Bergson, Henri: L'Évolution créatrice. In: *Henri Bergson*, Oeuvres. Presses Universitaires de France, Paris 1963, S. 487-809 (1907).

Bernstein, Basil: Studien zur sprachlichen Sozialisation. Schwann, Düsseldorf 1972.

Bette, Karl-Heinrich: Körperspuren. Zur Semantik und Paradoxie moderner Körperlichkeit. de Gruyter, Berlin 1989.

Biermann, Rudolf (Hg.): Interaktion, Unterricht. Schule. Wissenschaftliche Buchgesellschaft, Darmstadt 1985.

Bildungskommission NRW: Zukunft der Bildung - Schule der Zukunft. Luchterhand, Neuwied 1995.

Bischoff, Sonja: Frauen zwischen Macht und Mann. Männer in der Defensive. Rowohlt, Reinbek 1990.

Blakeslee, Thomas R.: Das rechte Gehirn. Das unbewußte und seine schöpferischen Kräfte. Aurum, Freiburg 1982.

Bloch, Ernst: Das Prinzip Hoffnung. 3 Bde., Suhrkamp, Frankfurt 1959.

Blondel, Maurice: L'Action. Essai d'une critique de la vie et d'une science de la pratique. Alcan, Paris 1893.

Boal, Augusto: Theater der Unterdrückten. Übungen und Spiele für Schauspieler und Nicht-Schauspieler. Suhrkamp, Frankfurt 1979, 1989.

Bohm, David: Die implizite Ordnung: Grundlagen eines dynamischen Holismus. Dianus-Trikont, München 1985 (1980).

Bohnsack, Ralf: Generation, Milieu und Geschlecht. Leske + Budrich, Opladen 1989.

Bollnow, Otto Friedrich: Das Wesen der Stimmungen. Klostermann, Frankfurt 1956.

Bollnow, Otto Friedrich: Existenzphilosophie und Pädagogik. Kohlhammer, Stuttgart 1959.

Bollnow, Otto Friedrich: Mensch und Raum. Kohlhammer, Stuttgart 1963.

Bollnow, Otto Friedrich: Die pädagogische Atmosphäre. Untersuchungen über die gefühlsmäßigen zwischenmenschlichen Voraussetzungen der Erziehung. Quelle & Meyer, Heidelberg 1964.

Bourdieu, Pierre: Die feinen Unterschiede. Kritik der gesellschaftlichen Urteilskraft. Suhrkamp, Frankfurt 1982 (La distinction. Critique social du jugement. Les édition de minuit, Paris 1979).

Bowlby, John: Verlust, Trauer und Depression. Suhrkamp, Frankfurt 1987.

Bowlby, John: Trennungen. Psychische Schäden als Folge der Trennung von Mutter und Kind. Kindler, München 1976.

Brand, Ingelid & Breitenbach, Erwin & Maisel, Vera: Integrationsstörungen. Diagnose und Therapie im Erstunterricht. Bentheim, Würzburg 1988.

Bratzler, Karl: Die Evolution des sittlichen Verhaltens. Duncker & Humblot, Berlin 1984.

Brenner, Gerd & Nörber, Martin (Hg.)*:* Jugendarbeit und Schule. Kooperation statt Rivalität und Freizeit. Juventa, München 1992.

Brocher, Tobias: Wenn Kinder trauern*:* Wie sprechen wir über den Tod? Kreuz, Zürich 1980.

Brose, Karl: Wittgenstein als Sprachphilosoph und Pädagoge. Grundlagen zu einer Philosophie der Kindersprache. Campus, Frankfurt 1987.

Bruner, Jerome: Entwurf einer Unterrichtstheorie. Spitz, Berlin 1974.

Buber, Martin: Reden über Erziehung. Schneider, Heidelberg 1964 (1919/1925).

Buber, Martin: Charaktererziehung. In: *ders.:* Reden über Erziehung. Schneider, Heidelberg 1964 (1939).

Buchner, Christina: Neues Lesen - neues Lernen*:* Vom Lesefrust zur Leselust. Bruno Martin, Südergellersen 1991.

Buddrus, Volker (Hg.)*:* Humanistische Pädagogik. Klinkhardt, Bad Heilbrunn 1995.

Buddrus, Volker (Hg.)*:* Die "verborgenen" Gefühle in der Pädagogik. Impulse und Beispiele aus der Humanistischen Pädagogik zur Wiederbelebung der Gefühle. Schneider, Baltmannsweiler 1992.

Bühl, Walter L. (Hg.)*:* Konflikt und Konfliktstrategie. Nymphenburger, München 1972.

Bühler, Charlotte: Psychologie im Leben unserer Zeit. Droemer, München 1962.

Bünner, Gertrud & Röthig, Peter (Hg.)*:* Grundlagen und Methoden rhythmischer Erziehung. Klett, Stuttgart 1983 (1971).

Burow, Olaf-Axel: Synergie als handlungsleitendes Prinzip Humanistischer Pädagogik. Konsequenzen für kooperatives Lernen in der Schule. In: *Volker Buddrus* (Hg.)*:* Die "verborgenen" Gefühle in der Pädagogik. Schneider, Baltmannsweiler 1992, S. 186-212.

Büttner, Rudolf & Reiner, Gerd-Bodo (Hg.)*:* Schule und Identität im Wandel. Lang, Frankfurt 1991.

Cameron-Bandler, Leslie & Lebeau, Michael: Die Intelligenz der Gefühle. Junfermann, Paderborn 1990

Capra, Fritjof: Wendezeit. Bausteine für ein neues Weltbild. Scherz, Bern 1982.

Capra, Fritjof: Das neue Denken. Aufbruch zum neuen Bewußtsein. Scherz, Bern 1987.

Coleman, John C.: Eine neue Theorie der Adoleszenz. In: *Erhard Olbrich & E. Todt* (Hg.)*:* Probleme des Jugendalters. Neue Sichtweisen. Springer, Berlin 1984.

Collier, Gary: Emotional Expression. Lawrence Erlbaum, London 1985.

Copei, Friedrich: Der fruchtbare Moment im Bildungsprozeß. Quelle & Meyer, Heidelberg 1950.

Czikszentmihalyi, Mihaly & Rochberg-Halton, Eugene: Der Sinn der Dinge. Das Selbst und die Symbole des Wohnbereichs. Psychologie Verlags-Union, München 1989 (1981).

Csikszentmihalyi, Mihaly: Das Flow-Erlebnis. Klett-Cotta, Stuttgart 1991.

Cube von, Felix & Alshuth, Dietger: Fordern statt Verwöhnen. Die Erkenntnisse der Verhaltensbiologie in Erziehung und Führung. Piper, München 1986.

Daniélou, Madeleine: Erziehung aus dem Anspruch des Geistes. Paulus, Recklinghausen 1953.

Dennison, Paul: Befreite Bahnen. Verlag für Angewandte Kinesiologie, Freiburg 1991.

Dennison, Paul & Gail: Lehrerhandbuch Brain-Gym. Verlag für Angewandte Kinesiologie, Freiburg 1992.

Dennison, Paul & Gail: Brain-Gym. Verlag für Angewandte Kinesiologie, Freiburg 1992.

Dennison, Paul & Gail: EK für Kinder. Verlag für Angewandte Kinesiologie, Freiburg 1992.

Deutsches Jugendinstitut (Hg.): Immer diese Jugend! Ein zeitgeschichtliches Mosaik. 1945 bis heute. Kösel-Verlag, München 1985.

Dick, Lutz van: Alternativschulen. Rowohlt, Reinbek 1979.

Diegritz, Theodor & Rosenbusch, Heinz: Kommunikation zwischen Schülern. Urban & Schwarzenberg, München 1977.

Dieterich, Rainer: Verständigung - psychologisch verstanden. In: *Friedrich Scheidt* (Hg.): Lernziel Verständigung. Reinhardt, München 1982, S. 14-43.

Dietrich, Theo: Schulleben oder Unterricht? Eine 150 Jahre alte Auseinandersetzung. In: *Herbert Gudjons & Gerd-Bodo Reinert* (Hg.): Schulleben. Scriptor, Königsstein 1980.

Döpfner, M.O.C. & Garms, Thomas: Erotik in der Musik. Ullstein, Frankfurt 1986.

Dorsch, Friedrich: Psychologisches Wörterbuch. Huber, Bern 1992.

Dreikurs, Rudolf: Grundbegriffe der Individualpsychologie. Klett, Stuttgart 1969.

Du Bois-Reymond, Manuela & Oechsle, Mechthild (Hg.): Neue Jugendbiographie? Leske, Opladen 1990.

Dubach, Annemarie: Die Grundelemente der Eurythmie. Philosophisch-anthroposophischer Verlag, Dornach 1988 (1981).

Dürr, Hans-Peter (Hg.): Physik und Transzendenz. Die großen Physiker unseres Jahrhunderts über ihre Begegnung mit dem Wunderbaren. Scherz, Bern 1986.

Dychtwald, Kenneth: KörperBewußtsein. Eine Synthese der östlichen und westlichen Wege zur Selbst-Wahrnehmung, Gesundheit und persönlichem Wachstum. Synthesis, Essen 1981 (1977).

Eibl-Eibesfeldt, Irenäus: Die Biologie menschlichen Verhaltens. Grundriß der Humanethologie. Piper, München 1984.

Elias, Norbert: Über den Prozeß der Zivilisation. Bd. 1 und 2, Suhrkamp, Frankfurt 1980.

Erikson, Erik H.: Identität und Lebenszyklus. Suhrkamp, Frankfurt 1974 (1959).

Fatzer, Gerhard: Ganzheitliches Lernen. Humanistische Pädagogik und Organisationsentwicklung. Junfermann, Paderborn 1990.

Faust-Siehl, Gabriele & Bauer, Eva-Maria & Baur, Werner & Wallascheck, Uta: Mit Kindern Stille entdecken. Diesterweg, Frankfurt 1993.

Feldenkrais, Moshé: Bewußtsein durch Bewegung. Der aufrechte Gang. Suhrkamp, Frankfurt 1978 (1967).

Ferchhoff, Wilfried: Jugend an der Wende des 20. Jahrhunderts. Lebensformen und Lebensstile. Leske + Budrich, Opladen 1993.

Festinger, L.: A theory of Cognitive dissonance. New York 1957.

Fiehler, Reinhard: Kommunikation und Emotion. Theoretische und empirische Untersuchungen zur Rolle von Emotionen in der verbalen Interaktion. de Gruyter, Berlin 1990.

Fischer, Reinhard: Konzentration, Konzentrationsstörungen und Hilfen. In: *Peter Heitkämper* (Hg.): Mehr Lust auf Schule. Junfermann, Paderborn 1995.

Fölling-Albers, Maria: Schulkinder heute. Auswirkungen veränderter Kindheit auf Unterricht und Schulleben. Beltz, Weinheim 1992.

Freese, Hans-Ludwig: Abenteuer im Kopf. Philosophische Gedankenexperimente. Beltz, Weinheim 1995.

Freinet, Célestin: Pädagogische Texte. Rowohlt, Reinbek 1980.

Freinet, Célestin: Essai de psychologie sensible. T. I: Acquisition des techniques de vie constructivel. 4e éd. Delachaux et Niestlé, Paris 1978; t. II: rééducation des techniques de vie ersatz. éd. Delachaux et Niestlé, Neuchâtel 1971.

Fürstenau, Peter: Zur Psychoanalyse der Schule als Institution. In: *Das Argument*, Mai 1964, Nr. 29, S. 65-78.

Gadamer, Hans-Georg: Der Mensch und seine Hand im heutigen Zivilisationsprozeß. In: E. Bannmüller: Mit den Händen wahrnehmen und lernen. *Grundschulzeitschrift* 7. Jg., H. 64.

Gaudig, Hugo: Die Schule im Dienste der werdenden Persönlichkeit. Leipzig 1922.

Gazzaniga, Michael: Das erkennende Gehirn. Junfermann, Paderborn 1989.

Gebhard, Elfriede: Intuitionsschulung. In: *Peter Heitkämper* (Hg.): Mehr Lust auf Schule. Junfermann, Paderborn 1995, S. 397-410.

Gebser, Jean: Ursprung und Gegenwart. Stuttgart 1949, dtv, München 1973.

Geißler, Erich: Die Schule. Theorien, Modelle, Kritik. Klett, Stuttgart 1984.

Gieseke, Thomas: Materialien und Medien zur Förderung von Sensumotorik, Sprache und Kognition. In: *Grundschule* 1/93, S. 20-22.

Gillessen, Wolfgang & *Werkmeister, Elke:* Spielend besser sehen lernen. In: *Peter Heitkämper* (Hg.): Mehr Lust auf Schule. Junfermann, Paderborn 1995, S. 145-154.

Gilligan, Carol: Verantwortung für die anderen und für sich selbst. Das moralische Bewußtsein von Frauen. In: *Günter Schreiner* (Hg.): Moralische Entwicklung und Erziehung. Braunschweig 1983, S. 133-174.

Glogauer, Werner: Die neuen Medien verändern die Kindheit. Nutzung und Auswirkungen des Fernsehens, der Videospiele, Videofilme u.a. bei 6- bis 10jährigen Kindern und Jugendlichen. Deutscher Studienverlag, Weinheim 1993.

Glück, Gerhard: Inhalt und Atmosphäre der Sexualerziehung in der Hauptschule - eine Befragung von Schülern in Nordrhein-Westfalen nach ihren Erfahrungen, Vorstellungen und Wünschen. In: *Norbert Kluge* (Hg.): Sexualpädagogische Forschung. Schöningh, Paderborn 1992.

Gordon, Thomas: Familienkonferenz. Die Lösung von Konflikten zwischen Eltern und Kind. Hoffmann und Campe, Hamburg 1972 (1970).

Gordon, Thomas: Lehrer-Schüler-Konferenz. Wie man Konflikte in der Schule löst. Hoffmann und Campe, Hamburg 1977 (1974).

Grammer, Karl: Biologische Grundlagen des Sozialverhaltens. Wissenschaftliche Buchgesellschaft, Darmstadt 1988.

Grell, Jochen & *Monika:* Unterrichts-Rezepte. Beltz, Weinheim 1990 (1983).

Gribble, David: Auf der Seite der Kinder. Welche Reform braucht die Schule? Mit einer Einleitung von Hartmut von Hentig. Beltz, Weinheim 1991.

Gudjons, Herbert: Handlungsorientiert Lehren und Lernen. Klinkhardt, Bad Heilbrunn 1993 (1986).

Gudjons, Herbert: Pädagogisches Grundwissen. Klinkhardt, Bad Heilbrunn 1994.

Habermas, Jürgen: Theorie des kommunikativen Handelns. Bd. 1: Handlungsrationalität und gesellschaftliche Rationalisierung. Suhrkamp, Frankfurt 1981.

Hagemann-White, Carol: Sozialisation: Weiblich - männlich? Leske + Budrich, Opladen 1984.

Halbfas, Hubertus: Das dritte Auge - religionsdidaktische Anstöße. Düsseldorf 1982.

Hannemann, Renate: Vertrieben, heimatlos, verleumdet und dennoch "Zuhause". Erfahrungen mit Roma-Zigeunerkindern in "Vorbereitungsklassen" einer Mannheimer Schule. In: *Rudolf G. Büttner* & *Gerd-Bodo Reiner* (Hg.): Schule und Identität im Wandel. Lang, Frankfurt 1991, S. 41-62.

Hausmann, Gottfried: Didaktik als Dramaturgie des Unterrichts. Quelle & Meyer, Heidelberg 1959.

Heckhausen, Heinz: Förderung der Lernmotivierung und der intellektuellen Tüchtigkeiten. In: *Heinrich Roth* (Hg.): Begabung und Lernen. Klett, Stuttgart 1968, S. 193-228.

Heider, Fritz: Psychologie der interpersonalen Beziehung. Klett, Stuttgart 1977.

Heinrich, Karin: Kinder arbeiten (sich) frei. neue deutsche Schule, Duisburg 1991.

Heitkämper, Peter: Der Personalitätsbegriff bei Octave Hamelin. Hain, Meisenheim 1971.

Heitkämper, Peter: Bildung als transformierende Politik. In: *Peter Heitkämper* & *Rolf Huschke-Rhein:* Allgemeinbildung im Atomzeitalter. Beltz, Weinheim 1986, S. 28-57.

Heitkämper, Peter: Friedenserziehung durch Kunst. In: *Thomas Dominikowski* & *Regine Mehl* (Hg.): Dem Humanismus verpflichtet. Zur Aktualität pazifistischen Engagements. agenda, Münster 1994, S. 144-154.

Heitkämper, Peter: Die Angst der Gesellschaft vor ihrer Jugend. In: *Das Parlament* Nr. 17, 1995.

Heitkämper, Peter (Hg.): Mehr Lust auf Schule. Ein Handbuch für innovativen und gehirngerechten Unterricht. Junfermann, Paderborn 1995.

Heitkämper, Peter: Die Schule als energetisch "vorbereitete Umgebung". In: ders. (Hg.): Mehr Lust auf Schule. Handbuch für innovativen und gehirngerechten Unterricht. Junfermann, Paderborn 1995, S. 33-39.

Heitkämper, Peter: Experimentierendes Tasten. Zur Aktualität der Freinetpädagogik. In: *Harald Ludwig* (Hg.): Reformpädagogik. In: *engagement* 4/1995, S. 352-361.

Heitkämper, Peter (Hg.): Didaktiken und Methodiken (Manuskript 1997).

Heller, Kurt & *Nickel, Horst:* Psychologie in der Erziehungswissenschaft. Klett-Cotta, Bd. 1 und Bd. 2, Stuttgart 1976.

Helmer, Gerd: Siegen durch Nachgeben (Manuskript 1996).

Henningsen, Jürgen: Vom Klempner zum Schwätzer - Voraussagen zur Lehrerbildung. In: *Neue Sammlung* 2/1981, S. 84-99.

Hentig, Hartmut von: Vom Verkäufer zum Darsteller. Absagen an die Lehrerbildung. In: *Neue Sammlung* 2/1981, S. 100-114.

Hentig, Hartmut von: Ergötzen, Belehren, Befreien. Schriften zur ästhetischen Erziehung. München 1985.

Hentig, Hartmut von: Die Schule neu denken. Eine Übung in praktischer Vernunft. Hanser, München 1993.

Hentig, Hartmut von: Bildung. Hanser, München 1996.

Hernegger, Rudolf: Psychologische Anthropologie. Von der Vorprogrammierung zur Selbsterneuerung. Beltz, Weinheim 1982.

Herzka, Heinz Stefan: Die neue Kindheit. Schwabe, Basel 1989.

Hoffmann, Johannes: Moraltheologische und moralpädagogische Grundlegung. Moralpädagogik Bd. 1, Patmos, Düsseldorf 1979.

Holler, Johannes: Das neue Gehirn. Möglichkeiten moderner Gehirnforschung. Unser Gehirn im Überblick. Junfermann, Paderborn 1996.

Holtstiege, Hildegard: Modell Montessori. Grundsätze und aktuelle Geltung der Montessori-Pädagogik. Herder-Verlag, Freiburg 1977.

Holtstiege, Hildegard: Maria Montessoris neue Pädagogik: Prinzip Freiheit - Freie Arbeit. Herder, Freiburg 1987.

Holtstiege, Hildegard: Montessori-Pädagogik und soziale Humanität. Herder, Freiburg 1994.

Homfeldt, Hans Günther (Hg.): Erlebnispädagogik. Schneider, Baltmannsweiler 2. Aufl. 1995.

Hüholdt, Jürgen: Wunderland des Lernens. Lernbiologie, Lernmethodik, Lerntechnik. Verlag für Didaktik, Bochum 1995.

Huschke-Rhein, Rolf: Systemische Pädagogik. 5 Bde., Rhein-Verlag, Köln 1988 ff.

Izard, Caroll: Die Emotionen des Menschen. Eine Einführung in die Grundlagen der Emotionspsychologie. Beltz, Weinheim 1981 (1977).

Jantsch, Erich: Die Selbstorganisation des Universums. Vom Urknall zum menschlichen Geist. Hanser, München 1979.

Jessel, Anne & Moir, David: BrainSex. Der wahre Unterschied zwischen Mann und Frau. Düsseldorf 1990.

Jonas, Friedrich: Die Institutionenlehre Arnold Gehlens. Mohr, Tübingen 1966.

Jourdan, Manfred: Pädagogische Kommunikation. Eine integrative Systematisierung der Dimension menschlicher Kommunikation in Erziehung und Bildung. Klinkhardt, Bad Heilbrunn 1989.

Jugendwerk der Deutschen Shell (Hg.): Jugend '92, Bd. 2: 1992.

Kant, Immanuel: Kritik der Urteilskraft. 1790.

Kapfhammer, Hans-Peter: Entwicklung der Emotionalität. Kohlhammer, Stuttgart 1995.

Keleman, Stanley: Verkörperte Gefühle. Der anatomische Ursprung unserer Erfahrungen und Einstellungen. Kösel, München 1992 (1985).

Keller, Reinhard & Fritz, Annemarie: Auf leisen Sohlen durch den Unterricht. Ein Arbeitsbuch zum spiel- und handlungsorientierten Unterricht im 1. und 2. Grundschuljahr. Hofmann, Schorndorf 1995.

Kern, Peter & Wittig, Hans-Georg: Notwendige Bildung. Studien zur Pädagogischen Anthropologie. Lang, Bern 1985.

Kern, Peter: Ethik und Wirtschaft. Leben im epochalen Umbruch: Vom berechnenden zum besinnenden Denken? Lang, Frankfurt 1990.

Kerschensteiner, Georg: Die Grundfragen der Schulorganisation. Leipzig 1912.

Kesper, Gudrun & Luckfiel, Heide: Wahrnehmungsstörungen in ihren Auswirkungen auf Lernen, Sprache und Verhalten. Skript zur Fachtagung: Förderung wahrnehmungsgestörter Kinder, vom 25.-27. April 1994, Landesinstitut für Schule und Weiterbildung, Soest 1994.

Kiphard, Ernst: Motopädagogik. Modernes Lernen, Dortmund 1979.

Klafki, Wolfgang: Studien zur Bildungstheorie und Didaktik. Beltz, Weinheim 1963.

Kline, Peter: Das alltägliche Genie. Junfermann, Paderborn 1995.

Klink, Else: Eurythmie. In: *Gertrud Bünner & Peter Röthig* (Hg.): Grundlagen und Methoden rhythmischer Erziehung. Klett, Stuttgart 1983 (1971), S. 171-181.

Klippert, H.: Methoden-Training. Übungsbausteine für den Unterricht. Beltz, Weinheim 1994.

Köck, Peter: Praxis der Unterrichtsgestaltung und des Schullebens. Auer, Donauwörth 1991.

Krafft, Dietmar: Sozialwissenschaftliche Bildung und Soziale Marktwirtschaft (Manuskript 1995).

Kramer, Horst: Soziales Handeln in der Jugendphase. Ein formalpragmatischer Beitrag zu einer integrierten Jugendtheorie. Deutscher Studienverlag, Weinheim 1989.

Krapf, Bruno: Aufbruch zu einer neuen Lernkultur. Erhebungen, Experimente, Analysen und Berichte zu pädagogischen Denkfiguren. Haupt, Bern 1992.

Krappmann, Lothar: Soziologische Dimensionen der Identität. Klett, Stuttgart 1975 (1969).

Krejci, Jaroslav: Die Verantwortung für die Glücksorientierung zur Entfeindung und zum Frieden. In: *Elke Franke & Reinhold Mokrosch* (Hg.): Werterziehung und Entwicklung. Universität Osnabrück, Osnabrück 1989.

Kroh, Oswald: Entwicklungspsychologie des Grundschulkindes. Teil 2: Die Entwicklung des Kindes im Grundschulalter. Beltz, Weinheim 1964.

Kükelhaus, Hugo: Unmenschliche Architektur. Von der Tierfabrik zur Lernanstalt. Gaia, Köln 1973.

Kükelhaus, Hugo: Fassen, Fühlen, Bilden. Organerfahrungen im Umgang mit Phänomenen. Gaia, Köln 1982.

Kükelhaus, Hugo: Organismus und Technik. Gegen die Zerstörung der menschlichen Wahrnehmung. Fischer, Frankfurt 1984.

Lammers, Norbert: Erziehungspartnerschaft von Eltern und Lehrern - ihre bildungs- und gesellschaftspolitische Bedeutung. In: Kongreß-Dokumentation Katholische Elternschaft Deutschlands, Landesverband Nordrhein-Westfalen, Essen 1995.

Lander, Hilde-Maria & *Zohner, Maria-Regina:* Meditatives Tanzen. Kreuz, Stuttgart 1987.

Langeveld, Martinus J.: Einführung in die theoretische Pädagogik. Klett, Stuttgart 1966.

Langguth, Veronika: Erfahrbarer Atem. In: *Peter Heitkämper* (Hg.)*:* Mehr Lust auf Schule. Junfermann, Paderborn 1995, S. 133-144.

Lenhart, Diether: Mit der Nase lernen. In: *Peter Heitkämper* (Hg.)*:* Mehr Lust auf Schule. Junfermann-Verlag, Paderborn 1995, S. 179-191.

Lersch, Philipp: Aufbau der Person. Barth, München 1956 (1950).

Lewin, Kurt: Grundzüge der topologischen Psychologie. Hubert, Bern 1969.

Lewin, Kurt: Feldtheorien in den Sozialwissenschaften. Hubert, Bern 1963.

Leyhausen, Paul: Vergleichendes über die Territorialität bei Tieren und den Raumanspruch des Menschen (1954). In: *Konrad Lorenz* & *Paul Leyhausen:* Antriebe tierischen und menschlichen Verhaltens. Piper, München 1968.

Liedtke, Max: Evolution und Erziehung. Ein Beitrag zur integrativen Pädagogischen Anthropologie. Vandenhoeck & Ruprecht, Göttingen 1972.

Lowen, Alexander: Bioenergetik. Rowohlt, Reinbek 1975.

Lowen, Alexander: Körperausdruck und Persönlichkeit. Grundlagen und Praxis der Bioenergetik. Kösel, München 1981 (1958).

Lowen, Alexander: Der Verrat am Körper. Scherz, Bern 1980 (1967).

Ludwig, Harald: "Kosmische Erziehung". Zum Ansatz einer ökologisch orientierten Schulpädagogik bei Maria Montessori. In: *Pädagogische Rundschau.* Bern 46 (1992), S. 389-405

Mayer, Werner Paul & *Seter, Georg:* Computer-Kids. Ravensburger, Ravensburg 1994.

Médici, Angéla: L'Éducation Nouvelle. Presses Universitaires de France, Paris 1966.

Meisterjahn-Knebel, Gudula: Montessori-Pädagogik und Bildungsreform im Schulwesen der Sekundarstufe. Lang, Frankfurt 1995.

Mertens, Krista: Lernprogramm zur Wahrnehmungsförderung. Modernes Lernen, Dortmund 1991.

Metzig, W. & *Schuster, M.:* Lernen zu lernen. Springer, Berlin 1993.

Meyer, Peter: "Das ganze Schulleben von Grund auf ändern" - Impulse der Jena-Plan Pädagogik Peter Petersens für die heutige Schule. In*: Harald Ludwig* (Hg.)*:* Reformpädagogik. *engagement* 4/1995, S. 337-351.

Miller-Kipp, Gisela: Wie ist Bildung möglich? Die Biologie des Geistes unter pädagogischem Aspekt. Deutscher Studienverlag, Weinheim 1992.

Mollenhauer, Klaus: Theorien zum Erziehungsprozeß. Juventa, München 1972.

Mondl, H.: Lern- und Denkstrategien. Analyse und Intervention. Hogrefe, Göttingen 1992.

Montessori, Maria: Kinder sind anders. Klett, Stuttgart 1952.

Montessori, Maria: Kosmische Erziehung. Herder, Freiburg 1988.

Mühlen Achs, Gitta & *Schorb, Bernd* (Hg.)*:* Geschlecht und Medien. Ko Päd, München 1995.

Müller, Andreas: Kommunikation und Schulversagen. Systemtheoretische Beobachtungen im Lebensfeld Schule. Edition SZH, Luzern 1990.

Müller, Doris: Phantasiereisen im Unterricht. Braunschweig 1994.

Müller, A.M. Klaus: Wende der Wahrnehmung. Erwägungen zur Grundlagenkrise in Physik, Medizin, Pädagogik und Theologie. Kaiser, München 1978.
Mussolff, Andreas: Kommunikative Kreativität. Karl Bühlers Zweifelderlehre als Ansatz zu einer Theorie innovativen Sprachgebrauchs. Alano Rader, Aachen 1990.
Neumann, Siegfried: Hunger und Liebe. Der Mensch: das poetische Wesen. Lang, Frankfurt 1995.
Nickel, Horst: Entwicklungspsychologie des Kindes- und Jugendalters. Bd. II: Schulkind und Jugendlicher. Huber, Bern 1975.
Nickel, Horst: Die Lehrer-Schüler-Beziehung als transaktionaler Prozeß. Ein Interaktionsmodell aus ökopsychologischer Perspektive. In: *ders.* (Hg.): Psychologie der Entwicklung und Erziehung. Zwanzig Jahre empirische Forschung unter ökopsychologischer Perspektive. Centaurus-Verlagsgesellschaft, Pfaffenweiler 1993, S. 244 ff.
Oaklander, Violet: Gestalttherapie mit Kindern und Jugendlichen. Klett-Cotta, Stuttgart 1989.
Oblinger, Hermann: Schweigen und Stille in der Erziehung. Ehrenwirth, München 1968.
Oevermann, Ullrich: Schichtenspezifische Formen des Sprachverhaltens und ihr Einfluß auf die kognitiven Prozesse. In: Heinrich Roth (Hg.): Begabung und Lernen. Klett, Stuttgart 1968, S. 297-356.
Ornstein, Robert: Multimind. Junfermann, Paderborn 1989.
Otto, Enrico: Methodische Theaterpädagogik. Lit, Münster 1993.
Oury, Fernand & *Vasquez, Aida:* Vers une pédagogie institutionnelle. Paris 1967.
Paul, Ingwer: Rituelle Kommunikation. Sprachliche Verfahren zur Konstitution ritueller Bedeutung und zur Organisation des Rituals. Narr, Tübingen 1990.
Perlick, Peter: Architektur im Dienste der Pädagogik. Henn, Ratingen 1969.
Petermann, Ulrike: Sozialverhalten bei Grundschülern und Jugendlichen. Lang, Frankfurt 1992 (1986).
Petersen, Peter: Führungslehre des Unterrichts, Beltz, Weinheim 1963.
Petzold, Hilarion & *Brown, George:* Gestaltpädagogik. Konzepte der Integrativen Erziehung. Pfeiffer, München 1977.
Piaget, Jean: Theorien und Methoden der modernen Erziehung. Fischer, Frankfurt 1972.
Piaget, Jean: Sprechen und Denken. Schwann, Düsseldorf 1972.
Piaget, Jean: Das moralische Urteil beim Kinde. Rascher, Zürich 1954.
Piaget, Jean: Die Bildung des Zeitbegriffs beim Kinde. Olten 1955.
Piaget, Jean: Theorien und Methoden der modernen Erziehung. Fischer, Frankfurt 1974 (1972).
Pischinger, A.: Das System der Grundregulation. Haug, Heidelberg 1983.
Pool, Robert: Evas Rippe. Das Ende des Mythos vom starken und vom schwachen Geschlecht. Droemer Knaur, München 1995.
Porte, Gerhard: "Du sollst das wollen!" Zum Paradox der Sozialisation. In: ders. (Hg.): Sozialisation und Moral. Neuere Ansätze zur moralischen Entwicklung und Erziehung. Beltz, Weinheim 1978, S. 147-168.
Prause, Gerhard: Genies in der Schule. Legende und Wahrheit über den Erfolg im Leben. Econ, Düsseldorf 1974.
Preuß, Eckardt: Leistungserziehung, Leistungsbeurteilung und innere Differenzierung in der Grundschule - Bausteine moderner Grundschularbeit - Anregungen und Hilfen. Klinkhardt, Bad Heilbrunn 1994.
Priesemann, Gerhard. : Zur Theorie der Unterrichtssprache. Schwann, Düsseldorf 1971.
Pulaski, Mary Ann: Piaget. Eine Einführung in seine Theorien und sein Werk. Ravensburg 1975 (1971).
Ramseger, Jörg: Gegenschulen. Radikale Reformschulen in der Praxis. Klinkhardt, Bad Heilbrunn 1975.
Rank, Ansgar & *Rank, Dietlinde:* Schau auf Deinen Körper und fühle wer Du bist. Kreuz, Stuttgart 1994.
Rank, Ansgar: Bioenergetik und Pädagogik. In: *Peter Heitkämper* (Hg.): Mehr Lust auf Schule. Junfermann, Paderborn 1995, S. 41-56.
Regenbrecht, Aloysius (Hg.): Friedensschule. Programm einer Gesamtschule. Kösel, München 1970.

Regenbrecht, Aloysius & *Dikow, Joachim* & *Alder, Alois* (Hg.): 20 Jahre Friedensschule. Bilanz eines Schulversuchs. Regensberg, Münster 1991.
Rekus, Jürgen (Hg.): Schulfach und Ethik. Olms, Hildesheim 1991.
Rest, Walter: Indirekte Mitteilung als bildendes Verfahren dargestellt am Leben und Werk Sören Kierkegaard's. Lechte, Emsdetten 1937.
Rest, Walter: Toleranz. Eine Bildungsaufgabe und eine Gewissensfrage. Schnellsche Buchhandlung, Warendorf 1948.
Rest, Walter: Prolegomena und Sentenzen zu einer jeden künftigen Pädagogik. Henn, Ratingen 1971.
Révész, Geza: Die menschliche Hand. Karger, Basel 1944.
Roberts, Jane: Die Natur der persönlichen Realität. Goldmann, München 1985 (1974).
Roberts, Jane: Die Natur der Psyche. Goldmann, München 1979.
Roscher, Wolfgang (Hg.): Polyästhetische Erziehung. Klänge - Texte - Bilder - Szenen. Theorien und Modelle zur pädagogischen Praxis. DuMont, Schauberg 1976.
Rose, Lotte: Zur Bedeutung der Abenteuerlust im weiblichen und männlichen Individuationsprozeß. In: *Hans Günter Homfeldt* (Hg.): Erlebnispädagogik. Schneider, Baltmannsweiler 1995, S. 70-81.
Rosenbusch, Heinz (Hg.): Körpersprache in der schulischen Erziehung. Schneider, Baldmannsweiler 1986.
Rückriem, Norbert: Disziplin in der Schule. Herder, Freiburg 1975.
Rumpf, Horst: Das ist die Lage. In: *Karl Ch. Lingelbach* (Hg.): Materialien zur Reform der Sekundarstufe II, Kronberg 1975.
Rumpf, Horst: Die übergangene Sinnlichkeit. Drei Kapitel über Schule. Juventa, München 1981.
Rüssel, Arnulf: Spielende Arbeit in der menschlichen Entwicklung. In: Handbuch der Psychologie, Bd. 3: Entwicklungspsychologie, Hogrefe, Göttingen 1959, S. 502-534.
Saldern, Matthias v.: Erziehungswissenschaft und Neue Systemtheorie. Duncker & Humblot, Berlin 1991.
Sander, Wolfgang: Effizienz und Emanzipation. Prinzipien verantwortlichen Urteilens und Handelns. Leske, Opladen 1984.
Scheidt, Friedrich (Hg.): Lernziel Verständigung - Dialogprinzip und Dialogverhalten. Reinhardt, München 1982.
Scheidt, Jürgen von: Innenweltverschmutzung. Droemer Knaur, München 1973.
Scheler, Max: Der Formalismus in der Ethik und die Materiale Wertethik. Franke, Bern 1954.
Schilmöller, Reinhard: Kollision kultureller Werte. Pädagogische Konzeptionen interkultureller Erziehung im Dilemma. In: *Johannes Schneider* (Hg.): Kulturelle Vielfalt als Problem für Gesellschaft und Schule. Aschendorff, Münster 1996, S. 70-97.
Schräder-Naef, Regula D.: Schüler lernen Lernen. Beltz, Weinheim 1977.
Schröder, Martin: Kindheit - ein Begriff wird mündig. Drachen, Wolfratshausen 1992.
Schuster, Donald & *Gritton, Charles:* Suggestopädie in Theorie und Praxis. Handbuch für den Unterricht mit holistischen Lehr-Lern-Systemen. Gabal, Bremen 1986.
Schwäbisch, Lutz & *Siems, Martin:* Anleitung zum sozialen Lernen für Paare, Gruppen und Erzieher. Rowohlt, Reinbek 1974.
Seeger, Hans-Karl: Der Sinn unserer Sinne: Tore zur Wirklichkeit. Butzon und Bercker, Kevelaer 1992.
Sharamon, Shalila & *Baginski, Bodo:* Das Chakra-Handbuch. Vom grundlegenden Verständnis zur praktischen Anwendung. Windpferd, Aitrang 1988.
Sheldrake, Rupert: Das Gedächtnis der Natur. Scherz, München 1990.
Siffge-Krenke, Inge: Probleme und Ergebnisse der Kreativitätsforschung. Huber, Bern 1974.
Sinus-Institut: Die verunsicherte Generation. Jugend und Wertewandel. Leske + Budrich, Opladen 1983.
Söltenfuß, Gerhard: Grundlagen handlungsorientierten Lernens, dargestellt an einer didaktischen Konzeption des Lernens im Simulationsbüro. Klinkhardt, Bad Heilbrunn 1983.

Spanhel, Dieter: Schülersprache und Lernprozesse. Schwann, Düsseldorf 1973.

Steinbach, Ingo: Hören lernen. In*: Peter Heitkämper* (Hg.)*:* Mehr Lust auf Schule. Junfermann, Paderborn 1995, S. 155-178.

Steiner, Rudolf: Von Seelenrätseln, 1917.

Stevens, John O.: Die Kunst der Wahrnehmung. Übungen der Gestalt-Therapie. München 1975 (1971).

Stock, Manfred & *Mühlberg, Philipp:* Die Szene von innen. Skinheads, Grufties, Heavy Metals, Punks. LinksDruck, Berlin 1990.

Stöckli, Georg: Vom Kind zum Schüler. Zur Veränderung der Eltern-Kind-Beziehung am Beispiel "Schuleintritt". Klinkhardt, Bad Heilbrunn 1989.

Stüttgen, Thomas: Psychosomatik und Motorik. Von der Bewegungserfahrung zur Symbolisierung. Königshausen & Neumann, Würzburg 1992.

Tausch, Reinhard & *Tausch, Anne-Marie:* Erziehungspsychologie. Psychologische Prozesse in Erziehung und Unterrichtung. Hogrefe, Göttingen 1963; 9. Auflage*:* Erziehungspsychologie. Begegnung von Person zu Person. 1979.

Teilhard de Chardin, Pierre: Der Mensch im Kosmos. Le phénomène humain. Beck, München 1965 (1959).

Terhart, Ewald: Moralerziehung in der Schule*:* Positionen und Probleme eines schulpädagogischen Programms. In*: Elk Franke* & *Reinhold Mokrosch* (Hg.)*:* Werterziehung und Entwicklung. Universität Osnabrück, Osnabrück 1989, S. 10-33.

Tielkes, Monika: Die Sensibilitäten des Jugendalters. In*: Hildegard Holtstiege:* Maria Montessoris Neue Pädagogik*:* Prinzip Freiheit - Freie Arbeit. Herder, Freiburg 1986, S. 115 ff.

Tischer, Bernd: Die vokale Kommunikation von Gefühlen. Beltz, Weinheim 1993.

Titze, Michael: Die heilende Kraft des Lachens. Mit Therapeutischem Humor frühe Beschämungen heilen. Kösel, München 1995.

Trager, Milton, mit *Hammond, Cathy Guadagno:* Meditation und Bewegung. Trager Mentastics. Sphinx, Basel 1991.

Tulodziecki, Gerhard: Unterricht mit Jugendlichen. Eine handlungsorientierte Didaktik mit Unterrichtsbeispielen. Klinkhardt, Bad Heilbrunn 1994.

Ulich, Dieter: Das Gefühl. Eine Einführung in die Emotionspsychologie. Urban & Schwarzenberg, München 1983.

Ulsamer, Berthold: Exzellente Kommunikation mit NLP. Gabal, Bremen 1991.

Vester, Frederic: Denken, Lernen, Vergessen. Deutsche Verlags-Anstalt, Stuttgart 1993 (1975).

Vester, Frederic: Neuland des Denkens. dtv, München 1978.

Wagenschein, Martin: Verstehen lernen. Beltz, Weinheim 1970.

Wallbott, Harald G.: Mimik im Kontext. Die Bedeutung verschiedener Informationskomponenten für das Erkennen von Emotionen. Hogrefe, Göttingen 1990.

Weber, Divo Helche & *Fassbender, Ursula:* Alta-Major Energie. München 1988.

Weber, Erich: Biographische Orientierung der Pädagogik - Erziehung und Bildung im Lebenslauf. In*: Norbert Seibert* & *Helmut J. Serve* (Hg.)*:* Bildung und Erziehung an der Schwelle zum 3. Jahrtausend, PimS, München 1994, S. 364-385.

Weiderer, Monika & *Faltenbacher, Christine:* Das Frauen- und Männerbild in Familienserien des deutschen Fernsehens. In*: medien + erziehung* 38, H. 4, 1994, S. 208-214.

Weigand, Gabriele: Erziehung trotz Institutionen? Königshausen + Neumann, Würzburg 1983.

Weigand, Gabriele & *Hess, Remi* & *Prein, Gerald* (Hg.)*:* Institutionelle Analyse. Theorie und Praxis. Athenäum, Frankfurt 1988.

Weigand, Gabriele: Institutionelle Methoden. In*: Peter Heitkämper* (Hg.)*:* Mehr Lust auf Schule. Junfermann, Paderborn 1995, S. 17-32.

Weingarten, Rüdiger: Verständigungsprobleme im Grundschulunterricht. Westdeutscher Verlag, Opladen 1988.

Weizsäcker, Carl Friedrich von: Der Garten des Menschlichen. Beiträge zur geschichtlichen Anthropologie. Hanser, München 1977.

Weizsäcker, Viktor von: Der Gestaltkreis, Frankfurt 1973 (Leipzig 1940).

Wellendorf, Franz: Schulische Sozialisation und Identität. Zur Sozialpsychologie der Schule als Institution. Beltz, Weinheim 1973.

Wiater, Werner: Unterrichten und Lernen in der Schule. Auer, Donauwörth 1993.

Wilber, Ken: Halbzeit der Evolution. Der Mensch auf dem Weg vom animalischen zum kosmischen Bewußtsein. Eine interdisziplinäre Darstellung der Entwicklung des menschlichen Geistes. Scherz , Bern 1984 (1981).

Willis, Paul: "Profane Culture". Rocker, Hippies: Subversive Stile der Jugendkultur. Syndikat, Frankfurt 1981 (1979).

Winterhager-Schmid, Luise: Familie - Familienerziehung. In: *Rudolf Keck & Uwe Sandfuchs* (Hg.): Wörterbuch Schulpädagogik. Klinkhardt, Bad Heilbrunn 1994, S. 110-112.

Wopp, Christian: Selbständigkeit durch Sport aus handlungstheoretischer Sicht. Oldenburg 1986.

Ziegenspeck, Jörg (Hg.): Schriftenreihe: "Wegbereiter der modernen Erlebnispädagogik". Neubauer.

Zeuner, Susanne: "Jetzt bin ich fünfzehn und denke nach..." Gestaltpädagogisches Lehren und Lernen in der Klassengruppe. In: *Olaf-Axel Burow & Herbert Gudjons* (Hg.): Gestaltpädagogik in der Schule. Bergmann + Helbig, Hamburg 1994.

Ziegenspeck, Jörg: Erlebnispädagogik. In: *Rudolf Keck & Uwe Sandfuchs* (Hg.): Wörterbuch Schulpädagogik. Klinkhardt, Bad Heilbrunn 1994, S. 89-90.

Zimmer, Renate: Handbuch der Bewegungserziehung. Didaktisch-methodische Grundlagen und Ideen für die Praxis. Herder, Freiburg 1993.

Zimmer, Renate: Handbuch der Sinneswahrnehmung. Grundlagen einer ganzheitlichen Erziehung. Herder, Freiburg 1995.